캠퍼스 임팩트 2020

서울대학교 사회혁신 교육 프로젝트

캠퍼스 임팩트 2020
서울대학교 사회혁신 교육 프로젝트

초판 1쇄 발행 2021년 1월 27일

지은이   사회혁신 교육연구센터
펴낸이   김선기
펴낸곳   (주)푸른길
출판등록 1996년 4월 12일 제16-1292호
주소   (08377) 서울시 구로구 디지털로 33길 48 대륭포스트타워 7차 1008호
전화   02-523-2907, 6942-9570~2
팩스   02-523-2951
이메일   purungilbook@naver.com
홈페이지 www.purungil.co.kr

ISBN   978-89-6291-889-2   93300

이 저서는 2018년 대한민국 교육부와 한국연구재단의 지원을 받아 수행된 연구임
(NRF-2018S1A5A2A03034198).

캠퍼스
임팩트
2020

서울대학교 사회혁신 교육 프로젝트

푸른길

제2부_ 대학생 사회혁신 의식조사

이 책은 서울대학교 사회과학대학의 각 학부·학과에서 개설된 지역참여형과 사회문제 해결형 수업에서 작성된 수강생 프로젝트를 담고 있다. 이 수업은 동 대학의 사회혁신 교육연구센터가 지원하는 형태로, 대학생의 적극적 사회 기여나 실천적 교육을 통한 지식 창조를 목표로 기존 수업을 재구성한 것이다. 2019년 1학기와 2020년 1학기에 개설된 총 6개 수업의 주제 해설(교수 작성)과 8편의 수강생 대표 프로젝트를 수록하고 있으며 총 31명의 교수, 대학원생, 대학생과 센터 연구진이 함께 만든 책이다.

센터가 지향하는 거시적 비전을 간략하게 소개하면 다음과 같다. 이른바 지역 기반 수업(community-based learning)이나 프로젝트 기반 수업(project-based learning)과 같은 교육모델의 실천과 확산을 통해 사회문제의 해결에 더 적극적으로 이바지하는 대학을 만들고, 동시에 시대적 과제인 사회적 가치의 구현이나 사회혁신을 주도하는 젊은 인재를 적극적으로 육성하는 것이다. 사회적 위기나 양극화, 갈등 등의 문제가 여러 방면에서 갈수록 심해지고 있는 상황에서 이를 해결하기 위해 기존의 가치관이나 방식에 대한 근본적 문제의식에 기초하여 사회적 가치 패러다임이나 사회혁신을 실천하는 시민사회 행위자나 혁신적 기업이 활발하게 등장하고 있다. 중앙과 지방정부도 혁신적 정책을 활발하게 시도하고 있다. 이러한 상황에서 고등교육기관인 대학 또한 달라지는 흐름이 전국 각지에서 나타나고 있다. 사회의 한 구성원으로서, 더군다나 더욱 나은 사회를 위한 지식을 제공하는 역할을 가진 기관으로서, 사회 위기 시대에 대학의 역할이 보다 강조되거나 달라지는 것은 당연한 결과일 것이다. 이러한 비전과 생각을 바탕으로 서울대학교 사회혁신 교육연구센터는 교육혁신과 지역혁신을 통한 사회혁신, 대학 발(發) 사회혁신을 지향해 2019년에 설립되었다.

2019년에 이어 2020년에도 이와 같은 수업을 지원·수행했으며, 이미 2015년부터 시작된 파일럿 수업 프로젝트 포함 지난 몇 년 동안에 노력을 성찰하면 고무적인 성과와 함께 다양한 문제나 한계, 과제도 나타났다. 특히 중요한 과제로 부각된 것은 혁신을 위한 광범위한 네트워크나 파트너십의 필요성이다. 수업과 수업 혹은 교수와 교수의 네트워크 강화를 통한 수업의 지속성·연계성 제고, 대학과 대학의 네트워크 강화를 통한 교육모델의 개선·개발과 혁신 흐름의 확산 그리고 대학과 사회·기업·정부의 네트워크 강화를 통한 교육체계의 개선, 취업체계의 개선 등이다. 수업 프로젝트를 통해 현장 중심의 우수한 아이디어가 실제로 등장하고, 수강생들의 의식도 긍정적으로 변화한 것은 이 책의 각 프로젝트 리포트와 설문조사 결과를 통해 알 수 있다. 다만, 대학생들의 사회혁신 의욕이나 공공적 가치관, 사회적·시민적 사명감 등을 보다 유익하게 발휘하기 위해서는 단독, 일회성의 수업으로서는 한계가 분명하다. 같은 목표를 공유한 네트워크·파트너십을 거듭 만들면서 교육의 구조나 환경 개선을 위해 노력하는 것이 중요하며, 이러한 노력·흐름에 함께 참여할 때 대학생의 창의력이나 리더십도 극대화될 것으로 생각한다. 『캠퍼스 임팩트』의 제목처럼, 대학이 사회에 진정한 임팩트를 주기 위해서는 대학생들의 현실적인 혁신 프로젝트를 지속해서 축적하는 것이 본질적으로 중요하지만, 이에 맞춰 대학 자체도 잠정적으로 달라지는 것이 필요하다. 센터는 이와 같은 문제의식에 기초하여 수업 지원 사업을 통한 인재 육성과 지식 창조를 계속해서 실천함과 동시에 사회적 가치 패러다임의 시대 상황에 맞는 대학의 변화를 위해 노력하는 계획이다.

마지막으로 이 책이 출판되기까지 많은 분의 지원과 참여가 있었다. 우선 SK 기업(행복나래 주식회사 및 SK 수펙스추구협의회 SV 위원회)의 후한 지원이 있었기에 수업 프로젝트를 개설·운영할 수 있었다. 2018년 2학기 파일럿 수업 프로젝트 시행부터 센터의 설립 및 2019년 공식 수업 프로젝트 개설에 이르기까지 이봉주 서울대학교 사회과학대학 전(前) 학장의 리더십에 힘입은 바 크다. 수업 프로젝트뿐 아니라 센터의 다른 관련 프로젝트의 실현을 위해 큰 도움을 주는 현 유홍림 사회과학대학 학장께도 감사의 뜻을 표한다. 사회과학대학의 각 전공을 대표해 센터 운영위원회에 참가한 여러 운영위원께도 감사하다. 수업 프로젝트의 개설·운영·지원, 책 출판 및 편집, 수강생 사회혁신 의식조사 실시·결과분석 및 집필 등 모든 힘든 일을 성공적으로 추진해 온 센터의 연구진과 스태프, 특히 미우라 히로키 박사와 윤성은 사무국장에게 고마운 마음을 전한다.

2020년 12월
집필진을 대신하여
서울대학교 사회혁신 교육연구센터 센터장 김의영

제1부

지역기반·문제해결 수업의 실천과 지식창조

제1장

지리학과
산업입지와 정책

수업 소개

수업 명	서울대학교 지리학과 〈산업입지와 정책〉		
교수자명	구양미	수강 인원	13명
수업 유형	전공선택	연계 지역/기관	–

수업 목적

산업의 입지요인, 입지선정과정, 지역적인 발전과정을 분석하고 이에 대한 제반 이론을 이해하고 응용하는 과목이다. 산업입지와 그 변화에 대한 요인과 영향을 지역, 국가 및 세계적인 차원에서 분석하고 바람직한 산업입지정책을 검토한다.

주요 교재

김범식·남기범. 2018. 「서울의 공간경제학」. 나남.
김의영 외. 2016. 「사회적경제의 혼종성과 다양성」. 푸른길.
임업·김동현. 2013. 「사회적 기업과 지속가능한 지역발전」. 집문당.
Hayter, Roger. 1997. "The Dynamics of Industrial Location: The Factory, the Firm and the Production System." Wiley.
Coe, Neil M. Kelly, Philip F. and Yeung, Henry W. C. 2013. "Economic Geography: A Contemporary Introduction 2nd edition." New Jersey, US: John Wiley & Sons.
Dicken, Peter. 2011. "Global Shift: Mapping the Changing Contours of the World Economy, 6th edition." London, UK: Sage Publications. (= 구양미 외 (역). 2014. 〈세계경제공간의 변동〉. 시그마프레스.)
Aoyama, Y. Murphy, J. T. and Hanson, S. 2011. "Key Concepts in Economic Geography." London, UK: Sage. (= 이철우 외 (역). 2018. 〈핵심개념으로 배우는 경제지리학〉. 푸른길.)

수업 일정

제1주: 강의소개: 경제지리학과 산업입지론; 서울대 사회혁신교육연구센터의 '지역참여형 교과목' 개요와
　　　 운영주제인 "사회적경제와 산업·기업 입지정책"
제2주: 경제지리학 주요 이론: 입지요소와 입지요인, 집적경제, 공간분업 등
제3주: 사회적 경제의 혼종성과 다양성: 사회적경제와 지리학적 사고; 사회적 기업과 지역경제
제4주: 전통적 산업입지이론
제5주: 전통적 산업입지이론
제6주: 입지평가와 입지결정 과정; 기업 성장전략과 기업조직
제7주: 초국적기업과 입지 및 공간경제
제8주: 글로벌생산네트워크(Global Production Network)
제9주: 한국 산업정책의 변화와 산업클러스터
제10주: 기말고사
제11주: 조별 현장연구(조별활동)
제12주: 사회적경제와 경제지리(입지) 문헌연구; 조별 진행상황 발표(조별 발표)
제13주: 조별 현장연구(조별활동)
제14주: 조별 현장연구 진행경과 확인, 연구내용 면담(조별 면담)
제15주: 조별 현장연구 결과 발표(조별 발표); 강의종합

프로젝트 개요와 결과

팀1) 아름다운가게의 사례를 통해 본 사회적 기업의 특성 연구 – 입지, 유통, 조직화를 중심으로: 입지, 유통,
조직화 연구를 수행하기 위해 아름다운가게에 관한 선행연구 검토, 기업가 및 봉사자 인터뷰, ArcGIS와
QGIS를 사용한 매핑을 실시하였음. 그 결과를 바탕으로 아름다운가게의 입지, 유통, 조직화 측면에서 분
석할 뿐만 아니라 서울권 내에서 아름다운 가게의 최적입지를 제안함.

팀2) 일반 기업과 사회적 경제조직의 입지요인 비교 – 서울 6학군의 교육 서비스업을 사례로: 교육서비스
업 내 사회적 기업과 일반 기업의 입지변화를 비롯한 생애사 연구를 진행하기 위해 문헌연구, 통계청의
SGIS 데이터 사용 및 일반 기업인 '한○학원'과 사회적 기업인 '다○교육문화예술협동조합' 인터뷰 결과
를 바탕으로 일반기업과 사회적기업의 입지요인과 변화 패턴을 제안함.

팀3) 사회적 협동조합 '해빗 투게더(Habit Together)'의 사례로 본 시민자산화와 입지: 최근 부동산 및 임대
료 가격의 상승문제 해결을 위해 시민들이 직접 참여하여 문제해결하려는 시도를 '시민자산화'로 보고
사회적 협동조합인 '해빗투게더' 인터뷰를 바탕으로 사회적 조직의 운영 문제점과 해결방안을 제안함.

팀4) 사회적 경제조직의 지속가능성을 위한 핵심요인 연구 – (주)글로리엔텍과 작은영화관사회적협동조합
을 중심으로: 사회적 기업으로 인증받은 '작은영화관협동조합'과 사회적 기업 인증을 받지 못하였으나
사회적 기업의 속성을 갖춘 '글로리엔텍' 대표자들과의 인터뷰를 실시함. 이를 바탕으로 사회적기업의
지속가능성을 사회적·경제적·환경적 지속가능성으로 나누어 살펴보고 사회적기업 인증을 받지 못한
주체들에 대한 고려가 필요함을 제시함.

산업입지와 정책 - '사회적경제와 산업·기업 입지정책'

구양미 (서울대학교 지리학과 부교수)

고병옥 (서울대학교 대학원 지리학과 담당조교)

1. 수업 개요

'산업입지와 정책' 과목은 기존의 산업 입지요인, 지역 발전과정을 분석하고 제반 이론의 이해와 응용을 목표로 한다. 이번 수업에서는 경제지리학에서 다루고 있는 전반적인 산업입지 이론과 정책을 학습하고, 사회적 경제주체(사회적 기업, 협동조합)를 대상으로 사업환경 및 입지분석을 실시하였다.

우리사회뿐만 아니라 전 세계적으로 정치·사회·문화·경제적으로 세계화가 진행 되고 복잡해지면서 저출산·고령화사회, 빈곤과 불평등, 실업과 고용의 문제, 사회서비스 수요의 증가 등 다양한 사회적 문제가 나타나고 있다. 하지만 이를 대처하기 위한 전통적 복지국가는 재정적·행정적 과부화로 인해 그 능력을 상실하였고, 시대변화에 따라 나타나는 새로운 사회적 수요는 복지국가 형태로 해결할 수 없는 것들이다. 유럽과 미국 등 선진국가등에서도 이러한 문제를 해결하기 위해 국가도 시장도 아닌 제3의 영역인 사회적 경제를 그 대안으로 고려함에 따라 새로운 조직형태인 사회적기업(Social enterprises)이 다양한 유형으로 급속도로 성장하고 있다.

　사회적 기업은 전통적인 기업(민간)과 비영리기관(공공부문)의 중간형태로, 사회적 목적을 우선적으로 추구하면서 재화·서비스의 생산·판매 등 영업활동을 수행하는 기업이나 조직을 의미한다. 법적으로는 「사회적기업 육성법」에 의거하여 사회적 기업을 취약계층에게 사회서비스 또는 일자리를 제공하여 지역주민의 삶의 질을 높이고 사회적 목적을 추구하면서 재화 및 서비스의 생산·판매 등 영업활동을 하는 기업으로서 고용노동부 장관의 인증받은 기관으로 정의하고 있다. 〈그림 1〉과 같이 사회적기업의 범위는 전통적 비영리 기관과 전통적 기업의 사이에 위치하여 사회적 목적과 경제적 목적이 혼합된 특성을 지닌다.

　최근 들어 사회적 경제, 사회적기업(Social Enterprise) 등의 사회적 담론이 새롭게 등장하는 것도 이들이 지속적인 사회문제에 대한 창조적 해결책을 제공하는 수단으로 인식되기 때문이다. 사회적 기업은 사회에서 배제된 특정 집단이 경제적·문화적 어려움을 극복할 수 있도록 도울 수 있고, 커뮤니티 주도의 사회적 기업은 '사람 중심의 지역경제개발을 위한 새로운 전략'을 제공할 수 있으며, 지역사회 구성원을 자산화하여 개발할 수 있기 때문이다. 정부에서도 「사회적기업 육성법」을 제정하여 고용노동부가 2011년 7월부터 사회적기업 인증계획을 수립하여 현재에는 2,453개의 인증받은 사회적기업이 운영되고 있다.[1]

　하지만 사회적기업은 사회적기업 인증으로 제공받는 정부보조금에 치중하여 지

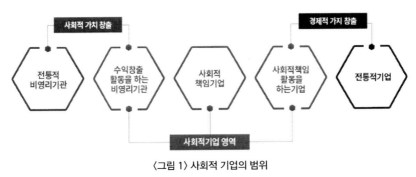

〈그림 1〉 사회적 기업의 범위

자료: 사회적기업연구원, http://www.rise.or.kr

속가능성의 문제점이 항상 지적받고 있다. 사회적기업이 지속적으로 역할을 하기 위해서는 양적 성장뿐만 아니라 질적 성장도 필요하며, 특히 지속적인 기업 운영에 영향을 주는 '사업환경'을 파악하고 구축하기 위한 입지특성에 대한 진단이 요구되며 이러한 연구의 필요성이 제기되고 있다.[2]

본 수업에서는 경제지리학의 기업입지이론을 활용하여 지역사회에서 활동하고 있는 사회적 기업의 지속가능성과 입지요인 분석을 실시하였다. 총 4개조(각 3~4명)로 구성하여 각 팀마다 다양한 사회적 기업의 입지요인과 입지특성, 사업환경, 지역과의 관련성을 등을 조사하고, 사회문제 해결에 있어서의 시사점 등을 제시하였다. 연구방법으로는 문헌연구, 통계자료에 기반한 GIS분석, 사례대상 대표자 인터뷰 등을 진행하였고, 면담내용을 보고서에 기술하였다. 그리고 학생들의 사회적 경제에 대한 이해도를 높이기 Impact 투자 및 사회혁신 컨설팅기업인 'CREVISSE Partners'의 김재현 대표와 강연 및 대담을 진행하였다.

우수 연구보고서로 선정된 〈아름다운가게의 사례를 통해 본 사회적기업의 특성 연구 – 입지, 유통, 조직화를 중심으로〉는 대표적인 사회적기업인 아름다운 가게

〈그림 2〉 CREVISSE Partners 김재현 대표 특강(2019. 11. 18.)

1. 한국사회적기업진흥원. "사회적기업현황." http://www.socialenterprise.or.kr/. (검색일: 2020.1.20.).
2. 임은숙·이희정. 2016. "수도권 사회적기업의 공간분석을 통한 입지특성 연구." 『국토계획』. 51권 3호. pp.5 –24.

의 입지, 유통, 조직화 측면에서 다른 영리기업과 어떻게 다른지 분석하였다. 아름다운가게의 입지는 초기의 기부형태로 입지가 결정되었으나 기업의 성장과 규모의 확대(분점)로 인해 일반 영리기업과 유사한 분포양상이 나타났으며, 유통측면에서는 공정무역 상품, 공익상품 등의 일반적 사회적 기업의 특성뿐만 아니라 지속적인 기업운영을 위한 PB상품의 판매, 차별 공급등을 통해 이윤을 창출하고 있음을 확인하였다. 마지막으로 조직화 측면에서 기업성장에 따라 조직의 경직화가 나타나기도 하였으나, 다양한 제도적 장치를 활용하여 민주적인 기업 분위기를 유지하고 수평적인 조직문화를 추구하고 있음을 확인하였다. 본 연구는 사회적기업인 아름다운가게를 입지, 유통, 조직 측면에서 체계적으로 고찰하고 있으며, 최종적으로는 아름다운 가게의 실제 매장위치와 서울권 전역의 사회적 기업의 입지요인 표준화 점수와 비교하여 추가적인 분점지역으로 노원구와 서대문구를 제언하였다는 점에서 큰 의의가 있다.

또 다른 우수 연구보고서로 선정된 〈일반 기업과 사회적 경제조직의 입지요인 비교 – 서울 6학군의 교육 서비스업을 사례로〉는 교육업 부문에서의 민간기업과 사회적기업간의 입지요인을 비교연구 하였다. 특히 민간기업과 사회적기업의 입지요인 비교뿐만 아니라 해당 기업들이 지역과 관계를 맺는 방식에 초점을 두고 연구를 진행하였다. 본 연구에서는 사회적기업으로 '다○교육문화예술협동조합'을, 민간기업으로 '한○보습학원'을 대표 사례로 연구를 진행하였고, 이를 기업의 생애사 연구 및 상품수명주기 단계에 따른 입지변화를 고찰하였다. 그 결과 두 기업모두 초기 입지요인이었던 대표자의 연고지라는 공통점을 제외하고는 서로 다른 목적과 욕구에 의해 추가적인 입지결정이 영향을 미쳤다. 본 연구의 강점은 생애사 연구를 기반으로 한 사회적기업 대표자 인터뷰를 적절하게 반영하였고, 사회적기업 중 한 유형인 마을기업으로 지정되는 데 겪었던 어려움을 통해 정부정책의 사회적기업 지원책의 구체성과 기업의 자립성을 높일 수 있는 정책방향으로 선회할 있도록 제안하고 있다.

아름다운가게의 사례를 통해 본 사회적 기업의 특성연구: 입지·유통·조직화를 중심으로

서울대학교 지리학과

유동한·이규성·정의진

논문초록 아름다운가게는 국내 최대의 사회적 기업이다. 정부와 민간의 재정적 보조 없이는 운영상의 어려움을 가지는 대다수의 사회적 기업과는 다르게 아름다운가게는 재정적인 분야에서 독립적이어서 기업의 정책 결정과 사업 방향 수립에 있어서 자율성을 확보할 수 있었다.

입지와 유통 프로세스, 기업의 조직화는 기업의 활동을 분석하는 데에 있어서 핵심이 되는 요소이다. 따라서 본 연구에서는 입지, 유통, 조직화의 측면에서 아름다운가게를 연구하였다. 아름다운가게는 사회적 기업의 특징을 가지는 동시에 기업의 성장과 규모의 확대에 따라 일반 영리기업의 특성도 함께 가지는 것으로 확인되었다. 우선, 입지 측면에서 보았을 때, 창립 초기에는 기부를 통한 입지 결정이 이루어졌으나, 기업이 성장함에 따라 지속적인 매출 창출을 위해 일반 영리기업과 유사한 입지 결정 방식을 택하는 것으로 확인되었다. 유통 프로세스의 경우 공급의 차별화를 지양하고 공익 상품을 위탁 판매하는 등 사회적 기업의 특성을 기본적으로 가지고 있었다. 하지만 공급의 차별화를 포함하는 다양한 이윤 창출 요소를 도입함으로써 기업 운영의 지속 가능성을 추구하는 모습을 확인할 수 있었다. 마지막으로 조직화의 측면을 살펴보면, 기업 성장에 따라 나타난 조직 내 분업화와 구조화가 기업 조직의 경직성을 높였으나, 수평적인 조직 문화 형성을 위한 여러 가지 노력도 나타났다. 입지, 유통 프로세스, 기업의 조직화에 있어서 아름다운가게가 보이는 사회적 기업의 특징은 사회적 기업으로서의 정체성을 유지하기 위한 것이며, 영리기업의 특성을 보이는 것은 이윤과 효율성 면에 있어서 지속적인 기업 운영을 촉진하기 위함이다.

핵심주제어 산업입지, 사회적 기업, 기업특성

Ⅰ. 서론

1. 연구 배경

아름다운가게는 전국에 113개의 매장을 가지고 있는 우리나라에서 가장 큰 사회적 기업 중 하나이다. 해당 기업은 박원순 현 서울특별시장을 중심으로 2002년도에 설립되었고, 우리나라에서 사회적 기업을 인정해 주기 시작한 2007년 최초로 승인받은 기업 중 하나이다.[1] 아름다운가게는 20년에 달하는 역사를 가지고 있으며, 국내 최초의, 그리고 최대의 사회적 기업인 것이다. 하지만 지리적 접근을 통한 이 거대한 사회적 기업에 대한 연구는 아직까지 미약하다.

아름다운가게는 연구자 중 한 명이 2015년도 1학기 〈사회봉사〉 수업을 계기로 알게 되었다. 해당 연구자는 아름다운가게에서 8개월 정도 활동천사로 봉사를 했고, 해당 기업에 대한 관심을 갖고 있었다. 그리고 이번 학기 〈산업입지와 정책〉 수업에서 기업의 입지와 사회적 기업에 대해 배운 내용을 바탕으로 아름다운가게를 연구할 수 있다고 판단하여, 해당 기업에 대해 분석해 보고자 하였다. 본 조는 아름다운가게라는 한국의 대표적인 사회적 기업에 대한 연구를 통해 한국의 사회적 기업의 입지, 유통 프로세스, 기업의 규모 확장에 따른 조직의 변화를 알아보고, 이에 대해 몇 가지 제언을 해 보고자 하였다.

2. 연구 대상: 아름다운가게

아름다운가게는 '모두가 함께하는 나눔과 순환의 아름다운 세상 만들기'라는 미션을 가지고 있다. 아름다운가게는 크게 8가지의 사업을 하고 있다. 아름다운가게의 가장 대표적인 사업은 재사용 나눔가게 운영이다. 현재 전국에 113개의 매장이

---

1. 박진우. 2015. 「한국의 사회적 기업 발전방안에 관한 연구 – 아름다운가게를 중심으로」. 부산대학교 석사 학위논문.

운영 중이고, 14,000명이 넘는 봉사자들이 참여하고 있다. 아름다운가게 매장에서는 사회적 기업, 친환경, 장애인 단체 등이 제작하는 공익 상품을 판매 지원하기도 하고, 공정하고 지속적인 거래로 빈곤을 해결하기 위해 공정무역을 하고 있다. 그리고 '에코파티메아리'라는 업사이클링 사업[2]을 하며 제작한 물품을 매장과 온라인을 통해 판매하기도 한다. 본 기업은 사업 운영 수익으로 국내 소외 계층과 공익사업을 진행하고, 방글라데시 등 저개발국의 기후 난민과 미래 세대를 위한 교육 지원을 하는 등 국내외에서 폭넓게 나눔사업을 수행하고 있다. 또 한강시민공원에서 4~10월간 매주 펼쳐지는 벼룩시장인 '아름다운나눔장터'도 진행하고 있다. 뿐만 아니라 사회적 기업가에 대한 멘토링 프로그램인 '뷰티풀펠로우' 등을 통해 사회적 기업가를 지원하고 있다. 아름다운가게는 이러한 사업들을 통해 생태 및 친환경적 변화에 기여하고, 국내외 소외계층을 위한 공익활동을 지원하며, 시민의식의 성장과 풀뿌리 공동체의 발전을 도모한다.

3. 연구 방법

본 연구는 입지, 유통프로세스, 조직화에 관한 연구를 수행하기 위해 아름다운가게에 관한 선행연구를 검토한 뒤, 기업가 및 봉사자 인터뷰와 매장 방문, 매핑(Mapping) 분석을 진행하였다. 기업가 인터뷰는 서울특별시 중구 명동에 위치한 본사(서울 경기 본부)에 방문하여 정○○ 사무처장, 김○○ 총무팀장을 대상으로 진행하였으며, 아름다운가게의 기업 특성에 관한 정보와 전반적인 입지 선정요인, 유통 프로세스 등에 관한 질적 연구를 수행하였다. 매장 방문은 압구정점과 양재점을 대상으로 진행되었다. 매핑 분석은 기업가 인터뷰를 통해 제공받은 아름다운가게 측의 입지 고려요인과 실제 입지 간에 괴리가 있는지, 앞으로 서울시 내 아름다운 가게의 지점 분포가 어떻게 변화할 것인지를 알아보기 위해 수행하였으며

---

2. 쓰임이 다한 소재에 새로운 가치를 부여하여, 디자인 제품을 제조하여 판매하는 것.

GIS소프트웨어인 'ArcGIS'와 'QGIS'를 이용하였다.

매핑 분석의 프레임워크는 ①아름다운 가게의 입지요인 분류 ②서울 각 지역에 입지요인별 점수 부여 ③매핑 분석 결과 나타난 최적 입지 분석으로 구성하였다. ①에서, 아름다운 가게의 입지요인은 크게 '잠재적 수요', '실질구매력', '입지 가능성', '사회적 경제에 대한 인식'의 네 개 범주로 구성하였다. ②에서는 ①의 분석 결과 나타난 서울 각 지역에 대한 입지요인별 점수를 연구자의 주관에 따라 유동적으로 부여하고 이를 지도로 표현하였다. ③에서는 ②에서 나타난 입지요인별 점수 지도를 모두 합산한 뒤, 표준화 점수가 부여된 하나의 지도로 나타내었다.

4. 선행 연구

박진우는 아름다운가게와 관련된 기존의 논의로는 아름다운가게를 사회적 기업의 성장단계에 따라 분석하였는데, 아름다운 가게가 가진 우수한 유통망과 인적네트워크를 통해 한국의 사회적 기업에 대한 지원을 확대해야 한다고 주장하였다.[3] 또한 윤여정은 아름다운가게를 사회적투자수익률(SROI)로 분석하여 실증적으로 사회적 경제가 창출하는 가치를 측정하였고,[4] 변혜리는 아름다운 가게의 고용형태를 분석해 긍정적인 부분과 개선 방향을 동시에 제시하였다.[5] 이향미는 지역사회와 연관되어 아름다운가게의 청주 지역의 아름다운가게가 가지는 자산을 분석하였다.[6] 그밖에 아름다운가게 기증자들을 위한 방안을 모색하거나[7] 사회적 기업의

---

3. 박진우. 2015. 「한국의 사회적 기업 발전방안에 관한 연구 – 아름다운가게를 중심으로」. 부산대학교 석사학위논문.
4. 윤여정. 2019. 「사회적투자수익률(SROI)를 통한 사회적경제의 가치평가에 관한 연구 – 아름다운가게 사례를 중심으로」. 한양대학교 공공정책대학원.
5. 변혜리. 2017. 「사회적기업의 고용형태에 따른 차이와 차별 – 아름다운가게 사례 중심으로」. 한양대학교 석사학위논문.
6. 이향미. 2013. 「지역사회에서의 사회적기업의 역할과 활성화 방안에 관한 연구 – 아름다운가게를 중심으로」. 청주대학교 석사학위논문.
7. 박정민. 2017. 「물품기증 만족 개선을 위한 서비스디자인 – 아름다운가게 사례를 중심으로」. 이화여자대학교 석사학위논문.

소비에 있어서 고객만족과 애호도에 미치는 요소들을 분석한 연구 등이 있다.[8] 이
전까지의 선행 연구는 지리적 시각에서의 연구가 부족하여 본 연구를 수행하였다.

II. 본론

1. 입지

1) 선행연구

아름다운가게는 대한민국 최대 규모의 사회적 기업으로, 2002년 안국점 개점을
시작으로 꾸준히 점포 수가 증가하여 현재는 113개의 매장을 운영 중에 있다. 아름
다운가게가 Jeannine가 제시한 4단계의 사회적 기업 성장 모델에 따라 성장해 왔
다고 주장한다. 아름다운가게는 2001~2002년의 '창업단계', 2003~2005년의 '생
존단계', 2006~2010년의 '성장단계'를 거쳐, 2011년 이후부터는 '성숙단계'에 들어
선 것으로 해석할 수 있다.[9]

'창업단계' 시기의 아름다운가게는 시민들의 자발적인 씨앗자금 기부를 바탕으
로 운영되었다. 2002년에 본격적으로 사무실을 열고 기업시스템을 준비하기 시작
한 아름다운가게는 아직 소규모 기업이었기 때문에 설립자의 비전, 영향력, 사업
기획력, 타당성이 중요한 시기였다[10]. 특히 당시 사회적 운동 분야의 강력한 리더
십을 가진 것으로 여겨지던 박원순 개인의 주도적인 역할이 컸는데, 1호점인 안국
점의 개점에는 박원순 개인의 리더십을 바탕으로 기부 받은 1억원의 씨앗 자금이
매우 큰 역할을 수행하였다.

---

8. 이승현·박성연. 2015. "사회적 기업에 대한 소비자의 자아이미지 일치성, 기능적 일치성, 가치일치성이 고
    객만족과 애호도에 미치는 영향 아름다운가게를 대상으로." 『유라시아 연구』. 12권 3호. pp.33~60.
9. 박진우. 2015. p.38.
10. 박진우. 2015. p.90.

창립 2년차 이후 '생존단계'에 들어선 '아름다운 가게'는 매우 빠른 속도로 지점 확장이 이루어지게 된다. 서울에 국한되던 지점망이 전국화되었고, 구체적인 경영 시스템이 수립되기 시작하였으며, 수익을 통한 배분이 실질화되기 시작하였다. 특히 2003년에는 9개 매장을 수도권에 개점하고, 수도권 외 지역인 광주광역시에도 첫 지점을 개점하는 모습도 보였다. 이에 따라 수도권 지역의 매장을 개설하고 관리하는 '판매사업국', 수도권 이외의 지역의 매장을 개설하고 관리하는 '전국화사업국' 등이 신설되었고,[11] 전국 매장수가 58개에 이르게 되었다. 그러나 여전히 '창업단계'와 마찬가지로 지점 입지에 시민들의 자발적인 씨앗자금 기부가 중요한 역할을 하였으며, 공간기부를 받은 곳을 중심으로 지점 입점이 실시되었다.

설립 5년차 이후 '성장단계'에 들어선 아름다운가게는 공정무역사업, 업사이클링 사업 등 새로운 사업 분야로의 확장을 도모하는 한편, 기업의 운영 시스템을 정착하는 시키는 데 많은 노력을 기울였다. 기업 운영을 위해 필요한 '지속 가능한 수익'의 창출이 점차 자리를 잡기 시작하면서, 더 이상 시민들의 공간 기부나 씨앗자금 기부에 의존하지 않게 되었고, 이전보다 기업의 자체적인 효율성 증대를 추구하게 되었다. 이 시기 아름다운가게의 전국 매장 수는 108개까지 늘어난다.[12]

2011년 이후 '성숙단계'에 들어선 아름다운가게는 수익과 배분이 안정되고 브랜드 인지도가 강화되며 '충성고객'의 존재가 나타나는 등 대한민국 사회 내에 확실히 자리를 잡게 된다. 하지만 인건비 등 급증하는 기업 관리비용의 압박이 가시화되고, '창업 단계'에서 엄청난 영향력을 끼쳤던 최초 설립자의 정치 참여로 인해 반대 진영 세력까지 나타나게 되면서, 새로운 고부가가치 사업의 시도와 더욱 높은 효율성 제고를 요구받게 된다.[13] 이에 따라 새로운 매장이 신중하게 개설되기 시작하였고, 확장 속도는 정체되었다. 아름다운가게의 2015년 기준 전국 매장 수는 119개로, '성장단계'와 그다지 큰 차이를 보이지 않았으며, 2019년 기준 전국 매장

11. 박진우. 2015. pp.93–95.
12. 박진우. 2015. p.96.
13. 박진우. 2015. p.99.

수는 113개를 기록하면서 오히려 이전보다 줄어드는 양상까지 보이고 있다.

2) 아름다운가게의 입지확장 패턴

아름다운가게가 처음 세워질 때부터 지금까지의 성장 과정을 모두 지켜본 정○○ 사무처장에 따르면, 아름다운가게의 입지 유형은 초기와 현재가 매우 다른 양상을 보인다고 한다. 아름다운가게가 막 시작되었던 초창기에는 기업의 경제적 구조가 튼튼하지 못하여 공간기부, 씨앗자금 기부에 의존하는 경향이 강하였다. 즉, 기업 자체가 출범할 때부터 시민들에게 많은 의존을 하는 구조였기 때문에, 새로운 점포를 낼 때 기업이 전적으로 원하는 지역이 아니다 하더라도 들어가는 경우가 많았다는 것이다. 특히 2006년에서 2008년 사이에 이러한 형태로 폭발적인 매장 확장이 이루어졌다.

아름다운가게가 지역으로 빠르게 확장된 데에는 서울에서 시작된 '1호점'과, 지역별로 들어선 '(지역) 1호점'들의 성공 여부가 매우 중요했다. 일단 1호점이 시작되고 나면, 각지에서 기부자들이 연락해 오는 경우가 많아졌기 때문이었다. 예를 들어 광주 지점의 경우, 상거래에 매우 정통한 어떤 유통업자가 연락해 오면서 시작되었는데, 이는 당시 서울 잠실 경기장에서 열린 '지상 최대 벼룩시장'이 전국적인 방송을 타고 널리 알려진 덕분이었다. 그렇게 시작된 광주 지점 역시 그 지역 일대에서 성공적인 '1호점'의 사례로 이야기되었고, 이렇게 광주 지점의 성공 덕분에 호남 지역에도 빠른 확장이 이루어질 수 있었다.

그러나 기업이 설립된 지 10년 정도 지난 뒤, 다시 말해 '성숙단계'에 들어선 뒤부터는 기업이 자립할 수 있는 경쟁력을 갖추게 되었고, 이전보다 경쟁력 있는 입지에 점포를 내기 시작했다. 일반 영리기업과 마찬가지로 다양한 기준을 적용하여 점포 개설을 고려하는 것이다. 또한, 초창기에 공간기부를 바탕으로 개점했던 매장들의 경우 경쟁력이나 접근성 등이 떨어지는 지점이 폐점하는 경우가 많아졌다. 그래서 근래에는 매장 수의 변동이 크지 않고, 오히려 그 숫자가 줄어들고 있는 것처럼 보이지만, 실상은 내실을 다지고 있는 중이라고 한다. 경쟁력이 없는 지역에 입지한 초창기 매장들을 정리하고 보다 수익성이 좋은 지역에 새로운 매장을 개설하고 있는 중이어서, 매장 수는 줄었지만 매출지수는 오히려 상승하고 있다.

3) 아름다운가게의 입지요인

김○○ 총무팀장에 따르면, 아름다운가게의 입지요인은 일반 영리기업의 입지요인과 매우 유사하다. 하지만 일반 영리기업에서는 고려하지 않는 몇 가지 차이점도 존재한다. 현재 아름다운가게는 입지를 선정하는 데 있어 '지속가능성'을 중요하게 생각한다. 일반 영리기업과 마찬가지로 지속적인 매출실적이 나와야 하기 때문이다. 그래서 이에 해당하는 요인으로 교통 기반시설, 배후단지, 유동인구, 소득수준, 지가 등의 수요측면이 고려된다. 입점하는 데 드는 비용 측면도 고려한다. 너무 좋은 상권은 일반적으로 임대료가 너무 비싸기 때문에, 어느 정도 임대료가 합리적인 지역을 중심으로 입지를 선정하게 된다. 그래서 서울이나 부산을 제외한 지역 본부의 경우, 물류 업무를 함께 담당하기 때문에, 차량 접근성, 배송 동선, 넓은 부지 등을 고려하여 완전 도심에서는 조금 떨어진 곳에 입지한다.

아름다운가게가 일반 영리기업과 다른 점은 다음과 같다. 먼저 아름다운가게는 '기부자 인구'를 고려한다. 아름다운가게는 시민들의 기부 물품을 상품의 원재료로 사용하는데, 그렇기 때문에 물품을 기증하는 경우가 많은 '주 기부층'의 거주 정도가 입지를 선정하는 데 중요하게 고려되는 것이다. 또한, 아름다운가게의 주된 사회공헌 수혜자인 차상위계층과의 접근성도 중요하며, 사회적 기업에 대한 지역의 인식 역시 중요한 고려요인이다. 마지막으로 아름다운가게 측에서는 새로운 매장을 개점하기 전에 사회적 기업에 대한 지역의 인식에 관한 지표로 '한살림', '자연드림' 등의 사회적 협동조합의 존재 여부를 이용하고 있다.

4) 매핑 분석

2000년대 중반 엄청난 증가 속도를 보이던 아름다운가게의 총 매장 수는 2010년대에 들어선 이후 커다란 변동이 나타나지 않고 있다. 이는 아름다운가게가 '성숙단계'에 들어선 이후 성장이 정체되었다고 해석할 수도 있으나,[14] 정○○ 사무처장과 김○○ 총무팀장과의 인터뷰에 따르면, 아름다운가게는 총 매장 수의 변동과는 상관없이 지금도 꾸준히 확장되고 있으며 실제로 수익성도 개선되고 있다고 한다. 이는 현재 아름다운가게가 수익성이 좋지 못한 매장들을 폐점시키고, 경쟁력이 있다고 판단되는 지역에 새로이 입점하는 '솎아내기' 전략을 취하고 있기 때문이다.

이에 본 연구는 현재 아름다운가게 측이 고려하는 입지요인을 종합하고, 이를 실제 아름다운가게 매장의 위치와 비교하고자 한다. 기업가 인터뷰 내용을 토대로 아름다운 가게의 입지요인을 '잠재적 수요', '실질구매력', '입지 가능성', '사회적 경제에 대한 인식'의 네 개 범주로 구분하였다.

먼저 '잠재적 수요'는 인구분포와 주거지역 근접성을 기준으로 파악하였다. 최대한 실제에 가까운 인구분포를 추정하기 위해 서울시 인구에 관한 Dasymetric 분석을 도입하였다. 아름다운가게의 주 수요층인 40세에서 65세에 100%의 가중치가 부여된 서울시 읍면동 전체 인구, 그리고 서울시 토지이용도의 주거지역 정보가 이용되었으며 'ArcGIS'를 통해 분석이 수행되었다. 주거지역 근접성은 서울시 토지이용도 중 저밀주거지, 고밀주거지에 대한 반경 300m를 기준으로 하였으며, 고밀주거지에 500%의 가중치를 부여한 뒤 'QGIS'를 이용하여 열지도 분석을 수행하였다.

수요측면의 인구 분포는 5단계의 등개수 분류를 하였으며, 1점 간격으로 가장 많은 지역에 5점, 가장 적은 지역에 1점을 부여하였다. 주거지역 근접성 역시 5단계로 나누었으며, 1점 간격으로 그 수준이 가장 높은 곳에 5점, 가장 낮은 곳에 1점을 부여하였다.

'실질구매력'은 아름다운가게를 이용할 예비수요층의 실제 경제력과 관련되는 범주로, 구별 가구당 재산세와 지가 추정을 통해 파악하였다. 구별 가구당 재산세

---

14. 박진우. 2015. p.100.

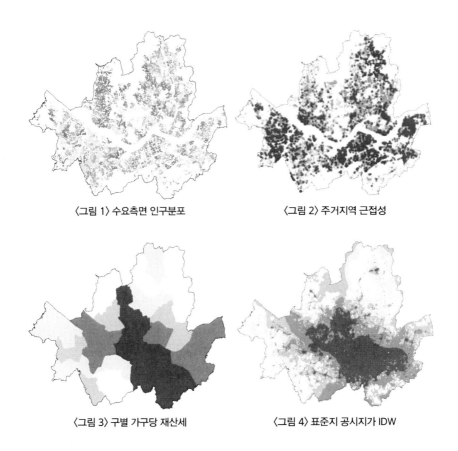

〈그림 1〉 수요측면 인구분포

〈그림 2〉 주거지역 근접성

〈그림 3〉 구별 가구당 재산세

〈그림 4〉 표준지 공시지가 IDW

는 2019년 현재 통계청의 자료를 이용하였고, 'ArcGIS'를 이용하여 5단계 등간격 단계구분도로 나타내었다. 지가 추정에는 2019년 현재 지정되어 있는 29,017개의 서울시 내 표준지 공시지가 지점이 이용되었다. 'QGIS'에 모든 표준지 공시지가 좌표를 입력한 뒤, 역거리 가중 보간법(Inverse distance weighted method, IDW)을 적용하여 서울시 내 모든 지점에 대한 지가 추정을 시행하였고, 이를 5단계 등개수 단계구분도로 나타내었다.

구별 가구당 재산세는 5단계의 등개수 분류를 하였으며, 1점 간격으로 가장 높은 지역에 5점, 가장 낮은 지역에 1점을 부여하였다. 표준지 공시지가 IDW 분석의 경우, 5단계의 등개수 분류를 한 뒤 1점 간격으로 지가가 가장 높은 곳에 5점, 가장 낮은 곳에 1점을 부여하였다.

'입지 가능성'은 아름다운가게가 새로 서울에 입점할 때 고려할 원재료 접근성, 차상위계층과의 접근성, 그리고 입점 시 필요한 비용과 관련되는 범주이다. 인구분포, 동별 기초수급자 수, 그리고 지가 추정을 통해 파악하였다. 인구분포 파악을 위해 앞서 '잠재적 수요'에서 수행한 Dasymetric 분석을 다시 한 번 이용하였는데, 차이가 있다면 여기서는 40세에서 65세가 아닌, 20세부터 50세까지의 연령층에 100%의 가중치를 부여하였다는 점이다. 이는 이들 연령층이 아름다운가게의 원재료인 '기부물품'을 주로 제공하는 연령층이기 때문이다. 즉, 원재료와의 접근성을 나타내는 지표로서 원재료 공급 측면의 인구분포 자료가 이용되었다고 할 수 있다. 동별 기초수급자 수는 차상위계층의 분포와 관련된 자료가 없다는 한계로

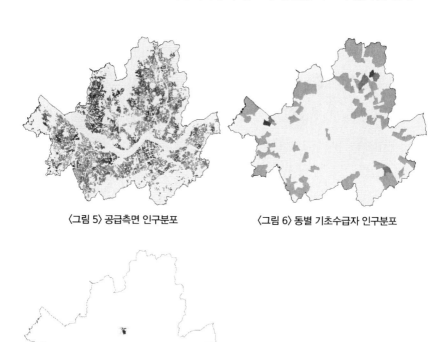

〈그림 5〉 공급측면 인구분포　　　　〈그림 6〉 동별 기초수급자 인구분포

〈그림 7〉 표준지 공시지가 IDW(5단계 등간격)

인해 사용한 대체자료로, 서울특별시가 제공하는 2019년 기준 동별 기초수급자 수를 'ArcGIS'를 이용하여 5단계 등개수 단계구분도로 나타내었다. 동별 기초수급자의 분포와 차상위계층의 분포 간에 유의미한 연관성이 있을 것이라는 기대하에 이 자료를 채택하였으며, 아름다운가게의 기부 대상과의 접근성을 나타내는 지표로 이용되었다. 지가 역시 다시 한 번 이용되었는데, 이는 일정 기준 이상의 지가는 기업입지에 불리하다고 판단했기 때문이다. 앞서 역거리 가중법을 통해 만들어진 지가 추정 자료를 다시 5단계로 등간격 분류 한 뒤, 4단계와 5단계에 해당하는 지역만을 따로 분류하였다.

공급측면의 인구 분포는 5단계의 등개수 분류를 하였으며, 1점 간격으로 가장 많은 지역에 5점, 가장 적은 지역에 1점을 부여하였다. 동별 기초수급자는 5단계 등간격 분류로 나누었으며, 1점 간격으로 그 수준이 가장 높은 곳에 5점, 가장 낮은 곳에 1점을 부여하였다. 비용 측면에서 실시한 표준지 공시지가 IDW 분석은 5단계 등간격 분류로 나눈 뒤, 1단계부터 3단계까지는 0점, 4단계에 −1점, 5단계에 −3점을 부여하였다.

마지막으로 '사회적 경제에 대한 인식'은 아름다운가게가 특별히 입지에 신경 쓰는 요인으로서, 그 지역이 사회적 경제와 얼마나 근접해 있는지, 사회적 경제가 살아남기 위한 인적·문화적 인프라가 갖추어져 있는지와 관련 되는 범주이다. 이는

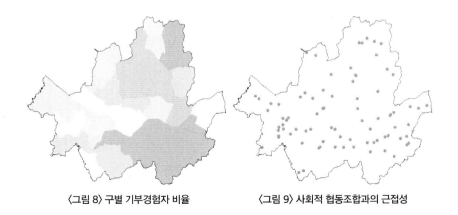

⟨그림 8⟩ 구별 기부경험자 비율   ⟨그림 9⟩ 사회적 협동조합과의 근접성

구별 기부경험자 비율과 실제로 입지하고 있는 사회적 협동조합과의 근접성을 통해 파악하였다. 구별 기부 경험자 비율은 2019년 서울특별시 통계자료를 이용하였고, 'ArcGIS'를 통해 5단계 등개수 단계구분도로 나타내었다. 실제로 입지하고 있는 사회적 협동조합과의 근접성은 농업직거래 협동조합인 '한살림', 친환경 유기농산물 직거래 협동조합인 '자연드림'의 지점 분포를 통해 파악하였는데, 이는 기업가 인터뷰를 통해 알게 된 아름다운가게만의 입지 고려요인에 근거를 둔다. 이들 지점의 좌표를 'ArcGIS'에 입력한 뒤, 200m의 버퍼(buffer) 분석을 실행하였다.

구별 기부 경험자 비율은 5단계의 등개수 분류를 하였으며, 1점 간격으로 가장 많은 지역에 5점, 가장 적은 지역에 1점을 부여하였다. 사회적 협동조합과의 근접성은 버퍼 범위 내에 포함될 경우 1점, 그렇지 않을 경우 0점을 부여하였다.

앞서 수행한 분석을 중간 합산한 결과는 위와 같다. '잠재적 수요', '실질구매력', '입지 가능성', '사회적 경제에 대한 인식' 모두 래스터 레이어 중첩계산을 통해 점수를 합산하는 방식을 취하였다. 그 결과, '잠재적 수요'와 '실질구매력'의 점수는 2점에서 10점까지의 범위가 도출되었고, '입지 가능성'의 점수는 −1점부터 10점까지의 범위가 도출되었으며, '사회적 경제에 대한 인식'의 점수는 1점부터 6점까지의 범위가 도출되었다. 위 지도들은 이렇게 나타난 점수를 다시 5단계의 등개수 분류로 나눈 결과이다.

〈그림 14〉는 서울 각 지역에 입지요인별 점수를 부여하여 분석한 결과이며 포인트는 실제 아름다운가게 매장의 위치를 나타낸다. 요약하면, 강남 3구 지역이 네 가지 측면에서 높은 점수를 받았으며, 실제로 많은 매장들이 입점해 있는 것을 확인할 수 있다.

2. 유통

아름다운가게의 유통 프로세스는 "수거 – 입고 – 생산 – 출고 – 판매 – 배분"의 과정을 통해 이루어진다. 사람들이 기부한 물품은 매장에서 수거하기도 하고, 기증

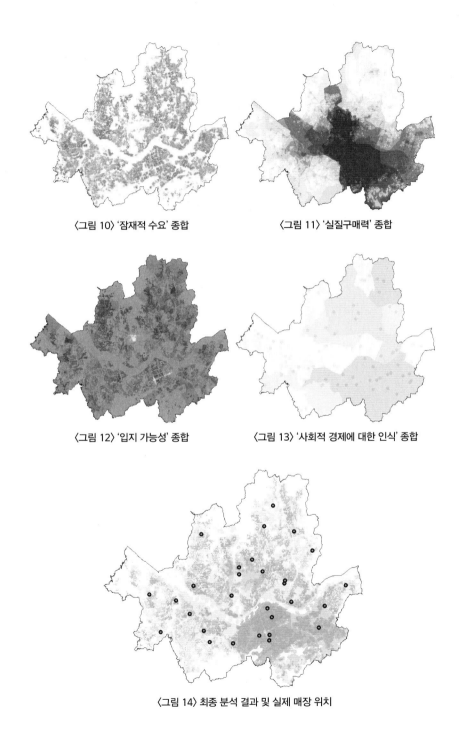

〈그림 10〉 '잠재적 수요' 종합

〈그림 11〉 '실질구매력' 종합

〈그림 12〉 '입지 가능성' 종합

〈그림 13〉 '사회적 경제에 대한 인식' 종합

〈그림 14〉 최종 분석 결과 및 실제 매장 위치

품 수량이 3박스 이상일 경우 방문 수거를 신청할 수 있다. 이렇게 수거된 기증품은 각 지역의 되살림터 혹은 그물코센터로 입고된다. 서울의 그물코센터는 서울새활용플라자에 위치해 있다. 생산 단계에서는 기증품을 품목별로 분류하고 상품의 상태를 보고 선별하여 가격을 책정한다. 이후 기증품들은 출고되어 각 매장에 전달된다. 그리고 매장에서 물품은 판매되고, 소비자들에게 배분된다.

생산 단계를 좀 더 자세히 설명하면, 재사용 물품의 종류는 크게 의류, 유아·아동 물품, 잡화, 소형 가전, 도서·음반으로 분류된다. 의류의 선별·분류 작업을 예로 들면, 선별 작업에서는 얼룩이나 탈색 등 오염된 의류, 보풀이 나고 상한 의류, 단추나 지퍼가 불량한 의류를 걸러낸다. 이렇게 선별되어 판매가 되지 못하는 옷은 상태에 따라 폐기되기도 하고 업사이클링의 소재로 이용되기도 한다. 선별 작업이 끝나면 의류는 계절감에 따라 그리고 하의, 상의, 어린이 의류 등으로 분류된다. 상품의 가격은 물품 자체의 단가, 차량 운행, 작업자의 인건비, 이웃에게 나누기 위한 배분 수익 등 다양한 요소를 고려하여 측정한다.

아름다운가게의 재사용 물품 분배는 일반 공급과 차별 공급이 합쳐져서 이루어지고 있고, 이와 별도로 행사공급도 존재한다. 일반 공급은 상품의 질, 가격 등이 매장마다 최대한 동일하게 하는 공급하는 것이다. 그러나 매장별로 규모가 다르고, 물품에 대한 수요나 회전속도도 다르기 때문에, 이를 감안하여 매장별로 상품을 특화하여 배분하는 차별적인 공급이 필요하다. 아름다운가게도 '기업'이기 때문

〈그림 15〉 서울그물코센터가 위치한 서울새활용플라자

자료: 서울새활용플라자 홈페이지. http://www.seoulup.or.kr/(검색일: 2019.12.15.).

에 이익적인 측면도 고려해야 하기 때문이다. 김〇〇 팀장님에 따르면 아름다운가게 내부적으로 완벽한 차별 공급 프로세스를 만들어보려고 시도하였으나 노동력, 물류비용의 한계로 비용 상 편익이 나오지 않아 현실적으로 불가능했다고 한다. 그래서 현재 아름다운가게에서는 각 매장의 매니저에게 매장에서 필요한 품목을 접수하고 이를 반영하여 배분을 하는 정책을 사용하고 있다. 아름다운가게의 차별 공급 사례는 압구정점에서 두드러지게 나타난다. 〈그림 16〉와 〈그림 17〉을 비교해 보면 압구정의 아름다운가게 매장에서는 다른 아름다운가게 매장에 비해 유독 고급 가방을 많이 진열되어 있는 것을 확인할 수 있다. 아름다운가게의 행사공급은 '아름다운 토요일', '아름다운 하루' 등 행사를 통한 공급을 말하는데, 행사하는 매장에만 특정 기업의 제품들이 공급되는 것이다.

아름다운가게에서는 재사용 물품만 판매하는 것이 아니라 위탁상품과 PB상품을 판매하고 있다. 위탁상품은 장애인 고용 등 사회적 고용을 실천하는 기업, 친환경 기업, 사회적 기업 등에서 만드는 공익 상품이나, 공정 무역 제품이다. 여기서 일반 기업과의 차이점은 판매 방식이 매입 판매 방식이라는 점이다. 일반적으로 위탁 판매의 경우 재고에 대한 부담을 납품기업에서 지게 되어 판매가 잘 되지 않을 경우 납품 기업이 그 부담을 모두 지게 된다. 하지만 매입 방식을 취할 경우, 납품 기업은 판매되지 않고 남은 재고에 대한 부담으로부터 자유로워지게 된다. 아름다운가게는 위탁상품을 이러한 매입 방식을 통해 판매함으로써 납품기업의 부

〈그림 16〉 압구정점 매장의 모습   〈그림 17〉 양재점 매장의 모습

<그림 18> 아름다운가게의 위탁상
품 및 PB상품 판매 코너

담을 덜어주는 보호막 역할을 하게 된다.

아름다운가게의 PB상품은 주로 공정무역제품을 활용하여 만든다. 예를 들어 아름다운가게의 '마스코바도 감귤젤리'의 경우, 공정무역을 통해 들여온 필리핀의 마스코바도를 활용하고 사회적 기업에서 생산한 감귤을 활용하여 제작한다. 아름다운가게의 PB상품은 공정무역에도 기여하고 사회적 기업도 돕는 아이템인 것이다. 그리고 김석환 팀장님에 따르면 아름다운가게의 PB상품 판매의 이익은 위탁상품 판매에 대한 손실을 충당시켜주는 역할도 한다고 한다.

3. 조직화

아름다운가게는 기본적으로 수평적인 조직문화를 추구한다. 그러나 창업 후 기업의 성장과 규모의 확대에 따라 다소 구조화되어 일반적인 기업의 조직 구조와 유사해지는 모습을 보였다. 창업 초기에는 소수의 인력이 유기적으로 협업을 통하여 사업 기반을 마련해갔다. 하지만 기업이 성장할수록 분업화 경향을 띠게 되었고 새로운 인력을 채용할 때에도 회계, 마케팅 등 특정 분야에 대한 전문적인 인력을 구하였다. 이러한 기업 조직의 구조화와 분업화는 보다 효율적인 기업 운영을 가능하게 할 수는 있지만, 아름다운가게는 그러한 구조를 맹목적으로 선호할 수는 없었다. 이는 사회적 기업인 까닭에 일반 영리기업과는 특성이 있기 때문이다. 대표적으로는 임금 상승의 경직성이다. 물가 상승이나 다른 영리기업의 임금 상승률이나 상승분과 상응하는 임금 상승은 아름다운가게의 자금 여력 상 힘든 부분이었다. 이러한 임금 문제와 결부되어 아름다운가게에 근무하는 근로자들의 지향성 또한 일반 영리기업과는 다를 것이다. 그들이 사회적 기업에서 일한다는 것은 단순히 금전적인 목표가 아닌, 아름다운가게가 추구하는 가치와 그들의 지향점이 상당 부분 일치하기 때문일 것이다.

따라서 아름다운가게는 단순히 기업 운영의 효율성을 달성하기 위한 구조화와 분업화를 좇기보다는 수평적인 조직문화 추구를 위해 노력하고 있다. 이는 아름다운가게의 운동철학 중 하나인 그물코 정신에서 잘 드러난다. "관계라는 눈으로 세상의 진실을 보"고, "씨줄과 날줄로 빈틈없이 서로 엮인 그물코처럼" "서로의 삶에 책임이 있는 존재"라는 그물코 정신은 수평적인 조직문화를 추구하는 아름다운가게의 철학을 가장 잘 대표하는 말이다. 이를 위해서 의사결정과정에 평간사들의 의견이 반영될 수 있게 간사협의회를 조직하여 그들이 의견을 종합하고, 이사조직이나 인사협의회에도 평간사 대표가 참여할 수 있는 제도적인 기반을 마련하였다. 이러한 장치를 통해 아름다운가게는 자칫 구조화와 분업화를 통한 매너리즘이나 주인의식의 부재와 같은 문제를 해결하기 위해 노력하고 있다. 뿐만 아니라 기업 내부의 소통에 있어서도 지위의 상하를 막론하고 자유롭게 의견을 개진하고 피드백을 제공할 수 있는 분위기를 만들기 위해 노력하고 있다.

다만, 기업의 성장에 따라 최근 영리기업의 CEO를 영입하여 전문적인 경영을 맡기는 경우가 있는데, 이 과정에서 다소 의사결정 방식의 충돌이 있었다. 영리기업의 CEO의 경우 상명하복식의 소통이나 탑다운 방식의 의사결정에 익숙하다. 하지만 근본적으로 아름다운가게는 수평적인 조직문화를 추구하고 그에 소속된 평간사들 또한 민주적인 의사결정에 익숙한 것이다. 따라서 앞으로 지속적으로 기업이 확대됨에 따라 전문경영인 제도를 적극적으로 활용해야 할 것으로 예상되므로 상충하는 의사결정 방식의 조정을 위한 제도적인 장치가 반드시 필요할 것으로 예상된다.

III. 결론

1. 요약

아름다운가게는 국내의 사회적 기업을 대표하는 기업인 동시에 주류와 결을 달리한다. 아름다운가게를 제외한 대다수의 사회적 기업은 정부와 민간의 재정적 보조 없이는 제대로 운영되지 못한다. 이에 반해, 아름다운가게는 재정적인 분야에서 독자성을 가진 까닭에 기업의 정책 결정과 사업 방향 수립에 있어서 자율성을 확보할 수 있었다.

본 연구에서는 입지, 유통, 조직화 측면에서 아름다운가게가 사회적 기업의 특징을 가지는 동시에 기업의 성장과 규모의 확대에 따라 일반 영리기업의 특성도 함께 띠는 것을 확인하였다. 우선, 입지 측면에서는 창립 초기에는 공간 기부나 씨앗자금을 통해 우연적으로 입지가 결정되었으나, 기업 성장에 따라 '솎아내기' 과정을 통하여 일반 영리기업과 유사한 분포 양상을 띠는 것을 발견하였다. 이는 기업가 인터뷰와 매핑을 통해 공통적으로 확인되었다. 유통 프로세스의 경우 공익상품, 공정 무역 제품 판매, 일반 공급 등 사회적 기업의 특성을 기본적으로 가지고 있었다. 하지만 지속적인 기업의 운영을 위해서 PB상품의 판매, 차별 공급 등을 통해 이윤 창출을 도모하는 모습을 확인할 수 있었다. 마지막으로 조직화의 측면에서도 기업 성장에 따라 구조화되어 경직되는 모습을 보여 주었으나 많은 제도적 장치와 민주적인 기업 분위기 유지를 통해 수평적인 조직문화를 지속적으로 추구하였다.

2. 한계

하지만 본 연구는 몇 가지 한계점을 가진다. 우선, 기업인 인터뷰 이후 보충이 필요한 내용에 대한 답변과 요청한 데이터를 받지 못하여 인터뷰 자료를 보완할 자료가 부족하였다. 또한, 매핑 분석 과정에서 5단계로 구분되는 표준화 방식을 채택하였는데, 이렇게 표준화 점수를 설정하는 데에 있어 각 범주에 대한 정밀한 가중치 분석을 수행하지 않은 채 연구자의 주관만을 반영하였다는 문제가 있었다. 그리고 연구 방식이 인터뷰와 매핑분석에 치우치다보니, 시간적 한계로 인해 유통 프로세스가 이루어지는 그물코센터에 대한 현장 조사 연구를 수행하지 못하였다. 마지막으로 아름다운가게 이외의 사회적 기업이나 영리기업과의 비교 연구를 실시하지 못하였으며, 보다 근본적으로는 아름다운가게가 사회적 기업을 대표할 수 있는지에 대한 의문도 해결하지 못하였다. 아름다운가게 스스로가 자사를 일반적인 한국 내 사회적 기업과는 다른 존재로 인식하고 있었기 때문이다.

3. 의의 및 제언

본 연구는 다음과 같은 의의를 가진다. 먼저 현재는 아름다운가게가 설립된 지 17년이 지난 시기로, 연구 과정에서 지난 17년을 아우르는 통시적인 비교가 가능하였다. 또한, 본 연구는 기존 선행연구에서 부족했던 지리적인 시각을 보완하고, 처음으로 사회적 기업의 입지적 특성에 대한 연구를 수행하였다. 각종 통계자료를 이용한 분석뿐만 아니라, 기업가나 봉사자와 직접적인 인터뷰를 수행하고 매장을 방문하는 등 질적인 연구를 시도하였다. 그리고 매핑 작업을 통해 연구 결과를 시각화하였다.

아름다운가게는 재정적인 독자성으로 인하여 일반적인 사회적 기업과 동일선상에서 비교하기에 무리가 있을 수 있다. 하지만 아름다운가게 역시 초기에 정부 지원이나 민간의 보조 없이 운영되기 힘들었다는 점을 고려로 할 때, 자립에 성공한

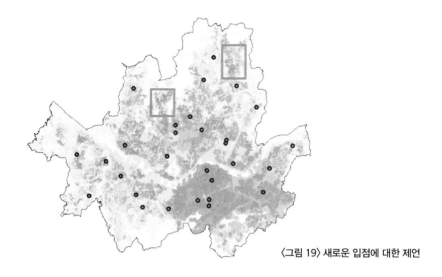

〈그림 19〉 새로운 입점에 대한 제언

사회적 기업으로 대표성을 가진다. 따라서 아름다운가게의 입지, 유통, 조직화에 대한 분석을 통하여 성공한 사회적 기업의 변화 방향성을 추적할 수 있을 것으로 판단된다.

최종 분석 결과와 실제 매장 위치를 비교한 결과 노원구 지역과 서대문구 홍제동 인근의 경우 표준화 점수가 높게 나타났음에도 불구하고 매장이 분포하지 않았다. 따라서 위 지역에 대한 추가적인 입점은 아름다운가게의 지향점과 일치하는 성공적인 입지 전략이 될 것이라고 기대된다.

〈참고문헌〉

박정민. 2017. "물품기증 만족 개선을 위한 서비스디자인 – 아름다운가게 사례를 중심으로." 이화여자대학교 석사학위논문.
박진우. 2015. "한국의 사회적 기업 발전방안에 관한 연구 – 아름다운가게를 중심으로." 부산대학교 석사학위논문.
변혜리. 2017. "사회적기업의 고용형태에 따른 차이와 차별 – 아름다운가게 사례 중심으로."

한양대학교 석사학위논문.

서울새활용플라자 홈페이지. http://www.seoulup.or.kr/. (검색일: 2019.12.15.).

아름다운가게 홈페이지. http://www.beautifulstore.org/. (검색일: 2019.12.15.).

윤여정. 2019. "사회적투자수익률(SROI)를 통한 사회적경제의 가치평가에 관한 연구 – 아름 다운가게 사례를 중심으로." 한양대학교 공공정책대학원.

이승현·박성연. 2015. "사회적 기업에 대한 소비자의 자아이미지 일치성, 기능적 일치성, 가 치일치성이 고객만족과 애호도에 미치는 영향 아름다운가게를 대상으로." 『유라시아 연구』. 12권 3호. pp.33-60.

이향미. 2013. "지역사회에서의 사회적기업의 역할과 활성화 방안에 관한 연구 – 아름다운가 게를 중심으로." 청주대학교 석사학위논문.

일반 기업과 사회적 경제조직의 입지요인 비교: 서울 6학군의 교육 서비스업을 사례로

서울대학교 지리학과

김민주·김정민·이예찬

논문초록 본 연구는 교육 서비스업 내 사회적 경제조직과 일반 기업의 입지 변화를 비롯한 생애사 연구를 통해 사회적 경제조직의 본질에 대한 이해를 돕고 지역과 관계를 맺는 방식을 밝혀내는 것을 목적으로 한다. 연구 대상의 범위는 서울시 6학군(강동·송파구) 내에 입지한 교육 서비스업 종사 일반 기업과 사회적 경제조직으로 한정하였다. 연구 대상이 되는 기업들의 입지 현황을 지도화하여 입지 패턴을 분석한 후, 일반 기업과 사회적 경제조직 각 한 곳을 선정해 인터뷰하여 사례를 통해 입지요인을 비교하였다. 연구 결과는 다음과 같다. 지도화를 통해 6학군 내 교육 서비스업 분야 사회적 경제조직이 일반 학원에 비해 비교적 지역적으로 고르게 분포하고 있다는 점을 확인할 수 있었다. 또한 인터뷰 대상 기업이었던 강동구 한○학원과 송파구의 다○교육문화예술협동조합의 입지요인을 비교하여 초기 본사 입지요인은 대표자의 연고지로 유사하나, 본사 입지의 장점과 분점 입지요인 측면에서 차이를 보인다는 점을 밝혀내었다. 사회적 경제조직은 그 운영에 있어 정부 기관의 지원으로부터 자유롭지는 못하며, 입지 변동을 포함한 생애주기의 측면에서도 일반 기업과 완전히 궤를 달리하지는 못하고 부분적으로 유사성을 지니고 있다는 점을 확인하고, 정책 당국이 사회적 경제조직의 자립 지원책을 보다 구체화하고 강화하며 지원 정책의 방향을 수정할 필요가 있다고 제언하였다. 본 연구는 사회적 경제조직과 일반 기업의 본질적인 차이를 규명해내기 위한 연구 대상의 대표성이 부족했다는 한계를 지니지만, 사회적 경제조직의 입지에 집중하면서도 질적인 분석을 수행하였고 사회적 경제조직에 적용될 수 있는 수정된 생애주기 모델을 제시했다는 점에서 유의미하다.

핵심주제어 교육서비스, 사회적 경제조직, 지원정책

Ⅰ. 서론

1. 연구 배경

사회적 경제란 양극화 해소, 일자리 창출 등 공동이익과 사회적 가치의 실현을 위해 사회적 경제조직이 상호협력과 사회연대를 바탕으로 사업체를 통해 수행하는 모든 경제적 활동을 뜻한다.[1] 이때 사회적 경제조직에는 사회적기업, 협동조합, 마을기업, 자활기업, 농어촌 공동체 회사 등이 있으며, 이들은 자본주의 시장경제에서 드러나는 문제를 해결하고 일자리, 주거, 육아, 교육 등 인간 생애와 관련된 영역에서 경쟁과 이윤을 넘어 상생과 나눔의 삶의 방식을 실현하려고 한다.

한편 일반적인 영리기업은, 이윤의 획득을 목적으로 운용하는 자본의 조직단위를 의미한다. 이들은 소유와 노동의 분리로 기업가의 가계와는 별도로 독립된 자본계산단위를 이루고, 자본의 가치증식을 위하여 영리를 추구한다. 또한, 기업은 이윤의 극대화를 추구해 장기간에 걸친 이익의 증대를 경영의 목표로 삼는다.

이때 사회적기업은 비영리조직과 영리기업의 중간 형태의 기업 형태를 의미하는데, 다시 말해 사회적 목적을 추구하면서 영업활동을 수행하는 기업을 의미한다.[2] 영리기업이 이윤추구를 목적으로 하는 데에 반해, 사회적기업은 사회서비스의 제공 및 취약계층의 일자리 창출을 목적으로 하는 점에서 영리기업과 큰 차이를 가진다. 이들은 취약계층에 일자리 및 사회서비스 제공하고, 영업활동 수행 및 수익의 재투자를 통해 사회적 목적을 추구하며, 민주적인 의사결정 구조를 갖춤으로써 보통의 일반 기업과 차별점을 만들어가고 있다.

그러나 사회적기업 역시 '기업'이라는 점에 방점을 두지 않을 수 없는데, 본디 이윤을 추구하는 것이 제일의 전략인 기업에, '사회적 목표'가 얼마나 중요할지는 각 기업의 재량과 의지에 달려있다. 따라서 반쯤은 영리를 추구하고, 반쯤은 사회적

---

1. 한국사회적기업진흥원. "사회적경제." http://www.socialenterprise.or.kr/. (검색일: 2019.12.20.).
2. 한국사회적기업진흥원. "사회적기업." http://www.socialenterprise.or.kr/. (검색일: 2019.12.20.).

인 목적을 추구하는 기업이 존재한다고 해도, 사회적인 목표와 기업의 이윤 확대가 상충하는 상황에서 기업에 조건 없는 사회적 목표의 추구를 바라기는 어렵다. 또한, 기대와는 달리 기업이 온전히 사회적 목적만을 추구한다면 사회적기업보다는 비영리조직 또는 법인으로 설립되었을 것이기에, 이윤추구를 목표로 한 사회적기업을 자선 단체와 유사하게 생각하는 것은 무리이기도 하다.

이러한 사회적기업의 본질에 대한 고민으로부터 가치 있는 연구지점을 찾을 수 있었는데, 비영리조직과 영리기업의 중간 형태인 사회적기업과 시장 자본주의 속 일반 기업의 질적인 비교연구를 통해, 사회적기업의 본질에 대한 이해를 돕는 것이었다. 이후 조작적 정의를 거치며 용어를 구체화하였는데, 두 종의 경제조직을 사례를 통하여 해석적으로 비교 연구하고자 하였고 격차 해소에 대한 사회적인 논의가 절실히 요구되는 업태 중 하나인 교육 서비스업을 기업의 업종으로 한정하였으며, 주된 비교의 대상은 산업 입지론에 기초한 '생애주기와 입지요인'으로 설정하였다. 그 결과 '일반 기업과 사회적 경제조직의 입지요인 비교'를 연구 주제로, 구체적인 연구 방법을 구상할 수 있었다.

2. 연구 목적

본 연구의 목적은 일반 시장 자본주의와 사회적 경제의 차이를 공간적 특성에서 탐구하는 것이다. 더 나아가 교육 서비스업 분야에서 사회적기업과 일반 기업의 입지변화를 비롯한 생애사 연구를 통해, 사회적기업의 본질에 대한 이해를 도울 것이다. 이때 각각의 기업의 입지와 입지요인을 연구함으로써 사회적 경제조직 특징을 발견할 수 있을 뿐만 아니라, 일반 기업과 사회적 경제조직의 입지와 입지요인을 비교함으로써 그것이 추구하는 가치를 비롯해 지역과 관계를 맺는 방식까지도 밝혀낼 수 있다고 판단하였다.

또한, 일반 교육기업을 대상으로 생애주기 이론에서 그 기업이 위치하는 지점을 파악한 후, 사회적 경제조직을 대상으로 한 추가적인 기업 분석과 인터뷰 등을 통해 사회적 경제조직에 생애주기 이론의 적용 가능 여부를 알아볼 것이다. 가능하다면 연구 대상의 사회적 교육기업이 생애주기 이론의 어떠한 단계에 있는지도 파악해 볼 것이며, 해당 생애주기 단계와 입지요인의 고려 사항의 관계 또한 분석해 보고자 한다.

3. 연구범위와 대상

본 연구의 범위는 ①서울시 6학군(강동·송파교육지원청 산하 지역)에 입지하며, ②교육 서비스를 제공하는 일반 기업과 사회적 경제조직으로 한정한다. 사회적 경제조직은 고용노동부와 행정안전부에 의해 인증 또는 지정된 사회적기업 또는 협동조합, 마을기업을 대상으로 한다. 일반 기업의 경우 그 범위의 제한을 명확히 하지 않되, 질적 연구의 대상이 되는 기업을 선정할 경우 그 규모와 업종행태에서 사회적 경제조직의 그것과 유사성을 갖도록 한다.

연구 기업과의 사전 연락을 통해 연구 대상을 확정한 결과, 일반 기업으로는 '한○보습학원', 사회적 경제조직으로는 '다솔교육문화예술협동조합'이 선정되었다. 한○보습학원의 경우 20여 년의 역사 동안 서울 4대 학원가인 명일동 학원가에 위치해 일반 기업의 입지요인 분석에 적합하다는 판단을 할 수 있었다. 또한, 그 규모에 있어 전형적인 중소형 학원의 크기에 부합하다 판단하였다. 다솔교육문화예술협동조합의 경우 2013년 조직되어 2018년 협동조합의 형태로 설립을 인가받았는데, 학원과 유사한 방식으로 아이들을 모아 교육 서비스업을 제공한다는 점에서 업종행태의 유사성을 보였다. 또한, 지역 주민이 조직 활동에 적극적으로 참여하는 점은 사회적 경제조직 연구의 차별성을 드러내기에 적합하다 판단하였다.

4. 연구방법

우선 일반 기업과 사회적 경제조직의 입지와 입지요인, 그것이 입지한 지역과 관계를 맺는 방식에 관한 선행 연구를 분석하여 입지 방식의 차이를 탐구한다. 문헌연구 후에는 수집한 계량자료를 바탕으로 연구 대상이 되는 기업들의 입지 현황을 지도화하여 입지 패턴을 분석한다.

이후 일반 기업과 사회적기업 각 한 곳을 선정해 인터뷰하여 시장 자본주의와 사회적 경제의 공간적 차이를 사례를 통해 비교하고, 각 기업의 생애사를 연구하여 사회적기업과 일반 기업이 각각 어떻게 상품수명주기 단계에 따라 입지요인이 달라지는지도 알아본다. 일반 기업의 생애주기이론에 대한 사회적기업의 적용 가능성을 검토하고, 나아가 연구 대상 기업의 생애주기상 단계를 알아보고자 한다. 또한, 선행 연구와 현장 조사 내용을 바탕으로 사회적기업과 일반 기업의 본질적인 차이에 대한 영감을 얻고, 사회적 경제 생태계의 건전성을 위한 방안에 대해 제언하며 본 연구를 마무리하려 한다.

II. 이론적 검토

사회적기업은 사회적 목적을 추구하면서도 영리활동으로 그 조직이 유지되는 특성으로 영리기업과 비영리조직의 특성이 모두 반영된 입지를 보일 것이라 예상할 수 있다.[3] 먼저 영리기업의 입지는 업종의 특성에 따라 입지요인들의 상대적 중요도가 달라지며 기술발달과 기업조직에 따라서도 입지요인의 상대적 중요도가 달라지고 있다.[4] 전통입지이론에서는 최소비용의 원리나 최대수요의 원리, 혹은 이 두 가지를 결합한 형태를 띤다. 베버 등이 주장한 최소비용의 원리는 기업의 입지가 원료 및 재화의 운송비, 노동비 등 생산비를 최소화할 수 있는 지점에 기업이 입지한다는 이론으로써, 주로 공급측의 요인을 강조한다. 반면 뢰쉬 등은 시장과

---

3. 이민주·박인권. 2013. "가산자료 회귀모형을 이용한 사회적기업의 입지요인 분석." 『국토계획』, 48권 4호. pp.151-168.
4. 이희연. 2011. 『경제지리학』. 법문사.

의 접근성 등 수요 요인을 강조하여 기업의 입지를 설명하고자 하였다. 또한 집적경제와 같이 지역 환경을 강조하는 이론들도 있다. 요컨대 기업의 생산 활동 입지에 영향을 미치는 요인들은 생산요소(원료, 토지, 노동력, 자본) 및 시장과의 접근성, 집적경제, 정부의 정책, 환경 및 위락요인, 행태 및 우연적 요인 등이 있다.

한편 사회적기업의 입지요인에 대한 연구도 이뤄졌는데, 230개 시군구의 인증된 사회적기업의 수는 그 지역의 인구(시장 수요), 비영리조직 수, 인구 대비 교육서비스 종사자 수, 지자체의 사회적기업 부서 설치 여부, 지자체장의 진보 성향, 지역 고용률과 양(+)의 관계를 보였고, 장애인구, 지가, 천 명당 보육시설 수와는 음(−)의 관계를 나타냈다. 즉 수요 요인보다 공급요인과 지역 환경의 영향력이 큰 것이다.[5]

한편 충청권을 대상으로 연구한 윤혜연 등은 사회적기업의 주요 입지분포 지역은 인구밀도가 높고, 사회서비스의 수요자와 공급자가 많으며 교통이 발달한 지역에 입지한 것으로 나타났다. 또한, 사회직기업은 취약계층인 노인 인구가 많은 지역에 일자리 제공 등을 목적으로 입지한 것으로 나타났다. 사회적 협동조합의 주요 입지분포 지역은 구도심을 중심으로 인구감소로 인해 경제활동이 침체된 지역에 입지하였다. 또한 사회적 협동조합은 취약계층이 많은 지역에 일자리 창출 및 소득 증대를 위해 입지한 것으로 파악된다. 마을기업의 주요 입지분포 지역은 2010년 자립형 지역공동체 시범사업에 선정되거나, 주로 농촌 기반의 마을기업의 특성을 보이고, 주민들 간의 협력을 중요시하는 지역에 입지한 것으로 나타났다.[6]

한상일은 지역의 인구 대비 사회적기업의 입지계수를 분석한 결과, 입지계수가 가장 높게 나타난 광역 지방자치단체는 제주특별자치도와 강원도로 나타났다. 연구 대상인 강원도의 인증 사회적기업은 그 규모가 작고 다수의 기업이 사회정책 영역(사회복지, 교육 등)에서 활동하고 있음을 제시하였다.[7] 이는 우리나라의 산

5. 이민주·박인권. 2013. p.161.
6. 윤혜연·장석인·장동호. 2019. "LQ지수와 다중회귀분석을 활용한 충청권 사회혁신기업의 입지분포 특성 분석." 「한국지리학회지」. 8권 1호. pp.95-108.

업화 과정에서 비교적 소외된 지역으로, 사회서비스에 대한 다양한 수요가 있지만 그에 대한 공급이 비교적 부족한 지역적 특성이 반영된 결과라고 볼 수 있다. 즉, 사회서비스의 수요와 공급의 불균형을 극복하기 위해 사회적기업의 입지와 활동 이 이루어지고 있다고 해석할 수 있다.

최조순은 취약계층, 지방의 재정역량, 사회복지재정역량, 지역의 생산역량 변수 들과 사회적기업 수와의 관계를 통계적으로 분석하였고, 경제적 취약계층과 지방 재정역량과 사회적기업의 분포와의 관련성이 높은 변수로 나타났다.[8]

김금환·강영숙에 따르면 전통적으로 산업화가 약세인 지역에서 사회적기업이 특화되어 있는 것으로 나타났다. 산업기반이 약세이고 인구감소 및 노령화 문제를 경험하고 있는 지역들의 입지계수가 높은 것으로 나타났다. 한편 일부 대도시의 경우 시장 수요가 많고 사회적기업이 활동하기 좋은 기업환경을 갖추고 있으며, 시민사회 활동의 용이성 등의 지역 특성이 반영되어 주로 사회적기업 활동의 공급 측면에서 입지에 긍정적인 영향을 미쳐 사회적기업의 수가 많았다.[9]

임은숙·이희정은 수도권 63개 지자체를 대상으로 사회적기업의 입지계수를 구 했다. 사회적기업의 수는 인구밀도와 대학 이상 교육수준 인구, 외국인 인구 등 인 적 특성과 양(+)의 관계를 보였다. 한편 자가보유율, 주택보급률, 소득수준과 부 (−)의 관계를 나타냈다. 사회적기업이 상대적으로 영리적 성격이 낮아 적은 비용 으로도 사회(공공)서비스를 누릴 수 있기 때문이다. 특히, 사회적기업이 일반 기업 에 비해 외국인 인구비율, 인구밀도, 대학 이상 학력 인구비율 등에서 높은 정(+) 의 상관관계를 보인다.[10] 또한 이 연구는 업종별로 연구하여 교육 분야 사회적 기 업이 일반 기업과 유사한 공간분포를 나타냄을 확인하였다. 그 이유는 사회적기업

7. 한상일. 2011. "한국의 인증 사회적기업의 현황과 지역별 분포: 강원도 지역을 중심으로." 『창조와 혁신』. 4 권 1호. pp.149–175.

8. 최조순. 2012. "사회적기업의 지속가능성과 지방정부의 역할." 『시민사회와 NGO』. 10권 2호. pp.117– 148.

9. 김금환·강영숙. 2014. "사회적기업의 지역별 분포 특성 분석." 『벤처창업연구』. 9권 1호. pp.141–151.

10. 임은숙·이희정. 2016. "수도권 사회적기업의 공간분석을 통한 입지특성 연구." 『국토계획』. 51권 3호. pp. 5–24.

이 보다 저렴한 비용으로도 교육 서비스를 제공받을 수 있어 교육 수요와 공급(인적자원)이 많은 곳에 집적하기 때문이다.

기존에 사회적기업의 입지요인을 분석한 연구들을 살펴보면, 여러 변수들과 사회적기업의 분포를 바탕으로 사회적기업의 입지와 변수의 상관관계를 양적으로 다루었으며, 일반 기업의 입지특성과 비교하여 서술하는 경우도 드물었다. 또한, 입지특성은 업종과 기업 규모에 따라 다양함에도 그러한 세부적 특성을 분류하여 기업 분포와 입지요인을 분석하는 연구도 제한적이었다. 나아가 상품수명주기(생애주기)에 따른 입지요인에 대한 연구는 거의 전무했다.

한편, 일반 기업으로써 학원의 입지특성을 연구한 이지원에 따르면 서울시 내에서 지역 내 학교 및 학생 수와 아파트 등 대규모 주거단지의 밀집도가 높은 지역에서 문리계 학원 및 보습학원의 분포가 높게 나타났다. 또한 구별 보습학원 분포에 있어서 지역적 격차가 매우 심한데, 강남구와 송파구에 학원이 많았다. 한편 회귀분석의 결과로 지역별 중학교 수와 아파트 비중이 보습학원 수에 가장 큰 영향을 미쳤다. 허나 이 분석은 다소 일반적인 서술에 그쳐 일반 교육기업의 입지특성에 대한 시사점은 거의 주지 못한다.[11]

III. 서울 6학군의 교육 서비스 입지 특성

1. 6학군 지역의 특성

서울시 6학군 지역은 서울시의 25개 구 중 강동구와 송파구로 구성되어 있다. 6학군 내에 거주하는 10대 인구(10-19세) 수는 96,360명으로, 서울시에 거주하는 10대 인구의 약 11.62%를 차지하고 있다.[12] 2017년 기준으로 강동구에는 657개의

---

11. 이지원. 2003. "보습학원의 공간분포와 입지특성에 관한 연구." 이화여자대학교 대학원.
12. KOSIS. 2018. 〈연령 및 성별 인구 통계〉.

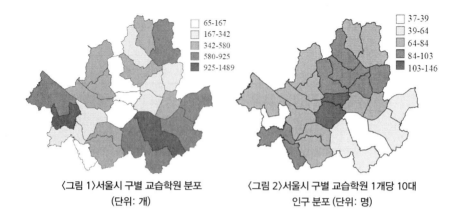

<그림 1> 서울시 구별 교습학원 분포
(단위: 개)

<그림 2> 서울시 구별 교습학원 1개당 10대
인구 분포 (단위: 명)

교습학원이, 송파구에는 925개의 교습학원이 입지해 있는데, 25개 구 중 각각 7위, 3위를 차지하고 있다.[13] 이를 지도화한 결과는 다음과 같다.

〈그림 1〉과 〈그림 2〉는 완전히 상반되는 양상을 보인다. 많은 교습학원이 분포해 있는 강남·서초·송파·강동·양천 지역은 거주하는 10대 인구를 반영하자 그 비중이 급격히 줄어들었다. 이는 강북 지역에 비해 강남 지역에 학원들이 집중적으로 입지하여 있다는 기존의 통념과는 반대된다. 그 이유로 이 지도화의 대상이었던 학원의 범주를 교습학원으로 한정시켰으며 기타 개인적인 요인들을 전혀 고려하지 않고 단순히 10대 인구 전체를 학원 수와 비교하였다는 점을 들 수 있다.

또한, 지역 내 종사자 비율을 살펴보면 강동구의 경우 전체 종사자 수의 34.9%가 서비스 업종에 종사하며, 이 중 19%가 교습학원 종사자이다. 송파구의 경우 전체 종사자 수의 33%가 서비스 업종에 종사하며, 이 중 20.1%가 교습학원 종사자이다.[14] 교습학원 업종 종사자 수를 기준으로 보았을 때 강동구는 25개 구 중 7위에 머물렀고, 송파구는 3위를 차지하였다. 6학군 내의 일반 학원가, 즉 학원 밀집 구역을 찾기 위해 서울특별시 등록학원 정보 목록(2017년 12월 기준)을 재구성하여 지도화한 결과는 다음과 같다. 총 1746개의 학원을 대상으로 하였다.

---

13. SGIS 생활업종 통계지도(2017년 기준)
14. SGIS 생활업종 통계지도(2017년 기준)

〈그림 3〉서울시 구별 교습학원 분포 〈그림 4〉서울시 구별 교습학원 1개당 10대
(단위: 개) 인구 분포 (단위: 명)

〈그림 3〉에는 6학군 내의 학원들이 비교적 고르게 분포하는 것처럼 나타나 있다. 그러나 〈그림 4〉를 통해 6학군 내에는 크게 세 개의 '학원가'(학원 밀집 지역)가 존재한다는 점을 확인할 수 있다. 이는 왼쪽부터 차례로 잠실동과 삼전동 사이 지역, 방이동과 오금동 사이 지역, 그리고 명일동 지역이다.

2. 6학군 교육 서비스업의 특성과 입지 현황

본 연구에서는 선행 논문들의 연구 방법을 차용하여 서울 제6학군(강동·송파구) 교육 서비스업의 입지적 특성을 확인하기 위해 입지계수(이하 LQ 지수) 개념을 활용하였다. 본 연구의 대상이 되는 사회적 경제조직의 범위는 사회적기업, 마을기업, 협동조합이며, 협동조합은 일반 협동조합과 사회적 협동조합을 모두 포함한다. 사회적 협동조합이 일반 협동조합과는 달리 취약계층에게 사회서비스와 일자리를 제공하는 등 영리를 목적으로 하지 않는다. 따라서 사회혁신기업 연구에서 일반 협동조합을 대상에서 배제하기도 한다.[15] 그러나, 사회적 협동조합의 수적 규모가 일반 협동조합에 비해 현저히 작기 때문에 만약 사회적 협동조합만을 대상으로 연구를 진행한다면 사회적 협동조합의 수가 아닌 입지 여부만이 지역의 LQ 지수를 결정하는 유일한 요인이 될 가능성이 우려된다. 또한 사회적 경제조직이 영리와 비영리를 함께 추구할 수 있다는 유연성을 고려하여, 본 연구에서는 일반 협동조합과 사회적 협동조합 모두를 연구 대상에 포함한다.

$$LQ = \frac{S_i^r / S^r}{S_i^n / S^n}$$

S_i^r=r지역 i 유형의 사회적 경제조직 수

S^r=r지역 전체 사업체 수

S_i^n=전체(n) 지역 i 유형의 사회적 경제조직 수

S^n=전체(n) 지역 전체 사업체 수

n을 대표하는 전체 지역과 r을 대표하는 대상 지역의 스케일에 따라 LQ 지수를 분리해서 구하였다. 서울특별시 전체 지역을 n으로 두고 분자의 r에 각각 강동구와 송파구, 그리고 6학군 전체 지역을 두는 구 단위의 LQ 지수(r=구)와 강동구와 송파구, 6학군 전체 지역을 각각 n으로 두고 r에 각 구의 법정동을 두는 동 단위의 LQ 지수(r=동)이다.[16]

연구 자료는 서울열린데이터광장의 서울시 사업체현황(종사자규모별/동별) 통계(2017.5. 수정)와 서울시 (예비) 사회적기업 지정 현황 (2017.2. 수정), 한국사회적기업진흥원의 사회적기업 통계(2019), 행정안전부의 마을기업 통계(2019.3.), 서울정보소통광장의 서울시 협동조합 신고 및 인가 현황(2017.12.)을 사용하였다. 동 단위의 LQ 지수를 구할 때에는 강동구 사회적경제지원센터와 송파구 사회적경제지원센터 홈페이지에 기재되어 있는 사회적기업, 마을기업, 협동조합 목록을 추가하였다. 구 단위의 LQ 지수에 각 구에서 지정한 사회적 경제조직까지 모두 포함해야 가장 정확한 값이 나올 것으로 예상되나, 연구 범위인 6학군에 집중하기 위해 구 단위의 LQ 지수에서는 시 단위 이상의 기관에서 지정한 사회적 경제조직만을

---

15. 윤혜연·장석인·장동호. 2019. p.98.

16. 윤혜연·장석인·장동호. 2019. p.98.

대상으로 하여 조금 더 거시적인 비교를 하고자 하였다.

또한, 두 개 이상의 기관에서 중복으로 지원을 받는 사회적 경제조직들이 존재한다. 예를 들면 강동구에 위치하여 DIY 공방 통합 교육을 제공하는 '온도도시 협동조합'은 강동구의 사회적기업이자 협동조합이다. 하지만 그 수가 적어 전체 사업체 수의 규모가 큰 구 단위의 LQ 지수 결과에 큰 영향을 미치지 않을 것으로 판단하여 이를 배제하지 않았다. 반면 동 단위의 LQ 지수에서는 전체 사업체 수의 규모 자체가 작기 때문에 하나의 사회적 경제조직이라도 결과 값에 크게 영향을 미칠 것으로 보아 중복되는 사회적 경제조직을 고려하여 연구를 진행하였다. 결과는 다음과 같다.

LQ 지수는 특정 산업이 해당 지역에서 특화된 정도를 나타내는 지표로, 일반적으로 LQ 지수가 1이 넘으면 특정 산업이 해당 지역에서 특화되었다고 간주할 수 있다. 표 1의 구 단위 LQ 지수 값을 통해 강동구에 교육 서비스업 사회적 경제조직이 비교적 집중되어 있으며, 제6학군 전체 스케일로 보면 지역 내 전체 사업체 수에 대한 교육 서비스업 사회적 경제조직의 비중이 그리 높지 않다는 점을 확인할 수 있다. 표 2의 동 단위 LQ 지수를 통해 보다 세부적인 스케일의 분석을 할 수 있었다. 먼저 동 단위의 구(區)내 LQ 지수는 전반적으로 강동구보다 송파구에서 고르게 나타나고 있다. 강동구의 9개 법정동 중 3개 동만이 1 이상의 LQ 지수를 가지지만, 송파구의 13개 법정동 중 무려 9개 동이 1 이상의 LQ 지수를 갖고 있다. 그러나 모든 동을 통틀어 가장 높은 LQ 지수를 가지는 강동구 암사동은 무려 5.6이라는 값을 기록하였다. 송파구 마천동이 2.4로 뒤를 잇는다.

같은 자료를 가지고 동 단위의 학군(學群) 내 LQ 지수를 구해 보면, 강동구의 LQ

〈표 1〉 구 단위 교육 서비스업 사회적 경제조직의 LQ 지수

지역	LQ 지수
강동구	1.0806
송파구	0.7734
6학군	0.8935

<표 2> 동 단위 교육 서비스업 사회적 경제조직의 LQ 지수

구	법정동	교육 업체 수[1]	전체업체수	LQ지수(구)	LQ 지수(학군)
강동구	암사동	10	1478	5.629	7.514
	성내동	7	6481	0.899	1.199
	상일동[2]	2	1454	1.145	1.528
	천호동	8	7164	0.929	1.240
	고덕동	3	2380	1.049	1.400
	길동	2	4054	0.410	0.548
	명일동	2	2799	0.594	0.794
	강일동	0	477	0.000	0.000
	둔촌동	2	1729	0.962	1.285
송파구	마천동	4	2312	2.447	1.921
	문정동	6	6523	1.301	1.022
	송파동	3	3428	1.238	0.972
	풍납동	2	1920	1.473	1.157
	잠실동	4	5585	1.013	0.795
	가락동	2	8256	0.343	0.269
	거여동	1	1744	0.811	0.637
	방이동	4	4844	1.168	0.917
	신천동	3	3115	1.362	1.070
	오금동	2	2378	1.190	0.934
	장지동	1	1388	1.019	0.800
	삼전동	1	2080	0.680	0.534
	석촌동	0	2570	0.000	0.000

주: 1) 교육 서비스업 사회적 경제조직 수
2) 법정동인 상일동은 행정동인 상일동 전체와 강일동 일부를 포함하고 있다. 따라서 법정동 상일동 내에 입지한 전체 사업체수는 행정동 상일동의 전체 사업체 수와 강일동의 전체 사업체 수/2를 더한 값으로 구하였다.

지수는 높아지는 반면 송파구의 LQ 지수는 낮아진다. 이는 제6학군의 교육 서비스업 사회적 경제조직의 비중이 강동구와 송파구의 중간값 정도의 위상을 갖기 때문이라고 해석할 수 있다. 이 경우 강동구 암사동이 교육 서비스업 사회적 경제조직이 보다 더 특화된 양상이 나타나는 것을 확인할 수 있다. 6학군에 입지한 교육 서비스업 사회적 경제조직의 입지와 LQ 지수를 시각화한 자료는 다음과 같다.

〈그림 5〉에서 확인할 수 있듯이, 강동구는 송파구에 비해 교육 서비스업 사회적

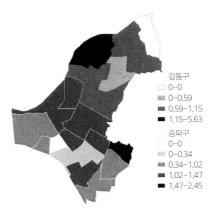

<그림 5> 서울시 6학군 내에 입지한 교육
서비스업 사회적 경제조직 분포

<그림 6> 서울시 6학군 내에 입지한 교육 서비스업
사회적 경제조직 동 단위 구내 LQ지수

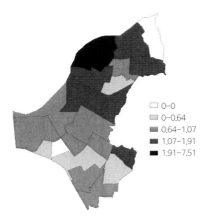

<그림 7> 서울시 6학군 내에 입지한 교육 서비스
업 사회적 경제조직 동 단위 LQ지수

<그림 8> 서울시 6학군 내 학원가와 교육 서비스
업 사회적 경제조직의 입지 비교

경제조직의 분포가 지역적으로 편중되어 있으며 일종의 집적을 이루고 있다. 반면
송파구 내의 교육 서비스업 사회적 경제조직의 입지는 비교적 분산적이다.

또한, <그림 6>에서 가장 진한 색깔로 나타난 지역이 동 단위 구내 LQ 지수가 가
장 높은 송파구 마천동과 강동구 암사동이다. 주목할 점은, 송파구 마천동의 모든
교육 서비스업 사회적 경제조직들은 마천동 내에 위치한 '송파구 사회적경제지원
센터 창업 인큐베이터[서울특별시 송파구 문정로 246(마천동, 송파구사회적경제

지원센터)]'에 집적 입지하는 양상을 보였으나, 강동구 암사동의 교육 서비스업 사회적 경제조직들은 특정한 입지 패턴을 보이고 있지 않다. 오히려 강동구의 사회적경제지원센터는 암사동이 아닌 천호동에 위치하고 있다. 이는 강동구 암사동의 교육 서비스업 사회적 경제조직의 입지에 대한 추가적인 연구가 필요함을 시사한다. 〈그림 7〉의 동 단위 학군 내 LQ 지수는 〈그림 6〉의 동 단위 구 내 LQ 지수와 유사한 양상을 보이고 있다.

6학군 내의 일반 학원가와 6학군 내에 입지한 교육 서비스업 사회적 경제조직의 공간적 분포 비교를 위해 지도화한 결과는 다음과 같다. 〈그림 8〉을 통해 6학군 내 교육 서비스업 분야 사회적 경제조직의 입지 패턴은 일반적으로 형성되는 학원가의 입지 패턴과는 완전히 같지 않다는 점을 파악하였다. 방이−오금동 학원가에는 비교적 사회적 경제조직의 입지가 이루어져 있으나, 나머지 두 학원가 지역의 교육 서비스업 분야 사회적 경제조직의 입지 정도는 상당히 낮다. 이러한 입지 비교를 통해 교육 서비스업 분야 사회적 경제조직이 일반 학원에 비해 비교적 지역적으로 고르게 분포하고 있으며, 특히 일반 학원의 비중이 그리 높지 않은 암사동과 천호동−성내동 지역에 이 사회적 경제조직이 밀집되어 분포하는 양상 또한 확인할 수 있었다.

IV. 사회적 경제조직의 입지요인: 다○교육문화예술협동조합

1. 소개

'다○교육문화예술협동조합(이사장 남○○)'은 신생 일반 협동조합(산업단체)이자 마을기업이다. 본사는 서울특별시 송파구에 있고, 이외에 카페 등 2개의 공간을 대여·기증받아 사용 중이다. 협동조합 수리(인가)는 2018년 10월 17일에 완료되었다. 신생인 만큼 규모는 소기업이며 기획재정부 공시에 따르면 업종 구분은 교육, 품목은 교육·문화·예술 지원사업, 마을 자원 발굴·육성사업이다. 더하여 2019년 2월 송파구 마을기업 7개 중 하나로 지정되었다. 행정안전부 지방자치분권실 공시에 따르면 교육서비스를 제공하는 마을기업이며, 구체적인 제공 서비스는 교육, 문화, 예술, 지원이다. 현재 마을 학교 골목 교실사업을 진행하고 있으며, 2018년부터 '다○골목학교(舊 이루다손)'라는 브랜드를 런칭해 운영하고 있다.

기업명의 '다○'은 어린 소나무라는 뜻이다. 송파(松坡)구의 상징 소나무를 의미한다. 송파구 남부(가락동·문정동·오금동 등)에는 잠실과 달리 그곳에 오랫동안 거주한 사람이 많아 소나무가 익숙하다. 자라나는 어린아이들을 뜻하기도 한다. 수백 년을 사는 소나무와 비교하면 어른들도 그저 어리다. 마을 안에 있는 어른들 역시 성장해 나가는 존재라는 생각도 담았다고 한다. 교육서비스의 제공 대상은 어린아이들부터 중년에 이르기까지 넓은 분포를 보이는데, 학생들에게는 공교육과 사교육이 커버하지 못 하는 교육을 제공하며, 경력 단절자들에게는 학생들을 지도할 기회를 제공해 일자리를 창출하는 것을 목표로 한다.

2. 사업 목표

1) 교육 목표

다○교육문화예술협동조합(이하 '다○')은 2013년, 대안 교육[17] 관련 잡지를 읽으면서 '대안'에 대해 고민했던 한 어린이집 학부모들의 독서모임이 출발이었다. 송파 남부 지역의 교육 문제에 대한 고민이 그 동기였다. 현재 다○은 조합원 11명 전원이 송파구민이며, 경영진으로 4명의 이사와 1명의 감사를 두고 있다.

본 연구진은 2019년 11월 21일 15시경, 가락동 본사를 찾아 남○○ 대표님과 구두 인터뷰를 진행하였다. 기업의 목표와 가치로서, 다○은 단순히 일상에서 필요

---

17. 전통적 학교정책(연령에 따라 학년을 편성하는 것, 학습기법과 교과과정에 대한 엄격한 통제)으로부터 벗어나서 학생의 주도권을 강조하는 교육 형태로 이동하는 교육적 운동으로, 학부모와 지역사회의 개입이 고무된다.

한 것이 아닌 삶의 가치를 찾고자 했다. 기업의 전신이라고 할 수 있는 독서모임에서는 대안 교육에 대한 수많은 토론을 진행했다. 참여자 중에는 진정한 대안 교육을 찾아 송파를 떠난 이들도 있었다. 결국 직장 등 경제적 문제로 인해 떠나지 못하는 사람들이 남아, 왜 대안을 찾아야 하는가에 대해 고민하게 되었다. 그래서 나온 결론은 '굳이 대안을 찾아 떠나야 하나, 우리끼리라도 현실에서 시작해 보자'라는 것이었다. 아이들이 각자의 시기에 키워야 할 가장 중요한 역량이 무엇인지가 기업의 주된 고민이다. 계속해서 세상은 변화하며, 이제 인간이 100년을 산다고 하는데, 더 공부하지 않고 20년 남짓 배운 것만으로 100년을 버틸 수는 없다. 아이들을 가르치기 전에 부모가 먼저 아이들이 배울 내용을 배운 다음에 교육이 제공되는 경우가 많다. 2013년부터 다솔은 이웃 만들기 사업, 부모커뮤니티 사업, 네트워크 사업, 마을예술창작소 등을 운영하면서 모임이 점차 체계화되기 시작했다.

첫째, 송파구에서 문화예술 콘텐츠를 매개로 사멸한 이웃 간의 관계를 다시 만들고자 했다. 이를 위해 다○이 런칭한 브랜드가 '다○골목학교(구 이루다손)'이다. 하나의 공간이 아닌 미용실, 꽃집, 카페 등 12개의 상점들을 연계해 어린이, 주부, 퇴직자, 노인들을 위한 콘텐츠들을 운영한다. 선생님은 옆집 아주머니나 친구 엄마이고, 썰렁하던 골목길은 '이모', '삼촌'하는 아이들과 공동체로 채워진다.

둘째, 다○의 시초가 대안 교육을 위한 학부모 공동체였던 만큼, 골목학교는 학교에서 배울 수 없는 소중한 가치들을 가르치고자 노력한다. 다○가 표방하는 대안 교육은 학교의 제도권 교육을 보충하는(즉 학교 성적을 올리는) 역할보다는, 제도권 교육이 채워주지 못하는 부분을 채워주는 역할을 한다. 강사들이 이를 위한 전문적 자질을 키워나가고 있다. 초반에는 강의력 등은 미흡했지만 경험을 쌓으며 개선되고 있다. 나아가 강의 대상의 범위가 확장되어 공립학교에 협력 교사[18]로 파견되기도 한다. 지역 초등학교들과 MOU를 체결하는 방식으로 계약이 이루어진

---

18. 협력교사제는 초등학교 2, 3학년 국어, 수학 수업에 정교사와 협력교사를 투입하여 기초학력이 부족하거나 학습 이해도가 부진한 학생들을 돕는 제도다. 협력교사는 교원자격증 소지자와 초·중등교육법상 강사 자격에 해당하는 사람이다.

다. 최근 협력 교사로서 교육의 분위기를 바꾸는 역할을 잘 수행하였다는 평가를 학교 측으로부터 받기도 하였다. 협력 교사로 파견된 강사들이 이웃의 아이를 면밀히 케어한 경험이 있으니 학교 입장에서도 다○ 출신 강사들에 대한 인식이 좋다고 한다. 번외로 혹시 이런 방식의 교육이 학교 성적에도 도움이 될 것 같다는 질문에, "안 그래도 다○ 교육생들의 성적을 확인해 본 적이 있는데, 꼭 그런 것 같지는 않다."라며 웃었다.

한편, 이처럼 학교 성적과는 거의 무관한 대안 교육을 진행하고 있지만, 다○ 역시 아이들에게 미래의 대학 입시 문제가 다르게 받아들여질 수 있음을 인식하고 있었다. 이는 대학 입시가 개개인에게 자존감과 성취, 미래의 생계가 걸린 중요한 문제임은 우리 사회에서 일정 부분 사실이기 때문이다. 따라서 오히려 '뿌리를 단단하게 만드는 공부'가 필요함을 역설한다.

> "학교에서는 한국사를 깊게 안 가르친다. 텍스트로 배우는 역사는 기억에 남지 않는다. 어렸을 때부터 보여 주고 체험시켜주고 이야기를 들려주는 것이 중요하다. 어린 딸이 친구랑 같이 어디를 지나가다가 길가에 세워져 있는 문양을 보더니 '이 문양은 조선시대 거야'라고 설명하는 것을 보며, 이런 것들이 스며들어서 개인의 기반에 깔려있어야 함을 느꼈다."   – 남○○ 이사장

대안적 모델의 적용이 어려워 보이는 수학도, '엄마 강사'들을 1년 동안 훈련하여 강사로 양성하여 삶에 대해 돌아볼 수 있는, 다방면에서 생각할 수 있도록 하는 깊은 사고훈련으로써 수학을 공부한다. 제도권 교육에서는 (불가피하게) 학년에 따라 불연속적으로 수학적 지식의 습득이 나눠져 있는데, 골목 학교에서는 연속적 개념들로 인식하고 통합적으로 교육하는 것을 추구하고 있다.

2) 고용 목표

마을기업이므로 강사가 지역 주민들이며, 이른바 '경단녀'(출산, 육아 등으로 인

해 경력이 단절된 여성을 일컫는 단어)의 산실인 학부모가 대부분이다.

"(연구자들은) 잘 모르겠지만, 우리 세대가 교육은 많이 받은, 어학연수나 유학을 다녀온 세대다. 그래서 아이들을 가르치고 싶은데 우리가 추구하는 것을 가르치는 마땅한 학원들이 없어서 '우리가 공부해서 아이들을 가르쳐 보자'라고 한 것이 직접 아이들을 교육하는 방식으로 나타났다."   – 남○○ 이사장

또한 지역의 3~40대 주부들 가운데 의상·미술 분야의 인재들이 많다고 한다. 그래서 이분들은 수공예 수업을 많이 담당하게 되었는데, 협력 교사로 파견 나갈 때 기존 교과 활동들은 종이접기 등에 한정되었다면, 주부 강사들은 여기에 수공예를 접목하여 아이들의 정서 안정에 많은 도움이 된다고 한다. 요즘 아이들은 어릴 때부터 스마트폰 화면에 워낙 익숙해 무언가를 자르고, 맞추는 손기술이 어려울 수밖에 없는데, 수공예가 이 부분에서 지능 계발에도 도움을 준다. 그래서 수공예 교육 프로그램 개발을 꾸준히 하고 있으며, 좋은 강의가 있으면 외부 강의를 듣고 와서 강사들끼리 연구한 후 현장에 바로 적용한다. 실제로 다○ 건물 내부의 수공예 공간에는 수많은 목공예 재료들로 인해 발 디딜 틈이 없었다.

당장 남○○ 대표의 사례를 살펴보면, 디자인 회사에서 12~13년 정도 근무했는데 직장에 다니며 아이를 낳고 키우면서 현실적인 벽에 부딪히게 되었다. 남편도 직장에 다니고, 아이를 맡길 곳이 없었다. 임신하는 순간 해외 출장에서 배제되었으며, 야근이 힘들었고 회식도 못 갔다. 둘째를 임신하는 순간 회사에서 본인을 보는 눈이 달라져서 이제는 진짜 그만둬야겠다고 생각했다고 한다. 스스로도 공부를 하면서 들인 공이 육아 때문에 무용지물이 되는 것이 아깝기도 했고, 주변을 둘러보면 공부할 만큼 한 '엄마'들이 뭘 해야 할지 모른 채 집에만 있는 것이 안타까웠다. 인재들이 낭비되는 안타까운 현실 가운데, 골목 학교 교사를 찾다가 엄마들이 직접 가르치게 되었다. 다○ 강사직은 대부분 전업이 아니다. 매일 출퇴근을 하는 것이 아니라, 본업에 종사하거나 육아를 하다가 파견되는 것이라서, 특히 자녀가

있는 여성들에게는 크게 매력적이다.

인터뷰 직전 '골목학교' 교실에서는 초등학생들을 대상으로 한국사 수업이 진행 중이었다. 40대 여성 강사님은 원래 사학과 출신이며 대학원 과정도 밟은 바 있으나, 육아로 인해 능력을 썩히고 있는 상태였다. 그러나 시간이 흘러 아이가 커서 엄마의 손을 덜 필요로 하게 되자 주변 동네 아이들을 모아 역사를 가르치기 시작하였으며 지금은 여기저기서 강사로 활동하고 있다고 한다. 이 경우처럼 능력을 가진 동네 어머니들이 이웃집 아이들을 모아서 가르치고, 이것이 하나둘 늘며 지식이 순환되면서 마을의 교육 문제에 대한 갈증을 스스로 해소하게 되는 것이다.

3. 운영 현황 및 사업 전략

1) 프로그램 기획·운영

다○골목학교에서는 어린이뿐만 아니라 성인들을 위한 프로그램도 많이 진행된다. 아이들을 가르치는 강사 양성을 위한 수업에 강사로 일하지 않아도 찾아오는 일반인들이 점점 많아졌기 때문이다. 오후 시간대에는 책 읽기, 영어독서, 역사, 목공, 미술, 수공예, 북아트 등 어린이를 위한 프로그램이 많지만, 오전 시간에는 성인들의 취미를 위한 수공예, 캘리그라피, 목공이나 음악을 배우기도 한다. 강사가 아닌 주민들을 대상으로 기본 인문 함양을 위한 비폭력 대화나 젠더교육, 역사교육이나 자격과정 프로그램 등을 운영한다. 최근에는 퇴직자와 연령대가 높은 주민들의 참여가 늘고 있다고 한다.

마케팅은 2019년 3월 26일에 개설된 다○교육문화예술협동조합 네이버 블로그를 통해 이뤄진다. 별도의 사이트가 아직 만들어지지 않아 블로그가 홈페이지의 역할을 겸하고 있다. 또한 특이한 점은 블로그 게시물에 네이버 밴드의 링크가 항상 첨부되는데, 이는 마을공동체적 특성을 잘 보여 준다. 30~40대 지인 모임에서 활발히 활용되는 폐쇄형 SNS인 밴드를 운영하여 이용자들의 의견 교환이 활발히 이뤄진다. 173명(11.27 기준)이 가입되어 있으며 대부분 학부모나 성인 프로그

〈표 3〉 동 단위 교육 서비스업 사회적 경제조직의 LQ 지수

활동명	내용
돌봄교실	학기 중 방과후 혹은 방학에 저학년(7~9세) 대상 〈돌봄교실〉과 고학년(10~13세)을 위한 〈자기주도학습클럽〉 운영
초등학생 대상 강좌	말하기 수학, 영어원서 읽기, 꿈을 품은 역사 교실, 습식 수채화, 어린이 목공 등
성인 대상 강좌	베스트셀러 저자특강, 비폭력대화(NVC)
강사 양성·자격증 과정	말하기수학 지도사과정

램 이용자로 확인된다. 이용자들 간의 라포와 프로그램에 대한 신뢰가 두터움을 알 수 있다. 더불어 공식 페이스북 페이지 역시 잘 관리되고 있으나 팔로워가 5명 (11.27 기준)으로 홍보 효과는 없다시피 한 편이다.

인터뷰에서도 골목학교에는 교육 프로그램들을 이미 경험한 사람들이 찾아오는 경우가 많으며, 이들이 학교나 기관에 소개해 주거나 학부모 네트워크를 통해 들어온다. 즉 주로 입소문과 같은 비공식적 의사소통을 통해 기업과 프로그램들이 홍보되고 있다.

2) 사업 전략과 지속가능성

협동조합은 협동조합기본법에 따라 기본적으로 조합원들의 정기적 출자로 유지되고 조합원은 출자자산에 한정된 유한책임을 진다. 그러나 다○는 주로 주부나 학부모들이 부업으로 조합 운영에 참여하는 특성으로 인해 장기적으로 수익을 발생시키지 못하면 조합의 지속가능성이 위협받게 된다.

여기서 '지속가능성'은 경영 활동의 지속뿐만 아니라 당초 설립목적이었던 사회적 가치 추구의 지속을 의미한다.[19] 특히 마을기업의 지속가능성은 고용의 지속가능성, 매출의 지속가능성, 기관 및 단체 후원의 지속가능성, 경쟁력 향상 등에 달렸다. 여기서 고용의 지속가능성은 마을기업의 사회적 가치라 할 수 있으며, 매출 등

---

19. 이홍택. 2018. "사회적경제 기업의 지속가능한 지역생태계에 관한 개념 틀: 호혜, 배려와 공공정책." 『한국경제지리학회지』. 21권 3호. pp.254-269.

은 경제적 활동의 지속가능성이라 할 수 있다.[20] 이를 바탕으로 인터뷰에서 다○의 수익창출모델에 대해서도 질문하였다.

예상과 달리, 골목학교 수강생들의 수강료는 수익에 거의 도움이 되지 못했다. 처음에는 사업 설계를 수강생들을 대상으로 했지만, 실제로는 이윤의 상당 부분이 강사들에게 배분되며, 여기서 세금 등의 제반 비용을 제하면 조합에는 수익이 거의 남지 않는다. 또한 강사 양성을 위한 프로그램은 예비 강사들로부터 수강료를 받지 않기 때문에 수익이 거의 없는 상태이고, 남○○ 대표도 무급으로 사비를 투자하면서 오로지 사회적 가치를 위해 일하고 있다고 한다. 현재 규모를 살펴보면, 전속 계약된 종사자(강사)수는 30명 내외이며 다○ 프로그램만 진행하는 것이 아니라 외부의 다른 문화예술 프로그램에 단기간 파견되는 강사들까지 합하면 강사수는 더 많다.

남○○ 대표는 이윤이 없어도 괜찮다고 생각하고 사업을 시작했는데, 지금은 이윤 추구와 기업의 지속가능성에 관한 많은 고민을 하고 있다고 한다. 뜻깊은 일에 저렇게 많은 사람을 지속적으로 참여시키기 위해서는 어쩔 수 없기 때문이다.

"경영진과 조합원들처럼 사회적 가치에 투자한 사람들에 대한 보상이 없으면 결국에는 지치기 마련이다."   – 남○○ 이사장

2016년 기준으로 전체 1,342개 마을기업 중 3분의 1이 월 80만 원의 매출도 못올리고 있는 상황이고, 이로 인해 일부 언론 및 단체에서는 사회적 경제조직을 '좀비기업', '보조금 의존단체'로 격하하기도 한다. 이 시점에서 다○는 사회적 경제조직이 계속 지원금으로 연명해야 하는지, 기업의 지속가능성을 어떤 방식으로 확보해 나갈지 내부적으로 활발히 논의 중이다.

논의의 결과 중 하나로 나온 것이 다○ 골목학교에 대한 '브랜딩'이다. 다○에서

---

20. 최우일. 2014. "정부의 정책 및 내외환경이 마을기업의 성과와 지속가능성에 미치는 영향에 관한 연구: 마을기업의 지정요인을 중심으로." 인하대학교 대학원 박사학위논문.

일하던 강사들이 성장해서 협동조합 영역 밖으로 진출할 때, '다○'을 거쳐 갔다는 브랜드 파워가 있어야 한다는 것이다. 즉 교육서비스 기업의 경쟁력 확보는 차별화된 컨텐츠에 달렸다고 할 수 있다. 이를 실행에 옮겨 현재 이사장님은 다○ 전속 강사들의 교육 방침 등에 대한 매뉴얼을 문서로 정리하는 작업을 진행 중이며, 곧 완료될 예정이다.

학교(공교육)에서는 학사 일정이 3월 전에 모두 결정되어 협력 교사의 채용 여부나 규모도 그때 결정되는 경우가 많은데, 초기에는 강사 수입에만 의존하다 보니 재정적인 어려움을 겪었으며 조합비로 운영비를 메우는 현실이었다. 그래서 운영을 위해 여러 공모 혹은 위탁사업을 통하여 부수적 수입을 얻는다고 한다. 단, 그러한 부수적 사업 진행에 있어서도 추구하는 사회적 가치에 부합하는 것이어야 한다. 협동조합으로서 할 수 있는 활동들을 구청에 제안하거나 공모에 당선이 되어 사업을 진행하게 되면 일자리 창출과 함께 사업 이윤이 남는 두 마리 토끼를 잡을 수 있다. 즉 지자체에서 사업 공모가 시작되면 협동조합 측으로 연락이 오는데, 그것이 조합의 취지랑 맞으면 사업 제안을 하게 된다. 현재 송파구의 '우리가게 아트테리어(Arterior, Art+Interior) 지원 사업'으로 생계가 어려운 청년 예술가를 지원하고 있다. 이 지원받은 청년 예술가들이 소상공인들의 매장의 디자인을 바꾸어 주는 사업이었는데, 총 15개의 청년 일자리가 창출되었으며 소상공인 매장 30개소가 지원을 받았다. 이 사업에서 얻는 수익은 그리 크지 않지만 뿌듯함에 참여하고 있다고 한다. 마을 활동을 2013년부터 했는데 마을기업으로서 수익을 내게 된 것은 2019년이 처음이다. 이러한 방식으로 수익 모델을 새롭게 만들어가는 중이지만, 이는 불확실성이 크다. 그래서 차라리 교육 프로그램의 '소비자'들에게 이 활동의 가치에 대해 설명해 주고 이에 대한 정당한 대가를 지불하라고 설득하는 것이 더 유리할 것이다.

4. 입지요인

지리적 지역 규모에 따라 입지원리가 다르므로, 스케일에 따라 분류하여 서술한다. 다만 마을기업 특성상 국가나 지역 등의 거시적 스케일에 대한 논의는 그 시사점이 제한적이므로 생략한다.

1) 도시, 구역 스케일

다○교육문화예술협동조합은 전술했듯이 송파구 남부를 기반으로 하는 마을기업이다. 다○는 신생 소기업이고, seed-bed(온상) 가설이 확인되는 전형적인 사례다. 신생기업의 입지를 설명하는 이 행태적 가설에 따르면, 기업가는 자신의 연고지에 살고 싶어 하는 개인적 욕구로 인해 통계적으로 68~90%가 고향에 입지하는 것이 전형적으로 나타난다. 심지어 글로벌 비즈니스 기업 중에도 자연스럽게 창립자의 연고지에 입지하는 경우가 많았다. 연고지에 입지한 새로운 기업가는 국지적 노동 특성에 대한 이해도가 높고, 금융기관, 지역시장, 가능한 장비와 물품 등에 대한 정보가 많다. 또한 입지의 평가와 결정에 대하여 심리학의 행태적 접근 방식을 취하면, 기업가는 합리적 경제인가 아닌 합리성이 제한된 '만족자(satisfier)'로서, 최적 결정보다 심리적 소득(효용)을 추구한다.

송파 남부를 사업 지역으로 선정한 것은 오롯이 이곳이 남○○ 대표의 연고지로써, 기업의 seed-bed로 기능할 수 있기 때문이다. 특히, 사회적 경제조직 중 다수가 지역적 문제를 해결하기 위해 취약계층을 고용하거나 돕는데, 그 지역에 장기간 거주했다면 당연히 지역 문제의 원인과 현황을 더 면밀히 살필 수 있다. 수혜 범위가 인근 마을에 한정되는 경우가 많은 마을기업은 더더욱 이러한 입지 경향이 강할 것이다.

"자기가 사는 지역 말고 다른 데서 사회적 경제조직을 설립하는 경우는 거의 못
봤다." – 남○○ 이사장

사회적 문제에 관심을 가지는 동기 중에는 살고 있는 지역에 대한 고민이 가장 컸다. 행정이 문제들을 해결해 주지 못하고, 공교육 역시 변화 요구에 무관심했다. 지역 초등학교들은 규모가 작아 비교적 대안적 모델의 적용이 쉬움에도 개선의 의지가 없었다. 하지만, 대표는 송파 남부가 입시 공부에 매진하는 송파 북부(잠실)과 달리 공부에 대한 태도가 다르다는 사실을 인식하고 있었다. 그래서 이 활동을 시작하자 비슷한 생각을 지닌 학부모와 자녀들이 이곳에 모이기 시작했고, 이 지역이 교육 혁신을 위한 seed-bed의 역할을 하게 된 것이다.

이 seed-bed는 첫째, '개인적 컨택'과 '노동이용가능성'이 우수하다. 남 대표는 오래전부터 자녀가 다니는 초등학교의 학부모 독서모임에서 지역 교육 문제 등 비슷한 현안에 대해 고민하는 주민들과 많은 친분을 쌓았을 것이다. 또한 그중 대다수를 차지하는 육아 이유 경력단절여성들은 골목학교 강사로 채용할 수 있었다. 이 여성들은 '이웃집 아이를 가르친다'는 책임감을 가지게 되고, 아이를 맡긴 부모들은 'OO이네 엄마가 가르친다'라는 신뢰감과 만족감을 얻을 수 있어, 사업 목표에 부합하는 인력풀에 대한 접근성이 높다.

둘째, 시장 이해도가 높다. 오랜 시간 지역에서 직접 자녀를 키우면서, 교육문제와 이에 대한 지역사회의 태도를 깊게 파악할 수 있었다. 6학군임에도 이 지역은 소득이 높지 않고 교육열이 그리 센 편이 아니어서 (입시와 무관한) 대안적 교육모델에 대해 오히려 관용적이었고, 인구밀도가 비교적 낮아 공동체적 마을 활동이 더 수월했다는 평가다. 골목학교에는 가족이 함께 참여하는 경우가 많고, 좁은 지역사회에 기반하기에 참여자 입장에서는 일반적인 문화센터 등의 프로그램에서 얻는 인간관계와 다른 차원이라는 점도 마을 프로그램만의 매력이다.

"서로 성장을 돕는 것 같아요. 다들 만족도가 좋으신 이유가 정말 신기하게도 서로 채워지는 부분들이 있어요. 내 아이와 안 맞는 부분이 저 집 아이랑 나랑 잘 맞고, 우리 아이는 저 엄마랑 잘 맞으면 서로 채워지거든요. 어른들과의 관계도 그래요. 직접적으로 안 맞는 사람이더라도 함께 어울리고 중간에 누굴 통해 하는

62

관계는 괜찮더라고요. 이런 것들을 좋아하셔요. 관계 속에서 서로 배우면서 성장하는 거요. 한편으론 공급자와 소비자가 마을 사람들이라 우리가 일방적인 공급자나 수혜자가 되지 않는 점이 좋은 것 같아요. 어제의 공급자가 오늘의 수혜자(소비자)가 되기도 하고, 나는 공급자인데, 내 아이는 혜택을 받기도 하는 호혜적 관계가 가득한 게 매력이죠."   – 남○○ 이사장

　　셋째, 교통 환경이 우수하다. 본사(서울특별시 송파구 동남로 99)의 위치를 중심으로 살펴보면, 자가용과 대중교통 모두 접근성이 매우 우수하다. 서쪽으로 동부간선도로 자곡 IC와 매우 가깝고, 남쪽으로는 서울외곽순환고속도로 송파IC와 가까워 올림픽대로와 서울 외곽으로부터의 접근이 편리하다. 또한 왕복 12차선의 송파대로와 근접해 잠실역까지 10분밖에 걸리지 않는다. 한편 골목학교 이용객 특성상 자가용이 없는 주부가 많은데, 대중교통 환경도 훌륭하다. 전철의 경우 3·8호선 가락시장역, 8호선 문정역에서 도보거리다. 버스는 중앙차로 정류장인 문정로데오거리입구(광역 8, 간선 7, 지선 1, 심야 2/경기 9개 노선)와 문정1동주민센터 정류장(간선 1, 지선 4개 노선)이 인접해 서울 전역은 물론 인근 경기 지역에서도 빠르게 접근할 수 있다. 이러한 교통 어메니티는 골목학교 수혜 범위의 지리적 확장을 일으켰다. 골목학교 개설 초기에는 가락동·문정동 일대만 시장권으로 평가했다. 마을기업이기에 당연한 타켓팅이다. 강사들이 파견되는 학교도 송파구 남부 4~5개 동(洞)의 초등학교들이다. 하지만 지금은 골목학교에 서울 강서구, 경기도 양평군, 광주시 등에서도 찾아온다. 강남구와 서초구에서도 가까우니까 많이 찾고, 경기도 외곽에서도 입소문을 통해 하나둘씩 찾아온다고 한다. 자신이 원하는 교육 방식이나 추구하는 가치가 맞다고 생각되면 먼 거리도 가는데, 교통 편리성이 이러한 선택의 가능성을 높여주고 있다.

　　넷째, 기업 네트워크가 잘 조직되어 있어 각종 정보가 활발히 교환된다. '송파구 사회적경제 협동조합'에 가입되어 필요한 지자체 조례를 통과시키기 위해 조직적 노력이 이뤄지고 있다. 또한 유사한 컨텐츠를 가진 기업들과 공동으로 사업을 기

획하고 실행하기도 한다. 이 기업 모임에는 월 1회 정기 회의가 있고, 카카오톡 단체채팅방을 통해 수시로 정보를 주고받는다고 한다.

더 좋은 유인이 있다면 기업의 위치를 이전할 의사가 있냐는 물음에, 남○○ 대표는 지역성을 기반으로 하는 마을기업이다 보니 송파구 남부를 벗어날 수는 없다고 답하였다. 다만 '구심점의 농도만 옅어지지 않는다면' 사업을 확장할 의지는 있다. 멀리서 찾아오는 소비자들이 이 시스템을 본인들의 지역에도 운영해달라는 요구가 많기 때문이다. 정형화된 시스템을 구축해서 그 마을에서도 운영할 수 있도록 할지 현재 고민 중이라고 한다. '다○골목학교'가 그 브랜드이며 우리가 추구하는 교육모델을 다른 지역들에 이식하는 역할을 할 수 있을 것으로 기대된다.

2) 위치, 건물 스케일

현재 본사는 용현빌딩 지하 1층을 임대해 사용 중이다. 좁은 공간에 다목적 강의실, 악기 교육을 위한 합주실, 수공예 교육을 위한 목공실 등으로 이뤄져 있다. 협동조합 인가 전에는 공간 지원이 아닌 사업 지원만 받으며 독서모임을 진행했기 때문에, 공간은 그때그때 옮겨서 활동하였다. 임대할 여력은 없어 대여를 정기적으로 해 줄 수 있는 공간, 예를 들면 개롱역(5호선) 근처의 골방이나 오금동 청소년 카페 등이었다. 수 시간 대여하는 것은 10만 원이 채 들지 않았다. 여의치 않을 때면 임시로 경비실이나 주민센터도 많이 빌렸다고 한다. 골목학교를 시작한 이후에는, 컨텐츠를 안정적으로 운영하기 위해 큰 공간을 임대하는 건 어려웠다고 한다. 그래서 시행할 프로그램을 설명하면서 가락동과 문정동의 여러 공간을 방문했다. 그 결과 침체된 문정 로데오거리 상인들이 함께 시너지를 내보자는 의도로 헐값에 공간을 많이 빌려주었다. 아이들을 위한 프로그램을 운영할 때면 차 한 잔 값으로 공간을 대여해 주기도 했다고 한다. 이 상권은 원래 의류 브랜드의 상설 할인 매장이 모인 곳인데, 아울렛이나 인터넷 쇼핑몰이 성장하면서 발길이 뜸해진 상태였다. 휑해진 '골목'을 살려보자는 다○의 의지가 통한 것이다. 또한 용현빌딩 바로 옆에는 평화초등학교와 가원중학교가 있고, 오른쪽에 '건너말공원'이 있다. 공원에는 넓은 운동장과 놀이터, 경로당과 벤치 등이 있어 지역 주민들의 생활과 밀접하다. 여기서 '다○골목장터', 캘리그라피 교실 등 다양한 공개 프로그램을 진행하면 지역 주민들이 긍정적으로 반응해 주는 경우가 많다고 한다.

송파구 마을기업 인증 후에는 지원금으로 현재의 공간을 마련했다. 지자체에 예산안을 제출하고 이것이 인준되면, 임대료에 해당하는 금액을 지원받는다. 사용하는 공간이 3곳인데, 1곳은 개인이 무료로 사용하도록 내주었고 나머지는 조합원이 각각 보증금을 부담하였다.

요약하자면, 다○의 입지는 기업의 대표 개인이 지역 문제 해결에 대한 사회적 비전 수립과 리더십을 형성하게 했던 환경(지역 주민의 참여와 교통 인프라, 기업 간 네트워크, 지역경제 및 주민의 학력 수준, 지자체 지원)이 연고와 합치되어, 계획했던 사업들이 대체로 성공적으로 운영될 수 있게 하였다.

V. 일반 기업의 입지요인: 한○보습학원

1. 교육 서비스업 기업의 특성과 운영

서울특별시 강동구 명일동의 학원가는 그 역사가 30년 정도로 길다. 배재고등학교, 한영고등학교 등 강북 지역의 명문 고등학교가 정부 시책에 따라 강남으로 이전해 오며, '눈치 빠른' 사업가들은 명일동 일대에 학원을 차리기 시작했다. '발 빠른' 엄마들은 이에 맞추어 이사를 왔다. 그렇게 명일동에는 서울에서 네 번째로 큰 학원가가 들어서게 되었다. 한○학원 김지현 대표는, 이중 '발 빠른' 엄마였다. 총명한 자녀에게 학원가의 수준 높은 사교육을 시켜야겠다고 생각한, '알파맘'이었으리라. 그러나 학원가가 생겼다 해도, 신생 학원가인 명일동에 대치동, 목동의 유명한 선생님들이 올 리는 없었다. 5층짜리 주공 아파트와 적은 학생 수, 낮은 접근성은 유명한 강사가 좋아하는 요소가 아니었기 때문이다. 덕분에 당시의 명일동 선생님들은, 강남 일대에서 퇴역한 소위 '2타' 강사들이 1타 강사[21] 노릇을 하며 활동하고 있었다고 한다. 원장님은 '1타' 강사가 사업의 모델로 떠올랐다. 대치동 학원가에서 좋은 선생님을 모셔서 명일동에서 학원을 차리면, 소수 정예의 고액 과외가 분명 성공할 것이라 말이다. 그렇게 다른 학원의 빈 교실을 빌려서 시작한 학원은, 사교육 붐으로 수강생이 늘어나며 30, 50, 100명…까지 늘어났고, 결국 빌린 학원 자체의 학생 수보다 더 많은 학생을 모으게 된 원장님은 아예 학원을 인수해 개업하며 학부모가 아닌 '대표'의 길을 걷게 되었다고 한다. 덕분에 우리는, 명일동 학원가에서 25년간의 삶을 살아온 '산 증인'을 만날 수 있었다.

학원은 대부분 영세하다. 원장이 곧 회사의 대표인, 개인 사업체가 주를 이룬다. 일부 기업형 학원은 프랜차이즈 형태로 경영해 월급을 받는 원장도 있지만, 대부분 원장은 자신의 경영 능력에 따라 보수를 받는 것이다. 그렇다면 학원의 구조는 어떠할까. 보통의 단과 학원은, 강사를 직원과 같이 전속으로 고용한다. 학원에 소속된 만큼, 강사는 매일 출근해 여러 분반에 들어가 수업한다. 한 과목의 넓은 영역을 다루어야 하기에 전문성이 떨어진다는 단점이 있지만, 전속 계약을 한 직원에게 계속 일을 시켜야 하는 학원의 입장을 고려한다면 어쩔 수 없는 일이다. 이때 학원의 수익/비용 구조는, '(수업료) – (강사 월급) – (기타 제반 비용)'으로 계산된다. 한편 전속 계약의 방식과 달리, 특정 강좌 단위로 강사와 계약을 체결해 수익을 창출하는 학원이 있다. 흔히 '김○○ 강사 토익 5회 특강', '유○○ 강사 명문고 내신 특강' 등의 강좌가 개설된 모습이 이에 해당한다. 이 경우, 학원은 유명한 강사를 데려와 강의실을 임대하고, 많은 학생을 모집한다. 그렇게 초빙한 강사의 수는 규모에 비해 많지만, 이들은 강의가 있는 날에만 학원에 출강을 온다. 강사가 유명할수록 학생이 많이 몰려 수익이 발생하기에, 학원은 언제나 을(乙)의 입장에서 스타 강사를 모셔온다. 이때 학원의 수익/비용 구조는 '(수업료) + (강의실 임대료) – (강사 강의료) – (기타 제반 비용)'으로 계산된다. 인기 많은 강사를 모셔온 만큼 강사

---

21. 사람들에게 인기가 좋은 강사들을 일컫는 말로, '스타 강사'와 비슷한 말로 볼 수 있다. '1등 스타 강사', '1타임 강사', '1번 타자 강사' 등 어원에 대한 다양한 추측이 존재한다.

강의료 지출이 크기에, 종합 학원의 경우 보통 단과 학원에 비해 많은 학생을 필요로 한다.

한○학원 역시 후자의 경우에 속했다. 유명하고 수준 있는 강사진을 원했던 '학부모의 눈'으로 강좌를 만들었기 때문이었다. 한 선생님이 여러 과목을 모두 강의하는 학원이 많았던 명일동에서, 김 대표는 차별화를 시도했다. 강좌 단위로 강사를 초빙해 높은 교육 서비스의 질을 보장했고, 그것이 상위권 학생들에게 매력으로 다가왔다. 그렇게 내세운 '단과 전문'이라는 차별화된 장점으로, 한○학원은 성장하기 시작했다.

현재 한○학원은 인접 고등학교인 배재고등학교, 한영고등학교, 한영외국어고등학교 학생만을 강의 대상으로 한다. 배재고와 한영외고가 시험 기간이 다르고, 최근에는 예비 고등학생 반을 개설해 학원에는 1년 내내 빈틈이 없다. 총 학생 수는 100~300명을 오가며, 인터뷰 당시(2020 대학수학능력시험 직후)에는 고3 학생들이 모두 학원을 그만두어 예비 고1(현 중3) 학생들을 대상으로 활발한 홍보를 하고 있었다. 그러나 교육업의 특성상 한○학원의 생애주기는 지금의 이 자리에 오르기까지 그리 평탄하지는 않았다. 하루가 멀게 변화하는 입시 추세에 빠르게 적응해야만 학원은 살아남을 수 있기 때문이다. 2000년대 후반에 들어 취업난으로 문과가 약해지고 이과가 살아나면서, 전부 인문계열인 외국어고등학교 학생들의 비중이 컸던 한○학원은 경영상의 어려움을 겪기 시작했다. 한영외고 내신 강의를 비롯해 여타 자격증 강의와 경시대회 수업은 모두 일반 고등학교 학생들의 구미를 당기게 하는 강좌가 아니었기 때문이다. 학생 수가 급감하고 학원의 운영이 어려워진 찰나, 원장님은 자연계열 학생들을 위한 강좌 개설을 시도했다. 수요층의 다변화를 꾀한 것이다.

자연계가 다시 인기가 많아지면서 일반고가 매력을 얻기 시작했다. 이 점을 파악한 김 대표는 일반고를 타깃으로 잡아야겠다고 생각했다. 이때도 레드오션인 일반고 학생 시장을 잡을 키워드는 '차별화'였다. 학생의 수준과 기대치가 높지 않아, 비교적 인지도가 낮은 강사를 데려올 수 있음에도 차별화를 위해 유명강사를 초빙하는 전략을 사용했다고 한다. 생애주기 상의 쇠퇴기가 거듭해 찾아왔음에도, 이를 다시 성장기로 이끈 것은 철저히 경영자의 몫임을 보여 주는 대목이었다.

2. 교육 서비스업 기업의 입지

'차별화'가 기업 경영의 신조인 만큼, 한○학원 입지의 가장 중요한 요인은 '1타 강사의 강좌 존재 여부'였다. 1타 강사가 가지 않는 지역에 1타 강사를 모셔오면, 학부모들의 높은 교육열이 그 수요를 뒷받침한다는 것이다. 실제로 한○학원은 대치동 학원가를 비롯해 분당, 목동, 강북 지역에 분점을 세우고 있었는데, 이들의 공통점은 모두 대치동 학원가와 상당한 물리적인 거리를 두고 있다는 점이었다.

이때, 한○학원의 분점 입지 선정 과정은 일반 기업의 생애주기 이론과도 맞닿아 있었다. 대치동과 멀리 떨어져 있으며 학원이 밀집한 명일동 지역에 초기 입지를 한 후, 점차 수강생의 수가 늘어나자 분점을 계획해 분당, 목동, 강북 등 '검증된' 학원 밀집 지역에 분점을 내어 '차별화' 코드를 적용해 수요를 확보하였다. 이 과정은 한○학원에 대한 인지도를 높였을 뿐 아니라, 학부모들의 신뢰를 확보해 업계 내에서 급격한 성장을 이루게 하였다. 이후에는 성북구 돈암동, 경기도 안산시 등 학원 밀집 지역이 아닌 '2군'으로 분류되는 지역에도 시범적으로 분점을 내며 확장을 도모하였고, 이는 생애주기 상 성숙기에 해당한다고 볼 수 있다. 시장의 매력도가 다소 떨어지더라도, 그 규모의 확장을 위해 진출하는 것을 고려해 볼 필요가 있기 때문이었다. 또한, 인터뷰 과정에서도 원장님께 생애주기 이론을 설명해 드리고 현재 학원이 어떤 단계에 위치한다고 생각하는지 질문하였다. 원장님 역시 성숙기에 다다른 것 같다는 의견을 내보이셨는데, 이는 잦은 굴곡에도 불구하고 장기적으로 학원의 규모가 커져 왔기 때문이며, 학원의 규모가 지금보다 아주 거대해지지는 않을 것이라는 생각 때문이었다.

한○학원의 입지 변화과정에서 눈여겨볼 점은, 입지뿐만 아니라 수요자 역시 다변화하였다는 것이다. 초기에 한영외고와 배재고의 상위권 학생만을 수요처로 삼았다가, 현재는 한영고, 한영외고, 배재고의 모든 학생을 수요처로 삼았다는 것은, 학원이 비용이 많이 드는 입지 변동보다 수요처 변동에 방점을 두어 경영전략을 변화시키고 있다는 것으로 해석할 수 있었다. 실제로 인터뷰 당시에도 설령 한영외고와 배재고가 이전하더라도 계속 명일동에 자리할 것이라는 말씀을 들을 수 있었는데, 20여 년간 쌓아온 신뢰와 이미지를 포기하고 입지를 옮기기에는 치러야 할 비용이 많기 때문이었다. 또한, 예전과 달리 명일동에 고층 아파트가 많이 건설되어 배후 교육 수요도 많은 점 또한, 수요처를 변동해 입지를 유지할 요인이 될 것이었다.

한○학원은 현재 돈암동에 분점을 낸 상황이며, 앞으로도 여력이 되는 한 꾸준히 분점을 내어 규모를 확장할 예정이다. 또한, 고급 교육 서비스를 제공하기 위해 본점(명일동)의 교육의 질 역시 높은 수준을 유지할 것이라고 한다. 학교가 많고 주거지, 즉 새로운 아파트가 들어서는 곳이되 1타 강사들이 잘 가지 않는, 학교 등의 배후 수요가 확실한 지역은 한○학원의 입지 후보지며, 이 과정에서 도입된 강사 수준의 차별화라는 공급 서비스의 매력요소는 기업의 신규 진입을 보조하는 구실을 했다.

VI. 결론

1. 분석 결과

1) 입지요인

협동조합이자 마을기업인 다○교육문화예술협동조합과 일반기업인 한○보습학원의 입지요인을 표로 정리하면 〈표 4〉와 같다.

본 연구자들이 연구 대상 지역 범위를 서울시 6학군(강동·송파구)으로 한정하였기 때문에 다○교육문화예술협동조합과 한○보습학원은 각각 송파구 가락동과

<표 4> 다○교육문화예술협동조합과 한○보습학원의 입지요인 비교

비교 기준	다○교육문화예술협동조합	한○보습학원
본사 위치	서울시 송파구 가락동	서울시 강동구 명일동
초기 본사 입지요인	대표자의 연고지	대표자의 연고지
본사 입지의 장점	개인적 컨택, 노동력, 시장 이해도, 교통, 네트워크	학원가 클러스터, 배후 교육 수요
분점(자회사) 입지요인	수요, 본사와의 물리적 거리	학교, 새로운 주거지, 높은 교육열, 유명 강사의 부재

강동구 명일동에 입지하고 있다. 초기 입지요인은 다○교육문화예술협동조합(이하 다○협동조합)과 한○보습학원(이하 한○학원) 모두 '대표자의 연고지'라는 측면에서 동일하다. 그 형태가 법적·제도적으로 인정되고 정부 및 지자체의 지원을 받지 못 하던 초기 독서모임 시절 다○협동조합의 입지는 불안정하였다. 당시 고정된 공간을 마련할 만한 비용이 만만치 않아 전철역 근처 골방이나 청소년 카페, 주민센터 등을 전전하였다고 남○○ 대표는 답하였다. 그러나 유동적인 초기 입지의 범위조차 남 대표의 연고지인 서울시 송파구 남부 지역으로 한정되는 경향을 보임을 확인할 수 있었다. 송파 남부 지역은 2018년 협동조합 인가, 2019년 마을기업 인가를 받은 다○ 본사의 현재 입지 지역이기도 하다. 대표자가 연고지와 친밀하고, 오랫동안 거주하면서 연고지의 문제점, 특히 교육 문제에 대해 자연스럽게 관심을 두게 되었기 때문이다. 즉, 남 대표의 연고지가 기업의 초기 입지를 결정하는 주요한 요인이었으며, 이는 seed-bed 가설에 부합하는 경우라고 할 수 있다.

한○학원의 경우도 마찬가지로, 기업 대표자(원장)의 개인적인 요인에 의해 초기 입지가 결정되었다. 대표는 자신의 자녀가 학원 수업을 들으러 이동하지 않고, 공부할 시간을 최대한으로 확보해 주려는 목적으로 유명한 학원가의 강사들을 자신이 살고 있던 명일동으로 데려왔으며, 그 규모가 확장되어 비로소 기업이 시작된 것이다. 대표의 거주지였던 명일동을 연고지로 본다면, 한○학원 또한 기업 대표자의 연고가 기업의 초기 입지를 결정하는 seed-bed 가설에 부합한다. 덧붙여, 한○학원의 대표자는 Greenhut이 제시했던 심리적 소득, 즉 '순수한 개인적인 요인'을 최대화할 수 있는 지역에 입지했다고도 볼 수 있다.

두 기업의 대표자의 연고가 초기 기업의 입지로 선정된 계기는 각기 다르다. 다○는 지역의 전반적인 교육 문제에 관한 갈증 때문에, 한○학원은 자녀 교육 문제와 같은 보다 더 개인적인 요인 때문에 6학군 지역에 입지하게 되었다. 하지만 결론적으로는 두 기업 모두 대표자의 연고지에 입지하였다는 점은 동일하다.

본사 입지의 장점 측면에서 다○는 높은 수준의 개인적 컨택, 노동력 이용의 용이, 높은 시장 이해도, 편리한 교통과 타 기업들 간의 네트워크를 지닌다. 앞의 세 가지 요소는 다○가 대표자가 오랫동안 거주했던 지역에 입지했다는 점에서 비롯된 장점이다. 남 대표는 인근 지역에 거주하는 학부모들과의 지속적인 독서모임을 통해 검증된 노동력 풀을 확보하였고 교육 문제에 대한 지역 사회의 인식을 알아볼 수 있는 경로를 마련함으로써 송파 남부 지역에의 입지를 비교적 수월하게 결정할 수 있었던 것으로 보인다. 뿐만 아니라 다○의 입지가 지니는 편리한 교통편이라는 장점은 기업 활동의 수혜 범위를 동 단위에서 시·도 단위로 확장시켰다. 타 기업들 간의 네트워크도 마찬가지로 송파구 이외의 지역에 기업이 입지했더라면 지닐 수 없는 입지적 장점 중 하나이다.

반면 한○학원은 학원 클러스터 내의 시너지 효과와 배후 교육 수요를 입지적 장점으로 지닌다고 평가할 수 있다. 한○학원이 입지하고 있는 강동구 명일동은 서울에서 네 번째로 큰 학원가로, 이는 국지화 경제의 시장 연계성(market linkage)을 갖는다. 즉, 학원들이 일정한 지역에 집적되어 있음으로써 시장판매 효과를 높이는데, 그 결과는 스타강사 초빙의 용이함과 해당 지역으로의 추가적인 인구 유입으로 나타난다. 또한 한○학원 주변에는 배재고, 한영고, 한영외국어고 등 높은 수준의 학업 성취도를 보이는 교육 수요층이 있으며, 이러한 수요층 증가의 움직임이 반영되어 명일동 학원가를 중심으로 고층 아파트들이 새로 들어서게 되었다. 즉, 한○학원이 명일동에 입지함으로써 확실한 배후 교육 수요를 갖는다고 볼 수 있다.

위의 인터뷰에서 다○ 대표는 '구심점의 농도가 옅어지지 않는 한' 기업의 규모를 확대할 의향이 있다고 밝혔으며, 한○학원 대표 역시 여력이 된다면 계속해서 서울 각지에 분점을 내어 기업의 규모를 확대하고 싶다는 뜻을 내비쳤다. 그렇다면 두 기업은 어떤 입지요인을 고려하여 분점의 입지를 결정할 것인가?

다○는 당장 분점을 낼 구체적인 계획을 가지고 있지는 않지만, '다○골목학교' 라는 브랜드하에서 여러 지역에 분점을 설립할 계획은 가지고 있다. 다○의 대안적 교육 프로그램에 참여하기 위해 서울 이외의 지역에서도 교육 수요자들이 찾아오면서 자신들의 지역에서도 다○가 운영될 수 있었으면 좋겠다는 생각을 종종 전한다고 한다. 이를 고려한다면 다○는 분점을 낼 때 교육 대상자의 수요와 본사와의 물리적 거리를 입지요인으로 채택할 것이다. 다○ 본사에서 제공하는 프로그램의 수혜 범위 이외의 지역 중 교육 대상자들의 수요가 최대화되는 지역이 효율성 측면에서 가장 적합한 입지일 것이다. 물론 사회적 경제조직의 특성상 효율성이 분점의 입지를 결정하는 유일한 요인이 아닐 가능성이 크지만, 본 연구자들이 인터뷰를 통해 정확하게 파악할 수 있는 다○의 분점 입지요인은 다음과 같이 정리할 수 있겠다.

한편 한○학원은 새로운 주거단지가 형성되거나 지역 내에 중, 고등학교가 많아 잠재적인 수요층이 두터운 곳을 분점의 입지로 선호한다. 한○학원 대표는 인터뷰에서 분당, 목동, 강북 지역을 예로 들었는데, 교육열은 높으나 대치동과 같은 학원가와 거리가 있어 유명강사들이 잘 가지 않으려는 지역에 분점을 설립함으로써 굳이 유명 학원가까지 가지 않더라도 비슷한 교육수준을 누릴 수 있는 기회를 제공한다.

2) 생애주기

기업의 생애주기는 Vernon과 Hirsch에 의해 발전된 모형인 제품수명주기(PLC: Product Life Cycle)에서 비롯된 이론이다. 제품수명주기 모형은 미국 다국적기업의 국제적 투자를 설명하기 위해 처음 제시되었으며, 연구개발, 새로운 상품의 개발, 성장, 성숙 단계로 구성된다. 주목해야 할 점은 제품수명주기의 각 단계에 따라

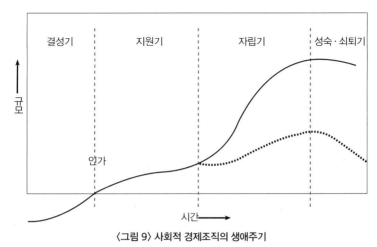

〈그림 9〉 사회적 경제조직의 생애주기

자료: Hayter(1997)의 제품수명주기 모형 재구성

공간적 특성이 달라진다는 점이다.

한○보습학원으로 대표되었던 일반 기업의 생애주기는 V장에서 충분히 다루었다는 판단하에, 다○교육문화예술협동조합을 포함한 사회적 경제조직의 생애주기는 다음과 같이 표현될 수 있다.

다○는 사회적 경제조직의 생애주기 중 지원기 초반부에 해당한다. 다○는 2019년에 마을기업으로 지정되었기 때문에 현재 행정안전부의 마을기업 사업비[22]를 지원받고 있다. 이번 해가 1차 년도이기에 이후 마을기업의 지속적인 수익 및 일자리 창출 가능성과 지역 사회공헌활동 내용 등을 긍정적으로 평가받아 2차 년도 지원 사업비를 확보한다면 지원기는 더욱 길어질 것이다.

결성기는 아직 제도적으로 기업(혹은 사회적 경제조직)으로 인가 또는 지정되기 전의 시기를 의미하며, 어떠한 집단이 기업 또는 조직으로 인가받아 사업비를 지원받게 된다면 비로소 지원기에 접어들었다고 볼 수 있다. 지원 사업이 종료되면 기업은 자립기를 맞게 된다. 기업 재정에서 큰 비중을 차지하였던 정부 기관의 지

---

22. 행정안전부, 〈2019 마을기업 육성지침〉

원이 전무해진 이 시점에 기업이 어떻게 대응하느냐에 따라 기업은 그 운영이 비로소 안정을 찾는 성숙기에 접어들거나 수익을 더 내지 못 하고 활동을 접게 되는 쇠퇴기에 이르게 된다.[23]

　다○를 이 모델에 적용해 보면, 결성기에는 조직이 독서모임의 형태를 띠며 마을 활동을 간간이 이어나갔다. 입지는 비고정적인, 즉 유동적인 양상을 보였는데, 재정의 부침으로 인해 하나의 장소를 안정적으로 확보하지 못하였기 때문이다. 그러다가 2019년 다○가 마을기업으로 지정된 후 받은 지원금으로 고정적인 공간을 확보할 수 있게 되었다. 그 입지로는 기업 대표자의 연고이자 이전부터 지속해오던 마을 활동의 공간적 배경인 송파구 남부의 가락동이 선정되었다. 1차년도 지원사업이 곧 종료되는 이 시점에 아직 입지 변동 혹은 규모 확장의 계획이 없는 것을 고려해 볼 때, 마을기업 2차년도 지원사업이 종료된 이후 다○는 특별한 입지 변동 없이 기업의 내실을 다지기 위한 활동들을 전개할 것이라고 예측된다.[24] 기존에 운영하던 프로그램들을 보완하거나 새로운 분야의 수업을 개설하는 등 기업의 기반을 단단하게 하는 방향으로 기업이 운영될 것으로 보인다. 탄탄한 교육 수요층을 확보하여 일정 수준 이상의 이윤이 발생함으로써 비로소 자생할 수 있는 능력을 갖추게 된다면, 다○는 자신들의 대안적 교육 서비스의 제공 범위를 송파구 남부 지역에서 확장하여, 수요가 큰 타 지역에도 '다○골목학교' 브랜드를 가진 분점을 설립하는 성숙기에 이르게 될 것이다. 서비스 제공 범위로 한 지역만을 고수한다면 추가적인 수요층과 수입 확보에 한계가 있기 때문에 기업 재정의 건전성에 부정적인 영향을 가져올 수 있다. 이 단계에서 다○의 공간적 스케일은 수도권 전체로 확장될 수 있다. 허나 다○가 자립기에 프로그램 측면에서 타 기업과의 차별성을 지니지 못한다면, 지속적인 수요 확보 실패로 인해 입지적, 기업 규모적 확장을

---

23. 이 설명은 연구 대상인 다○교육문화예술협동조합의 생애 주기를 일정 부분 반영하였기 때문에 '결성기'라는 특수한 단계를 포함하고 있어 전반적인 사회적 경제조직의 생애주기를 설명하는 데는 한계가 있다.
24. 다○교육문화예술협동조합의 남 대표는 인터뷰에서도 사회적 경제조직이 꼭 지원금에만 의존해야 하는가에 대한 논의를 이어나가고 있다고 밝힌 바 있다.

이뤄내지 못할 것이다.

단편적이나 다○의 사례로 미루어 볼 때, 사회적 경제조직의 생애주기를 결정하는 주요한 단계는 자립기이다. 이 단계에서 기업이 얼마나 지속가능성을 확보하느냐에 따라 기업의 존폐가 결정된다고 보아도 과언이 아닐 것이다. 또한 사회적 경제조직도 일정 수준의 수익을 필요로 하기 때문에 일반기업과 마찬가지로 수요층의 확보를 위해 타 지역에 분점을 설립한다는 점 또한 확인할 수 있었다. 즉, 사회적 경제조직은 그 운영에 있어 정부 기관의 지원으로부터 자유롭지는 못하며, 입지 변동을 포함한 생애주기의 측면에서도 일반 기업과 완전히 궤를 달리하지는 못하고 부분적으로 유사성을 지니고 있다.

3) 시사점 및 한계

다○교육문화예술협동조합은 2019년 마을기업으로 지정되면서 비로소 고정적인 공간을 확보하고 정착할 수 있었다. 이는 다○가 마을기업으로 지정되기 위해 행정안전부에 제출하였던 예산안에 공간을 마련할 수 있는 항목이 포함되어 있었기 때문이다. 다○의 사례를 통해 정부 기관의 재정 지원이 자금 문제에 시달리는 여러 사회적 경제조직들에 도움을 제공할 수 있는 가장 현실적인 방법이라고 생각하기 쉽다. 하지만 위에서도 언급했던 것처럼 마을기업의 3분의 1이 행정안전부의 재정지원사업 종료 이후 월 80만 원의 매출도 올리지 못하고 있다는 연구 결과가 존재하듯이, 단순한 재정 지원은 그것이 영구적이지 않은 이상 사회적 경제조직의 자립성과 지속가능성에 오히려 부정적인 영향을 가져올 수 있다. 물론 재정 지원의 주체인 행정안전부 측도 이를 고려하지 않은 것은 아니다. 행정안전부가 발표한 "2019 마을기업 육성지침"에 따르면 마을기업의 요건은 크게 공동체성, 공공성, 기업성, 지역성으로 구성되어 있는데 그중 기업성은 '정부 보조금이 종료된 후에도 자립 운영할 수 있도록 안정적인 매출과 수익을 올릴 수 있는 구조'라고 정의된다. 당국도 마을기업의 자립성을 염두에 두고 있다. 그러나 그에 비해 함께 제시한 마을기업의 자립 지원책은 유통이나 판매에 집중되어 있으며, 이마저도 '예산 확보의 여부와 기관 사정에 따라 지원 내용이 변경되거나 추가 또는 진행되지 않을 수 있다'는 불확실한 조건까지 포함하고 있다. 연구 대상이었던 교육 서비스업 분야 마을기업이 혜택을 받을 수 있는 행정안전부의 자립 지원책은 교육 및 컨설팅, 홍보 지원, 마을기업 네트워크 조성 지원뿐이다. 각 지원책의 세부 항목은 '마을기업 경영 상황을 파악하여 맞춤형 서비스 제공' 등과 같이 매우 일반적이고 포괄적으로 서술되어 있어서 이를 무리 없이 현장에 적용시킬 수 있을지, 그리고 적용된 결과가 각 기업에 실질적인 파급 효과로 돌아갈지는 의문이다.

정책 당국은 마을기업의 자립성과 사회적 경제 생태계의 건전성을 위해서 자신들이 제시한 자립 지원책을 보다 구체화하고 강화하는 것이 필요하다. 또한 재정 지원과 자립 지원이 순차적이라기 보다는 병렬적으로 이루어져야 재정 지원 종료 직후 마을기업들이 겪을 혼란과 경영 불안정을 최소화할 수 있을 것이다. 마을기업이 제공하는 서비스 대상자들의 인식 정도도 중요하지만, 마을기업을 운영하는 당사자들에게도 기업의 자립성에 대한 인식을 재정 지원 시기부터 끊임없이 제고해야 한다. 그렇다면 다○교육문화예술협동조합과 같이 정책 당국이 마땅한 해결책을 제시하지 못하더라도 마을기업 네트워크 내에서 기업의 지속가능성을 달성하기 위한 방안과 관련된 생산성 있는 논의가 이루어질 수 있을 것이다. 정책 당국은 최소한 자발적인 논의의 장이 구성될 수 있도록 마을기업 운영자들의 인식을 제고하고, 이러한 논의가 지속되고 그 범위가 더 확장될 수 있도록 지원하는 방향으로 마을기업 육성·지원 정책의 방향을 수정할 필요가 있다.

본 연구는 사회적 경제조직의 입지에 초점을 두었기 때문에 사회적 경제조직의 전반적인 특성과 관련된 이해에 한계가 있다. 덧붙여, 하나의 마을기업만을 연구 대상으로 설정함으로써 연구 목적에서 밝혔던 '사회적 경제조직과 일반 기업의 본질적인 차이'를 규명해내기에는 그 대표성이 부족했다는 한계 또한 지닌다. 뿐만 아니라 사회적 경제조직의 생애주기를 분석하는 단계에서 인터뷰대상이었던 다○교육문화예술협동조합이 비교적 초반 단계인 지원기에 해당하였기에 연구자들이 제시한 그 이후의 생애주기 단계들은 경험적인 분석에서 비롯되었다기보다는

'이러한 양상을 보일 것이다'와 같은 일종의 예측에 불과하다. 따라서 그 정확도가 낮을 수 있다는 우려 또한 존재한다. 그러나, 본 연구는 사회적 경제조직의 입지에 집중하면서도 질적인 분석을 수행했던 선행 연구들은 드물다는 점에서 의의를 지닌다. 이에 더하여 사회적 경제조직에 적용될 수 있는 수정된 생애주기 모델을 제시했다는 점을 유의미한 시도로 평가할 수 있다.

〈참고문헌〉

구양미. 2016. "사회적 경제와 지리학적 사고." 김의영 외. 『사회적 경제의 혼종성과 다양성』. 푸른길. pp.233-251.

권소일·이재희. 2018. "사회적기업 네트워크 활동이 경제적 성과 및 사회적 성과에 미치는 영향: 업종별 차이를 중심으로." 『사회적기업연구』. 10권 2호. pp.197-230.

김금환·강영숙. 2014. "사회적기업의 지역별 분포 특성 분석." 『벤처창업연구』. 9권 1호. pp. 141-151.

김찬미·김경민. 2014. "서울시 사회적기업의 사회적 네트워크 연구." 『서울도시연구』. 15권 3호. pp.165-177.

윤혜연·장석인·장동호. 2019. "LQ지수와 다중회귀분석을 활용한 충청권 사회혁신기업의 입지분포 특성 분석." 『한국지리학회지』. 8권 1호. pp.95-108.

이도희. 2016. "사회적기업 사례연구." 『사회적기업연구』. 9권 1호. pp.157-183.

이민주·박인권. 2013. "가산자료 회귀모형을 이용한 사회적기업의 입지요인 분석." 『국토계획』. 48권 4호. pp.151-168.

이지원. 2003. "보습학원의 공간분포와 입지특성에 관한 연구." 이화여자대학교 대학원.

이홍택. 2018. "사회적경제 기업의 지속가능한 지역생태계에 관한 개념 틀: 호혜, 배려와 공공정책." 『한국경제지리학회지』. 21권 3호. pp.254-269.

이홍택. 2018. "사회적경제의 지속가능성에 대한 경제지리적 결정 요인: 충청남도를 사례로." 『한국경제지리학회지』. 21권 1호. pp.34-52.

이희연. 2011. 『경제지리학』. 법문사.

임은숙·이희정. 2016. "수도권 사회적기업의 공간분석을 통한 입지특성 연구." 『국토계획』 51권 3호. pp.5-24.

주성재·노경란. 2018. "사회적 경제에 관한 경제지리학의 연구 주제." 『한국경제지리학회지』.

21권 2호. pp.173–191.

주재욱·조달호·윤종진. 2018. "서울시 소셜벤처 실태와 정책방향." 서울연구원.

최우일. 2014. "정부의 정책 및 내외환경이 마을기업의 성과와 지속가능성에 미치는 영향에 관한 연구: 마을기업의 지정요인을 중심으로." 인하대학교 대학원 박사학위논문.

최조순. 2012. "사회적기업의 지속가능성과 지방정부의 역할." 『시민사회와 NGO』. 10권 2호. pp.117–148.

한국사회적기업진흥원. http://www.socialenterprise.or.kr/. (검색일: 2019.12.20.).

한상일. 2011. "한국의 인증 사회적기업의 현황과 지역별 분포: 강원도 지역을 중심으로." 『창조와 혁신』. 4권 1호. pp.149–175.

Hayter, R. 1997. "The dynamics of industrial location: The factory, the firm and the production system." Wiley.

제2장

정치외교학부

시민정치론: 서울시 참여예산제 프로젝트

* 수업 소개 *

수업 명	서울대학교 정치외교학부 〈시민정치론: 서울시 참여예산제 프로젝트〉		
교수자명	김의영	수강 인원	16명(조교 1명)
수업 유형	전공선택	연계 지역/기관	서울시

수업 목적

참여예산제도, 시민사회, 참여민주주의, 사회적 자본, 로컬 거버넌스 등 시민정치와 관련된 주요 개념과 핵심적 논의, 기존의 연구와 연구 방법을 학습하며, 이를 바탕으로 필드에 나가 시민정치의 현장을 경험하고 분석 및 관찰하여 탐구 결과를 집필함.

주요 교재

김의영. 2011. "굿 거버넌스 연구분석틀." 『한국정치연구』.

유재원·홍순만. 2005. "정부의 시대에서 꽃핀 Multi-level Governance: 대포천 수질개선 사례를 중심으로." 『한국정치학회보』. Vol 39, No 2.

토마스 커러더즈. 2000. "시민사회에 대한 오해." 조효제 편역. 『NGO의 시대』.

Abers, Rebecca. 1998. "From clientelism to cooperation: Local government, participatory policy, and civic organizing in Porto Alegre, Brazil." *Politics & Society*. Vol. 26, No. 4.

Fung, Archon and Erik Olin Wright. 2003. *Deepening Democracy: Institutional Innovations in Empowered Participatory Governance*. London: Verso.

Michael Saward. 2003. Democracy. Cambridge: Polity Press.

Robert K. Yin. 2009. *Case Study Research: Design and Methods*. Thousand Oaks, California: SAGE Inc.

Robert Putnam. 2003. *Better Together: Restoring the American Community*. New York: Simon and Schuster.

Siriani, Carmen. 2009. *Investing in Democracy: Engaging Citizens in Collaborative Governance*. Washington, D.C.: Brookings Institution Press.

Smith, Graham. 2009. *Democratic Innovations: Designing Institutions for Citizen Participation*. Cambridge: Cambridge University Press.

수업 일정

제1주: 강의소개 및 팀 구성. 서울시 참여예산제 소개.
제2주: 시민정치와 참여민주주의 관련 개념 발제 및 토의. (읽기: Michael Saward, 토마스 커러더즈 외)
제3주: 연구문제 설정 방법에 대한 강의 및 조별 프로젝트 주제 정하기. (읽기: Robert K. Yin 외)
제4주~5주: 서울시/희망제작소의 활동가를 초청해 참여예산제의 기본 이해 및 특징, 서울시 재정지표 및 재정참여, 분과 구성 및 역할, 서울시 청년 정책 특징, 사업 계획서 등 서울시 참여예산제 관련 주제로 특강.
제6주: 사회적 자본과 미국 사례 강의, 조별 주제 구상 및 연구 계획 수립. (읽기: Robert Putnam 외)
제7주~8주: 로컬 거버넌스 이론과 사례 강의, 연구 방법 구체화 및 설문 문항 작성. (읽기: Carmen Siriani 외)
제9주: 중간고사
제10주~11주: 참여예산제 강의 및 조별 조사, 서론 작성. (읽기: Rebecca Abers 외)
제12주: 조별로 작성한 서울시 참여예산제 제안서 검토 및 서울시/희망제작소 특강, 인터뷰 및 설문 분석.
제13주: 조별 프로젝트 중간발표 및 피드백.
제14주: 조별 보고서 초안 제출 및 발표, 피드백.
제15주: 초안 수정 보완 및 결과 발표, 피드백.
제16주: 최종 연구결과물 제출.

프로젝트 개요와 결과

4~5명이 1개 팀을 구성하여 서울시 참여예산제를 비롯한 서울시 시민참여의 면면을 연구해 분석하고, 문제점에 대한 정책적 제언을 제시하는 프로젝트로서, 학생들이 직접 지역 공동체에서 활동하는 민과 관의 다양한 행위자를 만나 참여관찰, 설문, 인터뷰를 진행하고 이를 통해 얻은 정성적·정량적 자료를 분석하여 시민사회 및 제도에 기여할 의미 있는 결과를 도출하도록 디자인되어 있다.

팀1) 두 동네 거버넌스 이야기(Narratives): 시민참여예산에 활발히 참여하는 주체 중 하나인 주민자치회에 집중하여, 관악구 서림동과 성현동 주민자치회를 참여관찰하고 인터뷰를 진행하였다. 이를 바탕으로 두 동의 성패 요인을 비교·분석하였다.

팀2) 서울시 엠보팅(mVoting) 제도에 대한 비판적 검토: 주민참여예산 제도 중 하나인 엠보팅 제도에 관심을 가지고, 관악구, 동작구 사례를 중심으로 자치구별 주민참여예산제도의 엠보팅 활용양상에 대해서 살펴본 뒤, 여러 정책적 제언을 던졌다.

팀3) 예산과정의 민주성·효율성 현황 및 발전과제: 서울시 참여예산제도 민관예산협의회 운영을 중심으로 참여성, 분권화, 숙의성, 반응성, 효율성 및 효과성의 잣대에서 예산과정의 민주성과 효율성을 평가하였다.

팀4) 서울시 시민참여위원회 온예산분과의 민주성과 효율성: 온예산분과를 분석하여, 참여민주주의적인 측면에서 시민의 참여성과 시민성 증진에 기여하고 있는 바가 있으며, 기능 수행적인 관점에서는 앞으로 나아질 부분이 있으나 희망적이라고 전망했다.

시민정치론: 서울시 참여예산제 프로젝트

김의영 (서울대학교 정치외교학부 교수)

전소연 (서울대학교 정치외교학부 석사과정)

1. 수업 개요

시민정치는 주민들이 자치적으로, 관과 함께 협치(協治)하며 문제를 해결하고자 노력하는 것을 말한다. 본 과목은 정치외교학부 전공선택 과목으로서 시민정치 이론과 방법론 및 경험적 연구에 대한 학습에 기초하여 시민정치의 다양한 사례를 접하고 분석하는 실행 연구를 실시하는 것을 목적으로 한다. 특히 이번 학기에는 참여예산제도와 관련되어 시·구·동단위에서 나타나는 시민정치의 다양한 양상을 관찰 및 분석하였다.

주민참여예산제도(PB: Participatory Budgeting)란 지역 주민들이 토론과 협의를 통해 지역 예산의 우선순위를 정하고 이에 따라 예산을 배분할 수 있도록 보장하는 제도이다. 브라질 남부에 위치한 포르트 알레그르(Porto Alegre)시에서 1989년 처음 도입되었고 성공 사례가 전 세계로 알려졌으며, 유럽과 아메리카 등에서도 이를 벤치마킹하여 주민참여를 위한 핵심적인 제도로 시행하고 있다.[1] 서울시

---

1. 이지문·권자경. 2013. "주민참여예산제도가 부패방지에 미치는 영향 연구." 「한국부패학회보」, 18(4).

는 이를 2012년 최초로 도입하였는데 초거대도시(megalo-city)라는 서울시의 위상, 주민의 참여와 위원회 구성을 기준으로 살펴보았을 때 서울시는 국내 주민참여예산의 도입과 확산에 단연 선구자적 역할을 하고 있다. 서울시의 주민참여예산제도는 시민사회와 수평적 관계 지향, 주민과의 소통 강조, 참여예산위원의 개방성을 고려한 제도 설계 등의 측면에서 긍정적인 평가를 받고 있다.[2] 본 수업에서 학생 연구진들은 이러한 서울시 주민참여예산제도의 면면을 살피고, 실제 시행에서 직면하는 난관과 애로사항을 포착하고 이와 관련하여 구체적인 개선 방안을 제시하고자 하였다.

교수와 석사과정 대학원생 1명, 16명의 학부 수강생들이 참여한 이 수업에서 각 연구팀은 서울시 참여예산제와 관련된 다양한 제도의 운영 현황과 성과를 조사하였다. 그 후 최종적으로는 논문의 형태로 작성하는 것을 목적으로 인터뷰와 참여관찰, 설문 등의 다양한 정치학적 연구 방법을 사용해 이를 분석하였다. 더불어 서울시/희망제작소의 활동가를 섭외해 특강을 열었으며 '내가 해 보는 참여예산제' 실습을 실시하고, 서울시 참여예산 사업 지원을 위한 제안서를 작성하기도 했다.

수업 전반부에 수강생들은 참여예산제도, 시민사회, 참여민주주의, 사회적 자본, 로컬 거버넌스의 주요 개념과 핵심적 논의, 경험적 연구, 연구 방법을 학습하고 비판적으로 분석하는 연습을 실시하였다. 학생들은 매주 국·영문의 책과 논문을 읽고 이에 대한 요약과 자신의 생각을 담은 크리티컬 노트(critical note)를 한 페이지 이내로 작성해 제출했다. 동시에 매주 발제 조를 정해 해당 학생들은 노트를 제출하는 대신 논문을 요약하고 각자의 연구에 적용할 방법을 고민하여 한 시간 가량의 발표를 준비했다.

수업 진행 3주차에 학생들은 조별로 연구 주제를 구상하였고, 필요한 자료를 수집하고 정리하였다. 4주와 5주차에는 참여예산제도에 대한 특강을 수강하며 활동가와 교수의 피드백을 받아 주제를 구체화시켰고 연구에 본격적으로 임하였다. 6

---

2. Ibid., p.144

주차에 이르러 학생들은 사회적 자본 등 시민정치와 관련된 여러 개념을 성실히 학습함과 동시에 자신들이 선정한 주제에 따라 각자 주제의 2차 자료(문헌, 신문, 데이터, 자료집 등)를 바탕으로 각자의 주제에 맞는 연구 대상을 선정하고, 연구 계획을 수립하였다. 이에 따라 각기 관악구 주민자치회, 서울시mVoting, 서울시 참여예산제도, 온예산분과를 주제로 선정하였다.

수업 후반부는 주로 사례 분석과 사업제안서 작성에 도움을 주기 위한 방식으로 진행되었다. 참여예산제에 대해 국·내외의 구체적인 사례를 깊이 있게 다뤘으며 조별로 서울시 참여예산제에 제출할 사업 안건을 논의하고 제안서를 작성해 보았다. 동시에 각 조의 연구 계획에 따라 연구 방법을 구체화하고 인터뷰, 설문, 참여 관찰 등을 요청했다. 이 과정에서 학생들은 시와 자치구에서 활동하는 지역 매니저, 중간지원조직의 활동가, 공무원, 지역의 청년 멘토 등 참여예산과 관련한 활동을 하는 다양한 인사와 교류할 수 있었다. 13주차부터는 연구 보고서 작성에 본격적으로 힘을 써 보고서 내용 발표, 보고서 작성 및 피드백의 과정이 반복되었고, 16주차에 최종 연구 보고서를 완성할 수 있었다. 연구 결과에 따라 최종 보고서를 수정·보완하여 가능한 학술 논문 또는 저서, 『서울시 참여예산제: 사례분석과 제안』 〈서울대 사회혁신 교육연구 센터 총서〉로 출판할 기회가 주어졌다.

본 수업은 '지역기반 시민정치 교육'이라는 특징을 갖는다. 대개의 수업이 강의실에서 진행됨에 반해 본 수업은 강의실에서 배운 내용을 지역의 현장에서 활용하고, 시민과 실무자와 함께 지역의 문제를 탐구하여 해결해 나가는 데 그 의의를 둔다. 현장에서의 생생한 경험은 학생들로 하여금 수업에서 배운 내용을 심도 있고 풍성하게 이해하는 데 실질적인 도움을 주며, 학생들은 전문가(교수, 활동가)의 지도 아래 현장에 나가 자신들의 재능을 충분히 발휘하게 된다. 이와 유사한 프로젝트로 미국, 일본, 영국 등에서 지역 문제 전문가 양성과 지역 활성화 취지에서 도입되어 활발히 사용되고 있는 문제기반학습(PBL, Problem-based Learning)과 캡스톤(Capstone), 액션러닝 등이 있다.

서울시와 참여예산제의 일선에 있는 여러 단체들과 학생들이 연계하여 진행한 본 수업은 다음과 같은 긍정적인 면을 가진다. 우선, 학생들은 지역적 차원에서 이론적·실천적으로 시민정치 발전에 기여할 수 있는 방법을 모색할 수 있다. 필드 연구에 참여한 학생들은 교실 안에서 추상적으로 접했던 여러 이론과 다른 나라의 사례들을 지역 안에서 구체적이고 밀접하게 관찰할 수 있으며, 이러한 학문적 논의와 현장의 경험을 바탕으로 학생들은 이상과 실제를 모두 고려해 지역의 문제를 고민하고 해답을 내릴 역량을 기르게 된다. 또한 필드 연구는 학생들뿐만 아니라, 지역 연구진에게도 자극과 성장의 기회를 제공한다. 이론적 배경과 창의성을 지닌 학생들과 전문성을 가진 활동가가 교류하는 과정에서 전문가들은 기존 제도의 운영에서 자칫 간과했거나 개선이 필요했던 부분에 대해 관련된 기존의 학문적 논의와 학생들의 신선한 접근을 수용할 수 있게 되며, 이 과정에서 합리적이면서 창의적인 지역 문제 해결 방안을 마련할 가능성이 열린다. 마지막으로 본 수업은 교육과 연구뿐 아니라 수강생들의 사회적 책임 실천과 공헌을 목표로 한다. 학생들은 필드에서 직접 주민들을 마주하고, 그들의 문제에 공감하며, 시민정치의 중요성과 서울시 참여예산제의 예시적 사례를 우리 사회에 알린다. 이러한 경험은 학생들이 따뜻한 마음을 가진 진정한 리더로 성장할 수 있도록 가이드 한다.

이번 서울시 시민참여예산제 프로젝트에서는 다음의 방법으로 심층연구를 진행하였다. 학생 연구진의 전체 규모에 따라 4~5명씩 4개 연구팀을 구성해, 연구팀별로 시민참여예산제도와 관련된 자체적인 주제를 선정하고 탐구하였다. 학생 연구진은 관악구청 내 공무원, 주민자치회 위원, 관악구 참여예산 네트워크 활동가, 관악사회복지 사무국장 등 참여예산제와 관련된 다양한 행위자를 만나 각각 관악구 주민자치회, 서울시 mVoting, 서울시 참여예산제도, 온예산분과를 주제로 연구를 진행하였다. 이에 따라 관악구 주민자치회 연구팀은 주민자치회의 행위자적 요인에서 관찰할 수 있었던 미묘한 제도적·비제도적 개선 방안을 제안했고, 서울시 mVoting 연구팀은 모바일 투표의 질적 측면, 홍보방안, 본인 인증 문제와 관련한 제도적 제언을 제시했다. 또한 서울시 참여예산 제도 연구팀은 참여예산제도의 지표(참여성, 분권화, 숙의성, 반응성, 효율성 및 효과성)에 따라 서울시 시민참여예산제의 단계별 실질적 운영을 평가했다. 마지막으로 온예산분과 연구팀은 온예산분과가 참여성과 시민성이라는 참여민주주의의 핵심 가치와 온예산분과의 기능을 어느 정도 올바르게 실현하는지 평가하였다.

〈연구 팀별 활동 모습〉

서울시 엠보팅(mVoting) 제도에 대한 비판적 검토
- 관악구, 동작구 사례를 중심으로 살펴본
자치구별 주민참여예산제도의 엠보팅 활용양상

서울대학교 정치외교학부

문도원 · 이경빈 · 최낙원 · 최정우

논문초록 본 연구는 동작구와 관악구의 사례를 중심으로, 서울시 자치구들의 주민참여예산사업 선정과정에서 서울시에서 개발한 엠보팅(mVoting) 제도의 활용 양상을 비판적으로 검토하고자 한다. 모바일 환경에 적합한 정책참여 플랫폼이 필요하다는 인식이 커지며 서울시는 엠보팅(mVoting)이라는 애플리케이션과 홈페이지를 개발했으며, 거의 모든 서울시 자치구들이 다양한 정책 분야, 그중 특히 주민참여예산제도의 사업선정기준으로 엠보팅 시스템을 활발하게 활용하고 있다. 엠보팅 제도 활용의 의의와 한계를 알아보기 위해, 자치구들 중에서도 동작구와 관악구를 연구 단위로 선정하여 문헌연구와 인터뷰를 통해 사례 연구를 진행하였다.

엠보팅 주민투표는 일반 주민들의 폭넓은 참여를 확보하여 직접민주주의의 의미를 살릴 수 있다는 의의가 있지만, 그럼에도 크게 세 가지 문제점이 있었다. 첫째, 충분한 정보 제공과 이를 바탕으로 한 심의 과정이 생략된 채 투표의 숫자를 확보하는 데에만 주력하고 있었다. 둘째, 홍보 수단이 다변화되지 않고 홍보대상 역시 온라인 플랫폼 활용에 취약한 노년층에 머물러, 엠보팅 투표에 대한 일반 주민들의 인지도와 참여도가 저조한 경우가 많았다. 마지막으로, 허술한 본인인증 절차를 악용한 대리투표 문제로 인해 투표 결과가 왜곡되는 상황이 발생했다. 특히 엠보팅 도입시점, 반영비율 등 활용양상이 반대로 나타나는 동작구와 관악구는 엠보팅으로 인한 문제 상황 역시 반대로 발생했는데, 두 자치구의 사례를 통해 홍보 및 참여 문제가 본인인증의 정확성 문제와 맞물려 있음을 확인할 수 있었다. 홍보가 잘 되어 참여율이 높더라도 투표가 과열되다보면 본인인증의 허점을 악용한 대리투표가 발생할 수 있으며, 그렇다고 본인인증 절차를 까다롭게 바꾸면 투표 참여자들이 불편하게 느껴 참여율이 지나치게 저조해질 수 있는 '딜레마'가 발생했다.

이런 문제점을 해결하기 위해, 먼저 정보제공 기능 추가와 댓글창 개편을 통해 정보 제공, 심의 등 투표의 질적 측면을 강화할 것을 제언했다. 또한 다소 참여율이 낮아질 수 있음을 감수하더라도 엄밀하고 정확한 본인인증 절차를 구축하고, 대신 새로운 미디어 환경과 젊은 층에 맞게 홍보 방식을 다변화하여 참여 문제를 보완해야 한다고 주장했다.

핵심주제어 시민정치, 주민투표, 엠보팅(mVoting)

Ⅰ. 들어가며

1. 연구대상 및 방법

본 연구팀은 자치구별 주민참여예산제도 사업 선정기준으로 서울시 엠보팅 시스템의 온라인 주민투표가 활용하는 자치구가 늘어나고 있는 상황에서, 엠보팅 제도가 제대로 운영되고 있는지, 어떤 문제점들이 있는지, 이를 보완할 방법이 있는지 비판적으로 검토하고자 했다. 서울시의 자치구 중 동작구와 관악구가 적합한 사례라고 판단하여, 두 자치구를 중심으로 사례연구를 진행했다.

이를 위해 주로 활용한 방법은 대면 인터뷰였다. 2019년 11월부터 서울시의 스마트도시정책 담당자, 구청 공무원, 시민 활동가 등과 1시간에서 2시간 정도 인터뷰를 진행했으며, 추가적인 조사가 필요하다고 생각되는 경우 서면 인터뷰를 진행하여 답변을 받았다. 또한 서울시의 엠보팅 홈페이지 및 애플리케이션을 상세히 검토하고, 이와 관련된 인터넷 기사를 조사하였다.

〈표 1〉 인터뷰 대상자의 기초 인적 정보

이름(가명)	성별	현재 주요활동분야	활동지역
신○○	남	스마트도시정책 분야 주무관	서울시
이○○	여	민관협치과 주무관	서울시 관악구
박○○	여	관악구 참여예산 네트워크	서울시 관악구
조○○	남	관악사회복지 사무국장	서울시 관악구

2. 선행연구

기존에 서울시의 엠보팅 제도나 주민참여예산제도에서 이의 활용에 초점을 맞춘 선행연구는 없었다. 전반적인 참여예산제에 대한 논의와 구체적인 지방자치단체의 참여예산제 사례를 다루고난 뒤 개선방향의 일환으로 참여를 촉진하기 위한 방법으로 정보통신의 활용, 전자투표가 짧게 언급된 경우가 대부분이었다. 그러한 연구 사례 중 개선방향에서 온라인 투표나 참여예산제 모니터링과 관련지어서 살펴볼 수 있었던 연구는 임성일의 '주민참여예산제도의 운영 실태와 개선방향'이었는데, 이 연구에서 주민참여예산제도의 개선방향에 대해서 이야기하며 전자투표 내지 인터넷투표에 대해서 이야기하였고, 모바일 투표제도를 도입한 은평구의 사례 등도 간단히 언급되었다. 이전까지 엠보팅에 초점을 두고, 자치구별 주민참여예산제도에서 엠보팅의 활용에 집중해서 심화된 사례연구를 진행한 사례가 없었기에 이번 연구가 의미가 있다고 볼 수 있다.

II. 엠보팅 제도 개괄

1. 엠보팅 시스템 개발 배경 및 시행 시기

서울시 모바일 투표 '엠보팅(mVoting)'은 도시문제 해결을 위한 정책 추진 과정에 시민 의견을 더 효과적으로 반영하기 위해 개발된 서울시의 모바일 투표 시스템이다. 여기에서 '엠보팅(mVoting)'이란 모바일(Mobile)에서 딴 'M'과 투표(Voting)의 합성어로, 이름에서 볼 수 있듯이 모바일 환경에 최적화된 스마트폰 애플리케이션을 위주로 운영되고 있다. 이러한 엠보팅 시스템은 대의제 민주주의 제도 내 참여방식에 그치지 않고 직접적인 참여 경로를 확대시킴으로써 시민들의 의견을 최대한 빠르고 많이 수렴하여 기존 대의정치 제도가 가지는 참여 부족 문제를 해소하고자 한다.

서울시에는 기존에도 2009년에 만들어진, e-Voting이라는 이름의 전자 투표 방식이 존재하였다. 그런데 2012년 박원순 정부가 들어서면서 PC 환경보다도 모바일 환경에 최적화된 서비스가 필요하다는 인식이 커졌고, 이에 따라 모바일 환경에 적합한 새로운 전자정부 운영방안이 검토되었다. 이후 2013년 엠보팅 구축 및 운영 기본계획이 수립되었는데, 이는 즉시성, 현장성을 반영할 수 있는 단순 설문 및 현장투표 서비스를 제공하는 방식으로 구축되었다. 2014년에 엠보팅 서비스가 정식으로 실행된 이후, 2015년에는 주민참여예산 사업 선정 등을 중심으로 엠보팅을 활용한 모바일투표가 확대되기 시작했고, 2016년에는 자치구, 교육청 등으로 엠보팅 사용기관이 확대되었다.

또한 e-Voting 서비스가 mVoting으로 바뀐 이후 지금까지 서비스 개발 및 개편이 지속적으로 이루어지고 있다. 예를 들어, 투표 정보의 위, 변조를 방지하여 엠보팅 시스템에 대한 서울시 기관 및 시민들의 신뢰를 확보하기 위해 2019년 3월부터 블록체인 기술이 새롭게 적용되었다. 또한 이용자 편의를 고려하여 애플리케이션의 사용자 화면(UI) 역시 지속적인 개편을 거듭하고 있다.

2. 시스템 운영 원리

엠보팅의 투표 서비스는 '엠보팅' 앱이나 엠보팅 홈페이지(http://mvoting. seoul.go.kr)에 접속하여 활용할 수 있다. 엠보팅은 반드시 구청이나 시청 공무원 같은 정책 관계자들이 아니더라도 회원가입을 한 회원이라면 누구나 투표를 만들 수 있다는 것이 특징인데, 로그인 후 우측 상단의 '투표만들기' 배너를 클릭하면 투표를 새롭게 만들 수 있다. 만들 수 있는 투표의 종류는 크게 '정책투표'와 '우리끼리투표'인데, '정책 투표'는 서울시가 시민 또는 직원에게 물어보는 투표 방식을 의미하고, '우리끼리투표'는 시민이 직접 투표를 만들어 시민들의 의견을 물어보는 투표 방식이다. 이렇게 두 가지 유형의 투표 방식이 있어 민과 관 누구나 쉽게 투표를 만들 수 있으며, 특정 정책에 대해 시민 간 의견 공유, 그리고 민관 간 의견 공유가 모두 가능하다.

정책투표나 우리끼리 투표 각각은 또 다시 '일반투표'와 'vs형'의 두 가지 투표 방식으로 나누어진다. 'vs형' 투표는 상충하는 두 가지 항목 간의 투표이고, '일반투표'는 보다 여러 개의 항목들 중의 투표를 진행할 때 주로 활용된다. 투표 제목과 질문, 답변 등을 입력한 이후 댓글 가능 여부, 결과 노출 여부, 공개범위 설정 및 투표기간 설정이 끝나면 투표를 업로드할 수 있다. 이때 투표의 공개 범위를 설정할 수 있는데, 전체 공개로 설정하면 엠보팅에 접속 가능한 모든 사람에게 투표가 공개되고, 비공개로 설정하면 선거인명부, 비밀번호, QR코드, GPS확인 등으로 참여자를 한정할 수 있다.

투표에 참여할 때에는 회원가입이 필요한 투표만들기와 달리 굳이 회원가입을 하지 않아도 전화번호로 본인인증만 하면 비회원으로 참여할 수 있다. 다만 중복투표를 방지하기 위해, 투표 참여시 전화번호 인증을 하도록 해서 전화번호 1개당 1회로 참여를 제한하고 있다.

3. 엠보팅 시민참여단

엠보팅 사업의 경우 엠보팅 정책투표의 객관성 강화를 위하여 선거인 패널을 운영하고 있는데, 이를 가리켜 엠보팅 시민참여단(이하 시민참여단)이라고 한다. 2017년 시정에 관심 있는 만 19세 이상 시민을 대상으로 모집을 시작하여, 43명의 1기 시민참여단에서부터 시작되었다. 이들은 2017년 3월부터 2017년 12월까지 총 10개월간 활동하였다. 이후 2018년에는 20명, 2019년에는 100명의 규모로 운영되고 있다. 이들의 역할은 정책투표에 참여하고, 개인 SNS로 투표를 알리고 참여를 독려하며, 투표 안건을 발굴하고, 엠보팅 이용 중 발생하는 불편사항에 대한 개선의견을 제시하는 것이다.[1] 예를 들어 2019년도 선정된 시민참여단에서는 시민참여단 게시판을 통해 엠보팅 시스템의 오류 사항을 지적하거나 개선 의견을 제시하는 활동이 활발히 이루어졌다.

"나왔던 개선의견으로는 대표적으로 투표 체크 관련된 게 있었어요. 보시면 체크

---

1. 서울시 스마트도시정책관. 2019년 3월. "2019년 엠보팅 시민참여단 운영 계획."

를 다 안하면 알림이 뜨게 되어 있는데, 이게 질문 수가 많아지면 뭘 체크를 안한 건지 찾아가기 불편할 수 있어서, 투표 완료를 눌렀을 때 안 된 것들로 바로 커서가 이동되도록 제안해 주신 적 있어요." – 서울시 스마트도시정책관 신○○

하지만, 이들의 의견이 무조건적으로 반영이 되는 것은 아니다. 제시되는 개선의견은 다시 시민들 투표를 통해 검증 절차를 거치고, 이렇게 개선된 사항들은 매달 공지를 통해 시민들에게 알려진다. 이러한 방식은 엠보팅 시스템 내의 소통 및 피드백 방안을 확보하고 시민참여단 제도 자체를 통해서도 시민 참여를 확대, 증진시킨다는 의미를 갖는다.

서울시는 시민참여단의 주도적인 역할 수행을 위하여 다양한 방식으로 지원하고 있다. 우선 엠보팅 시스템과 시민참여단 활동 방식에 대한 사전 교육을 하고, 월별 활동 우수자를 선정하여 실적에 따른 보상을 제공함으로써 활동에 대한 동기부여를 실시하고 있다. 그 방식으로 투표 발제, 개선의견, 투표 참여 활동에 각각 절대평가로 점수를 매기고 이 점수가 100점이 되면, 2만 원 상당의 모바일 상품권으로 보상을 제공한다. 뿐만 아니라 활동 실적이 우수한 회원(5명)을 선정하여 시장 표창을 수여하여 활동을 격려하고 지원하고 있다.

4. 사용 현황 및 추진 성과

엠보팅은 다양한 기관 및 자치구에서 도입되어서 현재 총 17개 자치구, 17개 교육 기관(교육청 13개, 도서관 4개), 4개의 타 시도 기관에서 사용되고 있다. 운영 통계 현황 자료에 따르면 2019년 9월 기준 가입자 수(회원 수)는 180,545명, 투표 참여 수(이용자수)는 493,987명, 방문자수는 289,451명이다. 투표 발제 건수는 시행된 2014년 이래로 총 7,497건이다. 편성 및 집행 예산은 2014년 이후 계속 늘어 2019년 기준 256,209천 원이 편성되었고, 246,000천 원이 집행되었다. 엠보팅은 서울상징 기념품 공모, 서대문 디지털 사진 공모, 창동·창업 문화 단지 빌딩명 선

정 등 다양한 정책 분야에서 활용되고 있다.[2]

그중 특히 주민 참여 예산 사업을 선정할 때 엠보팅 시스템이 적극적으로 활용되고 있다. '서울시' 시민참여예산 사업은 물론이고, 자치구의 주민참여예산 사업에 대한 선정할 때 역시 각 자치구별 평가 비율에 따라 엠보팅 투표 결과를 반영하고 있다. 예를 들어 2020년 동작구 주민참여예산 선정 투표에 총 51,608명이 참여하였는데, 동작구의 인구가 39만 7,139명('19.10, KOSIS (행정안전부, 주민등록인구현황))인 것을 감안한다면 매우 많은 주민들이 엠보팅을 통한 주민참여예산 사업 선정에 관심을 가지고 투표를 한 것을 알 수 있다.

이처럼 광범위하게 도입되고 있는 엠보팅은 국내·외 외부기관으로부터 다양한 호평을 받았다. 2014년 4월 디지털조선 "앱 어워드 코리아 2014" 공공서비스 분야의 대상을 수상하였고 2014년 12월 정부 3.0 대표 및 선도과제로 선정되어 정부 표창을 수상하였다. 2015년 11월 바르셀로나 "스마트시티 엑스포 어워드"에서 최종 후보로 선정되기도 하였다.[3]

III. 자치구별 주민참여예산제도의 엠보팅 시스템 활용 상황

지금부터는 자치구의 주민참여예산사업을 선정할 때 서울시의 엠보팅 사이트 혹은 앱이 어떻게 활용되고 있는지 구체적으로 살펴보고자 한다. 이를 위해 첫째, 각 자치구에서 주민참여예산제도를 시행할 때 왜 서울시의 엠보팅 시스템을 활용하게 된 것인지, 그 도입배경을 살펴볼 것이다. 이후 서울시의 어떤 자치구가 이를 활용하고 있는지, 그리고 주민참여예산제도의 안건을 선정할 때 엠보팅의 투표 결과를 어느 정도 비율로 반영하고 있는지, 구체적인 활용 상황을 조사했다. 조사과정에서 전자투표를 주민참여예산제도에 활용함으로써 각 자치구에서 어느 정도

---

2. 서울시 스마트도시정책관 제공 자료.
3. 서울시 스마트도시정책관 제공 자료.

성과를 거둘 수 있었지만, 동시에 여러 가지 문제점도 나타났다는 것을 확인할 수 있었다. 이에 마지막으로는 엠보팅을 활용하는 자치구들 중 특징적 사례로 동작구와 관악구를 선정하여, 이들 사례를 중심으로 엠보팅 시스템을 주민참여예산제도에 활용함으로써 나타나는 문제점들을 살펴보고자 한다.

1. 도입 배경

기존 주민참여예산제에 대해 주로 제기되었던 한계점은, 이것이 주민참여예산위원회 내부의 참여에 그칠 뿐, 일반 주민들의 전체적인 참여로 나아가지 못하고 있다는 점이었다. 관악구청 민관협치과 주무관과의 인터뷰에 따르면, 주민참여예산위원회로 활동하는 위원들 사이에서도 참여예산사업 안건들이 자신들 내부에서만 논의될 뿐, 일반 주민들의 관심과 참여는 크게 유도하고 있지 못해 아쉽다는 의견이 나오기도 했다고 한다.

이에 일반 주민들의 참여를 유도하기 위해 서울시의 2018년 자치구 참여예산제 평가계획에서는 평가 지표 중 '제도 운영' 부문의 세부지표인 '주민제안사업 최종 선정 방식'에서 일반주민의 직접참여를 반영하여 결정했는지 여부를 평가기준으로 추가하였다. 서울시에서는 주민참여예산위원회에 참여하지 않은 일반 주민도 투표 등의 방법으로 직접 의견을 제시할 수 있어야 하며, 그 결과를 주민 제안사업 최종 결정에 반영해야 평가 점수로 인정한다고 명시했다. 또한 일반주민 투표결과 등을 단순히 참고사항으로만 활용한 경우는 인정하지 않는다는 방침을 세워 신설한 일반주민의 직접참여 평가기준을 강조했다. 이에 2018년 자치구별 평가계획이 발표된 후 엠보팅 투표결과를 선정기준에 포함시키는 자치구들이 늘어났으며, 대표적으로 2018년부터 엠보팅 시스템을 사업 선정과정에 도입한 관악구도 그 예시라고 할 수 있다.

물론 단순히 서울시에서 새로운 지침을 내렸기 때문에 엠보팅 투표가 더 많이 활용되기 시작했다고만 볼 수는 없으며, 다른 한편으로 주민들과 시민 사회에서

정량평가				제출자료
지표부문	세부지표	평점기준 및 점수	배점	
①위원회 구성 및 기능 (8점)	참여예산위원회 구성	구성	1	1	【2018년 기준】 ① 구 참여예산위원 구성형황·명단(양식) ② 구 참여예산위원 위촉 방침서 ③ 구 참여예산위원 공고문 ④ 구 참여예산위원 추첨결과 게시물 ⑤ 구 참여예산위원 추첨결과 보고
	참여예산위원 선정절차 및 기준	위원 선정시 공개모집 절차 실시	1	2	
		추첨위원 구성 비율이 50% 이상	1		
	참여예산위 자율성 보장	당연직 공무원 위원 없거나, 당연직 공무원이 있으나 위원장/부위원장을 맡지 않은 경우	1	1	
	동별 지역회의 설치·운영	지역회의 설치 및 운영	1	1	【2017년 기준】 ⑥ 지역회의 위촉 방침서 ⑦ 지역회의 운영 결과 보고서
	주민제안사업 심사권	주민제안사업 최종 선정을 위한 의결권 있음	1	2	【2017년 기준】 ⑧ 심사·선정의결서(사업목록 포함)
		주민제안사업 선정을 위한 심사권 있음	1		
	참여예산사업 모니터링 참여	위원회의 참여예산사업 모니터링 참여	1	1	【2017년 기준】 ⑨ 평가·모니터링 실시 계획서 ⑩ 평가·모니터링 결과 보고서
②제도 운영 (10점)	참여예산 운영계획 수립·공개	운영계획을 수립하여 홈페이지 등에 공개	1	1	【2018년 기준】 ⑪ 운영계획 ⑫ 운영계획 공고 자료(구보, 홈페이지 등) ⑬ 참여예산 정보 공개 자료(홈페이지) ⑭ 주요회의 현황(양식) ⑮ 회의록·회의결과 자료 및 홈페이지 공개 자료
	참여예산 운영 투명성	참여예산 운영관련 정보 공개	1	2	
		공개된 정보의 충실성 (속기록 및 이에 준하는 정보 공개)	1		
	주민제안사업 심사절차 충실성	제안자 설명, 현장심사 등 다양한 심사절차 시행	1	1	【2017년 기준】 제안자 설명, 현장심사 등 심사·의결관련 자료
	주민제안사업 최종선정 방식	**일반주민의 직접참여를 반영하여 결정**	**3**	**3**	**【2017년 기준】 ⑧ 심사·선정의결서 (사업목록 포함) 일반주민 참여·선정 계획·결과 보고**
	자체 참여예산사업비 편성	시 참여예산사업비 외 자체 편성 있음	1	1	'18년 예산편성 목록(양식)

정량평가				제출자료
지표부문	세부지표	평점기준 및 점수	배점	제출자료
② 제도 운영 (10점)	참여예산사업에 대한 평가·모니터링	참여예산 사업 평가·모니터링 실시 / 1	2	【2017년 기준】 ⑨ 평가·모니터링 실시 계획서 ⑩ 평가·모니터링 결과 보고서
		평가·모니터링 결과 해당 부서 통보, 답변 제출 / 1		
③ 주민교육 (1점)	예산학교 운영 여부	구 자체 참여예산교육 실시 / 1	1	【2017년 기준】 예산학교 운영 계획 예산학교 결과보고 예산학교 교육참여자 현황(양식)
④ 주민의견서 제출(1점)	주민의견서 제출 여부	주민의견서를 예산안에 첨부하여 구의회 제출 / 1	1	【2017년 기준】 주민의견서 작성 계획 주민의견서(예산심의 시 의회 첨부 자료 제출본)
⑤ 사업추진 (10점)	시 참여예산사업 추진실태	무단으로 사업내용 변경	1건 당 1점 감점	【2017년 기준】 시 참여예산 사업추진 현황(양식) e호조 '예산변경내역서('17년)' 출력물 정산결과 보고 자료 반납 증빙 자료 【2017년 기준】
		예산 이·전용 여부		
		집행률 70% 미만 사업		
		정산보고 및 반납 미실시 여부		
		시민투표 시 직원 강제 할당으로 인한 민원* ※경과지표('18년도 발생 건 → '19년 적용)**	5점 감점	
⑥ 가점	2017 한마당총회 우수실행사업 경진대회 수상 자치구	최우수상 / 3		
		우수상 / 2		
		장려상 / 1		
	소계	30점		

출처: 관악구청 민관협치과 제공, 서울시 기획조정실 작성, 〈2018 자치구 참여예산제 평가계획〉

주민참여예산제도의 참여민주주의, 직접민주주의 측면을 더욱 살려야 한다는 공감대가 형성되었던 것도 엠보팅 도입의 중요한 요인으로 작용했다. 특히 직접민주주의를 실현하는 데 있어서 걸림돌이 되는 시공간의 제약을 온라인 플랫폼과 전자투표를 통해서 해결할 수 있는 만큼, 서울시의 엠보팅 시스템은 주민들 사이에서 주민참여예산위원회 활동까지는 참여하기 어려워도 투표에는 참여할 수 있는 일반 주민들의 관심을 이끌어 내기 위한 좋은 장치가 되리라는 기대를 받았었다. 그러나 여전히 결국 관 주도의 일방적인 승인이 엠보팅 투표 도입의 '결정적인' 요인이 되었다는 점에서 민관협치 측면의 아쉬움이 있다.

"이전부터 시민들은 다양한 주민참여를 위해 온라인 방식을 제안했지만 공무원이 움직이지 않았었는데… (중략) 작년부터 움직였어요. 사실 공무원들은 어떤 성과와 관련되어야 움직이는 특성이 크니까, 일반 주민 참여가 성과지표로 지정되었기 때문에 이런 변화가 생겼다고 볼 수 있습니다. 원래 민에서 제안한 것들이 많았는데 의회나 구청 등에서는 사실 이런 걸 부담스러워했거든요. 또 구청장의 의지도 무시할 수 없죠. 공무원이 어떤 입장이냐에 따라 이게 확대되기도 축소되기도 하니까… (중략) 물론 어느 하나가 딱 이렇게 만들었다 할 수는 없고 민에서 요청도 나왔고, 관 쪽의 성과지표도 있고 그러니 (민관) 양 쪽의 움직임이 있겠지만…"
                                        관악사회복지 조○○ 사무국장

위의 인터뷰에서 볼 수 있듯이 전반적으로는 민관 양쪽의 움직임에 따라 참여예산제도의 절차상 변화가 이루어지고는 있으나, 여전히 관 쪽의 상대적으로 보수적인 성향에 의해 변화가 제약되는 경우가 많으며, 만들어진 절차 상 변화 역시 관의 의지, 정책 성향 등에 많은 영향을 받고 있음을 확인할 수 있었다.

2. 활용 현황

서울시의 엠보팅 시스템을 활용하는 자치구는 강서구, 관악구, 광진구, 금천구, 노원구, 동대문구, 동작구, 서대문구, 성동구, 서초구, 성북구, 양천구, 영등포구, 은평구, 종로구, 중구, 강동구, 이렇게 총 17개이다. 그중 주민참여예산제도의 사업을 선정할 때 엠보팅을 활용하는 자치구는 13개로, 서울시의 거의 모든 자치구에서 엠보팅을 활용하고 있음을 확인할 수 있다. 주민참여예산제도에서 사업을 선정하는 과정은 사업심의, 사업선정, 최종선정의 단계를 거치게 되는데, 각 자치구마다 자율적으로 각 단계별로 결정기준을 정하기 때문에 자치구별 주민참여예산 사업 선정과정에 따라 엠보팅 투표결과를 어떻게 활용할지 역시 자율적으로 정하게 된다.

주민참여예산제도에 엠보팅 시스템을 활용하는 자치구들 사이에서도 이를 단순히 '참고자료' 정도로만 활용하는지, 혹은 이를 사업선정에 '실질적으로 반영'하는지 다르다. 또한 엠보팅 투표 수치를 실제로 반영하는 자치구들끼리도 비교했을 때 엠보팅 투표 반영 정도가 상이하다. 이는 각 자치구별로 자신들의 사정에 가장 적합한 방식을 자율적으로 채택한 결과라고 볼 수 있다. 아래 표에서 구체적으로 살펴보면, 대체로 엠보팅 투표 결과는 사업 최종 선정 단계에서 20%에서 60%정도로 반영된다는 것을 확인할 수 있다.

〈표 3〉 자치구별 주민참여예산사업 선정과정 및 사업 선정기준

연번	구분	주민참여예산사업 선정과정			비고
		사업심의	사업선정	최종선정	
1	서울시	위원회 심사	온라인투표	주민총회	
2	관악구	위원회 심사	온라인투표	조정협의회	
3	종로구	위원회 심사		주민총회	지역투표 50%+현장투표 50%
4	중구	제안사업 발표회	온라인투표	주민참여예산 위원회	전자투표 결과 공개 후 위원회에서 선정
5	용산구	위원회 심사	온라인투표	주민총회	온라인투표 60%+현장투표 40%
6	성동구		주민총회	주민참여예산 위원회	주민투표로 우선수위결정 후 위원회에서 선정
7	광진구	위원회 심사	온라인투표	주민참여예산 위원회	투표결과 일정비율 반영하여 합산 점수에 따라 최종결정
8	동대문구	위원회 심사	온라인투표	주민참여예산 위원회	사전투표 합산 온라인투표 반영비율 40%
9	중랑구	위원회 심사		주민총회	투표반영비율 위원 60%, 동지역회 의위원 30%, 주민 10%
10	성북구	위원회 심사	온라인투표	주민총회	사전투표 합산 온라인투표 60%+현장투표 40%
11	강북구	위원회 심사	온라인투표	주민참여예산 위원회	모바일투표 결과와 주민참여산 위원회 평가로 최종 사업 선정

12	도봉구	위원회 심사	온라인투표	주민참여예산 위원회	사전투표 합산 위원회심사 70%+온라인투표 30%
13	노원구	위원회 심사	온라인투표	주민참여예산 위원회	운영계획 공개x
14	은평구	위원회 심사	주민투표 (온, 오프)	주민총회	사전투표 합산
15	서대문구	위원회 심사		주민총회	총회투표결정(위원 30%+현장투표 40%+온라인투표 30%)
16	마포구	위원회 심사		총회	
17	양천구	위원회 심사	온라인투표	주민참여예산 위원회	온라인투표 20% 반영
18	강서구	위원회 심사	온라인투표	주민참여예산 위원회	온라인투표 30% 반영
19	구로구	위원회 심사		총회	분과위 우선순위에 가점부여, 다득 표 순으로 사업 선정
20	금천구	위원회 심사	온라인투표	총회	위원회투표 50%+온라인투표 50%
21	영등포구	위원회 심사	총회		위원회투표 70%+주민투표 30%
22	동작구	위원회 심사		온라인투표, 위원평가 합산	참여예산위원 사업평가(50%) +주민투표(50%)
23	서초구		주민투표	주민참여예산 위원회	온라인투표를 통한 사업선정 후 주 참심의를 통한 선정사업 우선순위 조정 및 후보사업결정
24	강남구			주민참여예산 위원회	위원 투표로 결정
25	송파구				운영계획 공개x
26	강동구	위원회 심사	온라인투표, 총회(위원)	예산협의회	온라인 투표 50%+위원회 총회 투 표 50%

출처: 관악구청 민관협치과, 〈자치구 주민참여예산사업 선정 현황〉, 2019

엠보팅 시스템을 활용함으로써 도입 취지대로 주민참여예산위원회 외의 일반
주민들에게도 주민참여예산제도를 알리고 이들의 참여를 이끌어 낼 수 있었다. 그
러나 조사하는 과정에서 여러 가지 문제점들 역시 발견할 수 있었다. 이를 투표의
질적 측면, 투표 홍보, 투표자 본인확인의 세 가지 차원으로 나누어 살펴보고, 서울
시 자치구 중 동작구와 관악구의 사례를 들어 구체적으로 설명하고자 한다.

3. 관악구와 동작구 선정 배경 및 엠보팅 활용상황

관악구와 동작구의 주민참여예산제 엠보팅 활용 사례는 예시적 사례연구로서의 의미를 가지고 있다. 먼저 관악구와 동작구에서 주민참여예산제도에 엠보팅 시스템이 도입된 배경과 현재 이 시스템이 어떻게 활용되고 있는지 살펴보자.

동작구는 2016년부터 주민참여예산사업 선정에 엠보팅 시스템을 활용하였고, 위의 〈표 3〉에서 확인할 수 있듯이 최종 선정 단계에서 참여예산의 위원 평가를 50%, 엠보팅을 활용한 온라인 주민 투표를 50%씩 반영하고 있다. 이처럼 엠보팅 투표 결과가 최종 선정 기준의 절반 비중을 차지하고 있어 상대적으로 많이 반영되고 있음을 확인할 수 있었다.

반면 관악구는 2018년에 엠보팅 시스템이 처음으로 시범적으로 활용되었고, 2019년에는 최종선정 단계에서 20% 비중으로 실제로 반영되었다. 이처럼 관악구에서 엠보팅 시스템이 실질적으로 활용된 지는 사실상 1년 밖에 되지 않았는데, 유독 관악구에서 엠보팅 시스템의 도입이 늦어진 것은 관악구의 참여예산 선정단계의 특성 때문이었다. 총회를 통해 일괄적으로 사업을 선정하는 방식과 달리, 관악구에서는 분과위원회에서 우선순위를 선정한 뒤 조정협의회에서 최종 결정하는 이원화된 과정을 거치기 때문에 전자투표를 반영하는 것에 대한 고민이 있었던 것으로 보인다. 그래서 엠보팅 투표를 반영할지, 반영하더라도 몇 퍼센트나 반영해야 할지에 대해서도 행정과 조정위원회 위원들의 의견이 다양했으나, 우선은 반영비율을 선정결과에 결정적인 영향을 주지 않을 정도인 20%로 하되, 운영상황을 보며 비율을 점진적으로 확대해나가기로 합의했다.

이처럼 관악구와 동작구의 사례는 시행기간이나 반영 비율에 있어서 서로 반대되는 경우라고 볼 수 있다. 동작구는 엠보팅이 활용된 기간이 더 오래되어 엠보팅 투표가 안정적으로 정착했으며 반영 비율도 절반을 차지할 정도로 높은 반면, 관악구의 경우 엠보팅이 매우 최근에 활용되기 시작했고 반영 비율도 20%로 아직 낮다. 그렇기 때문에 각 사례에서 나타나는 엠보팅 시스템의 문제 양상도 반대로

	2016년	2017년	2018년	2019년	2020년
강서구	–	–	–	–	1510
관악구	–	–	–	317	862
광진구	–	–	–	461	–
금천구	–	–	2699	2649	2892
동작구	–	48186	51150	48743	51608
서대문구	1932	1139	1117	692	522
성동구	–	–	37514	–	–
서초구	–	–	–	4591	3663
성북구	2565	11338	12506	13392	17272
양천구	–	–	–	780	1487
영등포구	1257	–	1457	855	1071
은평구	–	–	–	–	287
종로구	–	–	240	–	–
중구	–	–	–	12951	–

출처: 서울시 '엠보팅 홈페이지'의 투표 수치를 참고하여 직접 작성

나타나는 것을 파악할 수 있었다.

동작구의 경우 아래 표에서 볼 수 있듯이 여타 자치구들의 투표수가 대부분 몇 천표, 많아봐야 10,000표 내외인 것과 달리 50,000표 내외의 압도적으로 높은 투표수를 확보하고 있다. 이처럼 엠보팅에 대한 주민들의 인지도와 투표 참여율이 매우 높지만, 투표가 많은 호응을 얻으면서 본인 인증의 어려움으로 인한 문제점이 두드러지게 나타나고 있다.

관악구의 경우 동작구와 달리 부실한 본인인증 시스템을 악용하여 생기는 문제는 적지만, 투표수가 아직 1,000표도 채 되지 않아 엠보팅 투표에 대한 주민들의 인지도와 참여도를 제고시키기 위한 홍보의 문제가 더 급한 해결과제로 남아 있다. 또한 절대적인 투표수가 부족할 뿐만 아니라, 앞서 언급한 바와 같이 그렇게 나온 투표 결과 역시 20%라는 낮은 비율로만 반영된다.

"엠보팅의 반영 비율이 20%인 것이 그렇게 유의미한 수치는 아닌 것 같아요. (중

략) 조정협의회에 가기 전 검토되는 사업의 개수는 10-20개 정도인데, 그중 법적으로 아예 안 되는 경우 등을 제외하면 사실 결과는 전자 투표의 반영 결과와 상관없이 거의 비슷한 양상이죠." -관악구 주민참여예산위원회 박정란 위원장

　　인터뷰에서 확인할 수 있듯이 설령 투표에 많은 시민들이 참여하여 의견을 표현하더라도 결과에는 큰 영향을 주지 못한다는 점에서 낮은 반영비율에 대한 우려도 있다. 투표 참여에 대한 동기를 약화시키고, 투표를 통한 논의와 심의의 효과를 감소시킬 수 있기 때문이다.

　　각각 관악구와 동작구의 특성들을 고려해 볼 때, 두 자치구를 분석단위로 설정하여 수행하는 본 사례연구는 서울시의 엠보팅 시스템이 자치구별로 활용되는 양상에 대한 일반적 함의를 제공할 수 있는 예시적(exemplary) 사례연구의 의미를 갖는다고 할 수 있다.[4] 두 사례는 엠보팅 제도에 대해 비판적으로 검토하는 과정에서 발견할 수 있었던 문제점들을 양 극단에서 보여 주기 때문이다. 엠보팅 투표의 '투표 홍보/참여' 차원의 문제와, '본인인증' 차원의 문제가 맞물려 있는 딜레마적 상황에서 관악구는 본인인증 문제가 없는 대신 참여 문제가 두드러지는 사례로, 동작구는 참여의 문제는 적지만 본인인증 문제가 두드러지는 사례로서 양 극단의 양상을 보여 준다고 할 수 있다. 따라서 양 극단의 두 사례를 살펴봄으로서 동작구와 관악구의 두 가지 상황 사이에 있는 다른 여러 자치구들에 대해서도 비슷하게 적용하여 생각해 볼 수 있는 외적 타당성을 제공할 수 있으리라 기대한다.

IV. 엠보팅 제도의 문제

　　앞서 살펴보았듯이 엠보팅 시스템은 이제 서울시의 거의 대부분 자치구에서 적

---

4. Robert K. Yin. 2009. *Case Study Research: Design and Methods*. SAGE Inc. pp.3-60.

극적으로 활용되고 있음에도 불구하고, 자치구별로 엠보팅 시스템으로 인해 어떤 문제점이 발생할 수 있는지조차도 제대로 파악하고 있지 않았다. 이에 동작구와 관악구의 사례를 중심으로, 엠보팅 시스템의 문제를 크게 3가지 측면—투표의 질적인 측면에 대한 고려가 미흡하다는 점, 홍보에 문제가 있다는 점, 본인 확인이 제대로 이루어지지 못하고 있다는 점—으로 나누어 구체적으로 살펴보고자 한다.

1. 투표의 질적 측면 고려 미흡

물론 엠보팅 제도가 양적 차원에서 일반 주민들의 투표까지 확보하자는 취지로 도입되기는 했으나, 이것이 단순히 숫자를 늘리는 것에만 그친다면 투표의 의미가 퇴색될 수밖에 없다. 투표를 통해 이루어진 의사표명이 그 의미를 갖기 위해서는 투표 이전에 의사 결정 과정의 정보 전달과, 유권자들 간의 충분한 논의 및 심의 과정이 있어야 한다.

즉 투표에 대한 질적 측면에 대한 고려가 필요한 것인데, 현재 엠보팅 투표 창에서 투표자들이 제공받는 정보의 양은 상당히 제한적이다. 투표 창에서 시행 주체에서 제공하는 요약된 정보를 확인할 수 있다고는 하지만 이는 합리적인 투표를 돕기에 충분한 정도라고 보기 힘들다. 예를 들어 2020년 관악구 주민참여예산 사업 선정을 위한 엠보팅 투표를 확인해 보면 투표 창에 각 사업에 대한 정보는 추가적인 팝업 창을 통하여 사업내용, 소요예산, 부서검토 여부, 담당부서 등을 각 한 줄 이내로 제공하고 있을 뿐 사업에 대한 보다 구체적인 소개는 이루어지고 있지 않았다.

> "그 엠보팅 사이트를 딱 봤을 때, 사업의 내용을 일일이 보기 힘들고, 제안된 사업도 많아요. 그래서 내용을 보기 보다는 제목 중심으로 찍을 확률이 크겠죠. 더 많은 정보를 제공하든가, 아니면 주민들이 시간을 내서 더 많이 찾아보든가 해야 할 텐데…"
> —관악사회복지 박○○ 사무국장

결국 합리적이고 유의미한 투표를 위하여 사업에 대한 정보를 구체적으로 알고자 하는 경우 주민들은 직접 정보를 찾아볼 수밖에 없으나 구청이나 다른 기관을 통하여 추가적인 정보 탐색을 하고 투표에 참여하는 경우는 사실 흔하지 않다. 이처럼 미흡한 정보를 바탕으로 투표에 참여하고 있다면, 충실한 논의와 심의 역시 이루어지고 있다고 보기 어렵다. 즉, 현재의 엠보팅은 그렇기에 정보의 불충분한 제공으로 인해 주민들의 논의와 심의가 이루어지기 힘들다는 점에서 질적인 측면의 문제를 가진다고 할 수 있다.

2. 홍보의 문제

엠보팅의 참여율을 보면, 많은 자치구의 경우 적은 수의 주민만이 이에 참여하고 있다. 사실상 많은 주민들이 엠보팅의 존재 자체도 알지 못하고 있는 실정이다.

> "시민참여단이 2019년 9월까지 SNS에 150여 회의 홍보를 했어요. 그리고 저희도 홍보가 중요하다 보니 밤도깨비 야시장 쪽도 가서 이벤트도 하고 했는데… 여전히 잘 모르시죠. (중략) 계속 고민 중인데… 2018년에 신문 광고도 했지만 별 효과가 없었죠."　　　　　　　　　　－서울시청 스마트도시정책관 신○○ 주무관

인터뷰에서 언급되었듯 서울시 차원에서는 밤도깨비 야시장에 가서 이벤트를 하거나, SNS나 신문 광고를 사용하여 홍보를 하는 등 나름대로 다양한 홍보 전략이 사용되고 있음에도 불구하고 여전히 엠보팅에 대한 인식이 충분하지 못하다. 이러한 문제는 구 차원에서도 동일하게 나타난다. 특히 관악구는 투표수가 1000표도 채 되지 않아 엠보팅에 대한 인지도와 참여율 제고가 반드시 필요한 사례이다.

> "그동안에는 도림천, 관악산 사거리 등 사람들이 많이 다니는 곳에서 홍보를 했어요. 구청 전광판에도 하고, 현수막도 걸고… 근데 아시겠지만 1000개의 현수

막을 걸어도 보는 사람만 보기도 하고… 예산의 문제도 있죠."

-관악구 주민참여예산위원회 박○○ 위원장

"좀 더 적극적인 전략이나 홍보가 있어야 하지 않을까 싶어요. 돌아다니면서 홍보를 한다던가… SNS를 하긴 하지만 청년들이 그걸 통해서 하러 오지는 않기 때문에 (중략) 좀 더 고민하고 발로 뛰어야 하지 않을까…"

-관악구 주민참여예산위원회 박○○ 위원장

이는 홍보 시스템의 개선과 보강이 반드시 필요하다는 것을 보여 준다. 다양한 홍보 방식이 사용되고는 있지만 여전히 직접적인 참여를 이끌어 내기에는 부족하며, 인터뷰이의 제언과 같이 보다 '발로 뛰는' 면대면 홍보가 필요한 것으로 보인다. 노인정에 찾아가는 형식의 홍보나, 밤도깨비 야시장에서 부스를 운영하는 등 주민에 가까워지는 홍보 전략이 사용되고 있기는 하지만, 참여를 이끌어 내기 위해서는 보다 더 친밀하고 가까운, 개인적·인적 네트워크를 적극적으로 활용하는 홍보 전략이 필요하다.

이와 관련하여 Putnam의 'Better Together' 책에서 제시된 'Valley Interfaith'의 사례는 지역 커뮤니티의 인적 네트워크를 적극적으로 활용하고 사람들의 참여를 유도한 성공적인 선례로 살펴볼 수 있다. 'Palmer' 초등학교에서 학교를 개선하기 위해 프로젝트를 시작했을 때, 사람들에게 이를 알리고 참여를 유도하기 위해 가장 먼저 했던 것은 직접 찾아가서 대화를 나누는 것이었다. 기존의 학생, 학부모 커뮤니티를 활용하여 학교에 대한 고민이나 불만을 직접 듣고 이를 해결하기 위한 그룹에 참여하도록 유도한 것은 이후 더 많은 그룹 형성과 마을 환경 개선으로 이어지는 디딤돌이 되었다.[5] 주민참여예산제도의 시초이자 가장 성공적인 사례로 꼽히는 포르투 알레그레에서도, 진보적인 교회활동가들과 운동가들이 지역을 몇몇

---

5. Robert Putnam. 2003. *Better Together: Restoring the American Community*. Simon & Schuster. pp.11-33.

구역으로 나누어 각 구역 주민들을 적극적으로 만나고, 참여예산제도가 실질적인 변화를 만들어 낼 수 있다고 설득한 것이 매우 중요한 전략으로 작용했다. 이를 통해 그들은 원래 후견주의적이거나 지역정치에 대해 무관심했던 주민들의 생각과 태도를 변화시키고 참여적인 조직들을 만들어 낼 수 있었다.[6]

또한 홍보의 대상이 노년층으로 편중되어 있다는 문제도 있다. 전자투표 시스템은 젊은 층의 포섭에 유리할 것이라는 인식 때문에 오히려 젊은 층에 대한 홍보의 필요성이 간과되고 있다.

"노년층 분들은 찾아가서 홍보를 하고 있다. 근데 사실 사회 문제에 대한 젊은 층의 참여가 필요한데, 오히려 젊은 층이 잘 모른다. (중략). 학교, 고시촌 등에 찾아가볼까 하는 고민을 하고 있기는 하다." ─관악구청 민관협치과 이○○ 주무관

"주무관들이 나와서 홍보도 하고 못하시는 분들 직접 알려도 드리고 하기 때문에 사실 나이하고 큰 상관은 없는 듯하긴 해요. (중략) 오히려 꼭 어르신들이 아니더라도 젊은 층은 관심이 없어서 안하고 근데 사실 이들이 해야 하거든요. 사회의 변화에 대해 관심을 가지면 좋은데 엠보팅에 참여하지 않는 문제가 꼭 어르신에 국한되지는 않아요. 청년 계층에도 어려움이 있고, …"

─관악구 주민참여예산위원회 박○○ 위원장

이러한 문제는 관악구와 같이 홍보의 문제를 겪고 있는 다른 자치구에서도 발생하고 있으며, 심지어 서울시 차원에서도 나타나는 문제이다. 물론, SNS홍보나 미디어 홍보 등과 같은 젊은 층에게 유리한 홍보 방식도 사용되고 있기는 하다. 다만, 이러한 다수를 대상으로 하는 홍보는 직접적인 대면을 기반으로 이루어지는 홍보(노인정 홍보 등)보다는 효과가 훨씬 적다는 점에서 홍보의 방점이 노년층에 더 많

---

6. Rebecca Abers. 1998. *From clientelism to cooperation: Local government, participatory policy, and civic organizing in Porto Alegree*, Brazil. Politics & Society. Vol. 26. No. 4. pp.511-537.

이 찍혀있다고 볼 수 있다. 실제로 관악구의 경우 직접 '발로 뛰는' 적극적인 홍보를 했던 곳은 경로당으로, 주로 노년층을 대상으로 하고 있었다. 이처럼 전자투표나 디지털 플랫폼은 '당연히' 젊은 층에게 더 친숙할 것이라는 인식에 따라 젊은 층에 대한 홍보가 적극적으로 이루어지지 않았으나, 사실상 바로 이 맹점 때문에 다른 계층에 비해서도 20대, 30대 등 젊은 층의 참여가 미흡하게 나타나고 있다.

동작구는 관악구와 반대로, 앞서 제시한 사례들처럼 기존의 인적 네트워크를 기반으로 직접 홍보하여 참여를 유도하는 전략을 잘 실행한 자치구이다. 동작구에서는 통장, 학교 및 유치원 등 교육기관 리더 등 지역 커뮤니티 리더들을 중심으로 주민들에게 직접 접촉하고 다가가는 전략을 통해 타 자치구에 비하여 압도적으로 많은 엠보팅 투표 참여자 수를 확보할 수 있었다.

"동작구의 경우에는 통장분들께 이 엠보팅 관련 자료를 배포하고, 그 통장 분들이 집집마다 가서 설명도 다 드리고 투표 하라고 권유를 직접 하기도 하고 했어요." −서울시 스마트도시정책관 신○○ 주무관

동작구 역시 다른 자치구들과 마찬가지로 현수막/전광판 등에 게시하거나, 구청 사이트에 이를 홍보하는 방식을 활용했으나, 여기에 그치지 않고 동별 주민 센터와 통장 자원에서 개별적으로 참여를 독려하는 방식을 채택하여 높은 참여율을 기록해 왔다. 이러한 방식으로 인적 네트워크를 활용하여 개별적인 홍보를 진행하는 것이 투표 참여율 제고에 도움이 될 것이다.

3. 본인인증의 문제

엠보팅은 편리한 사용을 위해 전화번호 인증 이외의 본인인증 수단을 사용하지 않고 있다. 물론 본인인증 시스템을 추가적으로 갖출 수 있지만, 그러한 시스템을 갖추게 될 경우 편리성이 떨어져 참여도가 감소할 것이라는 우려가 있어 추가적인

본인인증을 요구하지 않는 것이다. 이 문제는 '편리함 및 참여도'와 '정확한 본인확인' 사이에서 발생하는 딜레마라고 생각해 볼 수 있다. 최대한 간단한 본인확인 절차로 편리하게 이용할 수 있도록 해야만 사람들의 참여도를 확보할 수 있는데, 그렇게 되면 투표자의 신원 확인의 정확성과 엄밀성이 떨어질 수밖에 없다. 반대로, 정확한 본인확인을 위해 여러 절차를 거쳐 본인 인증을 하도록 만들면 불편함을 느낀 이용자가 참여를 아예 하지 않게 된다는 것이다.

> "문제는, 본인인증제를 도입하고 나면 참여도가 훨씬 떨어질 거라는 거죠. (인증하려면) 앱을 하나 더 깔아야 되니까… 마음을 먹고 투표하려고 들어가도 앱 깔아서 인증하라고 하면 또 하기 싫어지잖아요. 그러면 또 그냥 안하게 되고…"
>
> —서울시 스마트도시정책관 신○○ 주무관

이런 딜레마 상황에서 엠보팅 시스템이 선택한 것은 엄밀한 본인확인이 아닌 편리성과 참여였다. 앞서 설명했듯이 엠보팅 투표에 참여할 때는 전화번호를 입력하고 휴대폰으로 오는 인증번호를 입력하는 간단한 절차 한 가지만 거치면 된다. 그러다 보니 번호와 인증번호만 얻을 수 있다면 쉽게 대리 투표를 가능하다는 문제가 발생한다. 특히 인증번호만 있으면 해당 자치구에 거주하지 않는 경우에도 투표에 참여할 수 있기 때문에, 자신이 원하는 정책이 선정되도록 하기 위해 타 지역에 거주하는 지인들에게 투표하게 한다거나, 여러 사람들의 번호와 인증번호를 받아 사용하는 등으로 엠보팅 시스템을 남용할 수 있는 것이다.

동작구는 이러한 대리투표 문제의 대표적인 사례이다. 동작구는 홍보가 잘 이루어져 주민들의 참여를 많이 확보한 '성공적'인 사례로 거론되었으나, 그 반대편에서는 투표가 과열되어 엠보팅 시스템의 허점을 악용한 문제점들이 발생한 것이다. 예를 들어 동작구 상도동의 한 어린이집에서는 동작구 주민참여예산제 투표 관련 안내문을 학부모들에게 나누어주며, 휴대폰 번호를 입력하면 받을 수 있는 인증번호를 어린이집 웹사이트 게시판에 댓글로 적도록 학부모들에게 요청했다. 어린이

집에서 배부했다는 안내문은 상도1동 주민 센터에서 작성했던 것으로, 심지어 그 내용에서조차도 총 9개의 동작구 투표 대상 사업 중에서 상도동과 관련 있는 사업으로 미리 선정한 세 가지('동작구 상징의 전통시장을 만나다', '용마무지개길 조성사업', '신대방 어울림 벚꽃 축제')만을 게재했다는 문제가 있었다. 이에 대한 문제 제기가 이루어졌음에도 상도 1동 주민 센터에서는 '안내문은 주민들의 투표 참여를 늘리기 위해' 만든 것이며, '해당 어린이집에는 협조를 구하는 차원에서 안내문을 전달했다'고 해명할 뿐 그다지 큰 문제가 아니라는 입장을 취했다.

이런 문제는 상도1동에서만 발생한 것이 아니었다. 동작구 노량진1동의 한 주민은 노량진1동 주민 센터의 현장민원실에서 '사이트에 들어가기 불편하니 휴대폰으로 인증하면 동사무소에서 투표를 도와준다'고 하여 인증번호를 보냈는데, 알고 보니 자신의 번호로 받은 인증번호를 활용해 동사무소에서 추진하고 싶어 하는 사업에 투표하고 있다는 사실을 알게 되어 매우 불쾌하다는 내용의 댓글을 엠보팅 사이트의 동작구 투표 게시물에 작성했다. 그러나 노량진1동 주민센터 역시, 이는 '투표 독려와 주민들의 원활한 참여'를 위한 것이었다는 명분을 내세우고 있다.[7]

동작구 사례에서 볼 수 있듯이 허술한 본인인증 시스템과 이로 인한 대리투표 문제는 참여 및 홍보의 문제와 매우 긴밀하게 연결되어 있음을 확인할 수 있다. 참여를 확보하기 위함임을 내세워 동 주민 센터와 통장 등의 여러 이해관계자들이 대리투표를 통해 엠보팅 시스템을 악용할 수 있는 것이다. 더 나아가 엠보팅 시스템 자체가 본인인증 절차가 엄밀하게 진행되다 보면 복잡한 절차로 인해 참여율이 떨어질 수밖에 없다는 딜레마적 상황을 고려하여 만들어졌으므로 본인인증 과정에서 허술한 휴대폰 인증 절차만을 요구하고 있었다. 더 큰 문제는 이렇게 대리투표가 이루어져도 이를 적발하거나 처벌하기도 쉽지 않다는 것이다. 동작구의 경우에는 몇몇 주민들의 직접적인 민원으로 대리 투표가 적발되긴 하였으나, 일반적인 상황에서는 투표자에 대해서 번호 이외의 정보를 수집하지 않기 때문에 대리투표

---

7. 일요시사. 2017년 9월 11일. "'주민이 모르는' 주민참여예산제 속사정."

의 정황을 적발하기조차 어렵다는 문제가 추가로 발생한다. 심지어 동작구의 통장들에 대해서도 재교육 실시 정도의 임시적 조치가 취해졌을 뿐 제대로 된 처벌이나 공론화가 이루어지지 않았고, 대리투표를 막을 수 있는 근본적인 해결책도 마련되지 않았다.

관악구는 앞서 '홍보의 문제' 측면에서 살펴보았듯이 엠보팅 시스템을 활용한 투표 자체가 활성화되지 않았기 때문에 동작구에서처럼 본인인증 문제가 심각하게 나타나지는 않았다. 동작구에서는 투표가 많이 알려지고 사람들의 관심을 받으면서 그 부작용으로 대리투표와 같은 방식으로 투표가 과열된 것이 문제였다면, 관악구에서는 우선 투표를 알리고 참여를 확보하는 것부터가 급선무인 것이다. 그러나 관악구에서도 앞으로 엠보팅 시스템의 반영 비율을 확대할 계획이며, 이에 따라 주민들의 참여가 늘어날 수 있음을 고려할 때, 관악구 역시 본인인증의 문제에 대비할 필요가 있다. 그렇다면 관악구에서는 이에 대해 충분히 인지하고 대비하고 있었을까?

> "휴대폰 번호만 있으면 (투표를) 할 수 있기 때문에 관악구에 거주하지 않는 경우에도 투표해서 (엠보팅이) 남용되는 것을 우려하기도 하시는데…(중략) 사실 이에 대한 제재를 하는 것이 불가능한 상황이죠."
>
> —관악구청 민관협치과 이○○ 주무관

> "민주시민을 믿을 수밖에 없지 않을까요… 현재는 그걸 바꾸거나 하기에는 어려움이 있으니까요. (대리투표를) 주변에서 하더라도 그냥 감안해야 하지 않을까…"
>
> —관악구 주민참여예산위원회 박○○ 위원장

위의 인터뷰에서 볼 수 있듯이 관악구청과 참여예산위원회 활동 위원 모두 엠보팅 시스템을 선정기준으로 반영할 때부터 이것이 본인인증의 문제를 갖고 있음을 인지하고 있었다. 그러나 이는 전자투표 시스템의 '어쩔 수 없는' 문제이며 주민들을 '믿을 수밖에' 없으니, 참여를 확보하기 위해서 감수해야 하는 부작용 정도로 논의되고 있었다. 즉, 그 어떠한 실질적인 대비책도 마련되지 않은 상황이다. 투표 참여 확보가 더 시급한 관악구의 상황 상, 최소한 지금은 어쩔 수 없이 엠보팅 시스템의 본인인증 문제를 감수하고 투표 참여의 편리성을 증진시키는 방향으로 합의를 했다고 하더라도, 어쨌든 이에 대해 관악구 주민들에게 최소한 알리긴 해야 한다. 그러나 거의 모든 관악구 주민들은 대리 투표 문제를 제대로 인지하지도 못하고 있으며, 대리투표 문제를 감안하고 이루어진 엠보팅 투표 결과가 주민참여예산사업 선정기준에 반영되어 예산으로 쓰이고 있다는 것도 알지 못하는 경우가 많다. 그러나 이런 문제가 생길 수 있음을 일반 주민들에게 모두 충분히 알리고 이에 대한 합의를 확보함으로써, 주민들이 대리투표로 인한 결과 왜곡이 있을 수 있음을 알고서도 주민참여예산사업 선정 결과를 인정해야만 엠보팅 투표 결과가 최소한의 절차적 정당성을 갖는다고 볼 수 있을 것이다.

　물론 동작구, 관악구 사례에서 나타난 본인인증의 문제가 반드시 자치구 주민참여예산사업에 활용할 때에만 나타나는 문제는 아니며, 사실상 엠보팅 시스템 자체의 문제이지 않느냐고 반문할 수 있다. 그러나 주민참여예산제 투표는 다른 투표들에 비해서도 '거주민'들의 의견을 반영하는 것이 중요하다는 점을 고려하면, 그 지역의 거주자가 아닌 사람이 투표에 참여해 투표결과를 왜곡시킬 수 있다는 허점이 특히 주민참여예산제 투표에서 큰 문제가 된다고 볼 수 있다. 즉 주민참여예산제 온라인 투표는 그 특성상 투표범위를 자치구 주민으로 '한정'시키고 이를 철저히 인증하는 것이 중요한 투표이기 때문에, 엄밀한 인증이 불가능하다는 엠보팅 시스템의 결함이 더욱 큰 문제가 되는 것이다.

　이렇듯 본인확인의 문제는 투표의 진행에 있어 핵심적인 문제이며, 이것이 시행 공무원들에게 분명히 인식은 되고 있음에도 근본적인 대책이 강구되지 않고 있다. 현재 서울시 차원에서 블록체인 인증 등의 방식을 검토하고 있다고는 하나 여전히 대리 투표가 가능하며, 설령 인증된 본인이 투표하더라도 주변의 회유나 강요에 의해 투표할 수 있다는 근본적 문제에 대해 해결책이 마련되지 못하고 있다.

V. 마치며: 제언

지금껏 살펴보았던 엠보팅 제도 활용의 문제점으로는 엠보팅의 활용에 있어서 첫째, 투표의 양적 측면에만 초점을 두어서 투표의 질적 측면에 대한 고려가 부족하다는 점, 둘째, 홍보의 효과가 미미하다는 점, 그리고 마지막으로 본인 인증의 문제에 있어서 근본적인 대책이 마련되어 있지 않다는 점이 있었다. 그러나 이러한 문제점이 존재한다고 엠보팅 제도 자체를 포기해야하기에는 엠보팅 제도의 의의가 여전히 크다. 엠보팅 제도는 주민참여예산제도에 있어서 소수의 주민 대표들만이 결정 과정에 참여하는 것이 아니라 더 많은 주민들이 주민참여예산 사업의 선정에 있어서 손쉽게 참여할 수 있게 하여 '보다 더 많은 주민 참여를 확보'하고 '더 많은 주민들의 의사를 반영'할 수 있다는 의의를 가진다. 또한 정보통신기술과 정보보안기술의 발전으로 전자투표를 바탕으로 한 전자민주주의를 시행하는 국가들이 늘어나고 있는 만큼 엠보팅 제도는 시대의 변화와 기술의 발전이 반영된 오늘날 '참여민주주의'의 하나의 형태라고 할 수 있다. 즉, 엠보팅 제도를 완전히 폐기하기보다 이에 대한 보완이 필요한 상황에서 우리는 앞서 제기한 엠보팅 제도 활용의 문제점들을 해결할 수 있는 여러 가지 방안들을 제언하고자 한다.

1. 투표의 질적 측면 강화

가장 먼저, 엠보팅의 활용에 있어서 투표의 양적 측면에만 초점을 두어서 투표의 질적 측면에 대한 고려가 부족하다는 문제점에 대한 제언이다. 서울시 엠보팅 사이트에서 '2020년 관악구 주민참여예산 사업 선정을 위한 엠보팅 투표'를 살펴보면 각 사업에 대한 자세한 설명이 나와 있지 않다는 점을 확인할 수 있다. 각 사업 내용에 대해서 클릭을 해 보아도 사업내용, 소요예산, 부서검토 여부, 담당부서 등을 각 한 줄 이내로 제공하고 있을 뿐이어서 사업에 대한 단편적인 이해를 바탕으로 선정이 이루어질 수밖에 없다. 엠보팅 제도 활용에 있어서 투표의 '질적 측면'

을 강화하기 위해서는 사업에 대한 주민들에 보다 깊은 이해와 고민이 이루어지는 것이 가장 필수적이다. 또한, 주민들이 각각의 사업에 대해서 토론하고, 심의해 보는 기회가 주어져야 한다. 이를 바탕으로 엠보팅 투표에서 각 사업에 대한 보다 자세하고 구체적인 정보를 제공하는 것과 각 사업의 내용에 대해서 주민들이 온라인에서도 토론, 심의해 보는 '온라인 공론장'의 활성화를 제언한다.

기존 서울시 엠보팅 홈페이지에서는 투표 맨 아래 부분에 댓글을 달 수 있게 되어 있기는 하지만, 현재 대부분의 투표들은 댓글이 많지 않았다. 2019년 12월 2일 현재 '2020년 관악구 주민참여예산 사업 선정을 위한 엠보팅 투표'에는 3개의 댓글만이 달려있는 상황이었고, '2020년 동작구 주민참여예산 사업 선정을 위한 엠보팅 투표'에는 댓글이 한 개도 달려있지 않았다. 비교적 댓글이 많이 달린 투표를 찾아보니, 15만 6000여 명이 참여한 2020 서울시 시민참여예산사업 선정투표는 343개의 댓글이 달려 사업에 관련된 시민들의 의견을 확인할 수 있었다. 이를 살펴보면서 확인한 아쉬웠던 점은 댓글에 대해서 기존에 댓글에 대한 답글(이하, 대댓글)을 달 수 없기에 각각의 의견에 대해서 논의를 지속할 수 없다는 점이었다. 또한 찬성과 반대 댓글, 중립적 댓글이 두서없이 뒤섞여 있어서 찬성과 반대의 논점을 파악하기 어렵다는 측면도 있었다.

두서없는 갑론을박이 이루어지는 댓글창을 넘어서 '온라인 공론장'을 구축하고 활성화시키기 위해, 먼저 댓글을 달 때에도 각각의 댓글이 찬성인지, 반대인지, 중립적인 댓글인지 선택할 수 있게 함으로써 주장에 따라 논점을 쉽게 파악할 수 있는 방식을 생각해 볼 수 있다. 이때 단순히 찬성, 반대 같은 입장을 댓글 옆에 표시하는 것뿐만 아니라 댓글창의 사용자화면(UI)을 찬성, 반대, 중립 창으로 세로로 삼등분하여 각 진영에 댓글이 달리도록 하면 더욱 직관적으로 논의 구도를 파악할 수 있을 것이다. 또한 댓글에 대해 추가적인 댓글을 달 수 있도록 하는 '대댓글 시스템'과 댓글에 의견에 대한 공감을 표명할 수 있는 '추천 버튼'을 도입하며 댓글 작성자들 사이에서 활발한 논의가 진행될 수 있도록 해야 한다.

한편, 댓글 작성자들 간의 논의와 교류가 이루어진다고 하더라도 그 심의의 배

dallia86 2019.08.30 13:24:19 [신고] [추천 0]
횡단보도 앞바닥에 맹인을 위한 점자도로블럭 노란색 설치해주세요 강서구에도요

n 2019.08.30 12:49:46 [신고] [추천 0]
성평등반대합니다
유트브 보다보면 20살 먹은 어빠가 있이어요 엄마는 집나가고 딸들키우는데 근대가이되는데 이 딸들은 대신 키워줄 분들이 없고 월2만원이면 억고살수 있자는 분들어 많다는데 이런곳에 써야 되지 않을까요 국민의 논 입니다 이 논 땀파서 나온논아닙니다 어떤분들은 올 여름뱅뱉에 벌어서 세금 내신분들도 있어요 어떻게 써야하는지 이해가 어렵네요

제니퍼 아자수 2019.08.30 12:27:52 [신고] [추천 0]
초등생들 안전한 등하교위한 예신 편성 필요합니다

바람한줄 2019.08.30 11:19:00 [신고] [추천 0]
느린 학습자들의 청소년 청년 삶에 관심을 부탁드립니다. 소통할 수 있고 직업을 가질 수 있는 지원과 환경이 절실히 필요합니다. 지석장애인 판정도 받을 수 없지만 일반인처럼 살 수도 있기에 정말 도움이 필요합니다.

세금낭비반대 2019.08.30 03:01:48 [신고] [추천 1]
서울시 국민혈세로 공공에게 유익한 사업을 진행하세요. 항목체크 할 만한게 너무 없네요. 성퍵등 문화사업같은 젠더 성소수자 사업말고, 진정한 남녀의 평등을 시행해 주십시요. 서울시는 다수의 시민보다 여성, 소수에만 편향된듯. 그간 실패한사업들 시민들은 기억합니다. 광화문모래벌, 슈즈트리,붑슬레이,미세먼지공퍼버스x요금동 쓸데없는 것들과 이름만다르지 별치가 없네요. 제발 서울시는 세금낭비 하지 마시고, 견전하고 건강한 서울시를 위한 올바른 정책을 펼치시를 바랍니다.

성평등 반대 2019.08.30 02:12:20 [신고] [추천 0]
여성말고 남성은 없나요? 차별어네. 태양광 쓰레기는 어떻게 처리하려고. 미세먼지 실질적인 대책도 없네요. 그냥 세금 이중으로 낭비하는 것 같습니다.

터터 2019.08.30 01:20.35 [신고] [추천 0]
성평등, 성소수 자지, 식장 내 과롭힘 이런 것들 통틀어서 단란주첨 특히 호스x빠 종로3가에 게이 호스x빠가 10곳이 넘고 남자 보도 박스가 10곳이 넘습니다... 왜 안잡나요? 경찰차도 가만히 서있고 경찰외도 낮은받고 가거나 대부분 사장들 편에서 편들어주고... 흔히알아는 선수들이 어린지 이시니... 1시간 일하면 1만원 수수료로 사장이

〈그림 1〉 2020 서울시 시민참여예산사업 선정 투표의 댓글

출처: 서울시 엠보팅 홈페이지

경으로 충분한 정보 제공되지 않는다면 무의미한 말다툼으로 그칠 수 있다. 물론 지금처럼 간단한 사업제목과 한줄 정도의 설명만 제공되는 정도에서 더 많은 정보가 제공되어야겠지만, 지나치게 많은 정보가 모든 사업 항목마다 나열된다면 투표 참여자 입장에서 많은 정보량으로 인해 피로감을 느끼거나 제대로 이해하고 투표에 참여하기 어려울 수 있다. 따라서 각 사업 항목마다 간단한 설명을 제공하는 지금의 형식은 유지하되, 그 옆에 사업계획서나 구체적인 사업 개요 등을 하이퍼링크 혹은 첨부파일 형식으로 의무적으로 제시하도록 하는 방법이 있다. 그렇다면 굳이 모든 항목의 정보가 나열되지 않으면서도, 특정 사업 항목에 대해 흥미나 궁금증이 생길 경우 클릭하여 추가적으로 찾아볼 수 있을 것이다. 또한 투표마다 댓글창 옆에 문의창을 개설하여, 투표 참여자가 투표 작성자에게 더 물어보거나 알아보고 싶은 내용이 있으면 문의창으로 질문을 작성할 수 있게끔 해야 할 것이다. 이처럼 구체적인 정보 제공, 댓글의 논점 선택, 대댓글 및 추첨 시스템의 도입 등의

방법으로 엠보팅 제도를 통해 비단 투표의 숫자만 확보하는 것이 아니라, 주민들의 의사표명 과정에서의 충분한 정보 제공과 심의 및 논의도 함께 병행되도록 할 수 있을 것이다.

2. 다양한 홍보 수단 활용

다음으로 홍보의 문제점을 해결, 보완하기 위한 방법의 제언이다. 기존에는 구청 홈페이지 팝업존 게시, 홍보 LED 전광판 표출, 시청, 구청의 SNS 수단을 활용한 홍보, 보도자료 배포, 구청 로비에 홍보 부스 운영 등의 방법이 홍보 수단으로 활용되었지만 이것이 폭넓은 홍보 효과를 얻었다고 보기는 어렵다. 또, 노인들이 스마트폰 활용에 서투르기에 노인들을 위해 경로당, 복지관을 찾아가는 홍보의 측면에만 집중하고, 스마트폰을 활용에 어려움이 없는 젊은 층에 대해서는 홍보의 필요성이 간과되어서 젊은 층에 대한 홍보가 잘 이루어지지 않았고, 이로 인해 젊은 층에 참여가 활성화되지 않았다고 볼 수 있다. 이러한 문제점을 해결하기 위해 기존의 홍보 방식과 다른 새로운 홍보 방식을 제언한다.

가장 먼저, 인플루언서를 통한 홍보이다. 최근에는 유튜버들이 사회에 많은 영향을 미치고 있다. 유튜브의 사용이 세대를 넘어서 보편화되고 있고, 자연스럽게 많은 구독자를 가지고 있는 유튜버들을 활용한 광고, 홍보가 생겨나고 실제로 홍보 효과, 영향력을 가지고 있는데, 일례로 최근 많은 인기를 얻고 있는 '펭수'가 외교부 유튜브에 등장하여 평소 1천 회 내외의 조회 수를 기록하던 외교부 유튜브 영상이 115만 회의 조회 수(12월 2일 기준)를 기록하기도 했다. 이처럼 트렌드에 맞는 인플루언서를 선정, 활용한 홍보를 통해서 참여예산제와 엠보팅에 대한 시민들의 인식 확대를 도모할 수 있을 것이다. 이는 유튜버뿐만 아니라 많이 거론되는 소위 '페이스북 스타', '인기 인스타그래머', 연예인 등을 활용해 볼 수 있을 것이다.

또한 홍보의 일환으로 유튜브 홍보영상 공모전과 같은 아이디어 공모를 통해서 다양한 홍보 방안에 대해서 고민해 보는 것도 제안한다. 참가자들의 아이디어와 작품들을 바탕으로 지금껏 활용된 홍보 방안과는 다른 참신하고, 효과적인 홍보 수단을 마련할 수 있을 것이다. 최근 경상북도에서는 2019 전국 지방분권 스토리텔링 공모전 – 재미있고 친근한 지방분권 홍보 아이디어를 진행하기도 하였다. 이는 공모전을 통해 홍보 수단과 컨텐츠를 마련할 수 있다는 것뿐만 아니라 공모전 그 자체를 통해 더 엠보팅 시스템과 여기에서 실시되는 투표에 대해 알릴 수 있다는 효과를 줄 수 있다.

이외에도 참여예산제와 엠보팅에 대한 홍보를 지자체 자체에서 진행하는 것이 아니라 홍보 업체에 외주화 하는 방법도 고려할 수 있다. 행정조직이 아닌 민간에서 홍보 과정을 진행함으로써 더욱 효과적이고 역동적인 홍보를 진행할 수 있게 될 것이다. 젊은 층의 참여 활성화를 위해서 그들에게 초점을 맞춘 홍보 방식도 요구된다. 그렇기에 대학생, 청년층을 대상으로 대학가나 고시촌, 번화가(관악구의 경우에는 서울대학교, 녹두거리 등지)에서 홍보를 진행하고, 청소년을 대상으로 학교에 '찾아가는' 교육과 홍보를 실시하면서 기존에 간과되었던 젊은 층에 대한 홍보를 진행해 볼 수 있을 것이다. 이에 더하여 근본적으로 참여를 유도하기 위해서는 엠보팅 사이트에 젊은 층의 관심을 끌 수 있는 사업들이 존재하고, 이를 바탕으로 관심과 흥미가 시작되어 젊은 층들이 엠보팅과 주민참여예산을 적극 활용하면서 사업을 다시 제안하는 선순환 구조가 이루어져야 할 것이다.

3. 본인인증 문제의 개선

마지막으로 본인 인증의 문제에 있어서 근본적인 대책이 마련되어 있지 않다는 문제점에 대한 제언이다. 본인 인증의 문제는 편리함을 위해서는 대리투표와 정확한 본인 인증의 불가를 감수해야하고, 정확한 본인인증을 위해서는 불편함을 감수해야 한다. 불편함이 동반된다면 시민들의 참여가 활성화되기 어려운 측면이 있기에 딜레마를 가지고 있다. 온라인 투표이자 전자 투표가 가지고 있는 근본적인 문제점이라고 할 수 있다. 하지만 투표의 공정성과 신뢰성이 가장 중요한 만큼 편의성이 다소 떨어진다는 측면을 감수하더라도 인증절차의 엄밀함을 정확히 갖추어 대리투표 등 엠보팅의 공정성과 신뢰성을 해치는 요인들을 방지하여야 한다고 본다.

서울시에서도 본인인증과 관련된 해결책을 모색하면서 별도의 앱을 깔아서 정확한 본인인증을 하는 방법을 검토하고 있지만, 별도로 본인인증용 앱까지 깔아 투표를 진행하게끔 한다면 지나치게 불편함이 많고 참여율이 무척 저조해질 수 있다. 따라서 별도의 앱을 다운로드해서 인증을 받는 것보다는 ARS 전화 인증과 같은 방식을 활용하는 것은 어떨지 제안해 본다. 또한 투표를 업로드할 시 공개 범위를 설정할 수 있는데, 비밀번호, QR코드를 부여하여 비공개투표를 한다면 완벽하게는 아니더라도 어느 정도 대리투표를 방지할 수 있다. 가장 확실한 방법은, 회원가입 없이 바로 투표에 참여할 수 있도록 기존의 방침을 바꾸어 회원가입을 하고 투표하게끔 만드는 것이다. 물론 ARS 전화 인증에서 비공개 투표로, 비공개 투표에서 회원가입 투표로 갈수록 편리성은 떨어질 수밖에 없다. 그러나 장기적으로 엠보팅 제도가 제대로 정착하고 시민들의 신뢰를 받는 시스템으로서 다양한 정책분야에서 활용되기 위해서는 어느 정도의 편리성 대신 정확성을 추구하는 방향으로 나아가야 한다고 본다. 이때 줄어드는 편리성과 참여율은 앞서 논의한 여러 가지 홍보 방식으로 보완할 수 있을 것이다.

지금까지 엠보팅 제도의 활용에 대해서 투표의 질적 측면 강화, 보다 효과적인 홍보방안의 마련, 본인 인증 문제의 해결에 대한 제언을 하였다. 참여민주주의의 확대와 주민들의 의견을 반영하는 자치는 시대적 흐름이 되고 있다. 관악구와 동작구는 이의 모범적 사례이자 대표적 사례로 주민참여예산제도를 적극적으로 확대해나가고 있는 지방자치단체로 이제는 '엠보팅'을 활용하여 주민참여의 새로운 지평을 열고 있다. '엠보팅'은 시간적, 공간적 한계를 넘어서 모든 주민들이 온라인을 통해 지역문제에 의견을 내고, '참여'할 수 있다는 의의를 갖으며, 이를 통해 더 많은 주민들이 손쉽게 주민참여예산 사업의 선정에 참여하면서 지역의 문제에 관심을 가지게 될 것이다. 주민 참여가 일상화되고, 간편화될 수 있는 것이다. 전자민주주의가 확대되고 있는 최근에 있어 '엠보팅'에 대한 긍정적 전망과 기대는 더욱 커지고 있다. 위의 제언들을 바탕으로 엠보팅이 관악구, 동작구를 넘어서 대한민국 전체의 시민정치의 발전에 기여하기를 기대한다.

〈참고문헌〉

서울시 스마트도시담당관. 2019년 3월. "2019년 엠보팅 시민참여단 운영 계획." 서울시 스마트도시담당관 제공 자료.

일요시사. 2017년 9월 11일. "'주민이 모르는' 주민참여예산제 속사정." http://www.ilyosisa. co.kr/news/articleView.html?idxno=134519. (검색일: 2019.11.25.).

Rebecca Abers. 1998. From clientelism to cooperation: Local government, participatory policy, and civic organizing in Porto Alegree, Brazil. Politics & Society. Vol. 26. No. 4.

Robert K. Yin. 2009. Case Study Research: Design and Methods. SAGE Inc.

Robert Putnam. 2003. Better Together: Restoring the American Community. Simon & Schuster.

제3장

정치외교학부

글로벌리더십연습

* 수업 소개 *

수업 명	서울대학교 정치외교학부 〈글로벌리더십연습 〉		
교수자명	김의영	수강 인원	3명
수업 유형	전공선택	연계 지역/기관	서울시 재난대책본부 민관협력반

수업 목적

시민주도 '코로나19 바이러스' 대응 현황을 파악하고 지역의 실제 사례들을 발굴함으로써, 국가 공동체 공동의 위기에 대응하는 시민사회의 자발적 협력과 참여 노력을 경험적 연구사례로 발전시키고자 한다.

주요 교재

조효제 편역, 『NGO의 시대』(서울: 창작과 비평사, 2000)

Michael Edwards, Civil Society 3rd Edition (Cambridge: Polity, 2014)

Michael Saward, Democracy (Cambridge: Polity Press, 2003)

Mark E. Warren, Democracy and Association (Princeton: Princeton University Press, 2001)

Robert K. Yin, Case Study Research: Design and Methods (Thousand Oaks, California: SAGE Inc., 2009)

Mancur Olson, The Logic of Collective Action (Cambridge: Harvard University Press, 1965)

일리노 오스트럼, 『공유의 비극을 넘어』(서울: 랜덤하우스, 2010)

Robert Putnam, Making Democracy Work: Civic Traditions in Modern Italy (Princeton, New Jersey: Princeton University Press, 1993)

Joshua Cohen and Joel Rogers, Associations and Democracy (London: Verso, 1995)

Graham Smith, Democratic Innovations: Designing Institutions for Citizen Participation (Cambridge: Cambridge University Press, 2009)

수업 일정

제1주 (3월 18일): 강의소개
 – '시민정치연구'의 주요 이론적 개념들을 소개하고 이를 활용하여 코로나19 대응에 관한 시민사회 대응 협력 사례분석의 방향성을 제시함
제2주 (3월 25일): 시민정치 개념 및 이론적 시각 I
 – 시민 정치의 주요 행위자로서 '비정부기구'(NGO)의 등장 배경 및 현대 정치학적 쟁점들을 검토함
제3주 (4월 1일): 시민정치 개념 및 이론적 시각 II
 – '시민사회'를 둘러싼 개념 및 이론적 쟁점들을 확인하고, 국가 및 정부와 시민사회 관계에 대한 정치학적 함의들을 검토함
제4주(4월 8일): 시민정치 개념 및 이론적 시각 III
 – 현대 민주주의를 둘러싼 실천적 쟁점들(숙의민주주의, 결사체와 대의제 민주주의의 동학 등)을 확인하고 그에 대한 이론적 배경을 이해함
제5주 (4월 15일): 식목일 – 강의 없음
제6주 (4월 22일): 사례연구방법 세미나
 – 사례연구의 의의 및 체계적 방법론, '과정추적법' 등 사례 연구를 위한 이론적, 방법론적 쟁점들을 확인함
제7주 (4월 29일): 집단행동 이론
 – 노조, 협회 등 시민사회 내 개별 집단들의 이익추구, 무임승차 현상 등 현대 사회의 중요 정치현상으로서 집단 행동에 관한 정치경제학적 쟁점들을 확인함
제8주 (5월 6일): 휴강– 중간고사 Study Week
제9주 (5월 13일): 사회적 자본
 – 비정부기구, 공동체 운동 등 경제적 이해관계를 넘어서 구성원 간 상호 신뢰와 호혜의 관계를 형성하는 '사회적 자본' 개념에 대한 이해 및 현실 사례에 대해 학습함
제10주 (5월 20일): 결사체 민주주의
 – 현대 민주주의의 주요 이론 중 하나로, '결사체'(association) 중심으로 기존 대의제 민주주의의 한계를 극복하고자 하는 결사체 민주주의의 주요 이론적 근거와 사례들을 학습함
 – "코로나19 시민사회 활동 연구 회의" 참석 (5.26, 서울시 NPO지원센터)
제11주 (5월 27일): 혁신적 민주주의 사례 분석
 – '주민참여예산제', '주민입법발의', '공론화 위원회' 등 기존 대의제 민주주의를 보완하기 위해 시민들의 직접적 정치 참여를 제도화한 사례들을 학습함
제12주 (6월 3일): 시민정치 – 외부연사 특강
 연사: 유창복 ((현)행정안전부 사회혁신 민관협의회 위원, (전)서울시 협치자문관)
 주제: 마을공동체의 시민 민주주의적 함의
제13주 (6월 10일): 동네 안의 정치 및 사회적 경제
 – 기초자치단체 수준의 시민 정치 참여에 관한 연구 현황 및 공동체 기반 민주주의적 경제운영의 원리로서 사회적 경제에 관한 이론적 쟁점들을 학습함

프로젝트 개요와 결과

☐ 프로젝트 개요
• 코로나19바이러스 대유행 국면에서 정부 방역 정책에 조응하는 한국 시민사회의 대응 양상을 사례로 분석. 이를 영어 논문으로 발전시킨 뒤 해외 학술대회에서 이를 발표할 계획이었으나 코로나19 팬데믹 장기화로 인해 해외 학술행사 참석이 취소되면서 잠정 보류하였음.

□ 프로젝트 결과
- 1개 팀이 코로나19 바이러스 확산 방지 방역에 관한 주요 지방자치단체의 시민의 자발적 대응에 관한 사례를 수집하여 분석함
- 코로나19 대응을 위한 민관협력 및 마을공동체 내 협력사례 발굴(서울, 대구경북, 전주)

글로벌리더십연습: "COVID19 팬데믹과 시민사회의 대응"

김의영 (서울대학교 정치외교학부 교수)

강예원 (서울대학교 정치외교학부 박사과정)

1. 수업 개요

〈글로벌리더십연습〉은 글로벌 시대를 주도할 열린 지식인을 육성하기 위하여 3~4학년 과정 학생들의 자율연구와 교수들의 밀착 지도를 결합한 개별연구·그룹연구 등을 진행하는 학부 세미나(undergraduate seminar)로서, 연계 활동으로 해외답사 프로그램을 진행하는 과목이다. 주제별로 소규모 세미나나 그룹을 형성하여 학생들이 스스로 연구주제 선정부터 최종적인 논문 작성까지 진행하고, 전 과정에서 담당교수의 지도를 받는 '교수–학생 밀착형'으로 운영되는 바, 과목 수강을 통해 기본적인 사회과학 글쓰기와 자료조사방법, 연구설계 등에 대한 지도를 받고 세미나와 필드 리서치를 수행할 수 있는 경험을 갖게 된다. 2020학년 봄학기 〈글로벌리더십연습〉은 시민정치에 대한 독창적인 영어 논문을 작성하여 제출하고, 이를 해외 학술회의(e.g. International Association of Political Science Student, IAPSS)에서 발표하는 것을 목표로 하였다. 정치학 등 사회과학을 전공하는 대학생들의 국제 연합모임인 IAPSS 같은 기관에서 주관하는 국제 학술행사 참가는 참가 과정 전반에 걸쳐 연구 역량 및 영어 논문 작성·발표 능력을 향상시키는 것은 물

론, 비슷한 관심사를 지닌 대학생들과의 글로벌 네트워크를 구축할 수 있는 좋은 기회가 될 수 있다.[1]

2020년 봄학기 수업의 연구주제는 '코로나19 바이러스 대유행(Pandemic)'이라는 초유의 사태에 직면하여 한국 정부의 방역 대응은 물론, 이 과정에서 시민사회가 어떻게 협력하고 자발적인 대응 노력을 전개해 왔는지를 분석하는 것이었다. 이는 코로나19 바이러스 확산 방지라는 지구촌 공동의 과제를 해결하기 위해 한국의 성공적 방역 사례 및 시민들의 자발적 참여 경험을 국제 사회와 공유한다는 의의가 있고, 무엇보다 풀뿌리 지역 단체들의 자발적 협력 및 대응 노력들에 대한 현장 사례를 수집하는 과정에서 시민 사회가 직면하는 다양한 문제들을 확인하고, 이를 정치학적 비교연구로 심화시킬 수 있는 기회를 발굴할 수 있는 의의가 있다.

수업은 크게 시민정치와 관련된 이론적 쟁점들을 비판적으로 이해하기 위한 대학원 과목 세미나 참석과 서울시, 대구경북 지역, 전주시 등 코로나19 바이러스 대응 관련 현장의 사례들을 수집하는 활동으로 진행되었다. 다만, 코로나19 바이러스 확산 방역 정책으로 인해 대면 접촉과 단체 활동이 제한되었던 탓에 주로 온라인 상으로 자료 수집을 진행하였다.

먼저, 수강생들은 정치학과 대학원에 개설된 〈시민정치연구〉 과목 수강 또는 청강을 통해, 주요 개념 및 이론, 연구방법론, 중요 사례연구에 대한 비판적 논의 과정에 참여하고, 이를 통해 독자적인 연구 수행에 필요한 기초를 닦았다. 〈시민정치연구〉 세미나 전반부는 '시민사회'에 대한 개념적 논쟁에서부터 현대 정치의 중요 행위자 중의 하나인 '비정부기구'(NGO), '결사체'(associations) 등의 활동과 현대 민주주의 제도 운영 사이의 다양한 이론적, 경험적 쟁점들을 다루었다. 또한 현대 대의제 민주주의의 제도적 한계를 극복하기 위한 실천적 노력으로서, '주민참

---

1. 수업 준비 당시 봄학기 수업 성과를 바탕으로 하반기 해외 학술대회에 참가 계획이었으나, '코로나19 바이러스 대유행'으로 인해 국제 학술행사들이 취소되거나 무기한 연기되면서 국제 학술행사 발표 계획은 잠정 연기하였다. 하반기 해외 방문자 자가격리 해제 등 방역 정책이 변경되는 상황을 고려하여 발표 여부 등을 결정할 예정이다.

여예산제', '공론화 위원회', '주민 법안 발의' 제도 등 시민들이 정책 결정 과정에 직접 참여할 수 있는 전세계의 혁신적 실험들에 관한 사례를 비판적으로 분석해 보았고, '협회' 등 현대 사회의 중요 행위자인 다양한 유형의 '결사체'들의 집단행동을 정치경제학적으로 분석해 볼 수 있는 이론들도 함께 학습하였다. 수업 후반부에는 '결사체 민주주의', '동네안의 시민정치', '사회적 경제' 등 지역 단위, 경제적 조직 단위에서 직접 민주주의의 요소를 보다 강화할 수 있는 다양한 이론적, 실천적 사례를 확인하고 이를 시민사회의 코로나19 대응 노력과 연결시켜 보고자 시도하였다. 특히, 공동체 구성원의 신뢰와 상호 호혜적 관계 형성과 관련된 '사회적 자본'에 대한 이론과 기존 사례연구들은 '코로나19 바이러스 확산 방지'라는 집단적 과제에 대응하여 한국의 개인 및 시민사회 풀뿌리 단체들이 보여 주는 다양한 행태들을 이론적으로 분석할 수 있는 유효한 관점을 제시해 주었다. 또한 실제 지역 사회 '활동가'를 외부 연사로 초빙하여 서울시의 마을공동체 조성사업의 성과, 코로나19 펜데믹 이후의 시민사회의 변화 방향 등에 대한 강연을 듣기도 하였다. 덧붙여 '사례연구'(Case Study)에 필요한 이론적, 방법론적 쟁점들을 학습하였다. '사례연구'의 의의, 사례 선정의 기준, 연구 프로세스 및 타당성 확보 방안 등 양적 연구 방법론과 구분되는 질적 연구 방법론으로서의 '사례 연구'의 특징을 확인함으로써, 코로나19 대응을 위한 시민사회의 다양한 실천들을 연구 사례로 발전시키는 데 적용할 수 있었다.

한편, 지역 사회 주요 코로나19 대응 사례 발굴을 위해서 학기 중 수업이 진행되는 기간 동안 '코로나19 바이러스 확산 현황 및 시민사회 대응'에 관한 국내외 주요 언론 매체들의 기사를 조사하여 공유하였다. 또한 서울시 재난대책본부 민관협력반의 협력을 통해 "시민주도 코로나19 대응 ON(溫) SEOUL(온서울) 캠페인" 차원에서 일별로 보고되는 시민들의 제보, 지역 사회의 자발적 참여 노력들을 공유하고, '코로나19 대응 자원봉사 아카이빙' 웹사이트, '시민주도 코로나19 대응 연구회의' 등 코로나19 대응을 위해 신설된 시민사회단체 협의체 조직인 '시민사회단체연대회의'에서 추진하는 다양한 연대 활동을 수강생들에게 소개함으로써 현장 사례 수집에 필요한 기회들을 제공하였다. 이 밖에 세계 지방정부 및 시민사회의 대응 현황 공유 웹사이트 등의 추가 자료들을 통해 수강생들은 사례 수집 및 비교연구에 필요한 현장의 자료들을 적극 발굴할 수 있었다. 수강생들은 이 외에도 '코로나19 바이러스 확산'의 피해가 가장 컸던 대구경북 지역 시민사회의 대응 현황을 파악하기 위해 일간지 등 기본 매체 외에 SNS 등 주요 언론매체에서는 쉽게 확인하기 어려운 일상의 다양한 실천 사례들을 수집하는 한편, 코로나19 대유행(Pandemic) 및 방역 과정에서 수반되는 경제적 불평등의 심화, 개인 프라이버시 보호 문제 등에 대한 대안 마련의 관점에서 '재난지원금 지원' 등 지방자치단체 차원의 선도적인 대응 정책을 실시했던 전주시의 지방정부와 시민사회의 협력 사례들을 조사하였다.

수강생들은 공동체의 집단적 문제 해결, 특히 시민사회 중심의 다양한 자발적 정치 참여 활동에 대한 이론적, 개념적 논의 및 선행 사례연구에 대한 학습을 바탕으로, 서울시, 대구경북 지역, 전주시 등 '코로나19 바이러스 대응 관련' 시민사회의 중요한 연대활동의 사례들을 발굴하고, 이를 체계적으로 정리하여 연구논문으로 발전시켜 봄으로써 정부의 방역 정책에 조응하는 시민주도의 사회적 재난 대응 시스템을 구축하는 역사적 과정을 직접 확인할 수 있었다. 코로나19 바이러스 확산 방지를 위해 대면 접촉 및 단체 활동에 제약이 주어지는 상황에서, 참여 관찰 및 대면 인터뷰 등과 같은 전통적인 현장 조사 방법론을 적극적으로 적용할 수는 없었지만, 서울시 등 지방 정부의 민관협력반의 협조, 인터넷 환경을 활용한 크라우드 소싱(crowd-sourcing) 방식 디지털 아카이빙의 적극적 활용, 소셜네트워크 서비스(SNS) 앱 등 개인 네트워크 활용을 통해 '코로나19 바이러스 확산' 방지를 위한 시민사회의 자발적인 참여와 연대 활동의 현황을 파악할 수 있었다. 동시에 개별적인 사례 수집 과정에서 '무임승차', '이익집단의 로비' 등 공동체의 문제 해결 과정에서 나타나는 갈등적 상황도 함께 확인하면서 한국 시민사회의 '코로나19 대응 현황'을 보다 객관적이고 비판적인 연구 주제로 발전시킬 수 있었다.

코로나 팬데믹과 시민정치: 지역 단위의 협력 사례 분석

서울대학교 정치외교학부

김성현·황재원

논문초록 본 연구는 코로나 팬데믹 상황에서 전개된 지역 단위의 시민참여 사례들을 발굴함으로써 재난 상황에서의 지역적 협력 거버넌스가 가지는 의미를 시민정치 이론의 관점에서 분석하였다. 그 과정에서 국내외 언론이 예찬하는 것과 같이 'K-방역'이 과연 공동체의식, 이타심으로서의 '성숙한 시민의식'에서 기인하였는가에 대해 비판적으로 검토하였다. 본 연구는 지역 언론, 지방자치단체 홈페이지, 지역 대학 소셜네트워크서비스(Social Network Service) 등을 활용하여 코로나19 이후 서울과 대구·경북, 전주 세 지역에서 나타난 시민주도형 대응 사례들을 수집하였다. 세 지역에서 관찰된 대응 사례들은 지방자치단체와 지역사회 간의 민관협력뿐만 아니라, 마을공동체, 주민자치조직, 마을기업 등의 지역 결사체가 자발적으로 주도한 돌봄, 교육, 사회적 경제의 사례들을 모두 포괄한다. 본 연구는 해당 사례들을 통해 코로나 팬데믹의 시민정치 양상에 대한 다음의 네 가지 특징과 의의를 도출하였다. 첫째, 시민들의 자발적인 사회적 거리두기 참여를 통해 포스트 코로나 시대의 새로운 생활문화가 정착되었다. 방역활동에 협조하지 않는 일탈자들이 발생했지만, 대다수의 시민들이 적극적이고 자발적으로 참여하며 재택근무, 화상수업 등 비대면 방식으로의 전환이 순조롭게 진행되었다. 둘째, 시민들은 공동체에 대한 고려뿐 아니라, 개인의 이익에 대한 고려에 기초해 코로나19 확산을 막기 위한 자발적인 노력을 전개했다. 코로나19에 감염됨으로써 받게 되는 사회적 비난과 혐오를 회피하기 위해서 방역수칙을 지키면서 발생하는 불편함을 감수했으며, 재난이 주는 공포, 두려움, 불안감 등을 매개로 공동체적 일체감을 느껴 함께 방역활동에 따랐다. 이는 단순히 공동체의식, 이타심으로 정의내리기 어려운 개인적 이익과 공동체적 일체감의 결합이 시민들의 참여를 이끌어냈음을 보여 준다. 셋째, 국가의 사회복지시스템 운영이 중단되자 마을공동체 내부에서 보완책으로 취약계층을 위한 돌봄 활동이 나타났다. 그러나 지역사회 주도의 돌봄은 재난 상황의 특수성에서 기인하기에 이를 지속하기 위해서는 제도적 인센티브를 통해 주민들의 참여를 이끌어 낼 필요가 있다. 넷째, 지역주민, 마을기업, 지방자치단체 간 상호 호혜적 관계에 따라 사회적 자본이 축적되며 사회적 경제가 활성화되는 환경이 마련되었다.

핵심주제어 코로나19, 팬데믹, 시민참여, 시민주도, 지역기반

Ⅰ. 서론

최근 '코로나 팬데믹(코로나바이러스감염증-19, 이하 코로나19)' 종식 이후에도 국민 건강의 보호를 위해 정부의 힘이 비대화되는 것이 불가피하다는 우려가 나타나고 있다. 실제로 코로나19 확진자의 이동 동선을 공개함에 따라 사생활 침해의 문제가 제기되었으며, 유흥시설을 대상으로 한 집합금지 명령, 마스크 미착용 승객에 대한 애플리케이션(이하 앱) 신고제 도입 등으로 국가가 개입하여 개인의 행동을 제약하는 경우가 빈번하게 나타났다. 이는 권위주의 감시국가로 흐를 위험성을 내포하고 있기 때문에 민주주의와 시민사회를 약화시키는 새로운 위협으로 작용할 수 있다. 이에 시민사회의 역량을 강화함으로써 정부의 권위주의적 기능을 견제하고 경계할 수 있는 방안이 요구된다. 그와 동시에 정부와 시민사회 간의 긴밀한 연결을 강화함으로써 협력을 통해 코로나19 이후 도래한 일상화된 재난 환경에 대응하려는 노력이 필요하다. 이때 흥미로운 사실은 한국 사회의 경우, 코로나19 대응의 핵심동력이 정부가 아닌, 시민사회의 힘이었다고 평가받는다는 점이다. 한국은 1월 말 중국 우한시에서 코로나19가 발발한 이래로 외국인 입국 금지를 실시하지 않았다는 점에서 정부 주도로 국가를 봉쇄하는 폐쇄적 조치를 취하지 않았다. 이후 3월 초에 대구시에서 신천지 교인의 집단 감염이 발발하며 코로나19 확진자 수가 급격하게 증가했지만 마스크 착용과 '사회적 거리두기' 실시로 확진자 증가 추이가 개선되는 양상이 나타났다. 이를 두고, 국내외 언론에서는 'K-방역'의 성공 요인이 시민사회에 있다고 평가했다. 대다수의 언론매체는 한국인들이 가진 '성숙한 시민의식'[1]을 강조했는데, 이때의 시민의식은 자신보다 타인을 먼저 생각할 줄 아는 이타심 혹은 개인보다 공동체를 먼저 고려하는 공동체의식과 유사한 의미로 사용되었다. 이에 대해 강한 자부심을 느낀 한국 정부는 모범적인 'K-방역'을 전 세계로 확산시키려는 노력을 펼치는 중이다.

---

1. 오마이뉴스. 2020년 4월 28일. "의료 선진국들도 맥 못춘 코로나19… 'K-방역'의 성공 비결."

본 글은 재난 상황에서 시민사회의 역할이 갖는 중요성에 깊이 공감하면서도 'K-방역'에 대한 과도한 예찬을 경계하고 코로나19에 대한 한국 사회의 대응방식을 객관적으로 검토할 필요성을 인식하였다. 이에 본 글은 다음과 같은 두 가지 목표를 가진다. 첫째, 한국 사회에서 관찰된 지역 단위의 협력 사례들을 발굴해냄으로써 재난 상황에서 지역 거버넌스가 가지는 의미를 밝혀내고자 한다. 둘째, 'K-방역'의 주된 동력이라 꼽히는 시민의식을 이타심 혹은 공동체의식과 동의어로 간주할 수 있는지를 비판적으로 검토하고자 한다. 본 글에서 선정한 연구대상은 서울과 해당 지역에서 전개된 다양한 협력 양상들을 살펴보고 분석할 것이다. 먼저 서울시의 사례는 코로나19 확산과 같은 재난 상황에 대응하기 위한 주민자치조직과 마을공동체를 중심으로 한 자발적 참여와 서울시 정부와 시민단체 주체들 간의 민관협력을 보여 주었다. 서울시에서 활발하게 추진되고 있는 'ON SEOUL 캠페인'의 경우, 서울시 재난안전대책본부 산하의 민관협력반과 '민주주의 서울'이라는 온라인 플랫폼이 나서서 시민들의 참여를 장려하였고 지역 내 주민, 사회적 기업, 시민단체 등의 다양한 결사체들이 적극적으로 참여하며 전개되었다. 민관협력반과 '민주주의 서울'은 주민자치조직이 진행한 마스크 제작 및 기부, 생활물품 제공 등의 선행사례들을 수집하고 공유함으로써 참여의 범위를 확대해나가고자 했다. 대구·경북의 사례는 신천지 교인의 집단감염이 발발하며 지방자치단체를 중심으로 철저한 방역 체제에 심혈을 기울이는 와중에 시민들이 주도하는 생활방역 체제가 확립되는 모습을 보여 주었다. 대구시 청년단체들의 주도로 코로나19 극복을 위한 릴레이 캠페인, 4행시 챌린지 등의 소셜네트워크서비스(Social Network Service, 이하 SNS) 캠페인이 전개되기도 하는 등 시민사회의 활약이 두드러졌다. 전주시의 사례는 취약계층 지원과 지역경제 활성화를 위한 마을기업과 온두레공동체(마을공동체)의 노력이 돋보였다. 코로나19 사태에도 불구하고 지역사회의 유지와 발전을 위해 전주시에서는 착한 소비 운동, 착한 임대 운동, 착한 나눔 운동 등 마을기업과 온두레공동체를 중심으로 '착한 운동' 시리즈를 전개했다. 이에 따라 본 글의 2장, 3장, 4장에서는 개별 지역의 사례들을 자세히 살펴봄으로써 중복되는 협력의 양상들을 보여 주고자 한다. 뒤이어 5장에서는 코로나19 대응 과정에서 관찰된 시민사회의 부정적인 단면에 대해 살펴볼 것이다. 방역수칙을 제대로 준수하지 않고 코로나19 확진자를 혐오하는 등 시민사회 내부의 문제에 대해서 짚고 넘어가고자 한다. 이후 7장에서는 개별 사례들을 통해 도출해낼 수 있는 네 가지 의의를 서술하고자 한다.

II. 재난 시 민관협력의 전형: 서울

1. 지역 결사체 주도의 자발적 참여

1) ON SEOUL 캠페인 활동

'온(溫)서울 캠페인'은 서울시 재난안전대책본부 산하 민관협력반과 '민주주의 서울'에서 기획한 캠페인으로 코로나19에 대한 시민주도형 대응을 표방한다. 민관협력반과 '민주주의 서울'은 서울시 내 지역공동체에서 포착된 다양한 협력 사례들을 수집하고 공유함으로써 시민들의 자발적 참여가 코로나19 대응의 핵심임을 역설했다. 등록된 협력 사례의 건수는 약 50건 이상으로, 계속적으로 증가하는 추세에 있다. 서울시 민관협력반은 코로나19 발발 이전부터 구축되어 있던 시민사회 주체들과의 소통 체계에 기반하여 온서울 캠페인을 홍보했다. 현재 시민사회단체연대회의에 소속된 시민단체 352개, 서울시NPO지원센터의 협력기관 혹은 파트너사 271개, 서울시마을공동체종합지원센터 산하에 위치한 자치구 마을공동지원센터 24개 등이 참여 중이다.[2]

'온서울 캠페인'이 내세우고 있는 3대 추진 분야 및 실천과제는 '따뜻한 방역', '따뜻한 연결', '따뜻한 경제'로 분류된다. 온서울 캠페인에서 '따뜻한'이 주된 수식어

---

2. 서울민주주의위원회 코로나 회의보고–시민주도 사례. 2020년 4월 6일.

로 자리한 이유는 장기화되는 사회적 거리두기로 인해 시민들 간의 심리적 단절이 심화될 것을 우려한 데에서 기인한다. 서울시 측은 물리적 거리는 멀어졌어도 온라인 소통체계를 통해 시민사회 구성원으로서의 유대감, 연대감을 확보할 수 있음을 보여 주고자 '온서울 캠페인'을 활발하게 추진하고 있다. '민주주의 서울' 홈페이지에 따르면, '따뜻한 방역'을 통해 시민들의 자발적 방역 활동을 공유하고, '따뜻한 연결'을 통해 시민들의 아이디어–재능–마음을 연결하며 '따뜻한 경제'를 통해 코로나19를 함께 극복하는 착한소비를 확산시키겠다는 목표를 달성할 수 있다. 실제로 캠페인에 해당하는 사례들을 살펴보면, 주민자치조직, 지역 내 사회적 경제조직, 마을공동체 등의 소규모 단위에서 주민들이 자발적으로 주도한 활동들을 포괄하고 있다. 이는 '온서울 캠페인'에서 서울시 민관협력반이 담당하는 역할이 시민들이 참여할 수 있는 활동을 기획하는 것이 아니라, 서울시 내 협력 사례들을 사후적으로 수집해 데이터베이스(database, 이하 DB)로 구축하고 이를 홍보하는 것임을 드러낸다. 이때 흥미로운 사실은 인터넷 포털사이트에 '온서울 캠페인'을 검색하면, 관련 내용을 담은 언론 매체의 기사는 1–2건밖에 나오지 않는 반면, '온서울 캠페인'에 속하는 사례들을 개별적으로 소개하는 기사들의 수는 20~30건에 달한다는 점이다. 또 '온서울 캠페인'에 대한 정보를 확보할 수 있는 인터넷 자료는 오직 '민주주의 서울' 홈페이지에 게재된 내용뿐이라는 점에서 정보 접근 방식이 상당히 제한적이다. 이는 '온서울 캠페인'에 대한 서울 시민들의 인지도가 높지 않을 것임을 방증한다는 점에서 캠페인의 홍보 효과 역시 의심하지 않을 수 없다. 즉, 캠페인의 효과로 인해 서울시 내 지역 협력이 보다 증가한 것이라 설명하기 어렵다는 한계가 드러난다. 이에 따라 '온서울 캠페인'은 민관협력의 사례라기보다는 마을공동체, 주민자치조직 등 지역 결사체의 주도로 나타난 자생적 노력을 보여 준다고 볼 수 있다. 이러한 맥락에서 '온서울 캠페인'은 아이러니하게도 서울시 민관협력반이 표방한 시민주도형 대응의 성격이 잘 드러나는 사례라고 간주된다.

a. 주민자치조직 주도의 방역물품 생산 및 지원

'따뜻한 방역[3]은 지역 주민들이 방역물품의 핵심인 마스크를 손수 제작하여 도움이 필요한 이웃에게 기부하는 활동이 주를 이루었다. 성북구에서는 '착한 마스크 캠페인'이 전개됨에 따라 KF94마스크와 일반마스크를 교환하여 의료진, 택배기사 응원용 마스크 3만 5천개를 전달하였다. 양천구에서는 '힘내라 양천!' 캠페인이 전개되었다. 해당 캠페인은 '4+1(내가 만든 마스크 4개는 '이웃'을 위해, 1개는 '나'를 위해) 면마스크 나눔'을 슬로건으로 내걸었으며 그 결과 8,555개의 마스크가 만들어졌다.

위의 마스크 제작 캠페인이 개별 주민들의 참여를 통해 추진되었다면, 주민자치조직 단위로 자발적인 방역 활동에 동참하기도 했다. 도봉구 주민자치회는 특별민간방역단(주민자치회 중심 14동 총 250명)을 구성하여 학원, 소규모사업장, 교회등을 대상으로 400회 이상 방역을 실시하였다. 강서구는 5개동 주민자치위원 및 20개동 새마을지도자협의회와 지역자율방제단을 중심으로 다중이용시설에 대해 정기적인 방역을 실시하였다. 금천구의 시흥 3동, 시흥 5동 주민자치회에서는 다중이용시설 방역 활동을 진행하였다. 관악구의 서림동, 신사동, 청룡동, 중앙동, 성현동의 주민자치회 등은 돌봄 사각지대, 어린이집, 학교, 놀이터, 근거리 이웃 등을 찾아가 방역 활동을 펼쳤다.

주민자치회에서 나서서 지역 내 취약계층을 위해 마스크와 손세정제 등의 방역물품을 직접 제작해 전달한 사례도 있었다. 성북구 보문동 주민자치회의 경우 면마스크와 손세정제를 만들어 주민들과 취약계층, 중증 장애인들에게 나눠 주었다. 동작구에서는 동작마을네트워크(동작구 민민협력기반조성사업, (사)동그리마을넷, (사)마음껏동작마을, 동작구마을자치센터)가 직접 만든 필터교체용 면마스크와 휴대용 손소독제를 본 센터에 100세트 기부하였고 동작구 내의 장애인에게 마스크와 손소독제를 지원하였다.

---

3. 민주주의 서울 홈페이지. 2020. "알아보기 온–서울 캠페인."

b. 온·오프라인 캠페인을 통한 시민사회의 결속력 유지

'따뜻한 연결'은[4] 온라인 안부묻기·응원 캠페인, 소외계층을 위한 음식 나눔 캠페인 등을 포괄한다. '코로나 블루[5]' 극복을 위해 지역주민들의 심리적 안정을 도모하고, 지역공동체 속 타 주민들과의 연대감을 확보할 수 있는 활동들이 전개되었다. 먼저 구로구에서는 '우리의 안부를 묻다' 캠페인(구로시민협력플랫폼)을 통해서 어려움을 겪는 이웃의 소식, 기관·단체의 위기극복 활동을 제보 받아 공유했다. 직접 대면하지 못하는 상황에서 주변 이웃들의 소식을 접할 수 있는 계기를 마련해줌으로써 지역주민들 간의 연대를 강화하고자 했다. 양천구는 소소하지만 행복한 일상의 소중함에 공감할 수 있는 릴레이 명랑캠페인 '오하공'(양천구마을공동체)을 진행하였다. 마을에서 살아가는 주민들의 이야기를 나누면서 어려운 시기를 함께 극복하자는 취지로 '오하공'(오늘 하루도 마을공동체의 힘으로~!)캠페인이 전개되었다. 이웃의 안부를 묻는 캠페인에 더해, 시민들에게 음악을 통해 마음의 치유를 제공하는 활동도 나타났다. 강동구 마을미디어 모임 '음형사와 오반장'(열린사회 강동송파시민회)은 '바이러스보다 먼저'라는 노래의 뮤직비디오를 제작하여 시민들에게 위로를 건넸다. 이는 지혜와 사랑, 용기와 격려로 바이러스를 이겨내자는 희망의 메세지를 담은 곡이다. 성동구에서는 성동문화재단과 한양대가 3월 23일, 심리적 방역을 위한 '베란다 음악회'를 개최하기도 했다. 주민들의 지친 마음을 음악으로 달래고자 한양대의 박정원 교수와 제자들이 성동구와 협업하여 기획한 깜짝 공연으로 성악메들리를 들려주었다.

앞서 살펴보았던 안부묻기 캠페인과 음악회 등이 코로나19로 인해 우울감을 겪는 개인들에게 응원과 위로를 주었다면, 다음으로 살펴볼 활동은 지역사회, 마을공동체 단위의 유대감과 연대감을 강화시켜주는 효과를 가졌다. 지역복지센터의 운영이 중단된 상황에서 아동, 독거노인, 중증장애인 등의 소외계층은 식사를 제

---

4. 민주주의 서울 홈페이지. 2020.

5. 코로나 블루는 '코로나19'와 '블루(우울감)'이 합쳐진 신조어로, 코로나19 발발 이후 무력감, 우울감 등에 빠진 상태를 뜻한다.

공받기가 어려웠기 때문에 복지 서비스를 지원받을 수 있는 대안이 요구된다. 이에 지역 주민들은 소외계층을 위한 음식을 만들고 배달하는 나눔 활동에 자발적으로 참여하였다. 관악구의 마을자치센터와 주민자치회 2개동에서는 코로나19 '사랑의 반찬나눔'을 실시하여 소외된 이웃들에게 제공했다. 신사동 주민자치회와 청룡동 주민자치회에서도 지역 내 소외계층을 위해 직접 음식을 만들어 전달했다. 금천구의 경우, 금천구 소재 식당인 '동네부엌 활짝', 여성단체 살구여성회, 자원봉사단체 새바람봉사단이 함께 지역 노인들을 위해 반찬을 제공하였다.

c. 사회적 경제 조직과 지역 결사체, 지방자치단체의 상생 노력

'따뜻한 경제'[6]의 사례는 사회적 경제조직과 지역 주민들이 지역경제 활성화를 위해 함께 노력해야 하는 것을 보여 준다. 서울시 사회적경제코로나대응본부에서는 3월 26일 코로나19로 어려움에 처한 사회적 경제 기업의 고용조정 0%를 선언하고, 지역주민들이 일자리를 계속적으로 유지할 수 있도록 돕고자 크라우드 펀딩을 통해 '고용연대기금'을 마련하였다. 이는 두레생협연합회, iCOOP생협연합회 등 사회적 경제 분야에 소속되어 있는 50여 개 단체들이 동참한 결과다. 이에 더해, 중앙정부와 지방자치단체의 복지 서비스가 미치지 못하는 사회적 약자들을 위해 공공 서비스를 지원하는 지역 내 공익단체들에 지원금을 제공하는 사업도 추진되었다. '공공상생연대기금', '금융산업공익재단', '전태일재단', '청년재단' 등 공익 추구와 사회연대를 목표로 하는 재단법인들의 협력을 통해 약 20억 원의 사업 기금을 충당하였다. 또 서울시 민관협력반에서는 코로나19로 인해 매출이 급격하게 감소해 피해를 입고 있는 지역 농어민들을 돕고자 지역농산물 소비를 장려했다. 민관협력반은 지역주민들이 지역농산물을 구매할 수 있게끔 농산물 판매 상황을 홍보하는 일을 담당했다.

사회적 경제 조직들 역시 자발적으로 취약계층 지원과 지역경제 활성화를 위해

---

6. 민주주의 서울 홈페이지. 2020. "알아보기 온-서울 캠페인."

다음과 같은 활동을 펼쳤다. 사회적기업 '동구밭'은 비누 1개를 사면 1개가 기부되는 'one for one 캠페인'을 진행하였다. 코로나19 종식 시까지 비누를 필요로 하는 아동들에게 비누를 전달하는 캠페인으로, 현재까지 아기 비누 450개가 전국 그룹홈(Grouphome)[7]에 전달되었다고 한다. (사)마포공동체경제 '모아'에서는 지역공동체화폐인 모아를 이용한 대출 사업을 전개하였다. 소득 감소로 인해 경제적 어려움을 겪는 공동체 구성원들을 위해 모아를 지급했고, 지급한 모아를 통해 지역공동체 내에 위치한 가게에서 먹을거리나 생필품을 구입할 수 있도록 하였다. 보다 많은 개인이 공동체 가게에서 모아를 통해 물품을 구입할수록 가게의 수입이 늘어나게 되고, 늘어난 수입은 마포공동체의 자산으로 활용 가능하기에 어려움을 겪는 공동체 구성원을 위해 활용될 수 있다. 이러한 일련의 과정을 거쳐 개인, 공동체 가게, 지역공동체 모두가 긴밀하게 연결되어 상생하는 구조가 형성되게 된다.

2) 마을공동체 주도의 자급자족적 돌봄

공릉동 꿈마을공동체[8]는 노원구 공릉동의 마을공동체로, 이번 코로나19 사태가 발발하며 첫째, 지역 아동들을 위한 급식 서비스를 제공하고 둘째, 마스크를 직접 제작하여 취약계층에게 전달하는 '면 마스크 의병단' 활동을 펼쳤다. 학교 개학이 미뤄지면서 취약계층 아동들이 무료 급식을 제공받지 못하자 마을공동체에서 진행하던 '징검다리 후원사업' 자금을 사용하기로 결정했다. 마을 공동의 기금을 활용하는 데 마을 구성원 모두 동의하여 점심 도시락을 주문해 지원이 필요한 아동청소년들에게 전달하였다. 이에 더해 지역 복지관들이 문을 닫으면서 저소득층 노인들과 장애인 등 돌봄이 필요한 그룹홈의 취약계층을 위해 꿈마을협동조합의 구성원들은 마스크와 음식 등의 생활물품 등을 지원하였다. 또 노원구에서 마스크

---

7. 그룹홈은 아동, 청소년, 노인, 장애인 등 사회적으로 돌봄이 필요한 약자들에게 시설보호 대신 가정보호가 필요하다는 인식에 기초해서 한 명의 관리인과 4~5명의 아동, 노인 등이 함께 거주할 수 있도록 마련된 가정을 말한다.
8. CAC Global Summit 2020에서 함순교 활동가가 발표한 자료를 참고하였다.

제작 자원봉사자들을 필요로 한다는 소식을 듣고 바느질을 할 줄 아는 공릉동 꿈마을공동체 주민들이 나서서 20일 동안 3만 5천 장의 면 마스크를 제작했다.

구로구에서는 여성가족부에서 추진한 '돌봄 공동체 사업'에 선정되어 '품앗이형' 돌봄 공동체가 운영되고 있다. '항함크(항동에서 엄마도 아이도 함께 크자)', '개개맘(개념 있는 개봉동 맘)' 등의 '품앗이형' 돌봄 공동체는 현재 지역 아동들을 위한 교육 돌봄 서비스를 제공하고 있다. 이때 '품앗이형'이란 지역에 거주하는 부모들이 공동으로 아이들을 위한 '돌봄교실'을 운영하는 형태의 돌봄 공동체를 뜻한다. '품앗이형' 돌봄 공동체에 소속된 부모들은 구로구에 위치한 공동 육아나눔터나 작은 도서관 등의 공간을 활용하여 다양한 놀이 프로그램, 현장 학습 등을 추진하고 있다.

2. 민관협력을 통한 코로나19 대응방안 마련

1) 코로나19 대응을 위한 정부와 시민사회 간 소통

a. '시민사회 간담회' (4/7)[9]

'시민사회 간담회'에는 '시민사회단체연대회의', '인권더하기', '시민건강연구소' 등 시민단체, '서울시NPO지원센터', '서울마을공동체지원센터' 등의 중간지원조직이 참여하였다. 해당 간담회는 서울시 정부에서 코로나19의 장기화로 발생한 문제 상황을 두고 시민사회의 의견을 청취하고 함께 해결방안에 대해 모색하기 위해 마련한 자리다. 시민단체와 중간지원조직 간에 오고간 활발한 논의사항은 코로나19에 대한 서울시 정부의 대응방안을 수립하는 밑거름으로 활용될 것이다. 시민사회 간담회에서는 다음과 같은 합의가 이루어졌다.

① 자원봉사센터와 협업하여 코로나19 대응과 관련된 자원봉사 활동기준 공유

---

9. 일일보고(B조) 민관협력반. 2020년 4월 7일.

하기

② 자원봉사자를 위한 감염병 보험 가입 설계하기

③ 코로나19 위기 상황을 고려하여 시민단체 공모사업의 평가 기준 완화하기

④ 자료조사와 인터뷰 등을 통해 코로나19 대응 사례 아카이빙하기

⑤ 공동육아, 아동그룹홈 등 돌봄 서비스의 제공 방식 모색하기

b. '공연예술 노동자 등 문화예술 분야 정책 사각지대 의견 청취를 위한 간담회' (4/7)[10]

'공연예술 노동자 등 문화예술 분야 정책 사각지대 의견 청취를 위한 간담회'는 공연예술 분야 종사자와 관련 기관에서 근무하는 직원들이 모여 코로나19와 관련한 대응 방법을 논의한 자리였다. 이때 간담회의 개최는 코로나19와 같은 재난 상황에서 문화예술계의 거버넌스가 구축되어야 한다는 공감대가 형성된 데에서 기인한다. 관련 전문가들은 코로나19가 장기화되는 상황에서 심각한 피해를 입고 있는 문화예술 영역에 대한 정부의 지원이 효율적으로 이뤄지고 있지 못하다며 문제를 제기하였다. 이에 간담회를 통해 문화예술 종사자들의 의견이 정부의 행정 절차에 반영될 수 있길 기대했다. 해당 간담회에서 제시된 논의 내용은 아래와 같이 정리할 수 있다.

첫째, 공연을 온라인으로 진행하는 것에 대한 실효성 문제가 제기되었다. 공연 영상을 제작하는 단계부터 온라인 플랫폼을 통해 송출하는 단계까지의 과정을 고려하였을 때 과연 이득인가를 두고 의견이 분분했다. 온라인 공연을 지원하는 방안보다 공연 자체를 중단시키고 그 피해액을 일부 지원하는 방안이 더 나은 선택이 아닌가하는 의견이 등장했다. 또 온라인 공연의 질이 기존의 공연보다 좋지 못할 것이기에 코로나 사태 종식 이후를 고려해 새로운 공연 준비에 매진하는 것이 낫다는 의견도 존재했다.

---

10. 일일보고(B조) 민관협력반. 2020년 4월 8일.

둘째, 방역수칙을 준수하는 와중에 공연을 진행할 수 있도록 매뉴얼을 마련할 필요성이 제시되었다. 배우와 스태프 모두의 안전을 고려해 사회적 거리두기 원칙에 따라 리허설과 실제 공연이 진행될 수 있도록 다함께 노력해야 한다고 보았다. 이를 위해 모든 공연장에 적용 가능한 대응 매뉴얼을 제작해 배포하고 해당 매뉴얼을 준수할 수 있도록 교육하는 과정이 수반되어야 한다고 보았다.

셋째, 기존에 준비해오던 공연과 행사 등을 연기하는 것이 좋을지 혹은 전면 취소하는 것이 좋을지에 대한 논의가 진행되었다. 2020년 하반기까지 코로나19의 지속이 예상되는 바, 공연을 하반기로 연기한다고 하여도 실제로 진행시키기가 어려울 것 같다는 의견이 제기되었다. 이에 공연에 참여하는 예술가들에게 월급은 지급하고 행사의 진행은 취소하는 방향으로 의견이 수렴되었다.

c. 시민사회 정책제언 (민주주의 서울 코로나19 관련 시민 제안: 4/2~4/5)

'민주주의 서울' 사이트를 통해 코로나19 대응차원에서 시민들의 의견을 수집하였다. 사이트를 통해 서울 시민이라면 누구나 정책 아이디어를 제안할 수 있도록

- 고령의 노인에게 재난긴급생활비를 상품권으로 지급할 경우 사용이 어려우므로 예외적인 경우에는 현금지급으로 개선
- 시내버스 내에서 비말로 인한 감염 우려가 있으니 마스크 미착용자는 승차를 거부할 수 있는 규칙 마련 요청
- 마스크 수급이 원활하지 않으니 주민센터 등에 마스크 살균기를 비치
- 국적을 떠나 고통 받는 모든 사람들을 지원하고 경제활성화에 도움이 될 수 있도록 외국인노동자들에게도 긴급생활비 지원 요청
- 공공의 안전을 확보하기 위해 방역조치 위반자에 대한 과태료 부과 조례 제정
- 특별돌봄쿠폰을 받고 있는 경우 사용이 더 편리한 재난긴급생활비로 대체 수령이 가능하도록 개선

〈그림 1〉 시민들의 세부적인 제안 내용

출처: 민주주의 서울 홈페이지, "시민 제안"

참여의 기회를 보장함에 따라 다양한 의견들이 모였다. 코로나19 이후의 변화된 일상으로 인한 불편함을 개선하기 위한 시민들의 제안은 〈그림 1〉과 같이 정리해 볼 수 있다.

2) 정부 대응의 한계에 대한 시민사회의 문제의식

a. 집담회 '지역사회의 코로나19 대응과 쟁점'[11]

6월 23일 서울시 재난안전대책본부 민관협력반은 '지역사회의 코로나19 대응과 쟁점'이라는 주제로 집담회를 개최하였다. '양천구 마을공동체지원센터', '서울여성노동자회', '이주민지원센터' 등이 참여하였다. 해당 집담회에서는 코로나19 확산을 방지하기 위한 정부의 대응방식이 가진 한계를 지적하며 이를 비판하는 목소리가 높았다. 먼저 코로나19 유증상자 혹은 확진자에 대한 격리 및 강제적 행정 조치가 개인의 권리를 침해했다는 우려가 나타났다. 격리 및 강제적 행정 조치의 부과로 피해를 입은 개인에 대한 배려가 부족했고, 코로나19 확진자의 이동 동선을 공개함에 따라 개인이 감당해야 하는 사회적 낙인을 제대로 고려하지 않았다. 또한 집회시위를 제한하고 농성장을 철거하는 등 집단 행동을 막는 강제적인 조치들이 이뤄짐에 따라 개인의 자유가 심각하게 훼손되었다. 이를 종합하면, 정부의 주된 관심이 코로나19 확산 방지에 쏠려 있기 때문에 확진자의 동선을 파악해 공개하고 집단 행동을 철저히 제한하는 과정에서 발생하는 인권 훼손, 사생활 침해 등 개인의 권리 문제는 후순위로 밀렸다고 볼 수 있다. 이에 집담회에 참여한 시민단체 및 마을공동체 대표들은 방역 체계를 구축하는 단계부터 시민사회와 협력함으로써 재난 상황의 민관협력 거버넌스가 제대로 작동할 수 있도록 해야 한다고 주장했다.

그러나 이들 대표 역시 구체적인 민관협력 방안에 대한 아이디어를 제시하지 못

---

11. 서울시 재난안전대책본부 민관협력반. 2020년 6월 23일.

했다는 점에서 집담회의 한계가 드러났다. 집담회에서 일궈낸 합의는 정부 주도의 방역 체계를 비판하고 정부를 견제 및 보완하는 시민사회의 역할을 강조하는 데 머물렀다. 이에 따라 정부와 시민사회 간 협력의 필요성에 공감하는 단계에서 더 나아가지 못하고 논의가 공전되었다. 그럼에도 불구하고 집담회에서 서울시 내 주민자치조직과 마을공동체가 보여 준 협력 사례들을 공유하는 과정은 지역사회 거버넌스의 가능성을 보여 주었다. 앞선 '온서울 캠페인'의 '따뜻한 연결'이나 공릉동 꿈마을공동체의 사례를 통해 보았듯, 지역공동체 내에서 취약계층을 위한 복지 서비스가 제공되는 모습이 나타났다. 이는 정부에서 마련한 복지시설의 휴관 혹은 폐쇄로 인해 사회적 돌봄의 공급이 중단된 상황에서 지역사회가 그 역할을 대신할 수 있다는 희망을 보여 준다. 이에 더해 지역 경제를 활성화시키기 위해 주민자치 조직과 사회적 경제 조직 등이 협력한 사례들은 정부의 지원만으로 복구하기 어려운 경제적 어려움을 해결하고자 하는 지역공동체의 자생적 노력을 대변한다. 이와 같은 지역사회 내 협력 사례들은 정부의 정책이 결정되고 집행되기까지의 공백기에 지역사회 내에서 대안을 찾고 실행할 수 있음을 드러낸다.

Ⅲ. 시민참여형 방역체제의 선도: 대구·경북

1. 사회적 거리두기와 생활방역 체제 구축

1) 328 대구 운동

신천지 교인들의 집단감염 이후 코로나19 확진자가 급증한 대구시는 3월 15일부터 28일까지 약 2주간 고강도 사회적 거리두기 운동을 실시할 것을 밝혔다. 328 대구 운동은 전국 최초로 시행된 사회적 거리두기 운동으로, 2주 동안 생활방역 수칙을 철저하게 준수하고 대면 활동을 자제한 결과 확진자 증가폭이 감소하는 성과를 냈다. 328 대구 운동이 시작된 초기 3일(3월 15~17일) 동안에 나타난 일반인 확

〈그림 2〉 328 대구 운동

출처: 대구광역시 웹사이트

진자는 77명이었지만, 마지막 3일(3월 26~28일) 간에 발생한 일반인 확진자는 22명으로 감소하였다. 이에 대구시에서는 328 대구 운동을 모범적인 사례라고 홍보하며 '대구형' 사회적 거리두기 운동을 전국적으로 확대할 필요성을 언급하였다. 328 대구 운동의 성과를 보며 전국의 각 시·도 지방자치단체에서도 3월 22일부터 사회적 거리두기 운동을 적극 홍보하며 시민들의 협조를 요청했다.

328 대구 운동은 종료되었지만 대구시에서는 여전히 사회적 거리두기의 중요성을 역설하며 시민들의 지속적인 참여를 독려하고 있다. 4월 25일–26일 대구시설공단은 이동인구가 많은 대구 도심공원과 신천 둔치에서 2m의 물리적 거리를 유지하는 등 행동수칙의 준수가 필요함을 역설하며 대구 시민들의 동참을 권고했다.

2) 대구시 코로나19 극복 SNS 캠페인

대구시 '청년정책네트워크', '대구지역대학 총학생회', '대구시 청년센터', '빅아이디어 연구소' 등이 공동으로 기획하여 다양한 형태의 SNS 릴레이 캠페인을 주도했다. 이때의 SNS 릴레이 캠페인은 코로나 사태의 장기화로 인해 사회적 거리두기가 느슨해지는 5월에 진행됨으로써 시민들의 경각심을 일깨우는 역할을 했다. 대구형 사회적 거리두기 운동과 더불어, SNS 캠페인의 전개로 생활방역지침에 대한 시민들의 활발한 참여가 가능했다고 평가된다. 대구시 차원에서도 지자체 SNS를 통해 캠페인에 직접 참여하였으며 캠페인의 확산을 위한 홍보에도 주력하는 모습을 보였다.

a. SNS 릴레이 캠페인(5/16-7/7)

대구시에서 코로나 첫 확진자가 나온 날로부터 코로나19 확진자가 한 명도 나오지 않은 날까지의 기간이 53일이라는 점에서 53일간 참여하는 코로나 극복 캠페인을 추진하였다. 해당 캠페인은 페이스북이나 인스타그램 등 SNS를 통해 손쉽게 참여할 수 있다.[12] 1) 대구시를 상징하는 사진, 2)생활방역을 하는 자신의 일상사진, 3)마스크를 착용하고 "존경합니다"를 뜻하는 수어 동작을 하는 사진 중 1가지를 고르고, 이순신 장군의 마스크 착용 이미지와 함께 업로드하면 된다(〈그림 3〉 참고). 추가적으로 응원 릴레이에 동참하길 원하는 지인 3명을 태그(지목)하는 것도 해야한다. SNS를 즐겨 사용하는 20-30대 젊은 층에서 큰 호응을 받아 활발한 참여가

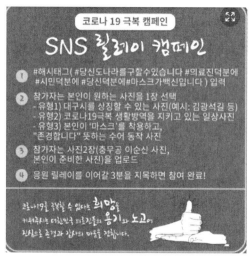

〈그림 3〉 코로나19 극복 SNS 릴레이 캠페인

출처: 대구광역시 웹사이트

---

12. Breaknews. 2020년 5월 18일. "대구의 다양한 코로나19 SNS 극복캠페인 큰 호응."

이루어졌다.

b. 코로나19 극복 4행시 챌린지

4행시 챌린지 역시 앞서 언급한 대구시 청년단체들이 공동 기획한 또 다른 캠페인이다. 4행시 챌린지는 "대구시민이 최강백신입니다"의 슬로건에 등장하는 '최강백신'의 단어로 4행시를 지어 참여하는 형태로 이뤄진다. 이때 시민들이 보낸 4행시 중에서 추첨을 통해 선물을 증정하기도 한다. 해당 캠페인은 장기화되는 코로나19로 인해 지쳐가는 의료인들과 시민들을 독려하기 위한 차원에서 추진되었다.

c. 대구 동성로와 클럽골목 일대 게릴라 캠페인[13]

대구 동성로와 클럽골목 일대를 중심으로 진행된 게릴라 캠페인은 서울 이태원에서 5월 초 코로나19 집단감염이 발생한 후에 시민들의 경각심을 일깨우기 위해 추진되었다. 5월 14일 대구 동성로의 번화가와 클럽골목 일대에서 대구시 청년단체 측은 '방심할 때 돌아올게 From. 코로나19', '나를 버리면 돌아올게 From. 코로나19'라고 적힌 마스크를 착용하고 거리를 지나다니는 시민들에게 마스크를 나눠주었다.

2. 대구시 마을공동체의 취약계층 지원[14]

대구시 소재의 지역 마을 기업들이 소속되어 있는 대구마을기업연합회에서는 3월 초 지역주민들을 위해 도시락과 마스크를 나눠주는 이벤트를 기획해 실시했다. 대구마을기업연합회뿐만 아니라, 대구시 소재의 다양한 마을기업들 또한 다음과 같은 활동을 펼쳤다. 서구 마을기업 '다울건설협동조합'은 무료 급식이 중단되어 어려움을 겪는 노숙인들을 위해 매주 수요일마다 도시락과 마스크를 나눠주었

---

13. 블로그뉴스. 2020년 5월 18일. "대구 청년 단체, 다양한 코로나19 극복 캠페인 펼쳐."
14. 경북신문. 2020년 3월 3일. "대구시 마을기업, 코로나19 극복 위해 취약계층 지원에 발벗고 나서."

다. 경력단절 여성들을 위해 만들어진 동구 마을기업 '보기공방협동조합'에서는 직접 제작한 마스크 200개를 독거노인 등의 취약계층을 위해 동구청에 기부했다. 동구 마을기업 '달콤한 밥상'은 동구 지역 내 자가 격리를 하고 있는 장애인들을 위해 주 2회 도시락을 지원하고 있다. '더불어 삶'에서는 손소독제, 상비약, 누룽지, 양말, 도시락 등의 생활 물품을 이주노동자, 한부모가정, 독거노인 등의 취약 계층에게 배달하였다.

이처럼 지역 내 마을 기업들이 취약계층을 위해 마스크와 손소독제 등의 방역물품과 생활물품을 지원하면서 휴관 중인 복지관의 돌봄 업무를 대신하는 모습을 보였다. 이에 '대구광역시 마을공동체만들기지원센터'에서는 위와 같은 마을공동체 활동들을 모범사례로 소개하며 "코로나19 극복을 위한 마을공동체 활동 지원 사업"을 6월 초부터 공모하기 시작했다. 5인 이상의 이웃 주민이 모여 코로나19 극복을 위한 구체적인 연대 활동을 담은 사업계획서를 제출하면 모임당 100만~200만 원을 지원해 주는 사업을 추진하고 있다.

3. 지역 경제 활성화를 위한 대구시의 노력

1) 대구시 중구청의 착한 소비자 운동 독려

착한 소비자 운동은 개인 혹은 단체가 소상공인이 생산한 물품·서비스를 선결제 방식으로 구매하자는 캠페인이다. 지난 3월 한국경영자총협회와 소상공인연합회를 중심으로 시작됐으며, 중소벤처기업부와 산하 기관의 참여로 규모가 커졌다.[15] 중구청은 관내 통장협의회, 통합방위협의회, 청소년지도협의회 등 여러 협의단체와 함께 착한 소비자 운동에 대한 참여를 약속했고 중구 시민들의 활발한 참여를 독려했다. 이를 위해 중구청에서는 4월 21일 류규하 중구청장과 협의단체 회원들이 주도하는 결의대회를 개최했고 이후 직접 선결제를 활용하고 주변 지인

---

15. 대구신문. 2020년 4월 21일. ""사장님~다음에 또 올게요" 선결제."

들에게 홍보하는 퍼포먼스를 펼쳤다. 또 중구청 SNS 홈페이지를 통해 착한 소비자 운동을 홍보하는 게시글을 게재하기도 했으며, 중구청 직원들이 자주 이용하는 2~3개 음식점에 대해서 선결제 방식을 통해 점심 식사를 하도록 장려했다.

2) 대구시 동구청의 '팔공산 청정미나리 먹기 운동'[16], '1가구(사무실) 1화분 갖기 운동'[17]

동구청은 지역경제 활성화를 위해 '팔공산 청정미나리 먹기 운동'과 '1가구(사무실) 1화분 갖기 운동'을 주도해 미나리 농가와 화훼 농가를 도왔다. 먼저 '팔공산 청정미나리 먹기 운동'은 산지 미나리 판매가 급감함에 따라 판매하지 못한 미나리를 폐기해야 하는 위기에 놓여 있는 농가들을 지원하려는 취지에서 시작되었다. 지난 3월 9일부터 동구청에서는 대구시 구·군 소속 직원들에게 미나리 소비촉진 행사에의 참여를 유도했으며 인터넷을 통해 미나리 판매를 시도했다. 그뿐만 아니라 전국 지자체 등에 협조를 요청함으로써 전국적으로 미나리 판매를 하고자 노력했다. '1가구(사무실) 1화분 갖기 운동'은 미나리 농가와 마찬가지로 위기에 처한 화훼 농가를 도우려는 움직임이다. 동구청에서는 화훼 소비를 독려하고자 가구 혹은 사무실마다 화분을 놓자는 운동을 확산시켰고, 각 동 행정복지센터에 화훼 판매대를 설치하기도 했다. 이에 더해, 코로나19 자가격리자 235명에게 꽃 화분을 선물함으로써 자가격리자들에게 위로와 응원의 메시지를 전하는 한편 화훼농가에 재고로 남은 화분들을 해결하는 데 기여했다. 이러한 동구청의 노력에 힘입어 동구 공산동 주민자치위원회에서도 '1가구 1화분 갖기 운동'을 실시하는 등 지방자치단체에서 주민자치의 풀뿌리 수준까지 확산되는 양상이 나타났다.

3) 대구시 소상공인 도와주기 릴레이[18]

소상공인 도와주기 릴레이는 코로나19로 인해 경제적 어려움에 처한 소상공인

---

16. 프라임경제. 2020년 3월 26일. "대구시 동구 코로나19 위기 소비급감 해소에 팔걷어."
17. 영남일보. 2020년 4월 22일. "코로나 불황, 착한 소비로 뚫는다…대구경북 '선결제운동' 확산."

들을 도우려는 시민들의 자발적인 참여로 진행되고 있다. 일례로 대표적인 SNS 매체인 페이스북(Facebook)에 게재된 페이지 중 대구시에 위치한 맛집들을 소개하는 '대구맛집일보'는 지난 2월 21일 "도움이 필요한 업주님들, 메시지 주시면 최선을 다해 알리고 돕겠다. 모두 힘내시고 즐거운 대구가 빨리 오길 기다린다"는 내용의 게시글을 게재했다.[19] 해당 페이지에서는 "범어동 국수 매장에서 아직 판매하지 못한 해물 소고기 쌀국수 50인분이 있다. 1만 2000원에 판매하던 것을 1만 원에 직접 배송해 주신다고 한다"는 형태로 대구시의 여러 식당들이 처한 상황을 알림으로써 재고 소진을 도왔다. 이러한 게시글들을 접한 시민들은 즉각적으로 해당 식당에 주문전화를 걸어 '매진 행렬'이 이어지도록 했다. 이처럼 SNS상에서의 활발한 움직임을 통해 소상공인들의 재고 소진을 도우려는 릴레이 캠페인이 이어지고 있다.

4. 대구시 민관협력추진단

1) 대구광역시 범시민대책위원회[20]

대구시에서는 코로나19 극복 범시민대책위원회를 구성하였다. 시민단체, 종교단체, 학교, 언론, 전문가 등 각계각층 인사 200명이 소속된 범시민대책위원회와 함께 분과별 단체 혹은 기관의 실무책임자들로 이루어진 실무위원회, 구·군 행정조직과 민간단체 등이 포함된 민·관 협력추진단이 조직되었다. 4월 21일 출범한 범시민대책위원회는 4월 22일 영상 회의를 통해

〈그림 3〉 대구시 범시민대책위원회 구성

출처: 코로나19 극복 대구광역시 범시민대책위원회 구성·운영 계획안

---

18. 노컷뉴스. 2020년 2월 25일. "'재고소진 도와요'…위기에 똘똘 뭉친 대구시민."
19. 대구일보. 2020년 2월 24일. "코로나19 확산에도 정은 여전해."
20. 대구광역시청 홈페이지. 2020. "코로나19 극복 대구광역시 범시민대책위원회 구성·운영 계획안."

7대 기본생활수칙을 확정하였다. 주 1회 영상회의를 통해 방역상황을 공유하고 민관협력을 통한 철저한 방역을 위한 방안에 대해 논의하고 검토한다. 또한 생활방역에 대한 대구 시민들의 참여를 독려해 코로나19 대응을 이끌어나갈 것을 목표로한다.

대구시 범시민대책위원회의 활동 경과는 다음과 같다.

a. 4월 영상회의에서 7대 기본생활수칙 제정

영상 회의에서 정한 7대 기본생활수칙은 기존에 발표되었던 정부 5대 수칙에 2개를 더 추가한 형태로 활발한 홍보를 통해 대구시민들에게 확산되었다. 다음과 같은 7대 기본생활수칙은 4월 23일부터 27일까지 시민들로부터 피드백을 받는 작업도 진행되었다. "'코로나19 극복!을 위한 시민생활수칙' 시민에게 묻습니다"라는 제목으로 '토크대구' 사이트에서 시민들의 의견을 수렴하는 조사가 이루어졌다.

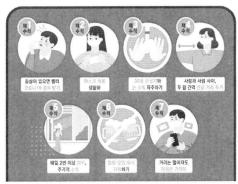

〈그림 4〉 대구시 7대 기본생활수칙

출처: 대구광역시 블로그

b. 6월 돌봄분과위원회의 어린이집 방역물품 지원과 방역모의훈련

코로나19 극복 범시민대책위원회 산하에 있는 돌봄분과위원회에서는 어린이집연합회, 방역전문가 등과 함께 어린이집 방역대책을 모색하고 대구형 어린이집

3.3.7 생활수칙, 유증상 발생 시 대처 로드맵을 고안해 어린이집과 학부모에게 제공했다. 또한 어린이집에 비접촉식 체온계, 마스크 등 방역물품을 비치할 수 있도록 지원했으며, 지난 6월 1일에는 지역 어린이집 한 곳에서 방역 모의훈련을 진행함으로써 방역수칙의 준수가 일상적으로 이뤄질 수 있도록 점검하는 모습을 보이기도 했다.[21]

c. 6월 범시민대책위원회 아동청소년 돌봄분과 및 실무위원회 주도의 방역모의훈련

대구시 각 구·군에 위치한 '건강가정·다문화가족지원센터'와 '여성새로일하기센터'의 6월 재개관을 앞두고 대구시 범시민대책위원회 아동청소년 돌봄분과위원회와 실무위원회는 두 센터에서 방역모의훈련을 실시하였다. 방역모의훈련에는 8개의 건강가정 다문화가족지원센터와 5개의 여성새로일하기센터가 참여하였고, 범시민대책위원회에서 논의된 기관별 방역수칙에 따라 의심증상자에 대한 격리, 센터 내 소독 등의 절차를 점검했다. 방역관리를 미리 훈련해 봄으로써 센터에서 대응 매뉴얼을 숙지해 신속하게 매뉴얼에 따라 방역을 진행할 수 있도록 도왔다.

2) 수성구 민관협력추진단[22]

수성구 민관협력추진단은 앞서 살펴본 대구시 범시민대책위원회의 구성에 힘입어 조직된 것으로, 대구시 구·군 중 최초로 출범한 민관협력추진단이다. 민관협력추진단에서는 지난 4월 22일 만들어진 '대구시 7대 기본생활수칙'을 확산해 지역주민들의 생활방역 실천을 장려하는 역할을 담당한다. 5월 7일 김대권 수성구청장을 중심으로 개최된 온라인 영상회의에서는 7대 기본생활수칙의 필요성에 대한 공통의 인식을 확인하는 것과 더불어, 버스, 택시 등에 대한 방역지원, 자녀들의 학교 개학을 앞둔 학부모의 걱정, 지역 식당들의 경제적 어려움 등에 대한 다양한 건

---

21. 대구광역시 홈페이지. 2020.
22. 경안일보. 2020년 5월 10일. "수성구 민관협력추진단, 전체위원 영상회의 개최."

의사항들에 대한 논의가 이뤄졌다. 추진단의 위원들이 활발하게 논의한 사항들은 각 분과위원회의 검토와 추가적인 논의를 통해 대책을 마련할 것이라고 밝혔다.

3) 중구 민관협력추진단

중구 민관협력추진단은 수성구 민관협력추진단의 영상회의보다 하루 늦은 5월 8일 오후, 첫 회의를 진행했다. 중구청에서는 행정기관 주도의 일방적인 방역정책에서 벗어나 새로운 주민참여형 생활방역체계 구축을 위해 각계각층 대표 140명과 공무원 80명으로 이루어진 민관협력추진단을 출범시켰다.[23] 실제 중구 민관협력추진단에서는 공동주택 생활방역을 위하여 생활방역 수칙 및 홍보 게시물과 현수막 제작, 방역물품 지원 등을 활발하게 전개하고 있다. 이에 공동주택 관리 주체 및 입주자대표회의의 차원에서 주민들의 참여를 토대로 한 생활방역 방안들을 다음과 같이 권고하고 있다. 현수막 제작 및 게첩, 관리사무소, 게시판, 승강기 등 생활수칙 홍보물 게재, 생활수칙 전 세대 안내방송, 관리비 고지서 배부 시 생활수칙 문구 등 기재가 그 내용이다.

IV. 착한 운동의 시발점: 전주

1. 착한 임대료 운동, 착한 소득 운동, 착한 소비 운동

1) 착한 임대료 운동

전주시에서는 2월 12일부터 임대료 인하 운동이 전개되었다. 전주역 앞 '첫마중길' 권역에 위치한 '김가네 부대찌개'가 자발적으로 임대료를 인하한 것에서 시작되었고, '첫마중길 상생협의회'와 '객리단길 발전협의회'의 노력에 힘입어 첫마중

---

23. 대구광역시 중구청 웹사이트. 2020.

길 6개소와 객사길 17개소의 상가가 동참했다.[24] 또한 전주시 중앙동, 풍남동, 노송동 등 전통문화중심의 도시 재생 사업 지역에서도 27개 점포에 대한 임대료 인하가 나타났다. 이에 따라 5월 7일 기준으로 전주시 내 900여 개의 점포가 임대료를 인하하는 모습을 보였다.[25]

2) 착한 소독 운동

주민들이 자발적으로 거리와 가게 등을 소독하는 '착한 소독 운동'이 전개되었다. 100여 개의 사회적 기업과 70여 개의 온두레공동체, 5개소의 마을단위 '도시재생현장지원센터' 등은 매주 수요일마다 범시민 소독운동을 실시했다.[26]

3) 착한 소비 운동

전주시의 온두레공동체(마을공동체)에서는 전통시장 등 지역상가에서 물품구입을 한 후에 가게 상호, 영수증, 해당 물품 등을 촬영한 인증사진을 지역구성원들이 소속된 네이버 밴드 앱에 게재했다.[27] 이와 함께 소비릴레이 운동을 이어갈 다른 마을공동체나 공동체 내 회원을 2명 이상 지목했다. 전주시에서도 이러한 소비릴레이 운동을 지원하기 위해 마을공동체 사업비를 추가적으로 지원해 주는 모습을 보였다.

전라북도 완주군에서는 군청 내 3개국이 3개 전통시장을 월 3회 장날에 방문해 식사를 하고 장을 보는 '골목상권살리기 3·3·3 운동'을 통해 지역경제 활성화를 위해 노력하고 있다.[28] 또 전주시에서는 학교 개학이 연기되며 학교 급식에 공급할 예정이던 친환경 농가의 얼갈이, 근대, 애호박 등의 농산물 재고가 쌓이게 된 상황을 해소하고자 전주시청 직원들을 대상으로 하는 '가족건강밥상' 운동을 추진했다.

24. 한국농어촌방송. 2020년 3월 27일. "전주시 착한 공동체, 코로나19 대응 '함께가게.'"
25. 경향신문. 2020년 5월 16일. "재난 속에 빛난 전주의 힘."
26. 한국농어촌방송. 2020년 3월 27일. "전주시 착한 공동체, 코로나19 대응 '함께가게.'"
27. 전북일보. 2020년 4월 2일. "전주시 마을공동체, 착한 릴레이 소비운동 펼쳐 '눈길.'"
28. 새전북신문. 2020년 5월 21일. "착한 소비로 지역 경제 활성화 기대."

채소류로 구성된 '친환경 농산물 꾸러미' 250상자를 판매해 실적을 올리는 데 도움을 주었다.[29]

2. 취약계층 지원하는 착한 나눔 운동

사회적 기업 '연을담다'와 '새샘노인복지센터'에서는 각각 취약계층을 위해 면마스크 1000개를 지원했다. 사회적 기업 '꼭두'에서는 지역아동센터의 어린이들을 위해 팝업(pop-up)동화책 500여 권을 제공했다. 온두레공동체 회원들도 취약계층에 전달될 마스크 22만 장을 포장하는 작업에 힘을 보탰다.[30] 전주시 온두레공동체 중 하나인 '천사길 사람들'과 '한세담'에서는 독거노인과 아동 등을 위해 음식을 배달하는 활동을 진행하기도 했다. '천사길 사람들' 회원 10여 명은 노송동 공유주방에서 도시락을 직접 만들어 지역 내 독거노인과 중증장애인 등 취약계층 30가구에 따뜻한 점심 식사를 제공했다. '천사길 사람들'은 4월 9일을 시작으로 12주 동안 매주 목요일마다 도시락을 제작해 전달하기로 하였다. 또 '한세담'에서는 20여명의 회원이 평화동 종합사회복지관 '학다방'에 모여 무방부제 수제 쿠키를 만들어 아동돌봄서비스의 대상 아동들에게 전달하고자 전주시청에 기탁했다.[31]

V. 'K-방역' 예찬에 대한 거리두기

앞서 살펴본 지역별 협력 사례들이 시민사회의 긍정적인 단면을 보여 주었다면 5장에서 살펴볼 사례는 'K-방역' 예찬에 가려진 그림자를 드러낸다.

---

29. 한국농어촌방송. 2020년 4월 6일. "전주시, 친환경 농산물 착한 소비 '앞장'."
30. 한국농어촌방송. 2020년 3월 27일. "전주시 착한 공동체, 코로나19 대응 '함께가게'."
31. 전민일보. 2020년 4월 9일. "전주 온두레공동체, 코로나19로 어려운 취약계층에 반찬과 쿠키 전달."

1. 마스크 미착용 및 사회적 거리두기 원칙 미준수

　일상생활에서 마스크를 착용하는 기간이 장기화되면서 마스크를 착용하지 않고 대중교통을 이용하거나 다중이용시설에 방문하는 '이기적'인 개인들이 나타나고 있다. 각종 온라인 커뮤니티에는 '마스크 안 쓰고 엘리베이터 왜 타는지 모르겠어요. 짜증나요.', '마스크 안 쓰고 말하는 거 진짜 민폐에요.' 등 마스크 미착용자로 인한 불편을 토로하는 게시글을 빈번하게 찾아볼 수 있다. 실제로 서울시에서는 5월 13일부터 7월 15일까지 지하철 내 마스크 미착용 승객에 대한 민원이 1만 6,631건이 접수되었다고 밝혔다.[32] 일부 시민들이 마스크를 착용하지 않은 이유는 "답답해서", "깜빡 잊어버리고 밖에 나와서", "덥고 습기차는 것이 싫어서" 등으로 대부분 마스크 착용이 가져오는 불편 때문이었다.[33] 이에 대구시를 시작으로 서울시 등 지방자치단체에서는 대중교통과 다중이용시설 이용 시 마스크 착용을 의무화하였으며, 마스크를 착용하지 않고 지하철이나 버스, 택시 등에 탑승할 경우 처벌할 수 있도록 조치를 취했다. 그러나 마스크 의무화 이후에도 마스크 착용을 요구하는 지하철 역무원[34]이나 버스 기사[35]를 폭행하고 도주하는 경우가 여러 차례 발생하였다. 이에 서울시는 앱을 이용해 마스크를 미착용하고 대중교통을 이용하는 승객을 신고하는 '앱 신고제'를 도입하기도 했다.[36] 마스크 미착용뿐만 아니라, 사회적 거리두기를 준수하지 않고 유흥시설을 이용하는 사례도 잇따라 나타나고 있다. 5월 초 이태원 클럽(Club, 유흥시설 중 하나)에서 코로나19 집단감염이 발발한 이래로 서울시와 대구시, 경기도는 차례로 유흥시설에 대한 집합금지 명령을 내려 영업을 중단시켰다. 이와 같은 지방자치단체의 행정명령에도 불구하고 최근 사실상 클럽과 유사한 형태로 운영되는 '라운지펍(Lounge Pub)'이 등장[37]했다. '라

---

32. 연합뉴스. 2020년 7월 26일. " 지하철 '마스크 다툼' 끝…서울시, 미착용자 신고 앱 도입."
33. 무등일보. 2020년 7월 1일. "'왜 마스크 안 써요?' 확진자 급증에도 마음 '느슨'."
34. YTN. 2020년 7월 9일. "마스크 쓰라는 말에 역무원 무차별 폭행 뒤 도주…. 용의자 추적."
35. 동아닷컴. 2020년 6월 21일. "'마스크 써라' 요구에…버스기사 목 물어뜯은 50대男 구속."
36. 서울경제. 2020년 7월 26일. "'지하철서 마스크 안쓰면 앱으로 바로 신고하세요'."

운지 펍'에 방문한 이들은 마스크를 착용하지 않은 채 함께 춤을 추거나 같은 잔을 사용해 술을 마시는 등 사회적 거리두기 원칙을 제대로 준수하지 않는 모습을 보였다. 이때 흥미로운 사실은 유흥시설에 방문하는 20-30대의 경우, 코로나19 감염이 운에 따른 결과라고 생각할 확률이 높다는 점이다. '코로나19 서울시민 인식 조사'에 따르면[38] 20대의 53.9%, 30대의 62.4%가 '내가 감염되냐마냐는 사실 어느 정도 운이다'라고 응답했다. 이들은 마스크를 착용하지 않고 사회적 거리두기 방침을 따르지 않더라도 운이 좋다면 코로나19에 감염되지 않을 것이라고 인식하기 때문에 방역수칙의 준수에 비협조적일 가능성이 높다.

위에서 살펴본 것처럼 사회적 거리두기 원칙을 제대로 지키지 않는 일부 개인들의 일탈은 시민사회의 자발적 참여만으로는 코로나19 확산을 방지하기가 어려움을 드러낸다. 이에 중앙정부와 지방자치단체에서는 방역수칙의 준수를 의무화하고 이를 따르지 않는 개인들을 처벌함으로써 강제로라도 방역수칙을 이행할 수 있게끔 한 것이다. 이는 자율적이고 자발적으로 방역수칙에 따르는 한국인들의 시민의식에 대한 긍정적인 평가와 상반된다. 국내외 언론에서 주목한 'K-방역'의 핵심은 정부의 강제 없이도 자발적으로 방역 활동에 참여할 수 있는 시민들의 역량이었다. 그러나 앞서 살펴본 것과 같이, 코로나19 감염이 운에 달린 사안이라고 간주하거나 마스크 착용으로 인한 일상의 불편 때문에 방역지침을 제대로 따르지 않는 시민들의 사례는 시민사회가 과연 성숙한 시민의식을 가지는가에 대해 반문하게 만든다.

2. 코로나 확진자에 대한 사회적 낙인

코로나19는 국내에서 발생했던 메르스 등의 다른 전염병과 비교하였을 때, 빠른 전파력을 가지고 있어 타인과의 연결성을 높인다는 특징을 가진다. 한 개인의 감

---

37. 스냅타임. 2020년 7월 28일. "제2의 클럽으로 변질된 '라운지펍'… 코로나19 재확산 뇌관?"
38. 한겨레. 2020년 5월 11일. "젊을수록 "코로나 감염은 운발"…다중 시설 이용 가능성 커."

염이 지역사회 감염으로 곧바로 이어질 수 있다는 사실은 재난 상황에 대한 개인의 위험 인식에 상당한 영향을 끼쳤다. 이에 더해, 한국 정부는 지역사회로의 전파를 초기에 막기 위해 코로나19 확진자의 이동 동선을 투명하게 공개하기 시작했는데, 그 과정에서 '코로나19 확진자'라는 사회적 낙인이 생겨났고 코로나19 확진자를 혐오하는 분위기가 조성되기도 했다. 코로나19 확진자가 다녀간 식당, 약국 등의 다중이용시설은 영업을 중지하고 철저한 방역을 한 이후에도 기피 대상이 되어 매출 감소로 어려움을 겪었다. 또 격리 해제된 코로나19 확진자가 다시 사회로 복귀하는 것을 못마땅하게 생각하는 경우도 빈번하게 나타났다. 이에 개인들은 코로나19의 감염으로 인한 건강상의 위험보다 사회적 낙인에 대해 보다 큰 두려움을 느꼈다. 실제로 '경기도 내 코로나19 확진자와 접촉자 인식조사[39]'에 따르면 코로나19 확진자가 느끼는 두려움의 가장 큰 이유는 '주변에서 받을 비난과 피해(3.87점, 5점 만점)' 때문이었다. 이는 '완치되지 못할 수 있다는 두려움(2.75점)'이나 '완치 후 다시 감염될 수 있다는 두려움(3.46점)'보다 높았다.

코로나19 확진자에 대한 사회적 비난과 혐오는 코로나19에 감염되었을 때 개인이 감당해야 하는 비용에 해당하며, 사회적 낙인을 두려워하는 개인은 방역수칙 준수에 적극적으로 참여할 것을 결정하게 된다. 이와 같은 개인의 사고 흐름은 'K-방역'의 성공요인으로 거론되었던 '성숙한 시민의식'만으로는 설명할 수 없다. '성숙한 시민의식' 담론에 따르면 개인은 자신보다 타인을 먼저 생각하는 이타심과 개인보다 공동체를 우선하는 공동체의식을 갖고 있기에 자발적으로 방역에 참여해야 한다. 그러나 코로나19 확진자에 대한 사회적 낙인은 코로나19 감염으로 인한 비용을 극대화하여 개인에게 방역수칙을 잘 준수함으로써 그러한 비용을 감수하지 않게끔 행동하도록 만드는 부정적인 유인으로 작용한다.

---

39. 경향신문. 2020년 7월 27일. "코로나19에 걸렸다… "나도 피해자"라고 말하긴 쉽지 않았다."

VI. 시민정치 이론에 대한 검토

사례 분석을 진행하기에 앞서, 분석틀로써 활용할 이론에 대해 먼저 검토하고자 한다. 본 논문에서는 시민 참여를 기반으로 한 협력 거버넌스를 논의하는 데 있어 필수적으로 짚고 넘어가야 하는 담론으로 Mancur Olson이 제기한 집단행동의 딜레마, Smith and Teasdale의 사회적 경제 논의를 꼽았다.

Mancur Olson은 집단이 형성되고 유지되는 방식에 대해 살펴보았던 학자다. Olson은 집단의 크기에 따라 집단이 유지될 수 있는 가능성이 상이하다는 것에 초점을 맞춰 대규모 집단에서 '무임승차자(free-rider)'가 발생하고 집단의 결속력이 약해지는 현상을 해결하고자 했다.[40] Olson에 따르면 집단의 규모가 커질수록 비용을 감당하는 데 참여하지 않으면서도 공공재의 혜택을 누리고자 하는 무임승차자들이 생겨난다. 이때의 무임승차자들은 공공재 생산의 비용을 충당하는 일은 타구성원들에게 전가하면서 그것의 혜택만을 확보하고자 하기 때문에 집단의 유지를 어렵게 한다. 이러한 문제 상황을 '집단행동의 딜레마'라고 부를 수 있다. Olson은 이와 같은 집단행동의 딜레마를 해결하기 위해 선별적 인센티브(selective incentive)가 요구된다고 제안한다.[41] 공공재를 확보하는 것과는 구분되는 이익을 추가적으로 제공함으로써 구성원들의 지속적인 참여를 유도하는 것이다. Olson은 집단행동에 참여하는 구성원과 참여하지 않는 구성원을 구분하고 참여하는 구성원들에게만 배타적인 이익을 보장한다면 합리적인 개인들은 참여를 결정할 것이라 본다. 이와 같이 Olson이 제기한 집단행동의 딜레마와 그것을 해결하기 위한 선별적 인센티브의 제안은 시민들의 지속적인 참여를 이끌어 낼 수 있는 방안을 모색하는 시민정치 담론에서 주된 논의 대상으로 자리하게 되었다.

Smith and Teasdale[42]은 사회적 경제와 결사체 민주주의를 연결시키는 논의를

---

40. Olson, Mancur. 1965. *The Logic of Collective Action: Public Goods and the Theory of Groups*.
41. Olson, Mancur. 1971. *The Logic of Collective Action*. MA: Harvard University Press.
42. Smith and Teasdale. 2012. *Associative Democracy and Social Economy: Exploring regulatory*

펼쳤다. Smith and Teasdale에 따르면 사회적 경제 조직들이 지역 사회의 공공 서비스를 담당하도록 유도할 때 지역 주민들의 실제 니즈에 맞춰 효율적인 복지 서비스가 탄생할 수 있다. 사회적 경제 조직들의 활발한 참여를 통해 복지 서비스가 창출되는 과정은 정부 주도로 진행되어온 기존의 복지국가 시스템과는 확연히 구분된다. 복지국가의 top down 방식의 행정 처리는 지역 주민들의 요구사항을 즉각적으로 반영하지 못한다는 점에서 재원을 낭비하는 비효율성이 한계로 지적되었다. 이에 지역의 사회적 경제 조직들을 복지 서비스의 공급자로 두면, 지역 주민들과의 원활한 소통하에 만족스러운 결과물이 창출될 수 있다는 장점이 있다. 그러나 특정 집단에서 계속적으로 복지 서비스의 공급을 독점 혹은 과점하게 된다면 서비스의 질이 높게 보장되지 못할 확률이 높아지고 집단 내부의 의사결정이 비민주적으로 이뤄질 가능성이 발생한다. 여기서 Smith and Teasdale은 일반 기업들이 시장에서 치열하게 경쟁하며 경쟁 상대보다 높은 수준의 질을 가진 서비스를 제공하고자 하는 것과 같이, 지역 내 구성원들이 자유로이 집단의 가입과 탈퇴를 결정할 수 있도록 해야 한다고 보았다. 개인의 자유로운 선택에 따라 집단의 존립이 결정될 수 있다는 점에서 복지 서비스의 질에 대한 피드백이 이뤄질 수 있고 집단의 운영을 민주적인 방식으로 유지해야 할 유인이 생긴다.

VII. 지역 단위의 협력 사례 분석

서울과 대구·경북 지역, 전주시에서 관찰된 협력 사례들은 다음 네 가지의 특징을 가진다.

첫째, 시민 참여는 코로나 이후의 새로운 생활문화가 정착하는 데 기여하였다. 코로나19의 감염 확산을 막기 위해 사회적 거리두기가 필수적으로 요구되며 일

---

challenges.

상의 문화가 코로나 이전과는 완전히 뒤바뀌었다. 외출 시에는 필히 마스크를 착용하고 폐쇄된 공간에서 다수가 밀집하는 외부 활동을 자제했다. 이에 따라 집 안에서 보내는 시간이 급격하게 늘어나며 홈트레이닝, 베이킹 등 집에서 즐길 수 있는 취미 생활이 유행하고 있다. 또 온라인 교육, 모바일 오피스(Mobile Office) 시스템이 자리 잡게 되면서 화상 회의, 재택근무 등이 일상화되기 시작했다. 언택트(untact) 상태로 일상의 모든 활동들을 재개하는 양상이 전개되는 와중에 시민들의 자발적인 사회적 거리두기 참여는 이와 같은 새로운 생활문화가 안정적으로 정착되는 것을 용이하게 만들었다. 물론 전국 시·군·구 단위의 지방자치단체에서 사회적 거리두기의 중요성을 역설하고 시민들에게 사회적 거리두기 캠페인을 확산하고자 노력하기도 하였지만, 대다수 시민들의 참여가 없었다면 이러한 변화는 불가능했다. 특히 대구시에서는 지자체 주도로 대구형 사회적 거리두기 운동의 확산을 위해 노력했고, 시민들의 참여가 느슨해질 때쯤 청년 단체들이 연합해 SNS 캠페인과 오프라인 게릴라 캠페인을 기획하며 생활방역지침의 준수를 장려했다. 관 주도의 사회적 거리두기 운동 캠페인의 기획에 더해, 일부 시민단체의 적극적인 참여로 캠페인이 계속적으로 전개되었고 대다수의 대구 시민들 역시 사회적 거리두기의 필요성에 공감하며 협조하였다. 여기서 'K-방역'의 성공요인이라 불리는 성숙한 시민의식을 확인 가능하다. 국내외 언론에서는 국경을 봉쇄하지 않았음에도 불구하고 발 빠르게 지역사회 감염을 막은 한국의 대처 능력을 높이 평가하며 한국 시민들의 성숙한 시민의식을 빈번하게 언급했다[43]. 미디어에서는 시민들이 사회적 거리두기에 자발적으로 참여하고 마스크 착용 및 손 소독제 사용 등의 감염예방 수칙을 지키는 모습이 바로 성숙한 시민의식을 엿볼 수 있는 근거라고 말하였다.

그러나 앞서 5장에서 살펴보았듯, 마스크를 착용하지 않고 사회적 거리두기 원칙을 준수하지 않는 일부 일탈자들이 나타났고, 코로나19 확진자에 대한 사회적

---

43. KBS NEWS. 2020년 3월 12일. "외신, '성숙한 시민의식' 호평… "한국 대응 배워야"."

낙인으로 인해 많은 개인들이 주변에서 받을 비난과 피해에 두려움을 느끼는 문제가 발생했다. 두 가지 사례 중 첫 번째 사례인 일탈자의 등장은 Mancur Olson이 제기했던 '집단행동의 딜레마'와 연결된다. 다 함께 마스크를 착용함으로써 코로나19의 확산을 방지하는 것은 공동의 이익이므로 공공재에 해당하며, 마스크를 씀으로 인해 개인이 느끼는 '답답함', '귀찮음' 등의 불편은 비용에 해당한다. 여기서 마스크를 착용하지 않는 구성원의 발생이 바로 '집단행동의 딜레마'이며 이러한 구성원을 두고 Olson은 '무임승차자'라고 부른다. Olson에 따르면 무임승차자의 증가는 공공재 확보를 위한 집단행동을 어렵게 하기 때문에 구성원들의 참여율을 높일 수 있는 방안이 요구된다. 그러나 한국의 경우, 마스크를 착용하지 않는 무임승차자가 소수에 불과하며, 이들의 참여를 유도하는 인센티브를 고안하는 대신, 정부의 행정조치로 일탈을 제한한다는 점에서 집단행동의 딜레마가 나타난다고 보기 어렵다. 현재 한국인들의 80~90%는 외출 시에 마스크를 착용하고 있으며 나머지 10~20%만이 마스크 미착용자에 해당한다.[44] 각 지방자치단체에서 실시하는 '마스크 의무화' 조치는 10~20%의 소수를 통제하기 위한 수단으로 활용되는 것이다. 이때 흥미로운 사실은 마스크를 잘 쓰고 다니는 대다수의 시민들 역시 마스크를 착용하지 않아도 공공재의 혜택을 누릴 수 있다면 무임승차자가 되는 것이 합리적 선택임을 인지하고 있다는 점이다. 다수의 시민들 역시 Olson이 전제한 것처럼 합리적인 개인이기에 특별한 동기가 없는 한, 비용을 감수하고 공공재 확보에 참여하는 비합리적인 선택을 감행하지 않을 것이다. 그렇다면 80~90%에 달하는 시민들이 모두 마스크 착용이라는 자발적인 선택을 하도록 만든 유인이 무엇인지 질문하지 않을 수 없다.

둘째, 시민들의 자발적인 방역 참여는 공동체적 일체감과 개인의 이익 고려가 복합적으로 작용한 결과다. 〈시사IN〉과 KBS에서 공동으로 진행한 '코로나19 이후의 한국 사회의 변화' 조사에 따르면, 시민들의 자발적 참여는 공동체 지향적인 성

---

44. 기관별 인식조사마다 편차는 있지만 공통적으로 한국인의 80~90%가 마스크를 착용한다고 보고 있다.

향에서 기인한다. 해당 조사에서는 "내가 확진자가 될까봐 두렵다(64%)"는 응답보다 "주변 사람들에 피해를 끼칠까봐 두렵다(86%)"는 응답이 더 높았고, "마스크를 안 쓴 사람은 이기적이다"라는 항목에 85%가 동의했다. 자신의 감염보다 타인에 대한 의식이 개인의 행동을 좌우하는 보다 큰 동기로 작용하는 양상은 코로나19라는 재난 상황의 특수성에서 기인한다. 코로나19는 높은 전파속도를 가진 전염병으로 개인의 감염이 지역사회 전체의 감염으로 이어질 수 있다는 위험성을 지닌다. 즉, 개개인의 감염 여부가 가족, 이웃, 지역사회를 넘어 국가 전체의 감염으로 확산될 수 있기 때문에 개인주의 성향이 강한 사람이라고 하더라도 공동체에 대한 고려를 하지 않을 수 없는 것이다. 이에 더해, 코로나19는 지금껏 경험해 보지 못했던 초유의 전염병 사태라는 점에서 개인에게 불안감과 공포, 두려움을 심어주었다. 대개 불안감과 공포 등의 부정적인 감정은 재난 상황에서 시민사회의 분열을 초래하고 개개인의 이기심을 증폭시키는 원인으로 작용하기도 하지만, 공포와 불안감을 느끼는 개인들 간의 일체감을 형성하도록 돕기도 한다.[45] 재난 상황을 마주하게 된 것이 자신만의 문제가 아니라 공동체 전체의 문제임을 알게 되었을 때, 그것이 주는 안도감에 의존하며 공동체를 위한 행동에 참여하게 된다. 코로나19 이후의 신뢰도 변화지수를 살펴보면, 한국 국민에 대한 신뢰도가 +21, 이웃 사람에 대한 신뢰도가 +11로 증가하였다. 또 '우리나라는 사람들이 서로 믿고 의지하며 살아갈 수 있는 사회이다'는 항목에 '그렇다'고 응답한 비율이 코로나19 이전인 2019년에는 29%였다면, 코로나19 이후에는 57%로 증가하였다.[46] 이러한 인식변화에 더해, 앞서 살펴보았던 서울시와 대구·경북, 전주의 협력 사례들을 살펴보면 시민들의 참여와 협력의 수준이 상당히 높음을 알 수 있다. 실제로 취약계층 지원을 위한 나눔 활동을 전개한 마을공동체의 대표들은 미디어와의 인터뷰에서 이타심, 유대감, 연대감, 공동체 정신 등의 공적 감정을 이유로 꼽았다. "공익적인 활동은 늘 존

---

45. 시사IN. 2020년 3월 17일. "민주주의 국가에서 바이러스를 이기려면 필요한 것."
46. 시사IN. 2020년 6월 2일. "코로나19가 드러낸 '한국인의 세계' – 의외의 응답 편."

재한다."**47**, "마을 안에서의 심리적 거리는 더 가까워지고 있다."**48** 등과 같은 인터뷰 내용을 보면, 마을공동체 내 주민들의 협력은 이타심, 온정, 유대감 등에서 기인한 것임을 알 수 있다. 이를 통해 마을공동체가 보여 준 높은 수준의 협력과 지역주민들의 자발적 참여가 공동체를 지향하는 공적 감정에서 비롯되었다는 해석이 가능하다.

그러나 여기서 이야기하는 공동체 지향적인 성향이 반드시 이타심이나 공동체의식으로서의 시민의식만을 의미하는 것은 아니다. 지역사회 내 다른 구성원의 감염이 자신의 감염으로 이어질 수 있기 때문에 취약계층의 코로나19 감염을 방지하고자 나눔 활동에 참여하고 적극적인 방역활동에 나서는 행동은 장기적으로 개인에게 이익이 된다. 더욱이 앞서 본 것처럼 코로나19 확진자를 기피하고 혐오하는 사회적 낙인이 팽배한 상황에서 코로나19 감염은 개인에게 큰 위협으로 다가온다. 다시 말해, 코로나19 감염 이후에 받게 될 사회적 혐오와 비난은 개인으로 하여금 코로나19 확산을 방지하도록 협력해야 하는 부정적인 유인이 된다. 즉, 코로나19에 감염되지 않음으로써 주변으로부터의 비난을 회피할 수 있기 때문에 개인의 입장에서는 방역수칙에 자발적으로 협조하는 것이 이익이 되는 것이다. 이는 마스크 착용 및 사회적 거리두기 준수로 인한 불편을 상쇄시킴으로써 정부와 시민사회의 협력, 마을공동체 내의 협력 등 다양한 형태의 협력을 가능케 한다. 이러한 맥락에서 'K-방역'의 성공을 가져온 '성숙한 시민의식'은 상당히 복잡한 함의를 가진다. 방역수칙을 지킴으로써 스스로의 감염을 막을 수 있고 사회의 비난을 피할 수 있다는 개인의 이익 고려와 재난 상황을 함께 마주하고 있다는 일체감과 동질감 등에서 비롯되어 공동체 전체를 지향하는 공동체적 고려가 혼재되어 있다는 특이점을 지닌다.

셋째, 마을공동체 내에서 이뤄진 취약계층에 대한 지원은 기존 복지시스템의 공백을 메우는 보완책이 되었다. 코로나 시대의 도래로 인해 복지관이 휴관하며 사

---

47. 뉴스인. 2020년 5월 28일. "[코로나19, 대구시민사회를 응원합니다] (1) 이주와 가치, 고명숙."
48. 경인매일. 2020년 3월 30일. "연수구 마을공동체, 지역아동센터 아동 가정 행복꾸러미 전달."

회복지사들의 활동이 어려워졌다. 다수의 사람들이 한 공간에 모여 있는 집합행동이 어려워지며, 지역 내 결식아동, 독거노인, 저소득층 등의 취약계층을 위해 복지관이 제공하던 서비스가 모두 중단되었기 때문이다. 일례로 2019년 6월부터 8개 시·군·구에서 시행 중인 방문의료, 재가 돌봄 등의 '커뮤니티케어(community care)'가 잠정 중단되었다.[49] 장애인들을 위한 '커뮤니티케어'를 진행하던 대구시에서는 코로나19 감염 위험으로 인해 면대면 서비스의 제공이 어렵다고 판단해 현재 서비스 지원을 멈춘 상태다. 이와 같이 기존의 복지 시스템이 제대로 작동하지 않으면서 복지의 사각지대에 놓인 소외계층은 상시적인 위험에 노출되고 있다. 특히 초고령층의 경우, 코로나19 사망률이 가장 높음에도 불구하고 정작 초고령의 노인들은 확진자 동선을 확인할 수 있는 정부의 모바일 재난문자나 온라인 서비스에 접근하기 어렵고 혼자서는 방역물품이나 생활물품을 마련하기가 힘들기 때문에 돌봄이 반드시 필요하다.

이에 마을공동체 차원에서 지역의 취약계층을 위해 방역물품과 도시락을 제공하는 나눔 활동이 전개되었다. 면마스크를 직접 제작하여 전달한 공릉동 꿈마을공동체의 '면 마스크 의병단'뿐만 아니라, 서울시와 대구·경북의 각 자치구 자원봉사센터와 마을공동체, 새마을 부녀회 등의 주민자치조직에서는 필터교체형 마스크 60만개를 제작해 취약계층에 지원했다. 구로구에서 나타난 '품앗이형' 돌봄 공동체는 지역아동센터나 어린이집, 유치원 등의 보육시설 운영이 중단된 상황에서 마을공동체 내부적으로 아이들을 위한 교육 돌봄 서비스를 공급하기도 했다. 또한 무료급식이 중단된 아동청소년, 노인, 중증장애인 등을 위해 관악구 주민자치회 조직, 대구시 마을기업 '달콤한 밥상', 전주시 마을공동체인 '천사길 사람들', '한세담' 등은 도시락을 배달했다. 이러한 사례들은 전염병 위기 속에서 취약계층을 위한 돌봄 활동을 지역의 주민자치조직, 마을공동체가 담당할 수 있음을 보여 준다. 이는 지방자치단체의 복지 행정과 지역 주민들 간의 민관협력을 넘어서 복지와 마

---

49. 메디게이트. 2020년 4월 14일. "코로나19로 커뮤니티케어 중단·요양병원 신규 입원 제한 등 노인 복지서비스 올스톱."

을이 결합된 주민 주도형 지역사회 서비스[50]를 창출할 수 있는 가능성을 시사한다.

그러나 이때의 자발적인 참여에는 코로나19의 특수성이 큰 영향을 끼쳤다는 사실을 간과해서는 안 된다. 앞서 살펴보았듯, 코로나19는 한 사람의 감염이 집단 전체의 감염으로 이어질 수 있는 전염병이다. 이에 지역 주민들은 취약계층을 지원해 지역사회 내 전파를 방지함으로써 개인이 느끼는 불안감과 공포, 두려움 등의 위험인식을 낮추는 것을 선호한다. 취약계층 지원 서비스의 제공은 단순히 재난 상황에서 복지 서비스를 제공받지 못하는 취약계층에 대한 연민이나 동정심 혹은 지역사회 구성원들을 생각하는 이타심, 공동체의식만으로 해석되지 않는다. 지역사회 구성원의 감염을 막아 스스로의 감염을 예방함으로써 코로나19 감염과 그 이후의 사회적 낙인이라는 비용을 감수하지 않겠다는 개인의 이익 계산이 포함된 결과다. 이에 더해, 사회적 거리두기의 실시로 집에서 보내는 시간이 급격하게 늘어남에 따라 아동·청소년과 노인에 대한 돌봄을 주로 가정 안에서 해결해야 하는 상황이 발생했다. 이로 인해 가족 구성원들이 느끼는 부담이 증가하였다. 그 결과, 개별 가정에서 돌봄을 담당하는 대신, 지역사회 내에서 구성원들이 서로 협력해 공동으로 돌봄을 제공하는 것이 보다 효과적이라는 공통의 인식이 형성되었다. 이러한 맥락에서 코로나19의 특수성에 기초해 나타난 지역주민들의 협력은 코로나19 종식 이후에 또 다른 재난 상황이 발생하였을 때 복제 가능하다고 보기 어렵다. 따라서 앞으로도 취약계층에 대한 복지수요를 마을공동체 내부에서 충족하는 복지마을의 성립을 위해서는 참여를 장려하는 제도적 인센티브를 마련해 지속적인 협력의 양상이 전개될 수 있도록 촉진하는 과정이 수반되어야 한다.

넷째, 사회적 기업과 마을공동체, 지방자치단체 간 상호 호혜 관계가 확립됨에 따라 사회적 자본이 축적되고 사회적 경제가 활성화될 수 있는 배경이 조성되고 있다. 앞서 살펴보았던 세 번째 특징인 지역 내 취약계층 지원활동에는 마을공동체 내부의 사회적 기업이나 지역을 기반으로 한 마을 기업들이 주요한 행위주체

---

50. 김형용. 2016. "복지와 마을, 접합시도에 대한 시론: 개념적 그리고 실천적 쟁점을 중심으로." 『비판사회정책』. 50. pp.38–75.

로 참여하였다. 서울시, 대구시, 전주시 모두 사회적 기업들이 나서서 지역 내 소외 계층을 위해 도시락을 배달하고 마스크를 전달하는 모습을 포착할 수 있었다. 이 때 주목할 만한 점은 지역공동체를 위해 도움을 제공한 마을 기업, 사회적 기업 등의 영리 단체 역시 지역 주민들과 지방자치단체로부터 도움을 받았다는 사실이다. 서울시에서 '따뜻한 경제'의 일환으로 추진되었던 마포공동체경제 '모아'는 공동체 가게에서 필요한 먹거리와 생필품을 지역공동체화폐인 '모아'를 통해 소비하는 방식으로 개인의 소비를 촉진할 뿐 아니라, 공동체 내 가게들의 수익을 늘려 지역경제를 활성화하는 성과를 가져왔다. 대구시에서는 주민들이 SNS를 통해 '소상공인 도와주기 릴레이' 운동을 펼쳤고, 대구시의 구·군 지자체에서 '팔공산 청정미나리 먹기 운동', '1가구 1화분 갖기 운동' 등의 캠페인을 진행하며 지역 농가와 상인, 마을 기업 등을 도왔다. 전주시에서도 온두레공동체 회원들이 지역상권을 부흥시키기 위해 구매한 물품들을 인증하는 릴레이 운동을 벌였다. 이는 지역 내 기업과 주민, 지방자치단체가 서로 도움을 주고받음으로써 상호 호혜적인 관계를 형성하고 신뢰를 쌓아가는 과정을 보여 준다. 마을공동체 내부에서 소상공인, 마을 농가, 사회적 기업 등의 영리 집단에 대한 주민들의 인식이 좋아지고, 마을 기업들 역시 지역공동체의 일원이라는 자각을 함에 따라 사회적 가치를 창출하는 데 관심을 기울이게 된다. 이와 같은 일련의 과정은 결과적으로 사회적 자본을 축적해 지역 경제를 활성화하는 방향으로 진전되며, 마을 단위의 사회적 경제 거버넌스가 구축될 수 있는 배경을 조성하는 데 기여한다. 즉, 재난 상황의 특수성이 사회적 자본을 형성할 수 있는 결정적 계기로 작용하면서 제도가 갖춰지기 이전에 상호 호혜적인 관계를 통한 신뢰가 쌓여 협력이 이뤄질 수 있었다.

Smith and Teasdale[51]은 국가의 복지 서비스를 지역 단위의 결사체가 공급하는 사회적 경제를 긍정적으로 평가한다. 이들은 지역 주민들 간의 자유로운 연합을 통해 형성된 결사체에 기반한다면 지역 주민들이 필요로 하는 의료, 교육 등의 다

51. Smith and Teasdale, 2012.

양한 복지 서비스를 효과적으로 제공할 수 있다고 본다. 이때 Smith and Teasdale 의 설명은 지역 결사체가 민주적으로 운영되고 있는지를 관리하고 규제하는 것 이 어렵다는 한계에 부딪히며 지역 결사체를 통한 사회적 경제의 운영이 민주주의 의 실현에 기여할 수 있는가에 대한 해답을 도출해내지 못한다. 그러나 서울시, 대 구·경북 지역, 전주시에서 관찰된 마을공동체 단위의 협력 사례는 지역 주민들과 마을 기업, 지방자치단체 간 상호 호혜적 관계에 기초해 사회적 자본이 형성되며 이뤄졌다. 이에 정부의 직접적인 개입 없이도 상호 협력 관계 속에서 지역 결사체 에 대한 자율적인 규제가 이뤄질 수 있다고 비춰진다. 해당 사례들에서 마을 기업 들이 소외계층을 지원함으로써 사회적 가치를 창출하는 행위와 지방자치단체, 지 역주민들이 마을 기업의 경제적 수익 확보를 돕는 행위는 상호 호혜적 성격을 띤 다. 이에 마을 기업들은 주된 고객인 지역주민들의 니즈에 관심을 기울여 복지 서 비스를 공급하지 않을 수 없다. 나아가, 마을 기업들은 상호 협력 관계 속에서 지역 공동체의 일원이라는 기업 시민의식을 갖게 되어 사회적 가치 창출에 대한 책임과 의무를 느끼게 된다. 이에 더해, 마을 기업뿐만 아니라 지방자치단체와 주민자치 조직 역시 소외계층을 위한 방역물품과 생활물품을 전달하기 때문에 복지 서비스 를 제공하는 지역 결사체가 복수가 됨에 따라 복지 서비스의 질에 대한 비교 평가 가 가능하다. 이에 지역 결사체에서 제공하는 복지 서비스의 질이 낮아지거나 내 부적 결정이 비민주적인 방식으로 운영되어 배제되는 구성원이 발생한다면 자율 적으로 조정과정이 일어날 수 있는 가능성이 존재한다. 이러한 맥락에서 코로나 시대에 마을공동체 내 행위주체들 간 상호 호혜관계가 구축됨에 따라 사회적 자본 이 축적되면서 사회적 경제가 활성화되는 배경이 마련되었다고 볼 수 있다.

Ⅷ. 결론: 재난 상황에서의 지역 거버넌스가 갖는 의의

본 글에서 수집하고 분석한 지역 단위의 협력 사례들은 전례 없는 전염병 사태에 대응함에 있어 지역 거버넌스가 가지는 의의를 보여 준다. 한국은 코로나 발발 초기에 국경을 봉쇄하지 않았고 대구 지역에서 신천지 교인들의 집단 감염이 발생하며 코로나 대응에 실패하는 듯 보였지만, 지방자치단체에서의 신속하고 발 빠른 대처와 마을공동체 내부의 노력을 통해 지역사회 전파를 막아내는 성과를 거두었다. 이는 재난 상황에서 중앙 집권적인 관리 체계의 효율성으로 인해 권위주의 정부가 도래할 것이라는 학자들의 예측과는 상이한 지점이다. 외신에서 칭찬받는 한국의 성공적인 방역의 요인으로는 지방자치단체의 리더쉽과 마을공동체의 재발견을 꼽을 수 있다. 지방자치단체에서는 지역사회 내 코로나 확산을 막고자 철저한 방역에 심혈을 기울였고 지역주민들의 방역지침 준수를 위해 노력했다. 서울시와 대구·경북 지역, 전주시 모두 각 시·구·군 지자체 홈페이지를 통해 방역지침을 계속적으로 홍보했고 주기적으로 확진자 추이를 알렸으며, 코로나 대응에 대한 시민들의 참여를 독려했다. 또 시민 주도의 다양한 코로나 극복 캠페인에 대해 지자체 차원에서 참여하였으며, 지자체의 공식 SNS를 통해 함께 홍보하기도 했다. 이와 같은 지방자치단체의 노력은 중앙 집권적 대응뿐만 아니라 각 지역을 중심으로 한 대응 역시 효과적일 수 있음을 시사한다. 이에 더해, 마을공동체 내의 행위 주체들 간 협력 역시 활발하게 전개되며 취약계층을 지원하는 마을 기업, 주민자치조직 등이 빈번하게 관찰되었다. 지역 경제 활성화를 위해 마을공동체 차원에서 착한 소비 운동, 착한 임대료 운동 등의 캠페인을 벌이기도 했다.

본 글에서 주목했던 재난 상황에서의 지역 거버넌스는 다음과 같은 네 가지 특징으로 정리해 볼 수 있다. 첫째, 시민들의 자발적인 사회적 거리두기 참여를 통해 포스트 코로나 시대의 새로운 생활문화가 정착할 수 있었다. 일부 일탈자들이 마스크를 착용하지 않고 외출하거나 사회적 거리두기 원칙을 준수하지 않기도 하였지만, 시민들의 대다수가 자발적인 방역활동에 동참하였다. 둘째, 시민들은 공동체에 대한 고려와 개인의 이익에 대한 고려에 기초해 코로나19 확산을 막기 위해 자발적인 참여를 결정했다. 시민들은 코로나19에 감염된 이후에 감당해야 하는 사회적 비난과 혐오를 회피하기 위해서 방역수칙이 주는 불편을 감수하고 방역활동에 참여했다. 그와 동시에 시민들은 재난 상황이 주는 공포감과 두려움, 불안 등의 감정을 함께 겪는다는 공동체적 일체감을 느껴 방역지침에 따랐다. 셋째, 마을공동체 내부에서의 취약계층 지원은 기존 복지국가 시스템의 작동이 어려워진 상황에서 보완책으로 작용했다. 지역 단위에서 관찰된 마을공동체 주도의 취약계층 지원활동은 정부가 주도해 복지 서비스를 제공하는 top down 방식 대신, 지역 내의 소외계층을 지역주민들과 마을기업들이 돌보는 bottom up 방식이다. 그러나 이러한 지역사회 내 복지서비스의 공급은 코로나19의 특수성에서 기인한 것이기에 지속적인 협력이 전개되도록 하기 위해서는 공통의 필요를 창출하고 주민 참여를 장려하는 제도적 인센티브를 마련할 필요가 있다. 넷째, 지역 주민, 마을기업, 지방자치단체 간 상호 호혜적 관계에 따라 사회적 자본이 형성되며 사회적 경제가 활성화되는 배경이 조성되었다. 마을기업들은 소외된 지역 구성원을 위해 복지 서비스를 제공하고 지방자치단체와 지역주민은 마을 기업의 수익 창출을 위해 소비 운동을 펼치며 상생을 도모하고 있다. 이러한 협력구조는 사회적 자본의 축적으로 이어져 사회적 경제의 작동을 도울 것이다.

〈참고문헌〉

김형용. 2016. "복지와 마을, 접합시도에 대한 시론: 개념적 그리고 실천적 쟁점을 중심으로." 『비판사회정책』. 50.

경북신문. 2020년 3월 3일. "대구시 마을기업, 코로나19 극복 위해 취약계층 지원에 발벗고나서." http://www.kbsm.net/default/index_view_page.php?idx=270603. (검색일: 2020.05.29.).

경인매일. 2020년 3월 30일. "연수구 마을공동체, 지역아동센터 아동 가정 행복꾸러미전달." http://www.kmaeil.com/news/articleView.html?idxno=216610. (검색일: 2020.04.28.).

경안일보. 2020년 5월 10일. "수성구 민관협력추진단, 전체위원 영상회의 개최." http://www.gailbo.com/default/index_view_page.php?idx=282189. (검색일: 2020.05.18.).

경향신문. 2020년 5월 16일. "재난 속에 빛난 전주의 힘." http://news.khan.co.kr/kh_
    news/khan_art_view.html?artid=202005161113001&code=940100. (검색일:
    2020.06.11.).

노컷뉴스. 2020년 2월 25일. ""재고소진 도와요"…위기에 똘똘 뭉친 대구시민." https://
    www.nocutnews.co.kr/news/5296358. (검색일: 2020.06.06.).

뉴스인. 2020년 5월 28일. "[코로나19, 대구시민사회를 응원합니다] (1) 이주와 가치, 고명숙."
    http://www.newsmin.co.kr/news/49535. (검색일: 2020.06.03.).

대구광역시 홈페이지. 2020.

대구광역시 중구청 홈페이지. 2020.

대구광역시청. 2020. 「코로나19 극복 대구광역시 범시민대책위원회 구성·운영 계획」.

대구신문. 2020년 4월 21일. ""사장님~다음에 또 올게요" 선결제." http://www.idaegu.
    co.kr. (검색일: 2020.05.30.).

대구일보. 2020년 2월 24일. "코로나19 확산에도 정은 여전해." http://www.idaegu.com/
    newsView/idg202002240077. (검색일: 2020.06.07.).

동아닷컴. 2020년 6월 21일. ""마스크 써라" 요구에…버스기사 목 물어뜯은 50대男 구속"."
    https://www.donga.com/news/article/all/20200621/101611546/2. (검색일: 2020.
    07.30.).

메디게이트. 2020년 4월 14일. "코로나19로 커뮤니티케어 중단·요양병원 신규 입원 제한 등
    노인 복지서비스 올스톱." http://www.medigatenews.com/news/1635935177. (검
    색일: 2020.07.31.).

무등일보. 2020년 7월 1일. ""왜 마스크 안 써요?" 확진자 급증에도 마음 '느슨'." http://www
    .honam.co.kr/detail/c3QycN/607348. (검색일: 2020.07.30.).

문화일보. 2020년 5월 4일. "'포스트 코로나19 시대'의 19가지 '뉴 트렌드'." 민주주의 서울 홈
    페이지. 2020. "알아보기 온-서울 캠페인." http://www.munhwa.com/news/view.
    html?no=2020050401031442000001. (검색일: 2020.06.07.).

블로그뉴스. 2020년 5월 18일. "대구 청년 단체, 다양한 코로나19 극복 캠페인 펼쳐." http://
    www.blognews.kr/news/articleView.html?idxno=21395. (검색일: 2020.06.11.).

서울경제. 2020년 7월 26일. ""지하철서 마스크 안쓰면 앱으로 바로 신고하세요"." https://
    www.sedaily.com/NewsView/1Z5GCD8PA2. (검색일: 2020.07.28.).

서울민주주의위원회 코로나 회의보고-시민주도 사례. 2020년 4월 6일.

서울시 재난안전대책본부 민관협력반. 2020년 6월 23일.

새전북신문. 2020년 5월 21일. "착한 소비로 지역 경제 활성화 기대." http://sjbnews.com/

news/news.php?number=684385. (검색일: 2020.06.22.).

시사IN. 2020년 6월 2일. "코로나19가 드러낸 '한국인의 세계'– 의외의 응답 편." https://
www.sisain.co.kr/news/articleView.html?idxno=42132. (검색일: 2020.07.31.).

시사IN. 2020년 3월 17일. "민주주의 국가에서 바이러스를 이기려면 필요한 것." https://
www.sisain.co.kr/news/articleView.html?idxno=41562. (검색일: 2020.07.27.).

스냅타임. 2020년 7월 28일. "제2의 클럽으로 변질된 '라운지펍'⋯ 코로나19 재확산 뇌관?."
http://snaptime.edaily.co.kr/?p=44291. (검색일: 2020.07.29.).

영남일보. 2020년 4월 22일. "코로나 불황, 착한 소비로 뚫는다⋯대구경북 '선결제운동' 확산."
https://www.yeongnam.com/web/view.php?key=20200421010003231. (검색일:
2020.05. 27.).

일일보고(B조) 민관협력반. 2020년 4월 7일.

일일보고(B조) 민관협력반. 2020년 4월 8일.

전민일보. 2020년 4월 9일. "전주 온두레공동체, 코로나19로 어려운 취약계층에 반찬과 쿠키
전달." http://www.jeonmin.co.kr/news/articleView.html?idxno=308145. (검색
일: 2020.06.16.).

전북일보. 2020년 4월 2일. "전주시 마을공동체, 착한 릴레이 소비운동 펼쳐 '눈길'." http://
www.jjan.kr/news/articleView.html?idxno=2080271. (검색일: 2020.05.28.).

프라임경제. 2020년 3월 26일. "대구시 동구 코로나19 위기 소비급감 해소에 팔걷어." http://
www.newsprime.co.kr/news/article/?no=498655. (검색일: 2020.06.09.).

한겨레. 2020년 5월 11일. "젊을수록 "코로나 감염은 운발"⋯다중 시설 이용 가능성 커." http
://www.hani.co.kr/arti/society/health/944451.html. (검색일: 2020.07.28.).

한국농어촌방송. 2020년 3월 27일. "전주시 착한 공동체, 코로나19 대응 '함께가게'." http://
www.newskr.kr/news/articleView.html?idxno=39793. (검색일: 2020.06.10.).

Breaknews. 2020년 5월 18일. "대구의 다양한 코로나19 SNS 극복캠페인 큰 호응." https://
m.breaknews.com/a.html?uid=730854. (검색일: 2020.06.19.).

KBS NEWS. 2020년 3월 12일. "외신, '성숙한 시민의식' 호평⋯"한국 대응 배워야"." http://
news.kbs.co.kr/news/view.do?ncd=4400490. (검색일: 2020.05.28.).

Olson. Mancur. 1965. The Logic of Collective Action: Public Goods and the Theory of
Groups.

Olson. Mancur. 1971. The Logic of Collective Action. MA: Harvard University Press.

Smith and Teasdale. 2012. Associative Democracy and Social Economy: Exploring
regulatory challenges.

YTN. 2020년 7월 8일. "마스크 쓰라는 말에 역무원 무차별 폭행 뒤 도주…용의자 추적."
https ://www.ytn.co.kr/_ln/0103_202007091822331548. (검색일: 2020.07.29.).

제4장

사회학과

불평등과 사회정의

* 수업 소개 *

수업 명	서울대학교 사회학과 〈불평등과 사회정의〉		
교수자명	권현지/주병기	수강 인원	12명
수업 유형	일반선택	연계 지역/기관	–

수업 목적

불평등과 사회정의의 문제에 대한 학제융합적 시각과 방법론을 체계적으로 소개하고 학생들은 이를 바탕으로 정의적 시각에서 불평등 문제를 분석하고 사회정책적 해결 방안을 모색하는 자율연구를 진행한다.

주요 교재

Anthony Atkinson. 2015. Inequality. Harvard University Press. (장경덕 옮김. 2015. 「불평등을 넘어: 정의를 위해 무엇을 할 것인가」. 글항아리.)

Amartya Sen. 1997. On Economic Inequality. Oxford University Press.

Martha Nussbaum. 2011. Creating Capabilities: The Human Development Approach. Belknap Press. (한상연 옮김. 2015. 「역량의 창조: 인간다운 삶에는 무엇이 필요한가?」. 돌베개.)

OECD. 2018. A Broken Social Elevator? How to Promote Social Mobility. OECD Publishing.

Robert Putnam. 2015. Our Kids. Simon & Schuster. (정태식 옮김. 2017. 「우리 아이들: 빈부격차는 어떻게 미래 세대를 파괴하는가」. 페이퍼로드.)

Göran Therborn and Sofia Aboim. 2014. "The killing fields of inequality." Análise Social 212: 729–735. (이경남 옮김. 2014. 「불평등의 킬링필드: '나'와 '우리'와 '세계'를 관통하는 불평등의 모든 것」. 문예춘추사.)

Martin O'Neill. 2008. "What should egalitarians believe?" Philosophy and Public Affairs 36(2):119–156.

Nancy Fraser. 2009. "Social justice in the age of identity politics." in Geographic Thought: A Praxis Perspective, edited by George L. Henderson and Marvin Waterstone. Routledge. (pp.72–91)

Annette Lareau. 2011. Unequal Childhoods. University of California Press. (박상은 옮김. 2012. 「불평등한 어린 시절: 부모의 사회적 지위와 불평등의 대물림」. 에코리브르.)

수업 일정

제1주: 강의 개요 설명 및 팀 구성

제2주: 불평등 정의와 차원 (자료: Atkinson, 2015; Nussbaum, 2011)

제3주: 사회정의의 관점에서 불평등의 이해·사회정의론의 제 관점에 대한 소개와 불평등과 관련된 함의/팀주제 1 & 2 연구계획 발표 (자료: Sen, 1997; 1999; O'Neill, 2008; Putnam, 2015; Fraser, 2009에서 발췌)

제4주~5주: 불평등 및 이와 관련된 다양한 사회문제들에 대한 원인 분석 (자료: Atkinson, 2015; OECD, 2018; Lareau, 2011))

제6주: 주제별 전문가 특강과 토론 1 – 급상승과 하락, 그 다음은?: 21세기 한국의 소득불평등과 빈곤 (구인회, 서울대 사회복지학과) (자료: 구인회, 2019, 「21세기 한국의 불평등: 급변하는 시장과 가족, 지체된 사회정책」; 구인회, 2019, "소득불평등의 원인과 실태")

제7주: 중간발표문 제출과 팀별 면담 수업

제8주: 주제별 전문가 특강과 토론 2 – 플랫폼 자본주의와 기본소득 (이승윤, 중앙대 사회복지학과) (자료: 백승호·이승윤, 2018, "기본소득 논쟁 제대로 하기"; 김교성 외, 2018, 「기본소득이 온다」)

제9주: 주제별 전문가 특강과 토론 3 – 노동시장의 이중구조와 노동개혁, 노동시장 정책 (전병유, 한신대 사회혁신대학원) (자료: 전병유, 2018, "우리나라 노동시장 분절화의 구조와 시사점")

제10주: 주제별 전문가 특강과 토론 4 – 입시제도와 대학 진학의 공정성 (김창환, 미국 Kansas대) (자료: Sigal Alon, 2009, "The Evolution of Class Inequality in Higher Eudcation"; 문정주·최율, 2019, "배제의 법칙으로서의 입시제도")

제11주: 주제별 전문가 특강과 토론 5 – 한국 재분배 정책에 대한 경제학적 접근 (우석진, 명지대 경제학과)

제12주: 불평등의 사회경제적 양상과 결과 1– 젠더, 결혼, 인구 함의 (자료: 준 카르본·나오미 칸, 2016, 「결혼시장: 계급 젠더 불평등 그리고 결혼의 사회학」; R. G. Wilkinson and K. E. Pickett, 2009, "Income inequality and social dysfunction")

제13주: 불평등의 사회경제적 양상과 결과 2– 불평등과 행복의 관계 분석 (자료: 이재열, 2015, "사회의질, 경쟁, 그리고 행복"; Oishi et al, "Income Inequality and Happiness"; 이희철·구교준, 2019, "역량 중심의 국민행복지수: OECD 국가를 중심으로")

제14주~15주: 실습(조별 토론 및 보고서 작성), 최종보고서 발표

프로젝트 개요와 결과

□ 프로젝트 개요
- 사회문제 해결형 과목으로 설정된 본 교과목은 최근 한국사회의 첨예한 문제영역을 중심으로 구체적인 쟁점을 연구문제로 설정하고, 해당 문제에 대한 분석적 토론 및 논쟁을 통해 문제해결을 위한 정책적 대안을 모색하는 학생 자율 연구논문 작성을 목적으로 한다.

□ 프로젝트 결과
- 청년 대상 기본소득형 정책 사례 비교: 서울시 청년수당과 경기도 청년기본소득
- 대입 공정성 강화를 위한 서울대 입시제도 개선방안: 교육부 '대입제도 공정성 강화방안'에 대한 고찰을 중심으로
- 한국 고등교육 노동시장 내 불평등과 그 해결 방안: 강의전담교수제 확대 방안을 중심으로

사회정의와 불평등

권현지 (서울대학교 사회학과 교수)

이상직 (서울대학교 사회학과 박사수료)

최중식 (서울대학교 사회학과 석사수료)

1. 수업개요

하루하루 사투의 날들로 기록될 2020년이 어느덧 하반기에 접어들고 있다. 팬데믹이 던진 도전은 대학에도 예외가 아니었다. 봄 학기가 시작되기 전에 몰아친 COVID-19의 공포는 개강 연기라는 초유의 사태로 이어졌고, 학생, 조교, 교수는 단 한 번의 대면도 없이 한 학기를 마무리했다. 학기 시작 전 만들어진 강의안의 변경 역시 불가피했다.

사회혁신교육연구센터의 사회문제해결형 교과목으로 선정된 '사회정의와 불평등'은 2019년에 이어 올해도 학생들의 학제융합적 문제인식과 분석역량 제고, 분석적 토론에 입각한 사회문제 해결방안 모색에 강의 목표를 두었다. 경제학(주병기), 사회복지학(구인회), 사회학(권현지) 분야 교수 3인이 학제융합적 접근이라는 목표를 실현하기 위해 교과목 설계와 운영에 힘을 모았다. 사회정의라는 사회철학적 관점에서 불평등을 분석적으로 검토하자는 문제의식의 공유가 융합의 기틀을 제공했다. 올해 과목 운영에 대한 애초 구상은 불평등에 대한 현장 경험 연구를 통해 문제해결책을 도출해 보자는 것이었다. 그러나 팬데믹 상황 속에서 현장연구와 학생들의 협업은 제약될 수밖에 없었다. 대안 모색이 필요했다.

수정된 계획은 다소 급진적이었다. 문제제기, 원자료 수집 및 분석, 논문 작성으로 이어지는, 학생들에게는 상대적으로 익숙한 작업 과정을 탈피하고자 했다. 대신 첨예한 갈등 양상을 보이는 문제를 선정해 그 쟁점을 제대로 포착하고, 대립하는 입장의 내용과 맥락을 당사자의 입장에 서서 충분히 이해하며 논쟁을 전개하는 한편, 종국에는 토론을 통해 대립을 조율하고 양자가 납득할 만한 정책대안을 도출하는 등 문제제기-논쟁-해결에 이르는 숙의와 합의의 과정을 경험케 하자는 것이었다. 학생들에게 요구한 것은 세 가지였다. ① 4명으로 구성된 팀을 만들어 최근 우리 사회에서 첨예한 대립을 형성하고 있는 사회불평등 쟁점을 포착하고, ② 다소 작위적이지만 해당 쟁점에 대한 입장을 찬반으로 나누어 2명씩 각 입장에 서서 치열한 논쟁을 전개하는 한편, ③ 궁극적으로는 입장 차이를 좁혀 문제를 완화 혹은 해소할 수 있는 합의 기반의 정책대안을 모색하는 것이었다. 학생들은 학기 초 연구계획서(쟁점 도출)와 학기 중반 중간보고서(쟁점에 대한 다각적인 이차자료수집 및 분석에 입각한 찬-반 논쟁 전개), 학기 말 기말보고서(토론을 통한 해결방안 도출)를 준비하면서 치열한 찬-반 토론과 의견 조율 과정을 자연스럽게 기록하였다. 이와 같은 구성으로 우리는 우리 교육에서 크게 부족한 구체적인 자료분석과 논리에 입각해 사회 쟁점을 논의하고 토론·숙의를 통해 문제해결 방안을 도출하는 간접적인 경험을 유도했다. 그 과정에서 발생하는 관계의 동학과 정치에 대한 부수적 학습 효과에 대한 기대도 있었다. 우리는 강의와 토론, 실습이 유기적으로 연계될 수 있도록 다음 3단계로 교과목을 구성했다.

학기 초반 5주 동안에는 사회철학, 경제학, 사회학, 정책학 영역에서 축적된 불평등의 이론적 개념과 쟁점을 확인하고 쟁점에 접근하는 다양한 방법론적 시도를 학습하고 토론했다. 수강생들은 해당 텍스트를 읽고 개인의 비판적 메모와 질문을 그리고 발제문을 강의게시판에 미리 올리는 등 토론형 수업의 효과를 제고하는 데 적극적으로 참여했다. 작은 규모의 수업이라 대개의 질문과 응답이 구두로 오갔지만, 채팅창을 통한 질의 등 비대면 채널의 장점이 활용되기도 했다. 이 기간 학생들은 팀을 구성했고, 팀별로 한 학기 동안 분석할 사회 쟁점을 모색했다. 교수진은 쟁점 탐색시 참고가 되도록 최근 한국 사회에서 부각된 주요 이슈(대입제도, 비정규직의 정규직 전환, 최저임금, 기본소득)를 간략히 소개하는 자료를 제공했다. 쟁점 도출 후에는 팀원별로 해당 쟁점에 대한 찬반 입장을 정하도록 했다.

학기 중반 5주 간은 소득 불평등과 빈곤, 노동시장 분절, 교육, 사회 정책 재정 분야 전문가를 초빙해 최신의 불평등 연구 및 분석 동향에 대한 강의를 듣고 토론을 진행했다. 다섯 차례 진행된 특강은 서울대학교 경제연구소 분배정의연구센터의 'CDJ 학제융합 세미나 시리즈'로도 기획·홍보되어 일반인들도 참여할 수 있었다. 학생들은 초빙 강사가 미리 제시한 문헌을 읽고 질문과 코멘트를 강의게시판에 올렸고 이를 중심으로 토론했다. 각 특강의 내용은 세 개 팀이 각기 도출한 불평등 쟁점(기본소득, 대입제도, 정규직/비정규직 격차)과도 긴밀하게 연관되어 학생들이 쟁점에 대한 이해를 높이고 분석적 포인트를 파악하는 데에 유용했다. 5회의 특강이 진행되는 동안 학생들은 각자의 쟁점에 대한 논증의 가닥과 관련 자료를 검토했고 그 결과를 중간보고서로 제출했다. 이 단계에서 개인의 입장과는 무관하게 팀별로 두 명씩 찬반 입장을 나누어 옹호와 반박의 논리를 최대한 치열하게 밀어붙여 볼 것을 요구했다.

학기 후반 5주간은 불평등의 다양한 사회적 결과에 대한 분석적 연구를 함께 읽고 토론하는 한편, 팀별로 중간보고서 이후에 주어진 과제, 즉 합의 방안을 모색했다. 특히 중간보고에 정리한 주요 입장의 내용과 근거를 종합적으로 검토해 공동의 정책적 대안을 제시하는 데 집중하도록 유도했다. 그 과정에서 한 차례의 연구경과 발표회와 기말 발표회를 진행했다. 기말 발표회에서는 지정토론팀을 두어 발표자와 토론자의 역할을 함께 경험할 수 있도록 했다. 학생들은 이 단계에서 여러 입장을 종합하는 핵심 논거를 잡고, 정책 대상을 구체화 하는 데 주력했다. 기본소득을 쟁점으로 잡은 팀은 기본소득에 대한 원론적 쟁점을 검토하던 것에서 청년을 대상으로 한 기본소득 정책 영역을 탐색하는 것으로, 더 나아가 서울시와 경기도의 청년 기본소득형 정책을 비교하는 것으로 초점을 좁혀 나갔다. '수시와 정시'의 구도로 입시제도를 분석하기로 한 팀은 수시와 정시 각각에 대한 찬반 입장을 검토하던 것에서 2020년 교육부가 발표한 '대입제도 공정성 강화방안'의 효과와 함의를 검토하는 것으로, 더 나아가 서울대학교 입시제도를 사례 분석하는 것으로 초점을 좁혀 나갔다. '고용형태에 따른 불평등 문제'를 쟁점으로 잡은 팀은 비정규직의 정규직화에 대한 원론적·규범적인 찬반 입장을 확인하던 것에서 정부의 공공부문 비정규직 정규직화의 현황과 쟁점을 검토하는 것으로, 더 나아가 자신들의 생활 영역인 대학의 교원 노동시장에서 강사가 겪는 불평등 문제에 주목해 '강사법 제·개정' 과정을 분석하는 것으로 초점을 좁혀 나갔다.

학생들이 다룬 주제는 한국 사회 불평등의 핵심 축인 교육과 노동, 복지를 아우른다. 대학입시를 둘러싼 교육 불평등 쟁점, 고용형태를 둘러싼 노동시장 불평등 쟁점, 사회정책을 둘러싼 사회 불평등 쟁점은 하나 같이 굵직하고 다루기 쉽지 않은 문제들이다. 학생들은 이들 난해한 이슈에 대해 나름의 관점을 정립하고 구체적인 사례 분석을 수행했다. 그리고 한 학기라는 짧은 시간에 서로 만나지도 못하는 상황에서 나름 합의에 기반한 해법을 담은 한 편의 독립적인 글을 만들어냈다.

이 수업의 의의를 종합하면 다음과 같다. 첫째, 학생들은 특정 사회문제에 대해 경험적인 논거를 활용하여 논점을 파악하고 현실적인 대안을 모색하면서 사회정의적 원칙과 합리적 사고에 기반한 문제해결의 과정을 학습하였다. 둘째, 학생들은 찬성과 반대 양측의 논거를 종합적으로 고려하여 자기 입장의 정당성을 논증하면서 민주 시민사회의 정치적 과정을 경험할 수 있었다. 셋째, 학생들은 소논문 형식을 빌어 이차 자료를 분석적으로 다루고 분석과 집단 토론에 기반한 대안을 모색함으로써 이론과 현실의 간격을 줄이는 실천적 연구 작업을 수행했다.

이 책에는 그 결과물 중 두 편이 실려 있다. 세 편 다 노력과 정성을 기울인 좋은 글이었지만 지면 제약으로 모두 싣지 못해 아쉽다. 또 기말보고서에서는 찬반 양론 제시보다 좁힌 문제에 대한 정제된 분석과 의견 조율을 통해 공동으로 합의할 수 있는 대안을 제시하는 데에 주력할 것을 요구했으므로, 학생들은 중간보고 때까지 상당한 노력을 기울여 작성했던 논쟁의 구도 및 쟁점 정리 부분을 대폭 생략할 수밖에 없었다. 이 부분을 담지 못한 점도 아쉽다. 여기 실린 두 편의 글을 최종적으로 완성하기 위해 종강 이후에도 교수와 조교, 학생들이 여러 차례 만나 토론했다.

이 일련의 경험이 참여한 학생, 조교, 교수 모두에게 배움이 되었으리라 믿는다.

대입 공정성 강화를 위한 서울대 입시제도 개선방안:
교육부 '대입제도 공정성 강화방안'에 대한 고찰을 중심으로

서울대학교 정치외교학부 김현우
서울대학교 경제학부 김호중
서울대학교 철학과 안소연
서울대학교 사회학과 최윤정

논문초록 본 연구는 2019년 11월 교육부가 발표한 '대입제도 공정성 강화 방안'이 공정성, 평등, 대학목표 실현의 관점에서 타당한지 판단하고, 해당 정책이 서울대 입시제도와 상충하지는 않는지를 검토하며, 서울대가 대입 공정성을 효과적으로 개선하기 위해 해당 정책 외에 제시할 수 있는 입시제도 개선방안을 모색하는 것을 목적으로 한다.

최근 '조국 사태' 등으로 학생부종합전형에 대한 불신이 커졌고, 그에 따라 교육부는 정시 비중 확대를 골자로 하는 정책을 내놓았지만 해당 정책이 대입 공정성을 실제로 강화할 수 있을지에 대해서는 의견이 분분한 상황이다. 따라서 해당 정책의 실효성 및 타당성에 대해 다시 검토를 해 보고자 하는데, 본 연구는 특징적으로 서울대 입시제도에 초점을 맞춰 논의를 진행하고자 한다. 서울대에 초점을 맞추는 이유는 서울대가 한국 입시정책에 있어서 중요한 위치를 차지하고 있고, 입시전형도 비교적 단순하여 분석이 용이하기 때문이다. 본 연구는 해당 교육부 정책이 서울대 입시제도에 있어서 어떤 의미를 갖는지 파악하고, 서울대 입시에서 공정과 평등 그리고 그 밖의 대학목표를 실현하는 데에 해당 정책이 충분한 기여를 할 수 있을지를 판단한다. 그 결과, 본 연구에서는 해당 정책이 대입 공정성을 강화하는 데에 충분히 효과적이지 못하다고 판단하여 대입 공정성을 더욱 효과적으로 강화할 수 있는 새로운 제도적 대안을 제시한다. 그 제도적 대안은 모든 수시전형에 강화된 수능 최저학력기준을 도입하고, 정시전형에 서류평가와 면접을 포함하는 것을 골자로 한다.

핵심주제어 입시제도, 대입 공정성, 교육부 정책, 교육제도

I. 서론

　최근 한국 사회에서 대입 공정성과 관련된 논란이 뜨거웠다. '조국 사태'를 계기로 그동안 쌓여왔던 학생부종합전형(이하 학종)에 대한 공정성 및 신뢰성 우려가 한꺼번에 터져 나왔다. 2019년 하반기에 소위 '금수저'들에게 유리한 학종 비중을 대폭 줄여야 한다는 여론이 대규모로 형성되었고, 교육부는 이러한 여론을 수용해 같은 해 11월 정시 비중 확대를 골자로 하는 '대입제도 공정성 강화방안'을 발표했다.

　교육부가 이와 같이 국민 여론에 발 빠르게 대응한 것은 긍정적으로 볼 수 있다. 그러나 교육부가 제시한 해당 정책이 실제로 대입 공정성을 강화할 수 있을지는 따져 봐야 한다. 한 언론 보도에 따르면 강남권 학생들과 재수생들은 해당 정책을 반기는 반면 상당수의 지방 또는 일반고 학생들은 오히려 해당 정책에 우려를 표했다.[1] 또 다른 보도에 따르면 한국교총을 위시한 교육계도 국·영·수 위주의 교육 파행을 야기하는 해당 정책에 거세게 반발하고 있다.[2] 이러한 보도가 현 입시생과 교육계의 여론을 어느 정도 반영하는 것이라면 해당 정책은 오히려 도입 취지에 반하는 결과를 야기하고 있다고 볼 수 있다. 본고는 이에 문제의식을 느껴 교육부의 '대입제도 공정성 강화방안' 중 가장 논란이 되고 있는 '정시 확대 방안'을 다시 한 번 검토해보고자 한다. 검토의 기준으로는 교육 공정성과 관련된 몇 가지 판단 기준을 제시한 정원규[3]와 이혜정[4]의 연구 틀을 주로 활용한다. 그래서 공정성 차원에서 해당 정책이 절차적 공정성과 분배적 공정성을 충족하는지 따져본다. 그리고 해당 정책이 교육의 본래 목적 실현을 잘 수행하는지 검토해볼 것인데, '교육의 본

1. 서울신문. 2019.12.02. "죽음의 트라이앵글 다시 갇힐라" 정·수시 '반반'에 떠는 고교 교실." https://www.seoul.co.kr/news/newsView.php?id=20191202011016&wlog_tag3=daum (검색일: 2020.07.29.)
2. 대전일보. 2019.11.28. "교육부 대입 공정성 강화방안에 교육계 거센 반발." http://www.daejonilbo.com/news/newsitem.asp?pk_no=1398501 (검색일: 2020.08.13.)
3. 정원규. 2011. "교육의 본래 목적과 공정성의 입장에서 본 대학입시의 문제." 사회와 철학. 21.
4. 이혜정. 2019. "교육 공정성에 관한 미디어 담론 분석: '숙명여고 사태'를 중심으로." 아시아교육연구. 20(3).

래 목적'이 무엇을 의미하는지와 이러한 판단기준을 정한 이유에 대해서는 추후에 다시 설명하겠다. 본고는 절차적 공정성, 분배적 공정성, 교육의 본래 목적 실현이 라는 세 가지 관점에서 각각의 찬반양론을 균형 있게 검토한 후 이를 바탕으로 해 당 정책의 효과성을 평가한다. 이어서 해당 정책을 보완 및 수정하는 방식으로 대 입제도 공정성을 제고할 수 있는 방안을 나름대로 제시한다.

이 글은 서울대학교 입시제도에 초점을 맞춘다. 첫 번째 이유는 서울대학교의 입시정책이 갖는 상징성 때문이다. 서울대학교는 입시정책에 있어 선도적 위치 에 있기 때문에 매년 발표되는 서울대 입시정책은 언제나 세간의 이목을 집중시킨 다.[5] 따라서, 보통 서울대학교의 입시정책은 사회 전반의 요구를 종합적으로 고려 하여 구성되며, 서울대학교 입시정책은 여타 대학의 입시정책 수립 시 실질적인 참조점이 된다. 이러한 상징성과 규정력을 고려할 때 서울대학교 입시정책을 입시 제도의 대표 사례로서 분석하는 것은 충분히 의미가 있다. 두 번째 이유는 서울대 의 입시제도 특성상 분석이 용이한 측면이 있기 때문이다. 서울대 입시는 다른 대 학에 비해 수시전형이 복잡하지 않고 논술전형도 없다. 따라서 '수시=정성평가', '정시=정량평가'라는 도식적 관점에서 논의하기가 쉽다.

정리하면 본고는 '대입제도 공정성 강화방안' 중 정시 확대 방안이 절차적 공정 성, 결과적 공정성, 교육의 본래 목적 실현 측면에서 어떤 평가를 받을 수 있을지를 서울대 입시제도를 중심으로 예측해본다. 이러한 분석을 바탕으로 현행 서울대학 교의 입시제도에 대한 개선 방안을 제안한다.

II. 대입제도 공정성 강화방안과 서울대학교 입시제도

본격적인 논의에 앞서 본고와 관련된 정책과 제도에 대해 세부적으로 검토해본

---

5. 베리타스알파. 2020.05.02. "서울대 고대 정시 '영어 3등급 이하 역전 어려워져'…연대정시 '수시이월로 50% 육박할 듯'." http://www.veritas-a.com/news/articleView.html?idxno=322035 (검색일: 2020.07.29.)

다. 우선, 교육부의 '대입제도 공정성 강화방안'을 간단히 정리하고 그중 정시 확대 방안을 구체적으로 분석한다. 그리고 해당 정책이 한국 입시에 미칠 영향을 짧게 전망해보겠다. 그 이후에는 서울대의 입시제도를 통시적으로 분석할 것이다. 2004~2022학년도까지의 서울대 입시전형안을 살펴보면서 서울대의 입시정책 동향을 파악할 것이다. 이를 통해 대입제도 공정성 강화방안이 그간의 서울대 입시 경향과 정합성을 갖는지 파악해본다.

1. 대입제도 공정성 강화방안

'대입제도 공정성 강화방안'[6]의 추진배경에는 크게 세 가지가 있다. 첫 번째는 입시 경쟁이 집중되고 있는 서울 소재 대학이 학종 및 논술위주 전형을 선호해 대입전형 간 불균형이 심화된 점이다. 두 번째는 학종에서 학생 본인의 역량이나 노력보다 고교 유형·부모 능력 등 외부 환경의 영향이 크다는 인식이 확산되어 평가결과에 대한 불신이 커졌다는 점이다. 마지막으로 학종 실태조사를 한 결과 평가에서의 투명성, 전문성 등이 미흡하고 선발결과에서 소득·지역별 격차가 있었음이 확인되었다는 점이다. 교육부는 이를 개선하기 위해 학종에서 정규교육과정이 아닌 비교과활동 및 자소서를 폐지하고, '학종 쏠림'이 있는 대학의 정시 비중을 확대하며, 사회적 배려 대상자를 위한 사회통합전형을 도입하는 방안을 제시했다. 이중 비교과활동 및 자소서 폐지 방안과 사회통합전형 도입 방안은 공정성과 실효성 측면에서 논란이 없었지만 정시 비중 확대 방안에 대해서는 의견이 분분한 상황이다.

정시 비중 확대 방안은 서울의 주요 16개 대학의 정시 비율을 2023학년도까지 40% 이상으로 상향 조정하는 것을 핵심으로 한다. 주요 16개 대학은 학종과 논술로 정원의 45% 이상을 선발해 전형비율이 불균형하다고 판단되는 서울 소재 대학

---

6. 교육부 학생부종합전형조사단. 2019.11.28. "대입제도 공정성 강화 방안."

으로, 서울대를 비롯한 건국대, 경희대, 고려대, 광운대, 동국대, 서강대, 서울시립대, 서울여대, 성균관대, 숙명여대, 숭실대, 연세대, 중앙대, 한국외대, 한양대가 이에 해당한다.

이 정책은 표면상 권고안일 뿐이지만, 교육부가 대표적 대학재정지원사업인 '고교교육 기여대학 지원사업' 참여에 '정시 확대'를 필수 조건으로 지정함에 따라 대학에 상당한 강제력을 발휘하게 되었다. 실제로 서울대를 포함한 주요 16개 대학은 2023학년도까지 정시모집 비중을 40%로 늘리겠다는 확약서를 교육부에 제출하고 해당 재정지원사업에 지원하였다.[7]

그 결과, 주요 16개 대학의 2022학년도 평균 정시모집 비중은 올해 29.6%에서 37.9%로 늘어났다. 그 중 서울대는 21.5%에서 30.3%로 정시모집 비중을 늘리기로 하면서 지역균형선발전형과 수시 일반전형은 각각 3.3%p, 5.5%p 감소하였다.[8]

입시 전문가들은 수시에서 이월되는 인원 등을 고려했을 때 정시 모집인원은 공

※학생부종합 논술전형이 전체 모집인원의 45% 이상이어서 교육부로부터 정시 확대 권고를 받았던 대학들임. 학교명은 가나다순. 단위: 명(%) ▪정시(비율) ▪수시

건국대	1,359(40.0)	2,037
경희대	1,970(37.0)	3,120
고려대	1,681(40.1)	2,511
광운대	672(35.0)	1,247
동국대	1,225(40.0)	1,834
서강대	696(40.6)	1,019
서울대	1,029(30.1)	2,376
서울시립대	729(40.4)	1,020
서울여대	686(40.1)	1,025
성균관대	1,448(39.4)	2,228
숙명여대	808(33.4)	1,477
숭실대	1,129(37.0)	1,839
연세대	1,512(40.1)	2,140
중앙대	1,533(30.7)	3,267
한국외대	1,539(42.4)	2,090
한양대	1,279(40.1)	1,817

2022학년도 서울대 신입학생 입학전형별 모집인원

학년도	수시모집		정시모집	계
	지역균형 선발전형	일반전형	일반전형	
2022	652명 (20.5%)	1,559명 (49.2%)	960명 (30.3%)	3,171명*
2021	756명 (23.8%)	1,686명 (53.0%)	736명 (23.2%)	3,178명
2020	756명 (23.8%)	1,739명 (54.7%)	684명 (21.5%)	3,179명
2019	756명 (23.8%)	1,742명 (54.7%)	684명 (21.5%)	3,182명

*치의학대학원 학사·전문석사 통합과정 모집인원 45명 포함

〈2019학년도 서울대 신입학생 선발인원 현황(단위: 명)〉

출처: 서울대학교 입학처 홈페이지.

7. 연합뉴스. 2020.04.29. "서울 주요대학 '정시 40%' 조기달성 성과…공정성 강화는 물음표." https://www.yna.co.kr/view/AKR20200429095400004?input=1179m (검색일: 2020.07.29.)
8. 교육부 보도자료. 2020.04.29. "2022학년도 대입전형 시행계획." https://www.moe.go.kr/boardCnts/

〈표 1〉 2019학년도 서울대 신입학생 선발인원 현황

(단위: 명)

모집시기	구분	모집인원	지원인원	최초합격 기준	최종등록 기준
수시모집	지역균형선발전형	756	2,444	612	557
	일반전형	1,742	15,640	1,747	1,707
	기회균형선발특별전형 I	164	873	164	158
정시모집	일반전형	684(901)*	3,224	902	903
	기회균형선발특별전형 II	18 이내	34	7	7
	합계	3,364 이내	22,215	3,432**	3,332

* 2019학년도 정시 이월 반영 인원, ** 최초합격자 중 수시 미등록 인원 포함

출처: 서울대학교 입학처 홈페이지

표한 인원보다 훨씬 많아질 것이라 전망했다. 특히 서울대는 수시 추가모집을 1회만 실시하고 나머지는 정시모집으로 이월하기 때문에 실제 정시모집 인원은 더 많아질 것으로 예상했다. 2019학년도의 경우 서울대는 정시 일반전형 모집인원이 684명이었으나, 수시 이월인원을 포함한 실제 모집 인원은 901명에 달했다. 즉, 서울대 측에서 발표한 2022년 정시 모집 비중은 30% 정도이지만 실제 모집은 40~50%에 이를 수 있다.[9]

이번 교육부 정책은 입시에 구조적인 변화를 가져올 것으로 예상된다. 실제로 많은 입시전문가들은 정시비중이 늘어난 것뿐만 아니라 추가합격의 가능성까지 고려하여 예비 수험생들에게 '정시−수시 반반의 시대'를 준비할 것을 권하고 있다. 종전과 같이 내신과 교내활동에도 신경은 쓰지만 수능에 전보다 더 많은 투자를 해야 한다고 조언하는 것이다. 재수 비율이 높은 서울 강남권을 중심으로 대입에 다시 도전하는 학생들도 더욱 늘어날 것으로 예상된다. 그리고 자사고·외고 등을 일반고로 전환하는 정책이 추진되는 가운데, 수능 준비에 더 유리한 자사고와 특목고의 인기는 더욱 높아지는 상황도 도래할 수 있다.[10]

view.do?boardID=294&boardSeq=80483&lev=0&searchType=null&statusYN=W&page=1&s=moe&m=020402&opType=N (검색일: 2020.07.29.)

9. 동아닷컴. 2019.11.28. "수시 이월로 정시 50%까지 늘어날 듯···학종 무력화로 대학들 고심." https://www.donga.com/news/article/all/20191128/98576640/1 (검색일: 2020.07.29.)

10. 세계일보. 2020.04.29. "정시 확대. 수능 강한 재수생에게 유리?." http://www.segye.com/newsView/2

2. 서울대 입시정책 동향(2004~2022학년도)

'대입제도 공정성 강화방안'이 입시제도와 관련해 급격한 변화를 야기한다 하더라도 해당 정책이 서울대를 비롯한 16개 대학의 입시정책 기조와 크게 상충되지 않는다면 정책 도입에 있어 큰 혼란을 일으키지 않을 수도 있다. 반대로 해당 정책이 기존의 입시정책 기조와 조화를 이루지 못한다면 큰 거부감을 불러일으킬 수 있다. 따라서 교육부 정책이 대학에 미치는 영향을 알아보기 위해서는 서울대의 입시정책 동향을 파악하는 것이 중요하다. 본고는 입시정책 동향을 파악하기 위해 서울대의 연도별 입시전형안을 정리함으로써 그 전체적인 경향성을 검토할 것이다. 그리고 그 경향성과 교육부 정시 확대 방안이 서로 조화를 이루는지를 판단할 것이다.

〈표 2〉 서울대 연도별 입시전형안(2004-2022)〉

학년도	주요 변경 사항
2004	정시모집에서 수능비중을 70% 수준으로 대폭 확대, 수시모집에서 국제 올림피아드 참가경력이 있는 지원자에게 가산점 부여.
2005	지역균형선발전형(이하 지균) 도입, 특기자 전형 모집비율 확대, 정시모집 수능 반영비율 확대
2006	정시 모집비율 정원의 66.3%
2007	지균과 특기자 전형의 모집정원을 확대함으로써 정원의 50% 가량을 수시모집으로 선발.
2008	수시 모집비율이 정시 모집비율을 초과, 지균의 학교별 추천 인원이 3명에서 4명으로 확대. 정시모집 1단계에서만 수능성적을 반영함으로써 수능을 자격시험화함.
2009	수시 모집비율 소폭 확대. 기회균형선발 특별전형 신설.
2010	수시 모집비율 소폭 확대
2011	지균과 자유전공학부 신입생 선발에서 입학사정관제 도입.
2012	지균 1단계 전형 폐지하고 내신, 서류, 면접을 종합적으로 평가하는 입학사정관제 실시. 학교별 추천 인원을 3명에서 2명으로 축소. 정시 수능 반영비율 확대.
2013	정원의 80%가량을 수시로 선발. 특기자 전형으로 수시 일반전형으로 대체. 광역모집 축소되고 학과별 모집으로 대거 전환.
2014	수시모집 비율 정원의 82.6%까지 확대. 수시 일반전형에서 수능 최저기준 폐지. 정시모집에서 학생부 반영비율을 40%에서 10%로 축소하고, 수능 반영비율을 30%에서 60%로 확대.

0200429524000?OutUrl=daum (검색일: 2020.07.29.)

2015	정시모집에서 논술과 구술면접 폐지하고 수능 100%로 학생선발. 학생부 성적은 동점자 처리 기준으로만 활용. 수시 모집비율을 75% 수준으로 축소. 지균의 수능 최저기준 강화.
2016	기존 제도 유지
2017	사회대 정시모집 계열별에서 과별 모집으로 전환, 지균 선발인원 확대
2018	정시모집 수능 영어영역 점수 반영방식 변경.
2019	기존 제도 유지.
2020	기존 제도 유지.
2021	지균 수능 최저기준 완화. 정시 모집비율 소폭 확대.
2022	정시 모집비율 30.3%로 대폭 확대. 정시모집 일반전형에서 교과이수 가산점 적용.

한국일보. 2003.02.21. "2004년 서울대 입시요강." https://www.hankookilbo.com/News/Read/200302210057825989 (검색일: 2020.07.29.)

한국경제. 2003.09.08. "서울대 정시모집 수능비중 확대 ·· 2005학년도 입시." https://www.hankyung.com/society/article/2003090859001 (검색일: 2020.07.29.)

경향신문. 2006.09.17. "서울대 입시 '수능 〉 학생부 〉 논술'." http://news.khan.co.kr/kh_news/khan_art_view.html?art_id=200609171828201 (검색일: 2020.07.29.)

서울대 대학신문. 2006.04.02. "서울대, 2007학년도 입시안 발표." http://www.snunews.com/news/articleView.html?idxno=3640 (검색일: 2020.07.29.)

노컷뉴스. 2007.04.06. "2008년 서울대 입시 "논술이 당락 좌우"." https://www.nocutnews.co.kr/news/275383 (검색일: 2020.07.29.)

한겨레. 2009.06.09. "서울대 2011년 신입생 40% 입학사정관 선발." http://www.hani.co.kr/arti/society/schooling/359401.html#csidx2a1beb9860beae4baada64b6cd48d8f (검색일: 2020.07.29.)

동아일보. 2012.03.09. "서울대 정원 80% 수시로 선발… 2013학년도 입시전형안." https://www.donga.com/news/article/all/20120308/44630054/1 (검색일: 2020.07.29.)

연합뉴스. 2012.11.01. "서울대 수시 83%로 확대 · 일반전형 수능기준 폐지(종합)." https://www.yna.co.kr/view/AKR20121101176551004 (검색일: 2020.07.29.)

조선닷컴. 2015.03.20. "2017년 서울대 입시, 수능 韓國史 3등급 넘으면 만점." http://news.chosun.com/site/data/html_dir/2015/03/20/2015032000280.html (검색일: 2020.07.29.)

뉴스퀘스트. 2020.06.12. "서울대 2021 수시 '수능 최저학력기준 완화'…고3 피해 최소화 방안." https://www.newsquest.co.kr/news/articleView.html?idxno=77215 (검색일: 2020.07.29.)

서울경제. 2020.04.29. "서울대 입학전형 주요사항 발표..'가군·나군' '정시30%'." https://www.sedaily.com/NewsVIew/1Z1NWM4REO (검색일: 2020.07.29.)

검토 결과, 2000년대 초반의 서울대 입시제도는 지금과 상당히 다른 양상을 띠고 있었다. 그 당시에도 현재와 같이 입시제도가 수시와 정시전형으로 구분되어 있었지만, 수시는 1차와 2차로 분할되어 있었고 외국어 공인시험 성적우수자나 수학·과학 올림피아드 수상자 등을 선발하는 특기자 전형이 주를 이루고 있었다. 정시에서는 1단계에서 수능과 교과성적을 반영해 2~3배수를 선발하고 2단계에서 서류평가와 논술, 면접을 통해 1배수를 최종선발하였다.

　서울대 입시제도는 2005학년도 수시모집에 지역균형선발전형(이하 지균)이 도입되면서부터 큰 변화를 겪기 시작했다. 지균은 정시모집으로 정원의 70%가량을 선발하던 기존의 입시제도가 특목고나 비평준화고 출신 학생들에게만 유리하다는 여론을 반영해 지방 일반고 출신 학생들을 우대하는 차원에서 마련된 것이다. 이후 학업부담을 완화하고 고교 교육을 정상화하려는 목적에 따라 정시 모집비중이 줄고 지균과 특기자 전형의 모집비중이 점차 확대되었다. 2008년 이후로는 수시 모집비율이 정시 모집비율을 뛰어넘었다. 나아가, 2009학년도 기회균형선발 특별전형을 신설하고 지속적으로 모집인원을 확대하면서 학생다양성과 대입공정성을 더욱 강화하고자 하였다. 그런데 특기자 전형이 외고와 과학고 등 특목고 학생들에게만 유리하고 사교육을 조장한다는 비판이 생기자 2010학년도부터 학생부에 경시대회나 올림피아드 등 외부 수상실적을 기재하지 못하도록 하였고, 2013학년도에는 특기자 전형을 수시일반 전형으로 대체했다. 수시 일반전형에서는 수능의 영향력을 최소화하기 위해 수능 최저학력기준을 폐지했다. 지균에서는 '내신 몰아주기' 관행을 근절하기 위해 입학사정관제를 도입하여 내신뿐만 아니라 서류와 면접으로 지원자를 종합적으로 평가하도록 했다. 이후 지균 선발인원은 점차 확대되고 고교별 추천인원은 학교당 2명으로 축소되면서 지금의 모습이 갖춰지게 되었다. 입학사정관제가 정착됨에 따라 명칭이 학종으로 바뀌었고, 서울대는 수시 전형을 전부 학종 방식으로 평가하게 되었다. 정시는 2014학년도에 학생부 반영비율을 줄이면서 수능 반영비율을 크게 늘렸고, 2015학년도에 논술과 구술면접을 폐지함에 따라 수능 100%로 학생을 선발하게 되었다. 이는 정시를 준비하는 학생들의 부담을 완화하기 위한 목적에서 개편된 것이었다. 2015학년도 이후에는 전형 구성과 선발방식에 유의미한 변화가 없었고 모집비중은 수시 70% 중후반, 정시 20% 초중반 수준을 유지하게 되면서 서울대의 입시제도가 안정기에 들어섰다는 평가를 받게 되었다.

지난 15년간의 입시정책 경향성을 살펴본 결과, 서울대는 입학사정관제가 정착되면서 학종과 관련된 전문성을 어느 정도 갖추게 되었고, 공교육을 정상화하고자 하는 사회적 목표 아래 학종의 비중을 점차 늘렸다. 그리고 사교육을 조장할 수 있는 요소들을 최소화하고 입시생들의 학업부담을 완화하기 위해 수시일반 전형에서 외부수상실적과 수능최저기준을, 정시에서 논술과 면접을 폐지했다. 그리고 예비 입시생들의 혼란을 줄이기 위해 2015학년도부터는 입시제도 변경을 최대한 자제했다. 그런데 이번 교육부 정책으로 서울대는 2022학년도 정시모집 비중을 30.3%로 늘리겠다는 입시전형안을 발표했고 궁극적으로는 40%까지 비중을 확대할 방침이라고 밝혔다. 이는 그동안 학종을 통한 학생 선발에 자신감을 보여왔던 서울대의 입시정책 기조에 역행하는 것이며, 안정화되어가고 있던 입시제도에 다시 큰 변동을 일으키는 것이라고 볼 수 있다. 따라서 이번 교육부 정책은 서울대의 입시 경향성과 상당히 상충되는 부분이 많고, 서울대 내에서도 큰 혼란을 일으킬 것으로 예상된다.

Ⅲ. 서울대 입시전형(수시·정시) 공정성 검토

1. 선행연구 검토

이혜정[11]의 연구는 숙명여고 사태와 관련하여 미디어들의 교육 공정성 담론을 분석하였다. 이 연구는 공정성을 절차적 공정성과 분배적 공정성으로 나누어 숙명여고 사태를 분석하고 있으며, 우리 사회에서 '인식'되는 (교육)공정성이 주로 형식적인 절차적 공정성의 수준으로 축소되어 있다고 지적하였다. 즉 지금까지 우리가 은연중에 생각하던 공정성의 개념이 "형식적 기회균등과 능력주의가 결합된 시

---

11. 이혜정. (2019). "교육 공정성에 관한 미디어 담론 분석: '숙명여고 사태'를 중심으로." 아시아교육연구. 20(3).

장자유주의 모델"이라는 것이다. 본 연구는 이혜정의 연구 틀을 따라 공정성을 '절차적 공정성'과 '분배적 공정성'이라는 두 가지 차원에서 논의를 진행하고자 한다.

문정주·최율[12]의 연구는 배제의 법칙으로서의 입시제도[13]에 대해 계층론적으로 접근하였다. 해당 연구에서는 상층의 주관적 계층의식을 가질수록 정시전형을 선호하고, 사회적 신뢰가 높을수록 학종을 선호한다는 분석결과를 제시하였다. 해당 연구는 학종이 금수저 전형이라는 세간의 인식은 사실이 아니고, 입시제도의 변화는 "배제의 법칙과 능력주의가 복합적으로 작동하는 사회구조적 압력"이며, 학종과 정시 간 대결은 '극소수'의 최상층과 나머지 상층 간 갈등으로 해석해야 한다고 말한다. 본고에서도 이를 고려하여 기존의 '학종 = 금수저 전형'이라는 공식을 깨고 보다 열린 시각으로 수시–정시 구도를 바라보고자 하였다.

정원규[14]의 연구에서는 대입 제도 효과성 판단의 두 기준으로 '공정성'과 '교육의 본래 목적에 대한 충실도'를 제시한다. 이 기준을 바탕으로 현 대입제도를 평가하고, 더불어 신자유주의적 입시개혁안과 평등주의적 입시개혁안도 함께 검토한다. 이 연구에서 주목해야 할 점은 대입제도에 대한 평가 기준을 구체적으로 제시하고 그 개념을 정리했다는 점이다. 공정성은 정계를 포함해 우리 사회에서 자주 언급되는 가치임에도 불구하고 언급 빈도에 비해 그 정확한 의미에 대해서는 구체적 논의가 부족하였다. 따라서 롤즈의 '정의론'을 바탕으로 공정성의 개념을 도출하고자 한 이 연구의 시도는 그 의미가 상당하다. 더불어 다의적으로 해석되는 교육의 본래 목적에 대해서도 기존 교육관의 부류를 '문리교육, 흥미를 통한 지속적 성장, 실용적 직업능력 함양'으로 정리하여 특정 입장을 배제하지 않은 수준에서 그 개념을 이끌고자 한 시도 역시 시사하는 바가 크다. 이에 따라 우리의 글에서는 이 연

---

12. 문정주·최율. (2019). "배제의 법칙으로서의 입시제도: 사회적 계층 수준에 따른 대학 입시제도 인식 분석." 한국사회학. 53(3).
13. 문정주·최율(2019)에 의하면 교육불평등은 배제(exclusion)와 적응(adaptation)의 두 가지 법칙으로 발생한다. 두 법칙이 결합할 때 사회적 폐쇄의 기제가 작동하며 배제의 법칙이 적응의 법칙에 선행한다. 이때 배제의 법칙은 "입시제도와 같이 교육성취를 결정짓는 평가기준을 통한 계층 간 거리두기 전략"으로 본다.
14. 정원규. (2011). "교육의 본래 목적과 공정성의 입장에서 본 대학입시의 문제." 사회와 철학. 제21집.

구에서 제시한 개념들을 상당수 차용하였다.

정리하자면 본고의 큰 틀은 정원규의 연구에서 차용하되, '공정성'은 이혜정의 연구에서 제시된 '절차적 공정성'과 '분배적 공정성'으로 세분화하고, '교육의 본래 목적에 대한 충실도'는 '교육의 본래 목적 실현'이라는 표현으로 줄여서 차용하고자 한다. '절차적 공정성'과 관련해서는 그 형식적, 실질적 측면을 각각 분석하고, '분배적 공정성'과 관련해서는 결과적 측면에 초점을 맞춘다. 교육의 본래 목적은 선행연구에서 제시한 세 가지 교육관(문리교육, 흥미를 통한 지속적 성장, 실용적 직업능력 함양)을 바탕으로 검토한다.

2. 절차적 공정성

절차적 공정성은 어떤 목적을 달성하기 위한 수단으로서의 절차에 대해 논하며, 절차적 공정성은 '형식적 공정성'과 '실질적 공정성'으로 나눌 수 있다. 만약 어떤 절차에 대한 접근이 모든 이들에게 허용된다면 이는 균등한 기회가 제공된 것이다. 균등한 기회로서의 절차는 곧 형식상 절대적 평등이 이루어졌음을 의미하며, 이는 '형식적 공정성'으로 정의할 수 있다. 그런데 절차에 대한 접근성이 보장된다고 하더라도 그 절차 속에서 본인이 가진 자원을 활용하는 것은 다른 맥락이다. 만약 어떤 절차 자체가 누군가에게 불리하다면, 그 사람은 명목상의 기회를 얻었지만 그 기회를 실질적으로 활용할 수는 없다. 즉, 기회의 평등뿐만 아니라 내용 면에서 상대적 평등도 중요하며, 이를 '실질적 공정성'으로 정의할 수 있다.

입시제도에서 형식적 공정성은 절차가 형식적으로 투명한지에 주안점을 둔다. 이는 모두가 같은 시험을 같은 날짜에 치르며, 시험의 전 과정과 결과가 투명하게 공개될 때 담보된다. 반면 실질적 공정성은 시험제도의 형식적 공정성을 넘어 그 제도의 내용적 차원에 주안점을 둔다. 예컨대 아무리 똑같은 날짜에 똑같은 시험을 치른다고 하더라도, 그 시험이 공정하게 인재를 선발하지 않는다면 그 시험은 실질적 공정성을 보장하지 않는다.

정시는 국민 여론상 형식적 공정성을 보장한다고 인식된다. 수능은 모든 학생이 같은 일시에 같은 시험을 치르는 형식으로, 대부분의 절차가 투명하게 공개된다. 정시에 대한 높은 국민적 신뢰, 주관성이 개입될 여지가 없는 정량평가, 20년이 넘는 세월 동안 쌓아온 각종 경험이 합쳐져 수능은 여타의 시험제도와 비교했을 때 형식적 공정성을 잘 담보한다고 할 수 있다.

한편 면접과 자소서, 생활기록부를 종합적으로 검토하는 학종에 대해서는 형식적 공정성의 측면에서 부족한 점이 있다. 수능과 달리 학종에는 정성평가적인 요소가 있기 때문에 평가 과정에서 평가자의 주관성이 어느 정도 개입된다. 평가자의 주관이 개입되더라도 평가 기준이 투명하게 공시된다면 공정성을 확보할 수 있겠지만 학교 측에서는 사교육 조장 우려 때문에 평가기준 공개를 거부하고 있다. 이에 학생과 학부모들은 평가 기준에 대한 일반인의 접근가능성이 원천적으로 차단된 학종의 입시결과를 신뢰하기 어렵다는 의견을 내놓은 바 있다.[15]

학종이 형식적 공정성 측면에서는 의문점을 남겼지만 실질적 공정성의 측면에서는 상대적으로 강점을 가진다. 그 이유는 학종이 수능과 같이 객관식 문제로는 평가할 수 없는 학생 고유의 성장 배경이나 인성, 잠재력, 비전 등을 종합적으로 검토할 수 있기 때문이다. 학종 제도는 3년 동안 학생이 일구어온 학업적 성과와 삶의 궤적을 추적해볼 수 있다는 점에서 인재를 선발하는 데에 있어 더 합리적인 절차이며 이를 통해 실질적 공정성을 확보할 수 있다. 또한 인성, 창의력, 논리적 사고능력, 독해력 등의 다양한 역량이 함양된 인재를 원하는 현대사회에서, 학종의 평가방식은 미래 인재를 선발하는 데에 보다 적합하다.

반면 정시는 실질적 공정성의 측면에서는 상대적으로 약점이 존재한다. 기존 여론과는 달리 수능은 학생들의 능력 차를 분별해내는 효과적인 판단기준이라고 보기 어렵다. 수능은 교육과정 개편에 따라 시험 과목, 범위, 문제 출제 유형 등이 자주 변경되는데, 이에 따라 학생들 간 유불리가 결정된다. 간발의 차로 당락이 결정

15. 뉴시스. 2019.02.12. "학생부 신뢰도 높이자"…고교-대학 1년간 원탁회의, https://newsis.com/view/?id=NISX20190212_0000556002&cID=14001&pID=14000 (검색일: 2020.08.25.)

되는 입시 현장에서 이러한 변동들은 실질적 공정성을 저해한다. 또한 실질적 공정성은 대입제도의 기능과 목적이 잘 실현되는가의 문제이기 때문에, 사회상에 걸맞은 인재를 선발했는지 여부 또한 중요하다. 형식적 공정성만을 강조하며 객관식 문항과 같은 정량평가를 고수하는 수능은 창발적 사고를 판가름하는데 적합한 제도가 되기 힘들다. 수능은 논리적 분석능력을 중요하게 평가하고 그 외의 관계지능이나 창조지능 등은 도외시하는 경향이 있다. 이는 4차 산업혁명에 걸맞지 않은 인재 판별 척도로서 실질적 공정성을 충분히 보장하지 못한다고 볼 수 있다.

절차적 공정성 측면에서 두 전형을 따져보았을 때 학종과 정시 중 어느 한 전형이 더 공정하다고 확언하기는 어렵다. 학종이 정시에 비해 보다 나은 실질적 공정성을 담보하지만, 여전히 형식적 공정성의 측면에서 의문점이 있다. 정시 또한 논리적 사고능력과 기본적인 지식을 측정하기에는 효과적인 시험 양식이지만 실질적 공정성을 충분히 보장하지 못한다. 따라서 학종과 정시를 양자택일이 아니라 상호 보완, 절충할 수 있는 관계로 설정하는 것이 보다 적절한 결론일 것이다.

3. 분배적 공정성

분배적 공정성은 개인의 노력과 성과의 비율을 타인과 비교함으로써 판단한다. 즉, 분배적 공정성은 노력·투입·투자와 성과·보상·결과라는 두 차원에 주목하는 공정성이다. 분배적 공정성은 크게 두 층위로 나눌 수 있다. 첫째는 조건의 평등이고 둘째는 결과의 평등이다. 조건의 평등[16]은 모두가 같은 조건 하에서 입시제도를 치르는지에 관한 것이다. 모두가 유사한 교육과정을 거치고 비슷한 내용을 학습했을 때 조건의 평등이 실현될 수 있다. 조건의 평등은 개인이 투입할 수 있는 자원의 양과 질을 결정하는 것에 초점을 맞춘다. 결과의 평등은 모두에게 같은 몫을

---

16. 조건의 평등은 원초적 입장의 한 조건인 '무지의 베일'에서 이끌어 낼 수 있는 원칙으로 "아무도 타고난 우연의 결과나 사회적 여건의 우연성으로 인해 유리하거나 불리해지지" 않아야 한다는 조건을 반영하는 것이다.

배분하는 절대적 평등이 아니라, 결과의 불평등을 어느 정도 시정해야 한다는 상대적 의미의 평등이다. 결과상의 분배가 지나치게 불평등할 경우 개인의 노력과 성과의 비율은 준거집단과 많은 차이를 보이게 된다. 조건의 평등과 절차적 공정성이 완비된다고 해도 결과적 평등이 충족되지 않을 경우 공정성이 담보되지 않을 수 있다는 것이다.

수능은 시험 특성상 조건의 평등을 잘 실현해왔다. 하지만 시대상황의 변화로 인해 수능이 현재에도 조건의 평등을 제대로 실현하고 있다고 하기에는 다소 무리가 있다. 학생들의 현재 교육 여건을 살펴볼 때 부나 지역 등 배경적 조건들이 균질적으로 분배되어있지 않은데 수능시험은 이러한 배경적 조건으로부터 강한 영향을 받는다. 가령 수능은 어느 정도의 경제적 배경이 뒷받침될 때 보다 유리한 시험이다. 같은 재능과 노력이라면 수능 출제 패턴을 파악한 유명 학원과 강사로부터 교육을 받은 학생이 더 우수한 성적을 받는다. 고액 과외 및 일정 관리 코디네이터의 도움을 받는다면 그 차이는 더욱 커질 수도 있다.

경제적 조건만이 아니라 지역적 조건 역시 영향을 미친다. 사교육이 수능에 미치는 영향력을 고려할 때, 지방과 수도권 일부 지역은 현실적으로 소위 교육특구로 불리는 대치동, 분당, 목동, 중계동 등보다 교육적 조건이 좋지 않다. 유능한 학원과 강사들이 대부분 해당 교육특구 근방으로 모여들면서 지방 학생들에게는 양질의 교육을 받을 기회가 상대적으로 줄어들었다. 교육열과 부동산 입지의 관계를 고려했을 때, 경제적 조건과 지역적 조건은 비슷한 맥락을 공유한다. 지역적으로 유리한 위치는 경제적으로 희소한 가치를 지닌다. 고교 유형 또한 위의 조건들과 비슷한 맥락에 있는데 경제적 조건이 고등학교 선택 시에도 영향을 미치기 때문이다. 고교 유형에 따른 선발 결과의 차이는 수시와 정시에서 공통적으로 나타나고 있다. 2020학년도 서울대학교 신입생 최종 선발 결과,[17] 수시전형의 일반고 출신은 49.6%, 정시 전형의 일반고 출신은 54%를 차지했다. 그 중 수시 일반 전형의 일

17. 뉴시스. 2020.03.11. "서울대, 2020학년도 3341명 선발…일반고 출신이 절반." https://newsis.com/view/?id=NISX20200311_0000951637&cID=10201&pID=10200 (검색일: 2020.08.25.)

반고 출신은 34%, 지역균형 전형의 일반고 출신은 85.9%, 정시 일반 전형의 일반고 출신은 53.9%였다. 전형별 최종 선발 결과의 일반고 출신 비율은 두 전형이 비슷하지만, 수시 전형 내에서 수시 일반과 지균은 서로 다른 양상을 보였다. 이는 지균 전형이 고교 유형에 관계없이 모든 고등학교에 같은 추천가능인원수를 부여하기 때문이다. 즉, 지균 전형은 결과의 평등 달성을 위해 조건의 불평등을 다른 방식으로 보완하는 역할을 수행한 것이다. 지역 편중을 고려해도 지균 전형은 수시 일반이나 정시 일반에 비해서 결과적으로 평등한 결과를 낳았다. 2017년 서울대 최초합격 실적 기준에서 지균 전형의 수도권 학생 합격 비율은 49.2%이었지만 수시 일반 전형은 65.7%, 정시 일반전형은 71%가 수도권 출신이었다. 2017 수능 응시인원 중 수도권 출신이 48.5%임을 고려한다면 정시나 수시 일반 전형은 수도권 출신이 지나치게 많이 합격한 셈이다. 반면 지균 전형은 수도권 출신의 인원 비율이 그대로 유지되었다.

　지균 전형에서 이러한 방식으로 학생들을 선발하는 이유는 현재 입시구조에서 조건의 평등이 제대로 담보되지 않았다고 판단했기 때문이다. 이러한 상황에서 결과의 평등을 달성하기 위해서는 단순히 차별금지를 넘어 적극적 우대조치가 필요하다. 적극적 우대조치는 단순히 현재의 차별을 중단 및 예방시키는 것을 넘어 과거로부터 누적된 차별의 결과를 적극적으로 시정하는 것을 목적으로 한다. 이는 기존의 사회 내 차별 및 불평등을 개인의 노력만으로 극복하기 어려운 구조화된 모순으로 파악한다. 이러한 차별적 관행을 시정하지 않을 경우 진정한 평등이 실현될 수 없다고 본다.[18] 지균 전형은 이념적으로 적극적 우대조치의 정신을 담은 전형으로, 교육 여건이 상대적으로 좋지 않던 지방에 대한 오래된 불평등을 시정하려는 것이 지균의 근본적 아이디어였다. 결과적 평등의 상대적 정도에 대한 많은 토의가 필요하겠지만, 지균 전형은 수시 일반이나 정시에 비해 수정과 보완을 통해 결과적 평등을 달성할 수 있는 잠재력을 가지고 있다고 볼 수 있다.

---

18. 손영호. (2017). "어퍼머티브 액션에 관한 일 고찰." 세계 역사와 문화 연구. 43. p.184.

4. 교육의 본래 목적 실현

본 연구는 학종과 수능이 교육의 본래 목적을 실현하는지 문리교육, 흥미를 통한 지속적 성장, 실용적 직업능력 함양 측면에서 분석한다. 우선 문리교육은 학생들의 다각적 분석 능력을 키우는 것을 목표로 하므로 수능이 학생들의 다각적 분석 능력을 강화하는지 검토해봐야 한다. 정답이 있는 문제를 제기하는 수능은 다양한 관점을 이해하고 비교 분석하는 시각을 갖추게 하는 데에 기여하는 바가 크지 않다. 예를 들어 수능 문학의 경우, 문학 작품에 대한 해석은 사람들마다 다를 수 있음에도 수능은 단 한 가지의 올바른 해석을 고르도록 요구한다. 문학작품을 읽고 해석하는 것에서 '올바른' 해석이라는 것은 처음부터 존재하지 않는다. 해석은 옳고 그름의 문제가 아닌 다름의 문제기 때문이다. 반면 학종을 준비하는 과정은 상대적으로 다각적 분석 능력을 기르는 데에 도움을 줄 수 있다. 물론 학교마다 내신을 산정하는 방식이 다르기 때문에 이 점을 일반화하기는 어렵다. 하지만 학생의 발표나 보고서, 논술형 문제 등을 객관식 시험에 비해 상대적으로 중시할 경우 이는 인지적 능력을 기르는 데에 긍정적인 영향을 미칠 수 있다. 일반전형 구술고사의 경우 면접관들이 학생들의 대답 그 자체보다는 대답이 나오기까지의 학생의 사고 과정을 주요한 평가 요소로 삼고 있기 때문에 학생들은 논리적이고 창의적인 관점을 도출해내는 데에 집중하게 된다. 이런 과정은 다각적 분석능력을 기르는 데에 기여한다. 한편, 지균은 구술고사를 통한 문제해결능력 평가가 부재하기 때문에 상대적으로 일반전형보다 다각적 분석 능력 형성에 도움이 되지 못한다.

두 번째로 학종과 수능이 흥미를 통한 지속적 성장을 가능하게 하는지 살펴보겠다. OECD의 국제학업성취도평가(PISA)에 의하면 한국 학생들의 학업에 대한 흥미도(특히 수학, 과학을 중심으로)는 매년 낮은 수준으로 평가된다.[19] 학종이 확대된 이후에도 평균 이하의 학업 흥미도는 개선되지 않고 있다. 그런 점에서 학종 또는 수능이 학생들의 학업 흥미도와 상관관계가 크지 않다고 볼 수도 있다. 하지만 개인적인 경험을 토대로 볼 때 그나마 학종이 수능에 비해서 학생들의 지적 호기심을 유도하고 학생의 성장에 기여한다고 볼 수 있다. 왜냐하면 학종을 준비하는 과정에서 학생들이 자기주도적으로 자신만의 포트폴리오를 만들기 때문이다. 어떤 동아리에 들어갈지, 고교 3년 간 어떤 장래희망을 목표로 활동할지, 어떻게 자소서를 작성할지 등 모두 개인의 선택이다. 이 과정에서 학생들은 자신이 진심으로 흥미를 느끼는 활동을 할 수 있다. 따라서 학종은 많은 경우 흥미 유발을 통해 학생의 성장에 기여한다고 볼 수 있다.

마지막으로 각 전형이 전문 직업 능력 배양에 도움이 되는지 검토한다. 대학은 직접적인 직업훈련기관은 아니지만, 직업 선택의 중요 길목에 위치한 교육기관이므로 입시제도와 직업능력 사이의 관계를 파악하는 것은 의미가 있다. 학종의 경우, 학생의 적성과 경력 경로를 염두에 두고 관련 학문에서 수학할 수 있는 역량을 배양하는 데에 고교 재학 중 많은 시간을 투자하도록 유도한다. 상대적으로 긴 시간동안 전공 학과와 관련된 경험들을 축적할 수 있다는 점은 장래의 전문성에 긍정적인 영향을 미칠 수 있다. 반면, 정시는 보다 포괄적이고 간접적으로 직업 능력에 영향을 미친다. 수능 주요과목인 국어, 수학, 영어는 대학 및 대부분의 화이트칼라 직업에서 요구하는 기본 소양이다. 그 결과, 수능을 준비하는 학생들은 어떤 분야의 학업 및 업무도 일정 수준 이상으로 수행해낼 수 있는 소위 '올라운더'로 성장해나간다. 이는 대학 진학 후 진로를 변경하더라도 새로운 진로에 쉽게 적응할 수 있다는 점에서 긍정적으로 평가할 수 있다. 하지만 이런 방식에서는 학생들이 시험 준비에만 매달리게 되어 자신의 적성 및 진로와 관련된 경험을 축적하지 못한

19. 한겨레21. 2003.11.12. "PISA가 주는 교훈." https://news.naver.com/main/read.nhn?mode=LSD&mid=sec&sid1=110&oid=036&aid=0000003349 (검색일: 2020.08.15.)
　부산일보사. 2010.01.21. "한국학생 '과학 흥미도' OECD 꼴찌 수준." https://news.naver.com/main/read.nhn?mode=LSD&mid=sec&sid1=102&oid=082&aid=0000243629 (검색일: 2020.08.15.)
　KBS. 2013.12.03. "한국, 국제학업성취도 PISA 최상위권 유지...흥미도는 하위권." https://news.naver.com/main/read.nhn?mode=LSD&mid=sec&sid1=102&oid=056&aid=0000021724 (검색일: 2020.08.15.)
　노컷뉴스. 2017.04.13. "한국 학생, 수학·과학 흥미도 OECD 평균 이하." https://news.naver.com/main/read.nhn?mode=LSD&mid=sec&sid1=101&oid=079&aid=0002954010 (검색일: 2020.08.15.)

다. 따라서 정시는 학종에 비해 전문 직업 능력을 배양하는 데에 그리 효과적이지 못하다.

IV. 서울대 입시제도 개선 방안

앞서 제시한 '절차적 공정성', '분배적 공정성', '교육의 본래 목적 실현'의 측면에서 학종과 정시를 살펴봤을 때, 어떤 전형도 모든 측면을 충분히 달성하고 있다고 보기는 어렵다. 특히 주요하게 지적되는 점은 학종의 형식적 공정성과 정시의 실질적 공정성 및 교육의 본래 목적 실현의 어려움이다. 현재 교육부가 정책을 통해 권고하는 '정시 비중 확대'는, 위의 항목들이 종합적으로 고려되지 않은 판단이다. 교육 공정성의 문제는 단순히 전형 비율의 변화만으로 해결할 수 없으며, 적절한 인재 선발 및 교육 목적 실현 여부 또한 그렇다. 따라서, 각 전형의 운영실태를 파악하고 어떤 부분에서 장단점을 가지는지 분석 후 전형 별 약점을 최소화하기 위해 노력해야 한다.

본 장에서는 이를 전제로 하여 어떤 대안을 통해 서울대학교 입학 전형의 약점을 보완할 수 있을지 서술하고자 한다. 앞서 절차적 공정성을 설명하는 단락에서, 학종과 정시의 양자택일이 아닌 상호보완 또는 절충에 관해 언급하였다. 이는 각 입시제도가 가질 수 있는 태생적 허점이 극복 불가능하다는 점을 인정하고, 타 제도의 강점을 빌려 적정선을 찾기 위함이었다. 이처럼 서울대학교 입시제도에 대한 종합적 대안은 제도의 양적 변동이 아닌 내용적 변화가 되어야 하고, 각 제도의 고유 특성은 유지하되 약점 개선을 목표로 해야 한다.

1. 수시 전형

수시 전형의 경우, 절차적 공정성 중 형식적 공정성이 주요 허점으로 지적되었다. 학종의 형식적 공정성을 담보하기 위해서는 크게 두 가지 방안을 고려할 수 있는데, 정성적 평가 단계를 확대하여 개인의 주관을 집단의 주관으로 대체하거나, 정량적 평가 요소를 추가하여 정성적 요소의 역할을 보완하는 것이다. 정성적 평가 단계 확대의 경우 이미 서울대학교 내에서 '다수의 평가자에 의한 다단계 평가'를 시행하고 있지만, 신뢰성을 확보하지 못하고 있으며, '대학입학전형운영위원회'라는 집단에 대해서는 공론화되지 않거나 신뢰 정도가 낮은 것으로 보인다. 따라서 형식적 공정성을 갖춘 수능을 부분적으로 반영하여 입학사정관의 판단이 합격 여부에 미치는 영향을 줄이는 것이 대안이 될 수 있다.

현재 수능 최저기준은 수시 전형 중 지균 전형에만 적용되고 있으며 그마저도 정시 합격자들의 성적에는 턱없이 부족한 수준이다. 기준이 엄격하지 않으면 입학사정관의 부정 또는 오관에 대한 안전장치가 될 수 없다. 따라서 엄격한 수능 최저기준을 적용하여 서울대학교에서 수학할 수 있는 수준을 담보할 수 있도록 해야 한다. 엄격한 수능 최저기준 설정의 예시로, 응시과목 규정(국어, 수학, 영어, 탐구 과목 2과목, 한국사 응시), 등급 규정(국어, 수학, 영어, 사탐, 과탐 영역 중 3개의 영역에서 총합 4등급 이내), 계열별 필수 영역 규정(인문대의 경우 국어 영역 필수, 상경계열의 경우 수학 영역 필수) 등을 들 수 있다.

형식적 공정성 외에도, 교육의 본래 목적 중 문리 교육의 측면에서 지균 전형에 대한 보완점을 제시할 수 있다. 지균 전형의 면접은 구술고사가 부재하기 때문에 다각적 분석 능력을 측정하는 데 상대적으로 불리한 제도임을 앞서 언급하였다. '2021학년도 서울대학교 학생부종합전형 안내'에 따르면 지균 전형의 특징 내에 '교과과정 이수의 충실성'이 포함되어있다.[20] 따라서 제시문에 따라 면접하는 구술고사를 포함하는 것이 오히려 지균 전형의 본래 목적과 부합할 수 있는 방안이다.

학종에의 수능 최저기준 적용을 통해 학종의 형식적 공정성에서 제기되는 평가 척도 및 입학사정관의 신뢰성 우려를 부분적으로 극복할 수 있다. 또한 다각적 분

---

20. '다양한 지역적, 사회·경제적 배경 하에서 고등학교 교육과정을 충실히 이수한 잠재력 있는 인재들을 선발하기 위한 전형입니다.'

석 능력 측정을 통해 실질적 공정성을 증진하고 문리 교육의 목표 실현에 기여할 수 있다.

2. 정시 전형

정시 전형의 경우, 절차적 공정성 중 실질적 공정성 측면이 주요 허점으로 지적되었다. 실질적 공정성 및 문리 교육의 측면에서 객관식 시험지로 파악할 수 없는 학생의 학업 및 학업 외 소양은 매우 중요한 부분이다. 이는 학생의 일상적 경험 및 사고 과정을 통해 파악할 수 있는데 기존의 정시 전형은 오로지 지원자의 학업 능력을 측정하는 데만 초점을 맞추고 있다. 따라서 면접 평가를 도입하여 기존 수능에서 파악할 수 없는 자질을 평가해야 한다.

구체적으로, 정시 전형 지원자들이 '시험형 인간'을 넘어 스스로 질문하고 탐구할 수 있는 자질을 갖추었는지 면접을 통해 점검할 필요가 있다. 면접 평가는 현재 정시 전형에 부재한 실질적 공정성을 확보하고 교육의 본래 목적 실현에 도움을 줄 것이다. 특히 사고력과 문제해결력 외에 "미래를 개척하고 인류사회에 공헌할 수 있는 글로벌 융합인재"[21]의 자질을 질문할 수 있는 효과적인 수단이 될 수 있다.

면접 평가 도입은 조건의 평등이 담보되지 않은 상황에서 실질적인 절차적 공정성 보완을 통해 결과적 평등을 부분적으로나마 꾀할 수 있는 장치가 될 수 있다. 경제적·지역적 격차는 입시제도만으로 해결할 수 없는 부분이다. 정성적 평가 방식의 도입을 통해, 각 학생이 대학 수학 능력 외에도 어떤 강점을 가졌는지 확인하고 계층에 따른 불평등을 완화할 수 있다.

---

21. 2021학년도 서울대학교 학생부종합전형 안내, p.4.

3. 계열별/단과대별 모집으로의 전환

　수시와 정시전형을 통틀어, 교육의 본래 목적 실현을 위해 과별 모집을 계열별 또는 단과대별 모집으로 전환하는 방안을 제안한다. 앞서 흥미를 통한 성장이 교육의 본래 목적 중 하나로 제시되었다. 현재 서울대학교는 인문대 정시모집은 계열별로, 그 외 단과대는 모든 전형을 과별로 모집하고 있다. 그런데 서울대학교의 학종 서류평가 요소를 살펴보면, '전공적합성'을 고려하지 않는다. 이는 학생의 흥미가 학교생활 중에도 충분히 바뀔 수 있음을 인지한다는 것을 의미한다. 과별 모집은 입학 후 희망 전공의 변화 가능성을 고려하는 평가 요소 선정의 취지와 정합적이지 않으며 학생의 장기적인 학문적 흥미에 긍정적으로 작용하지 않을 가능성이 있다. 따라서 계열별 또는 단과대별 모집을 통해 학생들을 선발하고 추후 전공 선택 또는 설계의 기회 제공을 통해 교육의 본래 목적을 실현할 것을 제안한다.

V. 결론

　지금까지 절차적 공정성, 분배적 공정성, 교육의 본래 목적 실현 측면에서 서울대의 수시·정시 전형을 검토했다. 그 결과, 교육부가 의도한 대로 정시비중을 확대한다고 해서 해당 측면들이 효과적으로 강화되지 않는다는 점을 확인할 수 있었다. 그리고 지금의 전형 구조를 유지하거나 수시 비중을 확대한다고 해도 해당 측면들이 모두 충족되는 것은 아니다. 이렇게 수시와 정시, 어느 한 전형이 다른 전형에 비해 모든 면에서 우월할 수 없는 상황에서 우리는 그 절충점을 모색하였다. 수시 일반에는 수능 최저 기준을 보다 강화된 형태로 도입했고, 정시에는 면접을 도입해보았다. 이렇게 수시에 '정시 요소'를 추가하고, 정시에 '수시 요소'를 추가함으로써 절차적 공정성과 분배적 공정성을 보완하였다. 그리고 기존 과별 모집에서 계열별/단과대별 모집으로 전환함으로써 교육의 본래 목적 실현에 다가가고자 했다.

본고는 대입 공정성에 관한 논란이 뜨거운 현 시국에서 이와 관련해 시의적절한 논의를 진행했다는 의의가 있다. 본고는 그동안 명확히 규정되지 않았던 입시 공정성 개념을 직접 정의해보고, 이를 실제 입시제도에 반영해보았다. 그리고 교육부의 '정시 확대 방안'을 분석하면서 긍정적인 정책효과는 강화하고 혼란은 최소화할 수 있는 새로운 대안들을 모색해보았다. 입시제도를 폭넓게 탐구하는 과정에서 우리는 입시제도에 대해 균형 잡힌 시각을 갖게 되는 개인적 성취를 이뤄낼 수 있었다. 상당수의 입시생들이 자신이 지원하는 전형만 알고 있고 그 외의 전형들에 대해서는 무지하거나 왜곡된 인식을 가지고 있는 현 세태를 고려했을 때 이러한 시도는 상당히 의미있는 일이라 사료된다.

본고는 몇 가지 부분에 있어 한계점을 가진다. 우선, 연구 역량의 한계로 서울대의 입시제도만 분석했다는 점을 지적할 수 있다. 서울대 입시제도와 타 대학 입시제도에는 분명히 차이가 있기 때문에, 서울대 입시 분석 결과를 전체 대학으로 환원할 수 없다는 점은 분명하다. 그리고 대안 제시에 있어서도 기존에는 경험하지 못한 새로운 대안을 제시하지 못했다. 수시와 정시의 절충점을 모색하는 과정에서 결과적으로 2013학년도 이전의 서울대 입시제도와 비슷한 전형 구성을 제안하게 되었다. 그 당시 입시제도가 현재의 입시제도로 바뀌게 된 데에는 입시생 부담 완화 등의 이유가 있었을 텐데 이러한 요소들을 충분히 검토하지 못했다. 마지막으로 대입 공정성은 사회문화적 불평등과 밀접히 관련된 것으로서 단순히 입시제도를 개선하는 것만으로는 대입 공정성을 강화하기 어렵다. 대입 공정성을 강화하기 위해서는 입시제도 개선과 더불어 계층간 격차, 지역간 격차를 심화하는 다른 사회경제적 요소들도 함께 고려해야 한다. 그래서 종합적 개선을 통해 입시생들이 자신의 역량과 노력을 정당하게 인정받고 제도상의 허점 등으로 불의의 피해를 당하지 않는 입시 풍토를 만들어야 할 것이다.

〈참고문헌〉

강기수. 2017. "학생부전형 성과 분석 및 정책 제언, 학생부전형의 성과와 고교 현장의 변화." 심포지엄 자료집.

경향신문. 2006년 9월 17일. "서울대 입시 '수능 〉 학생부 〉 논술'." http://news.khan.co.kr/ kh_news/khan_art_view.html?art_id=200609171828201. (검색일: 2020.07.29.).

교육부 보도자료. 2020년 4월 29일. "2022학년도 대입전형 시행계획, 교육부 보도자료." https://www.moe.go.kr/boardCnts/view.do?boardID=294&boardSeq=80483& lev=0&searchType=null&statusYN=W&page=1&s=moe&m=020402&opType =N. (검색일: 2020.07.29.).

교육부 학생부종합전형조사단. 2019. "2016~2019학년도 13개 대학 학생부종합전형 실태조사 결과 보고서."

김병욱·이현진. 2018. "교육에서의 평등과 정의 개념의 비판적 고찰." 『한국교육문제연구』. 36(3).

김성식 외. 2007. "경제·사회 불평등과 교육격차." 『경제·인문사회연구회 협동연구총서』.

김재웅 외. 2019. "교육적 관점'에서 대입전형 공정성의 의미에 대한 논의." 『한국교육』. 46(1).

김천기. 2015. "사회적 불평등 맥락에서 본 대학입학 기회배분의 주류적 공정성 모델 한계와 대안적 공정성 모델 탐색." 『교육사회학연구』. 25(4).

김회용. 2011. "공정성 개념 분석과 대학입학사정관 전형의 공정성 확보 방안." 『교육사상연구』. 25(1).

김희삼. 2014. "세대 간 계층 이동성과 교육의 역할." 인적자본정책의 새로운 방향에 대한 종합연구.

김희삼. 2015. "사회 이동성 복원을 위한 교육정책의 방향." 『KDI FOCUS』. 54.

노컷뉴스. 2019년 10월 28일. "[여론] 대입 정시 확대 "찬성63.3%" vs "반대 22.3%"." https:// www.nocutnews.co.kr/news/5234027. (검색일: 2020.07.29.).

노컷뉴스. 2007년 4월 6일 "2008년 서울대 입시 "논술이 당락 좌우"." https://www.nocut news.co.kr/news/275383. (검색일: 2020.07.29.).

뉴스1. 2020년 5월 5일. "대학 자퇴생 해마다 늘어…정시 확대로 '반수생' 더 증가할 듯." https://www.news1.kr/articles/?3925233. (검색일: 2020.07.29.).

뉴스퀘스트. 2020년 6월 12일. "서울대 2021 수시 '수능 최저학력기준 완화'…고3 피해 최소화 방안." https://www.newsquest.co.kr/news/articleView.html?idxno=77215. (검색일: 2020.07.29.).

뉴시스. 2019년 2월 12일. ""학생부 신뢰도 높이자"…고교-대학 1년간 원탁회의." https://

newsis.com/view/?id=NISX20190212_0000556002&cID=14001&pID=14000. (검색일: 2020.08.25.).

뉴시스. 2020년 3월 11일. "서울대, 2020학년도 3341명 선발…일반고 출신이 절반." https://newsis.com/view/?id=NISX20200311_0000951637&cID=10201&pID=10200. (검색일: 2020.08.25.).

대전일보. 2019년 11월 28일. "교육부 대입 공정성 강화방안에 교육계 거센 반발." 『대전일보』. http://www.daejonilbo.com/news/newsitem.asp?pk_no=1398501. (검색일: 2020.08.13.).

대학신문. 2006년 4월 2일. "서울대, 2007학년도 입시안 발표." http://www.snunews.com/news/articleView.html?idxno=3640. (검색일: 2020.07.29.).

동아닷컴. 2019년 11월 28일. "수시 이월로 정시 50%까지 늘어날 듯…학종 무력화로 대학들 고심." https://www.donga.com/news/article/all/20191128/98576640/1. (검색일: 2020.07.29.).

동아일보. 2012년 3월 9일. "서울대 정원 80% 수시로 선발… 2013학년도 입시전형안." https://www.donga.com/news/article/all/20120308/44630054/1. (검색일: 2020.07.29.).

문정주·최율. 2019. "배제의 법칙으로서의 입시제도: 사회적 계층 수준에 따른 대학 입시제도 인식 분석." 『한국사회학』. 53(3).

박찬호·이진희. 2018. "학생부종합전형에 대한 입학사정관 및 고등학교 교사의 경험 및 공정성 개선방안에 대한 인식." 『한국사회과학연구』. 37(2).

베리타스 알파. 2020년 5월 2일. "서울대 고대 정시 '영어 3등급 이하 역전 어려워져'..연대 정시 '수시이월로 50% 육박할 듯'." http://www.veritas-a.com/news/articleView.html?idxno=322035. (검색일: 2020.07.29.).

베리타스 알파. 2017년 8월 31일. "'졸속' 수능개편 결국 1년 유예..중2 '유탄'." http://www.veritas-a.com/news/articleView.html?idxno=94693. (검색일: 2020.08.20.).

베리타스 알파. 2020년 4월 22일. "2020서울대 등록자 톱100 고교.. 서울과고 외대부고 대원외고 경기과고 하나고 톱5." https://m.post.naver.com/viewer/postView.nhn?volumeNo=28067171&memberNo=22384562&vType=VERTICAL. (검색일: 2020.07.29.).

베리타스 알파. 2017년 9월 29일. "되풀이된 서울대 '지균 때리기'…'명칭이 빚은 오해'." http://www.veritas-a.com/news/articleView.html?idxno=97518. (검색일: 2020.07.29.).

서울경제. 2020년 4월 29일. "서울대 입학전형 주요사항 발표..'가군→나군' '정시30%'." https://www.sedaily.com/NewsVIew/1Z1NWM4REO. (검색일: 2020.07.29.).

서울대학교 입학본부. 2019. 2020학년도 서울대학교 학생부종합전형 안내.

서울대학교 입학본부. 2020. 2020학년도 서울대학교 대학 신입학생 최종 선발 결과.

서울대학교 입학본부. 2020. 2021학년도 서울대학교 학생부종합전형 안내.

서울신문. 2019년 12월 2일. "'죽음의 트라이앵글 다시 갇힐라' 정·수시 '반반'에 떠는 고교 교실." https://www.seoul.co.kr/news/newsView.php?id=2019 1202011016&wl og_tag3=daum. (검색일: 2020.07.29.).

세계일보. 2020년 4월 29일. "정시 확대, 수능 강한 재수생에게 유리?." http://www.segye. com/newsView/20200429524000?OutUrl=daum. (검색일: 2020.07.29.).

손영호. 2017. "어퍼머티브 액션에 관한 일 고찰." 『세계 역사와 문화 연구』. 43.

양림. 2020. "대학입학전형제도의 공정성에 관한 연구." 『한국과 국제사회』. 4(2).

연합뉴스. 2020년 4월 29일. "서울 주요대학 '정시 40%' 조기달성 성과…공정성 강화는 물음 표." https://www.yna.co.kr/view/AKR20200429095400004?input=1179m. (검색 일: 2020.07.29.).

연합뉴스. 2012년 11월 1일. "서울대 수시 83%로 확대·일반전형 수능기준 폐지(종합)." https://www.yna.co.kr/view/AKR20121101176551004. (검색일: 2020.07.29.).

원효헌·허정은. 2015. "학생부종합전형에 따른 고교 교육의 변화 분석." 『수산해양교육연 구』. 27(3).

이광현. 2018. "학생부종합전형의 문제점과 대입제도 개선방향." 한국교육사회학회 학술대회 자료집.

이기혜·전하람·최윤진. 2017. "서울시 고교생의 대학입학전형 영향요인 분석." 『교육과학연 구』. 48(3).

이상명. 2017. "균등한 교육을 받을 권리 측면에서 본 대학입시제도의 개선방안." 『법과 정책 연구』. 17(2).

이수정. 2018. "'학생부' 중심 대입제도개혁에 대한 쟁점 분석-'학생부종합전형' 도입을 중심 으로." 『학습자중심교과교육연구』. 18(4).

이현. 2017. "대학입시제도 어떻게 개선할 것인가?." 『교육비평』. (39).

이혜정. 2019. "교육 공정성에 관한 미디어 담론 분석: '숙명여고 사태'를 중심으로." 『아시아 교육연구』. 20(3).

정민호. 2012. "서울대학교 지역균형선발전형의 효과에 관한 연구." 서울대학교 행정대학원 정책학 석사 학위논문.

정원규. 2011. "교육의 본래 목적과 공정성의 입장에서 본 대학입시의 문제." 『사회와 철학』. 21.

조선일보. 2015년 3월 20일. "2017년 서울대 입시, 수능 韓國史 3등급 넘으면 만점." http://
news.chosun.com/site/data/html_dir/2015/03/20/2015032000280.html. (검색일:
2020.07.29.).

주영효·김상철. 2017. "학생부종합전형 정책 분석 및 개선 방안." 『교육행정학연구』. 35(1).

중앙일보. 2013년 11월 15일. "현재 고2, 서울대 입시 어떻게." https://news.joins.com/
article/13141337. (검색일: 2020.07.29.).

중앙일보. 2010년 11월 12일. "서울대 입시, 내신 낮추고 수능 높인다." https://news.joins.
com/article/4648475. (검색일: 2020.07.29.).

한겨레. 2009년 6월 9일. "서울대 2011년 신입생 40% 입학사정관 선발." http://www.hani.
co.kr/arti/society/schooling/359401.html#csidx2a1beb9860beae4baada64b6cd48d
8f. (검색일: 2020.07.29.).

한겨레. 2016년 10월 27일. "학교협동조합에서 협력·창의·민주 배운다." http://www.hani.
co.kr/arti/economy/economy_general/767521.html. (검색일: 2020.07.29.).

한겨레. 2017년 9월 27일. "[단독] 서울대 말로만 '지역균형선발'…선발학생 절반 이상 서울·
수도권." http://www.hani.co.kr/arti/society/schooling/812756.html. (검색일:
2020.07.29.).

한국경제. 2003년 9월 8일. "서울대 정시모집 수능비중 확대‥2005학년도 입시." 『한국경
제』. https://www.hankyung.com/society/article/2003090859001. (검색일: 2020.
07.29.).

한국대학교육협의회. 2020. "2022학년도 대입전형 시행계획."

한대호. 2005. "프랑스와 한국의 대학입학제도의 비교연구." 『세계 역사와 문화 연구』. 13.

한국일보. 2003년 2월 21일. "2004년 서울대 입시요강." https://www.hankookilbo.com/
News/Read/200302210057825989. (검색일: 2020.07.29.).SBS뉴스. 2017년 3월 14
일. "[취재파일] 월 사교육비 25만 6000원? 통계의 함정." http://news.sbs.co.kr/
news/endPage.do?news_id=N1004092964&plink=ORI&cooper=NAVER. (검색
일: 2020.07.29.).

청년 대상 기본소득형 정책 사례 비교:
서울시 청년수당과 경기도 청년기본소득

서울대학교 정치외교학부 김단유
서울대학교 영어교육과 박도영
서울대학교 국어국문학과 송지우
서울대학교 경제학부 조시현

논문초록　COVID-19로 기존 복지제도의 한계가 드러난 가운데, 기본소득 제도를 향한 관심이 뜨겁다. 특히, 본 연구는 청년세대를 대상으로 한 기본소득형 정책 도입의 필요성을 설명하고, 우리나라에서 시행된 청년 대상 기본소득형 정책을 분석한 후 정책이 고려해야 할 지향점을 제시하는 것을 목표로 한다. 본 연구는 청년세대가 공교육을 통한 국가의 보호로부터 사회 진출로 이행하는 특수한 단계에 놓인 연령층이라는 점과 기존 사회복지 제도의 전제가 무너진 현 사회 환경 등을 근거로 청년을 대상으로 하는 기본소득형 정책의 필요성을 제시했다. 현재 우리나라에서 시행된, 기본소득에 가까운 두 정책인 서울시 청년수당과 경기도 청년기본소득을 기본소득의 원칙, 절차적 합리성, 기존 제도와의 정합성의 세 가지 차원에서 분석해 보았다. 분석을 통해 범주보편성, 무조건성, 개별성 등 우선적으로 만족해야 할 원칙을 설정하고, 현금성의 영역에서는 융통성 있는 접근의 필요성을 주장했으며, 절차적 합리성의 확보가 정책의 수용성을 높일 수 있다는 점, 정책과 기존 제도와의 정합성이 낮은 현 상황을 개선하기 위해 보충성의 원칙에 전환이 필요하다는 점을 역설하며 정책의 개선 방향을 제시했다.

핵심주제어　기본소득, 청년 기본소득, 서울시 청년수당, 경기도 청년기본소득

I. 코로나 시대의 기본소득

COVID-19 사태로 재난기본소득(혹은 긴급재난지원금)이 전 국민에게 지급되면서 한국 사회에서 기본소득에 대한 논쟁이 뜨겁게 전개되고 있다. 재난기본소득 지급이 처음 제안되었을 때에만 해도 혈세 낭비라는 비판이 컸으나, 재난기본소득이 지급되고 난 지금은 비판 정서가 한층 누그러진 것처럼 보인다. 이러한 여론 변

202

〈표 1〉 청년층 경제활동 상태

(단위: 천 명, %, %p)

	2019.5				2020.5							
	청년층 인구				청년층 인구							
		15~19세	20~24세	25~29세		증감	15~19세	증감	20~24세	증감	25~29세	증감
전체	9,073	2,639	2,925	3,509	8,934	−139	2,472	−167	2,887	−37	3,575	66
• 경제활동인구	4,390	234	1,430	2,727	7,196	−194	181	−53	1,362	−68	2,653	−74
−취업자	3,953	217	1,260	,2476	3,770	−183	168	−50	1,193	−68	2,410	−66
−실업자	437	17	169	251	426	−11	14	−3	169	0	243	−8
• 경제활동인구	4,683	2,405	1,495	783	4,738	56	2,291	−115	1,525	30	922	140
• 경제활동참가율	48.4	8.9	48.9	77.7	47.0	−1.4	7.3	−1.6	47.2	−1.7	74.2	−3.5
• 고용률	43.6	8.2	43.1	70.6	42.2	−1.4	6.8	−1.4	41.3	−1.8	67.2	−3.2
• 실업률	9.9	7.1	11.8	9.2	10.2	0.3	7.5	0.4	12.4	0.6	67.4	0.0

※ 자료: 통계청, 2020년 5월 경제활동인구조사 청년층 부가조사 결과

화는 여론조사 결과로도 확인된다. 3월 초에는 재난기본소득 지급 반대 여론이 강했지만, 3월 후반에는 찬성 여론이 우세했다.[1] 특히 이러한 우호적인 여론은 경기도를 비롯한 지방자치단체의 '재난기본소득'과 중앙정부의 '긴급재난지원금'이 집행된 이후 더욱 강해졌다.

이번 사태는 기존의 고용 관계를 전제하는 청년층 대상 복지제도에 의문을 제기한다. 물론 COVID-19로 인해 피해를 입은 인구집단은 고령층, 장애인, 열악한 노동 조건하의 노동자, 더 넓게는 자영업자 등 넓은 범주를 포괄하며, 이에 따라 COVID-19가 드러낸 복지 위기의 주요 대상은 청년이라고만 보기 어렵다. 그럼에도 불구하고 청년층을 대상으로 하는 기존의 복지 정책은 장애인, 고령층 등을 대상으로 한 복지 정책과 달리 표준적 고용 관계를 전제하기 때문에 이에 진입하지 못한 청년들은 사회보험 등의 복지체계로부터 배제되는 한계를 가진다. 지난 5월 통계청이 발표한 '2020년 5월 청년층 부가조사 결과'에 따르면 지난 5월 기준 청년층의 경제활동참가율은 47.0%, 고용률은 42.2%로 전년 대비 각 1.4%p 감소하

---

1. 유영성·정원호·김병조·이관형·김을식·마주영. 2020. "코로나19로 인한 경제재난, '재난기본소득'이 해법이다!" 『이슈&진단』. 408호. pp.1-25.

였다. 특히나 최종학교 졸업(중퇴)자 중 미취업자는 전년 동월보다 12만 명 늘어난 166만 명을 기록했는데[2], 이는 통계가 시작된 2007년 이후 가장 많은 수준으로, 현재 청년들이 기존 사회에서 상정된 표준적인 노동시장에 진입하지 못하고 비경제활동인구, 실업 등으로 빠지고 있음을 보여 준다. 이와 같은 기존 복지제도의 한계로 인하여 청년층을 대상으로 한 기본소득이라는 새로운 정책에 대해서 살펴볼 필요성이 대두되고 있다.

본 연구는 기존에 시행되고 있는 두 정책 사례인 서울시 청년수당 정책과 경기도 청년기본소득 정책을 비교해 보고, 청년층을 대상으로 하는 기본소득형 정책이 나아갈 방향에 대해서 제언하고자 한다. 먼저 기본소득형 정책의 대상을 왜 청년으로 상정하였는지에 대해서 논하고 청년을 대상으로 하는 기본소득형 정책의 불평등 완화 효과에 대해서 서술할 것이다. 그 다음, 서울과 경기도의 청년기본소득 정책을 기본소득의 기본 원칙, 수립 과정에서의 절차적 합리성, 기존의 사회복지제도와 어우러지는 제도적 정합성의 기준에 따라 평가하고, 우리나라의 청년 대상 기본소득형 정책이 향후 나아가야 할 방향에 대해 운용적 측면과 과정적 측면으로 나누어 논의하고자 한다.

II. 왜 청년층인가?

1. 노동시장의 변화와 청년 기본소득 담론의 부상

노동시장의 변화에 따라 불안정하고 불확실한 삶의 형태가 전 세계적으로 확산되고 있다. 한국 역시 서비스 경제의 고도화와 표준적 고용관계의 해체 등으로 불안정 노동이 확산되고 플랫폼 노동 등 다양한 형태의 특수근로형태종사자가 등장

---

2. 통계청. "2020년 5월 경제활동인구조사 청년층 부가조사 결과."

하고 있다. 이는 고용 관계를 중심으로 작동하는 기존의 복지 체계로부터 배제되는 인구집단이 확대되고 있다는 것을 의미한다. 새로운 형태의 노동은 계속해서 등장하지만, 대처는 사후적이고 느리다. 안전망이 되어야 할 복지제도가 점점 더 사회취약층을 보호하는 기능을 제대로 수행하기 어려워지는 실정이다.

따라서 모든 사회구성원의 '적절한 삶'을 보장하기 위해 그들에게 개별적으로 아무 조건 없이 소득을 정기적으로 지급하자는, '기본소득' 논의가 고용─복지 연동 모델의 허점을 보완하고 불평등을 해소할 수 있는 대안담론으로서 제기되어 왔다. 기본소득은 보편성·무조건성·개별성·충분성·주기성·현금성이라는 6가지의 원칙을 만족하는 국가 또는 지방자치체가 지급하는 소득으로 정의할 수 있다.[3] 그러나 이 여섯 가지 원칙을 모두 충족하는 이상적인 형태의 기본소득을 곧바로 시행하기에는, 이를 위한 재정과 정책 수용성을 충분히 확보하기 어렵다는 문제가 존재한다. 따라서 국내외에서 시행된 기본소득은 원칙을 제한적으로 충족시키는 과도기적인 형태로 시도되었다. 예컨대 알래스카의 경우는 충분성 요건을, 캐나다 온타리오 주의 경우는 보편성과 무조건성을 일정 수준 양보했다. 이러한 기본소득적 성격을 가진 정책들은 무리한 재정적 부담을 감수하지 않고 기본소득에 대한 시민적 지지를 점차 확보할 수 있다는 점에서, 궁극적으로는 완전한 기본소득을 지향하는 이행경로 상에 있는 정책들이라고 할 수 있다.

국내의 경우 이러한 정책의 예로 서울시의 청년수당과 경기도의 청년기본소득이 있다. 크게 보면 양자 모두 "노동시장의 사각지대에서 가장 취약하고 비가시화된 청년층"을 대상으로 하여 이에 대한 기존의 선별복지제도와 차별화되는 차원의 해법을 도입했다는 점에서 유사하다.[4] 서비스경제 기반의 한국노동시장에서 표준적 고용관계에서 벗어난 고용계약 형태들, 지식기반 서비스 경제사회에서 새롭게

---

3. 김교성·백승호·서정희·이승윤. 2017. "기본소득의 이상적 모형과 이행경로." 「한국사회복지학」. 제69권 3호. pp.292-293.
4. 물론 두 정책의 구체적인 방향성과 운용적 차원에 있어서는 상이한 측면들이 존재한다. 양자에 대한 상세한 비교 분석은 Ⅲ. 제도분석에서 살펴보기로 한다.

등장하는 고용 및 일의 형태들은 청년층이 주로 경험하고 있으며, 사회보험에서의 배제 경험 또한 특히 청년층에 집중된다.[5] 이에 따라 주로 청년의 고용활성화에 초점을 맞추었던 이전의 정책들과는 달리, 최근에는 성남시와 서울시에서 청년대상의 현금급여 성격을 가진 청년 배당 또는 청년수당에 대한 정책들이 개발되기 시작했다.[6] 이들 정책은 일차적으로, 수급 대상을 선별하지 않으며 수급 기준을 시민권에 두겠다는 완전한 '보편성' 요건을 청년이라는 연령 집단으로 한정한 '범주 보편성'을 띠고 있다. 다시 말해 이러한 청년정책들은 보편성의 정도를 청년층으로 조정한 과도기적 형태의 기본소득이라고 할 수 있다.

이렇듯 청년배당 및 청년수당에 대한 정책 논의 및 실행은 우리 사회가 전통적 복지 패러다임에서는 주목하지 않았던 청년이라는 계층의 특수한 어려움에 민감하게 반응하기 시작했음을 보여 준다. 기본소득형 청년정책이 궁극적으로 더욱 다양한 계층으로 기본소득을 확대·발전시키기 위한 디딤돌로서 기능하기 위해서는 그 자체의 정책 안정성을 확보해야 한다. 이를 위해서는 청년기본소득의 필요성을 설득력 있게 근거 짓는 일이 선행되어야 할 것이다. 다음 절에서는 청년계층이 노동시장에서 갖는 특수성을 살펴보고, '기본소득형' 정책이 이들에게 유의미하게 도움을 줄 수 있는 이유는 무엇인지 검토해 보도록 한다.

2. 왜 청년기본소득인가

1) 청년 노동시장의 일차적 문제

기존 연구에서 노동시장에서의 불안정성 확대를 만들어낸 주원인으로 지목되는 것은 서비스 경제의 고도화로 인한 저숙련·비정규직 위주의 노동시장 재편과

---

5. 이승윤·백승호·김미경·김윤영. 2017. "한국 청년노동시장의 불안정성 분석." 「비판사회정책」. 제54권. p. 490.
6. 이승윤·이정아·백승호. 2016. "한국의 불안정 청년노동시장과 청년 기본소득 정책안." 「비판사회정책」. 제52권. pp.368-369.

표준적 고용 관계의 해체다.[7] 표준적 고용 관계의 해체를 통해 한국 노동시장에서 불안정성이 확대되면, 노동자들은 고용 자체의 불안정만이 아니라 노동소득의 저하와 고용—복지 연동 모델로부터의 배제라는 이중고를 함께 겪는다. 한국의 복지 제도 중 수급자에게 현금을 지급하는 가장 핵심적인 체계는 사회보험 체계다. 이 체계가 노동시장과 연동되어 있기 때문에, 현재 노동시장에서의 격차는 곧 사회보험을 통해 수령할 미래 소득의 격차로 이어진다.

또한, 청년 중 대다수가 노동시장에 진입하기 이전의 단계에서 소득 불안정을 경험하는 상황에서, 양질의 일자리를 찾지 못한 청년들이 노동시장에 진입하지 못하는 시간이 길어질수록 인적자본 형성이 저해될 가능성이 존재한다. 이는 생애소득 감소로 인한 빈곤화 역시 가속시킬 수 있다.[8]

청년층은 노동시장에 진입한 이후에도 노동시장의 불안정성을 크게 경험한다.[9] 2015년에서 2019년까지 청년층의 전체 근로자 수는 3,413천 명에서 3,555천 명으로 142천 명 증가했으나, 정규직은 도리어 112천 명 감소했다. 전체의 증가분과 정규직의 감소분을 합친 266천 명은 비정규직 부문에서 증가했다. 노인 일자리 사업의 영향으로 청년층 이상 비정규직 수가 증가한 60대 이상 연령대를 제외한다면, 청년층은 노동시장에서 다른 연령층에 비해 추세적으로 불안정한 위치에 있다.

다른 연령층과 비교하였을 때, 청년층은 전반적인 월급여액에 있어서도 가장 낮은 급여수준의 금액을 받는 것으로 나타난다.[10] 월급여액이 시간에 따라 증가하고 있기는 하나 다른 연령층에 비교했을 때 증가의 폭 역시 제일 낮은 수준이다. 이에 더해 2015년부터 2019년까지 청년층에서 정규직의 월급여액이 약 363천 원 증가한 반면 비정규직은 약 238천 원의 증가에 그쳤는데, 이는 청년층 내에서도 노동소

---

7. 다음 논문들을 전체적으로 참조.
　백승호. 2014. "서비스경제와 한국사회의 계급, 그리고 불안정 노동 분석." 「한국사회정책」. 제21권 2호. pp. 57–90.
　서정희. 2015. "비정규직의 불안정 노동." 「노동정책연구」. 제15권 1호. pp.1–41.
8. 손혜경. 2009. "스웨덴의 청년실업 원인에 대한 토론과 대책." 「국제노동브리프」. 제7권 8호. pp.68–75.
9. 통계청. "성/연령별 근로형태(비정규직)별 취업자." 서술의 자세한 내용은 부록의 〈표 1〉 참조.
10. 고용노동부. "고용형태별근로실태조사." 서술의 자세한 내용은 부록의 〈표 2〉 참조.

득의 불평등이 지속적으로 심화되고 있음을 드러낸다.

2) 청년 빈곤

그러나 청년 노동시장의 불안정성과 이로 인해 파생되는 청년 빈곤의 문제는 쉽게 가시화되지 않아 왔다. 2016년 가처분소득 기준 청년(19~34세) 빈곤율은 7.6%로 전체빈곤율인 13.8%와 거의 2배 가까이 차이가 나, 보다 양호한 상황으로 보일 수 있다. 그러나 2016년 기준으로 청년들을 가구 유형별로 나누어 조사한 결과 부모와 함께 사는 청년들의 빈곤율은 5.6%인 반면, 청년이 독립적으로 단독가구를 이루고 있는 경우 빈곤율이 19.9%에 달했다.[11] 그러나 청년은 기존 복지 체계의 보호 담론과 포괄 범위로부터 쉽게 배제된다. 청년은 기초노령연금과 같은 사회수당의 지급 대상이 된 적 없고, 빈곤 구제의 수혜자가 되기도 어렵다. 기초생활보장제도의 수급자에 해당하는 청년은 전체 청년의 1% 정도에 지나지 않는다.[12]

불안정한 노동시장으로 인한 청년기의 빈곤 문제가 구제되지 못하면서, 이는 다시 장기적인 노동시장과 빈곤의 문제로 이어진다. 인적 자본을 쌓아올리고 미래를 구상해야 할 청년들은 사회안전망이 자신을 받쳐주리라는 확신을 국가로부터 얻지 못하는 상태에서 막중한 중압감에 시달린다. 이는 역설적으로 노동시장으로의 진입을 아예 포기해버리는 '니트(NEET)'층의 증가를 가져왔다. OECD에 따르면 2017년 기준 한국의 청년(15~29세) 니트족 비율은 18.4%로 OECD 평균에 비해 5%가 높았다.[13]

니트가 아니라 노동시장에 진입하기를 계속해서 시도하는 청년들의 경우에도 마찬가지다. 청년기 실업을 경험한 노동자는 생애소득이 감소할 수 있는데, 이는 청년기 실업이 초기 인적자본을 충분히 충족하지 못하게 함으로써 노동시장에서

---

11. 김문길·김태완·임완섭·정은희·김재호·안주영·김성아·이주미·정희선·최준영. 2017. 「청년빈곤의 다차원적 특성 분석과 정책대응 방안」. 보건사회연구원. pp.161-164.
12. 김태완·최준영. 2017. "청년의 빈곤 실태: 청년, 누가 가난한가." 「보건복지포럼」. 제244호. pp.6-19.
13. OECD. 2019. Society at a Glance 2019.

지속적인 저기능 상태로 머무르게 하기 때문이다.[14] 경기침체기에 청년 취업자는 취업 상태를, 비취업자는 비취업 상태를 유지하는 경향이 있고, 또한 과거의 취업 여부, 상용직(정규직) 여부, 임금 수준이 현재의 취업 여부, 상용직 여부, 임금 수준에 영향을 끼친다.[15] 이는 초기 노동시장에서의 위치가 개인적 수준에서의 일종의 '이변' 없이는 그대로 유지되기 쉽고 생애주기 전반에 영향을 끼친다는 것을 의미한다.

청년 빈곤은 부모 세대의 빈곤과 가구 단위의 빈곤으로까지 이어진다. 청년들이 경험하는 노동시장에서의 불안정한 위치와 복지 체계로부터의 배제는 청년들이 가구 단위에서 이루어지는 부모에 의한 소득 이전에 필연적으로 의존하도록 한다. 성인 자녀가 미취업자의 경우 76.6%의 부모가 자녀에게 정기적인 부양을 하고, 취업자라 하더라도 57.2%의 부모가 정기적 부양을 한다.[16] 비록 노인층에 대한 사적 소득이전의 비율이 가파르게 감소하고 있긴 하지만, 자녀에 대한 소득이전만으로도 힘겨운 상태에서 일부의 부모 세대는 자신들의 부모 세대까지 부양해야 하는 이중고에 시달리게 된다.

청년 빈곤의 문제는 위의 과정을 거쳐 부모 세대의 빈곤과 장기적 관점에서의 노인 빈곤 역시 심화시킬 수 있다.[17] 중장년층에 해당하는 부모 세대가 성인인 자녀를 지속적으로 부양하게 됨으로써 노후를 대비하기 위한 재원이 부족해지고, 청년층 자녀가 불안정한 노동시장 위치를 지속적으로 유지하게 되면서 부모 세대의 노후를 책임질 수 없게 되는 것이다.

따라서, 청년이 한국 사회에서 경험하는 불안정성의 문제는 가구 전체, 사회 전체의 빈곤과 불안정 문제와 근원적으로 연동된다. 그러나 노동자의 초기 노동시장

---

14. 원종학·김종면·김형준. 2005. 「실업의 원인과 재정에 미치는 장기효과—청년실업을 중심으로」. 조세재정연구원. pp.92–93.
15. 김문길 외. 2017. pp.146–147.
16. 김유경·이여봉·최새은·김가희·임성은. 2015. 「가족관계 다변화에 따른 부양체계 변화전망과 공사 간 부양분담 방안」. 보건사회연구원. pp.161–162.
17. 이승주. 2019. "청년기본소득 도입의 효과 분석: 소득재분배 및 빈곤완화를 중심으로." pp.121–122.

의 위치가 생애주기 전체에서의 노동시장의 위치에 영향을 끼친다는 것은 초기에 개입할수록 노동시장에서 발생하는 불평등 문제를 더욱 효과적으로 완화할 수 있다는 뜻이기도 하다. 동시에 청년 빈곤이 가구 단위의 빈곤에 끼치는 영향은, 청년의 빈곤 문제가 해결되면 단순히 청년만이 아닌 사회의 불평등과 빈곤을 완화하는 효과 역시 기대할 수 있다는 사실을 내포한다. 즉 오늘날 한국 사회에서 청년이 경험하는 불안정성의 문제는 첫째로 그 문제의 심각성에서, 둘째로 청년층에 사회정책을 통해 개입했을 때 빈곤과 불평등 완화에 있어 장기적이고 근원적인 효과를 거둘 수 있다는 점에서 필히 해결되어야 한다고 할 수 있다.

3. 청년기본소득의 불평등 완화 효과

그럼에도 불구하고, 반드시 청년 '기본소득'이라는 형태를 통해서만 빈곤과 불평등 완화를 추구할 수 있는지에 대한 의문이 제기될 수 있다. 이에 대해 여러 선행연구들은 선별적인 수당이 아닌 기본소득의 형태를 취했을 때 보다 높은 소득 재분배 효과를 달성할 수 있다는 것을 보여 준다. 또한 복지를 자원활용능력의 증진으로 보았을 때 자원의 범주에 소득과 시간을 포함한 개념이 '재량시간(discretionary time)'[18]인데, 기본소득은 재량시간의 증대를 통해 소득 재분배 효과뿐만 아니라 사회 취약층이 일상 속에서 시간자율성을 확보할 수 있도록 한다.

먼저, 구체적인 모형 설계 이후 시뮬레이션을 통해 청년기본소득의 높은 분배 효과를 드러낸 연구가 존재한다.[19] 지니계수와 앳킨슨지수를 중심으로 소득재분배 효과를 살펴보았을 때 현행 제도 상 0.303이었던 지니계수가 월 50만 원씩 청년들에게 기본소득을 지급할 경우 0.264로 낮아졌고, 앳킨슨 지수 역시 상당 수준의 소득 재분배 효과가 나타났다. 특히, 기본소득의 지급액이 늘어날수록 소득 분

---

18. 이지은. 2018. "기본소득과 재량시간: 성별비교를 중심으로." 『한국사회복지정책학회 춘계학술대회자료집』. p.272.
19. 이승주. 2019. pp.89~131. 전체 참조.

배 효과가 높아지는 정비례 관계가 나타났다. 또한 청년기본소득이 제공될 때 청년을 자녀로 둔 부모의 빈곤과 소득 분배 효과는 어떻게 나타나는지를 분석하였는데, 기본소득을 지급받는 청년 당사자 만큼에는 미치지 못하였으나 마찬가지로 소득 분배 개선이 뚜렷하게 나타났다. 현행 제도 상 0.288이던 부모의 지니계수가 월 50만 원 청년기본소득 지급 시 0.256으로 낮아졌고, 앳킨슨지수 역시 낮아졌다. 이는 수급 당사자인 청년만이 아니라 부모 세대의 소득 분배에까지 긍정적인 영향을 줄 수 있다는 점에서 전면적인 기본소득은 당장 어렵더라도 청년기본소득을 도입할 필요성을 보여 주는 연구라고 할 수 있다.

또한 기본소득이 기존 제도보다 모든 개인의 재량시간을 증대시키는 결과를 가져왔으며 특히 남성보다 여성의, 비빈곤층보다 빈곤층의 재량시간의 증대 효과가 더 컸다는 시뮬레이션 연구에 주목할 필요가 있다.[20] 이를 통해 청년에게 기본소득이 지급될 경우 단순히 소득 분배로 인한 빈곤 탈출 효과만이 아니라 시간자율성의 확대로 인해 청년이 노동시장의 진입을 위한 인적자본 형성의 기회를 확보하여 삶의 질을 높일 수 있을 것임을 추론할 수 있다. 특히 기존에 상대적으로 낮은 재량시간을 갖고 있던 여성과 빈곤층이 더욱 큰 재량시간 증가 효과를 누림으로써, 노동시장 진입에 있어서의 불평등 개선과 공정성 확보를 기대할 수 있다.

4. 소결

청년은 노년층을 제외하면 가장 심각한 노동시장에서의 고용 불안정과 소득 불안정에 시달리고 있다. 그러나 청년들의 다수가 부모와 같은 가구에 포함되어 있기 때문에 청년의 빈곤은 통계적으로 과소화되고, 사회정책이 청년 불안정 문제를 해결하기 위해 충분히 개입하지 못해 왔다. 그 결과로 청년층이 노동시장으로의 진입을 포기하는 비율이 지속적으로 증가했으며, 계속해서 사회정책이 이에 개

---

20. 이지은. 2018. pp.295-298.

입하지 못할 경우 장기적인 노동시장의 불안정성과 빈곤의 문제가 더욱 커지게 될 가능성이 높다.

커져가는 사각지대를 포괄하지 못해 제 기능을 온전히 수행할 수 없는 기존 복지 제도와 다르게, 기본소득은 사각지대의 문제에서 자유롭고 가장 높은 소득재분배 효과를 갖고 있다. 특히 청년을 대상으로 한 기본소득은 청년층의 빈곤 해소는 물론 부모 세대의 빈곤에까지 긍정적 영향을 끼칠 수 있고, 청년 중에서도 취약층의 재량시간을 증대시켜 인적 자본의 형성을 위한 시간을 제공해 노동시장 진입 과정에서의 불평등을 개선하고 공정성을 확보하는 데에 기여할 수 있다는 점에서 다차원적인 정책 효과를 갖는다고 할 수 있다.

위와 같은 기본소득 정책의 효과와 필요성에도 불구하고, 우리나라에서 실제 집행된 정책 중 기본소득 개념과 관련지을 수 있는 청년 대상 정책은 아직 기본소득 정책으로 보기 미흡한 것이 사실이다. 따라서 본 연구는 현재 한국에서 청년층을 대상으로 시행되고 있는 기본소득에 가까운, '기본소득형' 정책들을 골라 기본소득으로서의 성격을 평가하기 위한 각 기준들에 맞추어 분석하고, 이후 청년을 대상으로 하는 기본소득 제도의 발전 방향을 제시하고자 한다.

III. 서울시 청년수당과 경기도 청년기본소득 제도 분석

1. 제도 개관

본 연구는 서울시의 청년수당과 경기도 청년기본소득 두 가지 정책을 비교하고, 우리나라의 청년기본소득형 제도가 나아갈 방향을 모색하고자 한다. 먼저 서울시 청년수당은 2015년부터 추진된 청년정책 패키지인 '2020 서울형 청년보장(Seoul Youth Guarantee)'의 일부로서, 패키지에 포함된 다른 사업들(일자리, 주거, 공간 등)과의 유기적으로 연계되도록 설계되었다. 서울시 청년활동지원사업의 목적은

'구직활동을 포기한 NEET 등 기존 취업정책의 사각지대에 있는 청년들을 위해 각종 역량 강화 및 능동적인 진로 설계, 나아가 사회참여활동까지 포괄적으로 지원하는 것이다. 서울시 청년수당은 구직지원수당 또는 청년활동 지원정책에 가까우며 일종의 선별적 참여소득(participatory income)이라고 볼 수 있다. 서울시 청년수당 사업은 점차 지원 인원 규모와 보편성이 확대되고 있으며, 2020년에는 예년보다 약 4.6배 많아진 인원인 총 30,000명을 모집하며, 1000억여 원의 예산이 지급될 예정이다.

한편 경기도 청년기본소득 역시 기본적으로 노동시장의 여건의 악화로 인해 청년들이 사회적으로 자립하기까지의 공백 기간이 길어지고 있으며 청년들이 복지 사각지대에 놓여있다는 문제의식 속에서 출발하였다. 경기도 청년기본소득은 「경기도 기본소득위원회 설치 및 운영 조례(2018.10.23.)」, 「경기도 청년배당 지급 조례(2018.11.13.)」 등의 입법을 바탕으로 2019년 4월 본격적으로 시작되었다. 경기도 청년기본소득은 '생활비 부담의 완화를 통한 자기결정권의 보장', '사회참여 촉진 및 사회적 자립 역량 강화', '생계형 소비에서 문화, 여가, 자기계발 등을 촉진하는 소비성향으로의 변화', '지역경제 활성화' 등의 정책 목적을 가지는데, 이는 구직활동을 전제하지 않는 정책이라는 점에서 좀 더 기본소득의 이념형에 가까운 방향성을 보인다. 이는 경기도 기본소득의 시초인 성남시 청년배당의 성격에서 잘 알 수 있다. 이 '배당'은 기본소득 개념에서 출발한 것으로, 성남시가 수당 대신 배당(dividend)이라는 용어를 사용한 것은 토지, 환경 등 사회적 공유자산(common asset)에서 나오는 수익의 일정 부분을 누구나 공평하게 배당받을 권리가 있다는 점을 강조하기 위해서이다.[21]

이렇게 두 정책은 구체적인 방향성에 있어서는 다소 다르지만, 청년세대의 복지와 자립이라는 문제의식을 공유한다는 점에서 논의의 대상으로 삼기에 충분하다. 또한 서울시 청년수당은 선별성과 정책목적이 뚜렷한 반면 경기도 청년기본소득

---

21. 성남시. 2015. "성남시 청년배당 실행 방안 연구."

은 보편성이 두드러진다. 이렇게 성격이 다른 두 정책을 비교한다면 각 방향의 장단점을 더욱 잘 파악할 수 있으며 본 연구의 목적인 청년기본소득의 방향성 제안에 있어서 그 절충점을 가늠하기 용이할 것으로 보인다.

2. 기본소득 원칙에 따른 분석

1) 기본소득 원칙의 정의

기본소득의 원칙으로는 크게 보편성, 무조건성, 개별성, 현금성, 정기성, 충분성의 총 6가지가 있다. 충분성을 제외한 다섯 가지의 기준은 기본소득지구네트워크(The Basic Income Earth Network)에서 인정하는 기본소득의 원칙이며, 실질적 자유를 효과적으로 실현하기 위해서는 충분성의 원칙 또한 고려되어야 하기에 이를 포함한 여섯 가지의 기준으로 두 정책을 비교하고자 한다.

보편성은 기본소득 수령 대상의 유일한 조건을 시민권으로 두는 원칙으로, 대상을 선별하지 않는다는 점에서 선별복지의 사각지대를 복지 체계로 편입하기 위한 중요한 원칙이다.[22] 그러나 보편성을 추구하는 기본소득이라고 할지라도 현재 우리 사회 현실에 적용했을 때는 어떤 형식으로든지 수급 대상이 제한될 수밖에 없다. 따라서 보편성 원칙은 이행 경로 상에 있는 기본소득이라면 선별성의 제약을 받기 마련이며, 가장 대표적인 선별 기제로는 생애주기가 쓰인다.

무조건성 원칙은 소득수준이나 재산수준에 대한 조사, 유급노동에 참여하고 있는지 여부, 가구형태, 사회적 활동과 기여 등과 무관하게 기본소득이 주어져야 한다는 원칙이다.[23] 특히 현행 복지제도에서 대표적으로 제시되는 두 조건, 재산수준 조건과 근로조건을 포함하지 않는 정책이 기본소득의 무조건성을 충족하는 정책

22. 김교성 외. 2017. "한국형 기본소득의 '이상적' 모형과 '단계적' 이행방안." 『한국사회보장학회 춘계학술대회 자료집』. p.294.
23. 김교성 외. 2017. "한국형 기본소득의 '이상적' 모형과 '단계적' 이행방안." 『한국사회보장학회 춘계학술대회 자료집』. 위의 글. p.295.

이라 할 수 있다. 자산조사와 근로조건이 없다는 두 항목이 동시에 충족되어야 취약계층이 복지 혜택을 위해 질 낮은 일자리에 갇히는 현상을 없애고, 취약계층 스스로가 '받아들이기 힘든 착취'를 거부할 수 있는 협상력을 가질 수 있게 되어 기본소득 정책의 실질적인 효과가 생기기 때문이다.

개별성과 현금성은 청년의 실질적 자유를 보장한다는 점에서 의의를 가진다. 개별성이란 기본소득이 기존 복지제도와는 달리 가계 및 가구 단위가 아닌 개인 단위로 지급되어야 한다는 의미이다. 이는 가구 균등화 작업을 거치지 않으므로 전통적인 가정상이 파편화된 현대사회 속의 사각지대를 잘 포착한다고 볼 수 있다. 또한 현금성이란 음식, 서비스 및 바우처 등의 방식이 아니라 현금 이전(cash transfer) 방식으로 기본소득을 지급하는 방식이다. 이는 지급된 소득의 사용처를 평가하거나 한정하지 않는 것으로, 수급자가 스스로 결정하여 소득을 처분하는 것을 의미한다.

정기성이란 기본소득이 일회성 지급에 그치는 것이 아니라 매월, 매 분기와 같이 특정 주기에 맞추어 정기적으로 지급이 지속되는 것을 의미한다. 이는 재원을 일시적으로 지급하지 않고 일정한 금액을 꾸준히 지급함으로써 정책 대상자의 구매력을 유지하는 것에 목적이 있다.

충분성 원칙은 개인의 실질적 자유를 실현하고 최소생활을 보장할 수 있을 정도로 기본소득이 충분히 지급되어야 함을 뜻한다. 충분성 원칙을 충족하는 금액에 대해서는 논쟁이 많다. 충분성 원칙의 구체적인 수준으로 '평균소득의 50%'가 제시되기도 하나, '최저생계비' 혹은 '상대적 빈곤선'(중위소득의 50%)이 일반적으로 활용되고 있다.[24] 그러나 현실적으로 기본소득은 예산제약의 한계로 인해 충분성의 수준을 다소 낮춘 안들이 제안되어 왔다. 이러한 기본소득은 부분기본소득(partial basic income)으로 부르기도 한다.

---

24. 김교성 외. 2017. p.296.

2) 기본소득 원칙에 따른 분석

a. 보편성

서울 청년수당은 서울에 1년 이상 거주하고 있는 만 19~34세 청년(근무시간 30시간 미만) 가운데 가구소득, 미취업기간, 부양가족 수 등을 기준으로 별도의 선정심사위원회에서 대상자를 선정해 지급한다. 경기도 청년기본소득의 경우 경기도에 3년 이상 주민등록을 두고 계속 거주하거나 전체 합산 10년 이상을 거주한 만 24세 청년 개인이면 누구나 지급한다.

두 제도 모두 낮은 수준의 보편성을 보여 주는데, 두 단계 이상의 선별이 진행되기 때문이다. 서울의 경우에는 1) 청년층 중에서 2) 소득, 근로여부, 부양가족 등을 기준으로 수급 대상을 선정하며, 경기도의 경우는 1) 청년층 중에서 2) 24세라는 연령대로 한정하고 있음을 알 수 있다. 그러나 경기도 청년 배당의 경우는 청년층에서도 만 24세로 생애주기로 한정되지만 도내 3년 연속 거주/전체 10년 거주한 해당 연령의 모든 시민에게 준다는 점에서 제한된 보편성의 확장으로 볼 수 있

<표 2> 서울시 청년수당과 경기도 청년 기본소득 신청자격 조건

	서울시 청년수당	경기도 청년기본소득
신청자격	① 주민등록 기준 서울시 내 거주자 ② 만 19세~34세 청년: 1985년 3월생 ~2001년 3월생(2020년 기준) ③ 최종학력 졸업(수료)후 2년이 지난 사람 → 대학 재학생 불가능[1] ④ 중위소득 150% 이하(이때, 건강보험료 기준으로 산정)[2] ⑤ 미취업자(고용보험 미가입자)[3]	① 주민등록 기준 경기도 내 거주자 ② 만 24세 청년 ③ 경기도에 3년 이상 계속 거주한 경우 또는 합산하여 10년 이상 거주한 경우

주: 1) 방송통신대학교·사이버대학·학점은행제에 재학 중인 경우는 이전 최종학력이 2년이 지난 경우 신청 가능
2) 건강보험료 본인부담금 지역 254,909원, 직장 237,652원 미만인 사람(2020년 공고월 전월('20. 2월) 부과액 기준) 신청자가 세대주이면 본인 부과액 기준, 신청자가 지역세대원 또는 직장피부양자이면(부모님·형제자매 등의 세대원으로 소속) 부양자 부과액 기준
3) 고용보험 가입되어 있더라도, 주 26시간 이하 또는 3개월 이하 단기 취업자면 신청 가능. 단, 주 26시간 이하 또는 3개월 이하의 근로시간 확인이 가능한 별도의 증빙자료(ex. 근로계약서) 제출 시 인정

다. 만 24세라는 기준은 소득이나 부양기준 등 여타 다른 조건과 상관없이 누구나 거쳐 가기 때문이다. 이는 범주보편성으로 부를 수 있으며, 이는 보다 시민적 권리에 가깝다. 한편, 서울시의 경우 해당 연령대의 모든 시민이 아닌 미취업자 중심으로 선별적으로 지급하기에 선별 기제가 결국 지급 대상을 결정하는 데 시민권보다 강력하게 작용한다는 점에서 경기도 청년기본소득보다 낮은 수준의 보편성을 가진다.

b. 무조건성

표에서 확인할 수 있듯, 서울시 청년수당에 비해 경기도 청년기본소득이 무조건성 원칙을 더 잘 충족한다. 서울시 청년수당은 신청자격을 부여할 때 소득과 근로에 관련한 조건을 모두 부과하고 있으므로 복지 사각지대를 좁히려는 기본소득 정책의 취지에 부합하지 않는다. 또한, 취업자나 대학 재학생은 원칙적으로 지원대상이 아니라는 점에서 노동시장에 새롭게 투입될 가능성이 높은 사람들을 선별해서 지원하고자 하는 정책의 목적이 드러난다. 이에 따라, 무조건적으로 기본소득을 지원하여 취업 여부와 관계없이, 꾸준한 지원으로 근로의욕을 고취시킬 수 있는 기본소득의 긍정적인 영향이 제대로 실현되지 못한다.

반면, 경기도 청년기본소득의 지원 대상은 경기도 내 만 24세 청년으로서 3년 이상 계속 거주한 경우 또는 합산하여 10년 이상 거주한 경우이다. 거주기간을 조사하는 것은 시민권에 기초한 자격규정으로, 보편성의 영역에 해당한다고 보았을 때, 경기도 청년기본소득은 재산 및 소득 상태를 심사하고 있지도 않으며, 취업 상태나 노동 의욕 등을 묻지 않는다는 점에서 무조건성 원칙을 충족하는 정책이라고 할 수 있다.

c. 개별성

서울 청년수당과 경기도 청년기본소득은 모두 세대주 혹은 가족 앞이 아니라 청년 개인 앞으로 지급되고 있으며, 부양가족의 여부, 가족관계 등 어떤 가족 형태에

속해있느냐는 고려하지 않는다. 고로, 두 제도 모두 개별성을 완전히 충족하고 있음을 확인할 수 있다.

d. 정기성

서울 청년수당은 6개월 동안 매월 25일 지급되고, 경기도 청년기본소득은 1년 동안 4회에 걸쳐 매 분기마다 지급되어 각 정책 모두 일정한 주기에 맞추어서 소득이 지급되고 있다. 그러나 두 제도는 각각 6개월 및 1년이라는 한시적인 기간 동안만 기본소득을 제공하는 것에 그쳐 청년들의 구매력을 꾸준히 유지한다는 기본소득의 기본적인 목적에 있어 한계를 가진다. 정기적 지급이 보장되지 않는 한 기본소득의 정기성 원칙을 충족시키기 어렵기 때문이다.[25] 그러나 이와 같이 지급 기간을 제한한 것에는 재정적인 부담이 큰 작용을 했을 것으로 간주되고, 고로 정기성을 충족하기 위해서는 기본소득을 위한 재정적인 충원이 먼저 뒷받침되어야 할 것으로 보인다.

e. 현금성

서울 청년수당의 경우 서울시 시금고 은행 계좌로 현금이 지급되어 체크카드를 활용해서 현금을 활용하는 방식으로 운영되고 있다. 청년들은 교육비, 독서실비 등 직접적 구직활동뿐 아니라 식비, 통신비, 교통비, 월세 등 사용 범위 내에서 자가 판단하여 수급액을 사용하게 된다. 반면, 경기도 청년기본소득은 시군 지역화폐(카드, 모바일, 지류)로 제공이 되며, 초본 상 주소지로 등록된 시, 군 내의 전통시장 및 연 매출 10억 미만의 소상공인 업체에서만 활용할 수 있다.

먼저 사용처의 제한 측면에서 바라보았을 때 두 제도 모두 유흥업소 및 사행성 업소 등에서의 사용을 제재하고 있다는 점에서 사용처의 제한을 두지 않는다는 현금성 원칙과는 다소 거리가 있을 수 있다. 그러나 청년들의 사회권 보장 및 생활 및

---

25. 서울연구원. 2017. "기본소득의 쟁점과 제도 연구." pp.181-209.

취업 부담 완화라는 청년 대상 기본소득제도의 목적을 살펴보았을 때, 그러한 업소는 청년 대상 기본소득제도의 목적과는 거리가 있으므로 사용을 제재하는 것이 충분히 정당화될 수 있는 것으로 보인다.

두 번째로 지급 형태에 따라서 비교해 보았을 때 서울 청년수당은 현금을 수당으로 제공하여 서울시가 아닌 다른 지역사회에서나 온라인에서의 결제가 허용되는 반면, 경기도 청년기본소득은 지역화폐를 도입하여 시, 군, 내에서만 결제가 허용된다는 점을 확인할 수 있다.

f. 충분성

경기도의 경우 만 24세 청년 전부를 대상으로 분기별 25만 원, 1년간 100만 원을 지급한다. 서울의 경우 월 50만 원씩 최대 6개월간 지급한다. 두 제도 모두 최저생계비에는 한참 미달하는 수준이며, 2019년 1인 가구 기준 월 512,102원인 생계급여보다 낮은 수준임을 알 수 있다. 다만 서울의 경우는 경기도에 비해서는 현실적으로 청년들의 생활수준 향상에 유의미하게 영향을 미칠 수 있는 수준이라고 볼 수 있다.

그럼에도 불구하고, 청년기본소득형 정책은 청년들의 삶에 유의미한 변화를 일으켰다. 실제로 서울시 청년활동지원사업 참여자 분석 연구[26]에 의하면 서울시의 지원금이 생활여건에 도움이 되는지에 대한 질문에 98.5%가 도움이 된다는 긍정적 답변을 하여 거의 참가자 전원에게 실질적 도움이 되었다는 것을 확인할 수 있다. 한편 경기도 청년기본소득 수혜대상 설문에 따르면 구체적인 삶의 변화의 내용에 있어서 청년들은 "친구들과의 교제에 금전적 걱정을 덜 수 있었"다는 답변을 1순위로 꼽았고, 청년기본소득 수령 후 삶의 변화에 대해 변화가 있다고 답변한 청년이 60.3%으로, 변화가 없다고 답변한 청년 15.9%보다 높게 나타났다. 이러한 설문조사 결과는 충분하지는 않은 적은 금액이라도 넓은 의미에서의 청년의 사회적

---

26. 김교성 외. 2017. p.296.

〈표 3〉 서울시 청년수당과 경기도 청년기본소득의 기본소득의 원칙 충족 여부

기본소득의 원칙	서울시 청년 수당	경기도 청년 기본소득	평가
보편성	×	△	연령을 기준으로 하는 범주보편성이 적합함.
무조건성	×	○	자산조건과 근로조건이 없는 경기도 청년 기본소득의 형태가 바람직함.
개별성	○	○	두 정책 모두 개별성을 충족하며, 앞으로도 개별성은 가장 기본적으로 지켜져야 함.
정기성	△	△	정기성은 두 정책 모두 미흡함. 재원이 마련되면 점차 확대하는 방식을 취해야 함.
현금성	○	△	지역사회의 정책 수용성을 높일 수 있다면 지역 화폐의 형태도 고려하되, 사용처를 넓힐 수 있도록 해야 함.
충분성	△	△	두 정책 모두 최저생계비의 50%에 미치지 못하는 금액을 지원함. 충분성을 충족하지 못했으나, 낮은 금액으로도 삶의 질 개선에 유의미한 영향을 미쳤다는 것에 의의가 있음.

활동과 삶의 수준을 향상시킬 수 있음을 보여 준다.

충분성 원칙은 개인의 실질적 자유를 보장하기 위해 중요한 원칙임에는 틀림없다. 그러나 아직 개인의 '실질적 자유'가 무엇인지, 어느 정도가 '충분'한 것인지 등에 대한 사회적 합의와 학계의 논의가 충분히 이루어지지 않은 상태이며, 마련되었다고 하더라도 충분성의 원칙은 실질적 예산 제약으로 인해 보편성, 무조건성 등의 다른 원칙들을 충족하면서 동시에 실현하기 어렵다. 또한 서울과 경기도의 시행 사례에서도 보았듯이 일반적인 충분성의 기준에는 도달하지 못하는 낮은 금액도 청년 개인들 주관적으로는 생활과 삶의 질 개선에 유의미하게 도움이 되었다는 점을 고려하면, 충분성의 요건을 엄격하게 해석하는 것보다는 잠정적으로는 유연하게 해석하며, 이를 점차 확대해갈 방안을 모색하는 것이 바람직한 것으로 보인다.

정리하자면, 보편성의 경우 두 정책 모두 미흡하나 경기도의 경우가 서울의 경우보다 기본소득의 취지를 실현하기 용이한 형태였으며, 무조건성의 경우 경기도 청년 기본소득의 형태가 바람직하다. 개별성의 경우 두 정책 모두 충족했으며, 정기성과 충분성의 경우 두 정책 모두 미흡하나 재원을 마련한 후 점진적으로 충족

수준을 높여갈 것을 기대할 수 있다. 현금성의 경우 서울시 청년 수당이 경기도 청년 기본소득보다 기본소득의 이념형과 가까운 모습을 보여 주지만, 경기도의 경우처럼 지역 화폐로의 지급이 정책 수용성을 높이기 용이하다면 이 또한 고려해 볼 만한 방안이다. 분석을 표로 정리하면 〈표 3〉과 같다.

3. 서울시 청년수당과 경기도 청년기본소득의 절차적 합리성 분석

1) 서울시 청년수당의 절차적 합리성

서울시 청년수당 도입 정책의제설정과정 연구[27]에 따르면, 서울시 청년수당의 법적 근거는 사회보장기본법 제25조, 헌법 제117조, 서울특별시 청년기본조례 제 10조, 청년고용촉진특별법 제3조이다. 특히 청년수당은 서울특별시 청년기본조례 제 10조 제4항의 '청년활동 지원 방안'의 일환이다. 2015년 1월, 서울시는 「서울특별시 청년 기본 조례」를 제정하여 일자리뿐 아니라 청년의 사회활동 전반을 청년의 권리로 인정했으며, 청년정책담당관을 신설하여 일자리정책과에서 다루던 청년 문제를 전담하게 하였다. 또한 청년정책 논의 기구인 '청년정책네트워크'를 만들어 청년 당사자가 청년정책을 수립하는 과정에 적극적으로 참여할 수 있도록 지원했다. 이에 따라 시민단체 청년유니온이 서울형 실업부조 정책을 제안하였으며, 이 정책이 일자리 정책을 넘어선 포괄적 사회안전망 정책의 성격으로 발전하면서 청년수당 정책의 윤곽이 그려졌다.[28] 당시 집권 중앙정부의 근로연계복지 정책 기조상 해당 정책을 추진하는 것에 서울시 관료들이 많은 부담을 느꼈으나, 청년기본조례를 통해 형성된 거버넌스와 최종정책결정자인 시장의 의지로 인해 추진력이 확보되었다. 이후 보건복지부와의 협의 과정에서 수정협의안에 보건복지부가 반대의사를 표명하였으나, 서울시는 수정협의안을 강행하였다.[29] 당시 청년수당

27. 김지혜. 2019. 서울시 청년수당 도입 정책의제설정과정 연구. p.4.
28. 위의 글. pp.4–5.
29. 김일규. 2017년 9월 1일. "'청년수당 = 과잉복지' 라더니… 결국 물러선 복지부." 「한국경제」.

정책의 여론 지지율이 높은 것은 아니었으나, 정책 집행 이후 정책 수혜자들의 만족도와 신뢰도는 꾸준히 증가했다.[30]

2) 경기도 청년기본소득의 절차적 합리성

경기도 청년기본소득은 「경기도 기본소득위원회 설치 및 운영 조례」 및 「경기도 청년배당 지급 조례」 등의 법적 근거를 확보하여 경기도에서 기본소득과 관련한 정책의 수립 및 시행이 제도적 뒷받침을 받게 되었다. 또한, 기본소득 지방정부 협의회 구성을 추진하며, 기본소득 정책 관련 주요 정책의 수립 및 기획 조사 실천 방안 연구 정책의 결과분석 및 평가 교육 법령 및 제도 개선 공동대응 및 홍보에 관한 사항 등을 행정협의회가 다룰 수 있도록 하였다. 마지막으로, 기본소득 공론화 작업을 진행하였는데, 특히 전문가와 도민참여단의 숙의토론을 통해 주민참여를 보장하였다. 토론과 이해가 동반되어 긍정적 태도로의 전환이 일어났으며, 심지어 증세에 동의하는 시민의 비율이 43%p 증가하는 등 유의미한 변화를 보였다.[31] 이 결과는 공론화 작업이 절차적 합리성에 충족될 뿐만 아니라, 주민 인식의 변화로 이어져 외적 정합성에도 긍정적인 영향을 미칠 수 있음을 보여 주었다.

4. 서울시 청년수당과 경기도 청년기본소득의 기존 제도와의 정합성 분석

1) 서울시 청년수당과 기존 제도의 정합성

서울시 청년수당은 수당을 지원받는 기간 동안 정부 지원 사업과 중복 참여할 수 없다는 조항이 있다. 따라서 고용노동부에서 지원하는 취업성공패키지나 청년구직활동지원금, 실업급여 등이나 국가보훈처에서 지급하는 제대군인 전직지원금과 동시에 수급대상이 될 수 없다. 하지만 구직활동지원금의 대상자 혹은 전직지원금을 받는 제대군인이 청년수당의 지원 대상에서 제외되는 것이 과연 제도의

---

30. 이명희. 2019년 10월 23일. "지난해 청년수당 만족도 '99.4%.'" 「경향신문」.
31. 경기연구원. 2019. "경기도 기본소득의 1년 회고. 긍정적 정책효과가 보이다." p.5.

원 취지에 부합하는지 생각해 볼 여지가 있다. 또한, 청년수당은 소득 산정액에 포함이 되기 때문에 국민기초생활보장제도의 수급자의 경우, 생계급여가 감소하거나 또는 수급자에서 탈락하게 될 가능성이 존재한다. 따라서, 실질적 자유를 위해 청년수당 지원이 더 필요하다고 여겨지는 빈곤층의 경우 청년수당의 일시적 수령이 도리어 소득보장에 대한 위협으로 이어질 수도 있는 역설적 상황이 발생한다.

2) 경기도 청년기본소득과 기존 제도의 정합성

경기도 청년기본소득은 청년구직활동금 및 취업성공패키지 2단계 훈련참여지원 수당과 중복수혜가 불가능하다. 청년구직활동 지원 사업 종료 이후 6개월 동안은 참여가 불가하다는 조항도 존재한다. 또한, 기초생활수급자에 해당되는 경우라면, 청년기본소득을 수령할 때 수급방식에 따라서 금액이 감소되거나 자격이 중지될 수 있다는 점도 큰 문제이다. 기초생활수급자에 해당된다면 경기도 청년기본소득 연 100만 원과 생계급여(연 240만 원·소득인정에 따라 차이 있음) 간 양자택일을 해야 하는 상황이 발생하는데[32] 국민기초생활보장법의 '보충성 원칙'에 따라 경기기본소득이 공적이전소득에 포함되어 기초생활수급자의 경우 수급자격 박탈 위험이 생긴다. 보건복지부는 청년기본소득의 공적이전소득 범위를 완화하는 것은 보충성의 원칙에 어긋날 뿐만 아니라 원래부터 중복 지급이 금지되고 있는 기초연금·아동수당과의 형평성 논란이 불거질 수 있다며 제도 개선 가능성에 선을 그은 바 있으나,[33] 기존 사회보장제도의 전제였던 노동 구조와 가족 구조가 붕괴되어 종전의 사회보장제도의 사각지대가 발생했다는 것이 기본소득 도입의 문제의식이므로, 보충성의 원칙에 있어서도 전환이 필요할 것으로 여겨진다. 보충성 원칙을 엄격히 적용하여 사회국가 실현에 있어서 국가의 일차적 관여를 제한하는 경

---

32. 김해령. 2019년 6월 18일. "누구나 다 받는 '경기도 기본소득'… 기초생활수급 청년은 못 받는다." 「경기일보」.
33. 보건복지위원회 수석전문위원. 2020. "기초생활수급(생계급여)자의 서울 청년수당 지원을 위한 「국민기초생활 보장법 시행령」 개정 촉구 건의안 검토보고서." 제295회 서울특별시의회(정례회) 제2차 보건복지위원회. p.13.

우, 사회국가 보장의 목적을 달성하기 어렵고 복지정책의 효과는 제한적일 수밖에 없다는 비판[34] 또한 이미 존재한다.

5. 소결

기본소득의 여섯 가지 원칙과 절차적 합리성, 기존 제도와의 정합성을 기준으로 서울시 청년수당과 경기도 청년기본소득을 비교해 보았다. 보편성을 기준으로 살펴보았을 때, 두 정책 모두 연령대를 제한했으므로 '범주보편성'을 지닌다고 할 수 있다. 그리고 무조건성의 기준으로는, 자산조건과 근로조건을 내걸지 않았다는 점에서 경기도 청년기본소득이 비교적 기본소득의 취지를 잘 실현한다. 개별성은 두 정책 모두 충족하는 반면, 정기성과 충분성은 두 정책 모두 미흡하다. 하지만 정기성과 충분성은 재원의 문제와 직결되므로, 단계적으로 보완해야 한다. 현금성 부분에서는 서울시 청년수당은 현금으로, 경기도 청년기본소득은 지역화폐로 지급되므로 지급 형태에서 서울시 청년수당이 비교적 기본소득의 이념형과 가깝다. 또한, 서울시 청년수당과 경기도 청년 기본소득은 모두 법적근거를 확보하고, 지역 내 네트워크를 잘 이용했으며, 시민들의 참여를 확보하였으므로 절차적 합리성은 높다고 평가할 수 있다. 하지만, 이미 시행되고 있는 선별 복지 제도와의 모순이 발생하여 기초생활수급자에 해당하는 빈곤층이 오히려 보편 복지의 혜택을 받지 못하는 기형적인 상황이 발생했다. 기존의 사회안전망이 간과한 사각지대를 혜택 범위 안으로 편입하는 것이 기본소득제도의 취지이므로 제도의 단순 도입에 그치지 않고, 충돌하는 기존 제도의 원칙을 재검토해야 한다.

---

34. 이재희. 2018. "기본소득(Basic Income)에 대한 헌법적 검토." 헌법재판연구원 [편]. 「헌법이론과 실무 (2018-A-8)」. p.61.

IV. 청년 대상 기본소득형 정책의 방향성

기본소득제도는 변화하는 노동구조와 가정구조에 적절히 대응할 수 있는 새로운 형태의 복지 정책이다. COVID-19 사태로 인한 취약계층의 집단감염 사태 및 노동 불안정성 증대는 기존 사회안전망의 허점을 낱낱이 드러냈다. 특히, 취업준비생들의 시험 연기, 대학생들의 해외수학의 취소, 실효성이 부족한 온라인 형태의 실습수업 진행 등 비교적 단기적으로 촘촘한 계획을 세우는 시기인 청년들의 미래설계 과정에 큰 차질이 생겼고, 사태 장기화에 따른 취업난은 청년층을 "코로나블루(Corona Blue)"에 취약하게 만들었다. 그러나 청년층이 꿈자본의 영역에서 입은 피해는 수치로 나타내기 어려웠고, 국민들의 관심도 또한 낮았으므로, 이들의 불안정성은 여전히 비가시적인 영역에 머물러 있다. 이러한 문제의식에 기반해, 본 연구에서는 청년의 불안정 노동과 빈곤, 그리고 불평등에 주목하여 청년을 대상으로 한 기본소득정책이 복지 사각지대에 놓인 청년층을 구제하고, 장기적으로는 사회의 불평등과 빈곤을 완화할 수 있다는 점을 근거로 청년층을 대상으로 하는 기본소득형 정책을 분석하였다. 이념적으로 완전한 기본소득 정책은 아니지만, 이미 시행된 청년 대상 지원정책 중 기본소득에 가장 가까운, 절충적 정책이라고 볼 수 있는 서울시 청년수당과 경기도 청년기본소득을 분석해 보고, 이를 바탕으로 향후 청년 대상 기본소득형 정책이 나아가야 할 방향을 논의해 보았다.

1. 운용적 측면

기본소득 정책의 취지는 기존 복지제도의 사각지대를 해소하고 실질적 자유를 보장하는 데에 있기 때문에, 청년 대상 기본소득형 정책 또한 기본소득의 취지와 가까운 방향으로 나아가는 것이 바람직하다. 기존 복지제도의 사각지대를 해소하는 측면에서 보편성은 비록 재정적 한계로 인해 제한적으로 적용될지라도 선별의 기제를 시민권에 기초한, 예컨대 연령과 같이 인구학적인 기준으로 하는 것이 바람직하다. 또한, 자산조건을 내걸지 않으며 사각지대 해소하는 방법, 근로조건을 두지 않으며 실질적 자유를 보장하는 방법이 가장 기본소득의 취지를 잘 실현하므로, 무조건성은 필수적으로 지켜져야 하는 원칙이다. 개별성 또한 가족 구조의 파편화로 인해 복지의 사각지대에 놓였던 청년들을 구제하기 위해 우선적으로 고려되어야 한다.

반면, 주기성과 충분성의 원칙은 재원의 문제와 밀접한 관련이 있다. 마찬가지로 재원과 밀접한 관련이 있는 원칙인 무조건성과 이 두 원칙을 서로 비교해 보았을 때, 복지 사각지대 해소라는 기본소득의 취지를 고려하면, 상대적으로 무조건성을 우선적으로 충족시키는 것이 바람직하다. 충분성과 주기성 원칙은 기본소득이 제도로서 안정성을 획득하고 시민적 지지가 확대된 후에 그 충족 수준을 점차 실질적 자유를 보장할 수 있을 정도로 높여야 한다.

현금성의 경우, 장기적 관점에서 청년기본소득제도의 지속성을 담보하기 위해서는 지역사회로부터 정책 집행의 정당성을 인정받고 합의를 얻어 낼 수 있는 지역화폐를 통해서 원칙을 충족하는 것이 바람직하다. 청년기본소득은 현금으로 지급할 때보다 지역화폐로 도입할 때 지역 경제가 활성화되리라는 기대하에 지역주민들의 정책 수용성을 높일 수 있다. 결제가 가능한 지역 범위가 획정되어 있어 청년의 선택권을 다소 한정한다는 점에서 단점을 가지지만, 이를 도입하면 지역화폐라는 도구적 수단을 통한 사회적 효용의 극대화를 달성할 수 있고, 더 나아가 보다 균형된 사회의 실현이라는 비시장적(사회적) 가치를 창출할 수 있다는 점[35]에서 큰 시사점을 가진다고 볼 수 있다. 다만, 지역화폐는 지급액의 사용처가 제한된다는 한계점이 있기 때문에 학원 등 청년들이 주로 이용하는 사업장에 대해서는 연매출 10억 이상 매장·체인점 사용 불가라는 제한의 빗장을 어느 정도 풀어주는 등의 유연한 접근이 필요할 것으로 보인다.

서울시 청년수당과 경기도 청년기본소득 모두 법적 근거를 합리적으로 마련하

---

35. 경기연구원. 2019.

고, 시민 사회와의 교류가 활발했다는 점에서 절차적 합리성이 높은 수준이다. 특히, 경기도의 경우는 기본소득 공론화 사업에서, 전문가와 도민참여단의 숙의토론이 있었는데, 이를 통해서 시민들의 기본소득 정책에 대한 긍정적 태도로의 전환이 매우 크게 일어난 것을 통계를 통해 확인 가능하다. 이는 시민들의 정책 수용성을 높이는 데에 크게 기여했으며, 향후 청년기본소득제도를 도입하고자 하는 다른 지자체도 이를 고려할 만하다.

하지만 기존 제도와의 정합성 차원에서 서울형과 경기도형 모두 개선의 여지가 있다. 특히, 기초생활수급자의 경우 청년기본소득을 받았을 때 수급자격 박탈 위험이 생겨 빈곤층이 오히려 혜택을 못 받는 기형적인 현상이 발생한다. 보건복지부는 보충성의 원칙을 근거로 들며 청년기본소득을 공적 이전 소득으로 산정하는 것을 정당화한다. 그러나, 기존 제도의 전제였던 노동 구조와 가족 구조가 붕괴되어 복지의 사각지대가 발생한 것이 기본소득 도입의 문제의식이므로, 보충성의 원칙에 있어서도 전환이 필요할 것이다.

2. 과정적 측면

두 사례 모두 지자체의 단순 운용 이전에, 청년들이 중심이 되어 지자체와 소통하고, 숙의하는 과정이 있었다. 앞으로 청년 대상 기본소득형 정책을 더욱 확대하기 위해서는 먼저 청년세대 내부에서 기본소득의 필요성에 대한 공감이 보편화되어야 한다. 비교적 결집이 용이한 지역 대학생을 구심점으로 하는 네트워크를 형성하고, 공론화를 통해 기본소득 담론이 청년세대의 주요 의제가 될 수 있도록 해야 할 것이다. 또한, SNS의 적극적 활용을 통해 청년 대상 기본소득 공론화 사업을 더욱 효과적으로 진행할 수 있을 것이다. 특히, 청년들이 주로 이용하는 매체(유튜브, 인스타그램, 카카오톡 플러스친구) 등을 활용한 기본소득 담론의 확산이 효과적일 것이다. 청년 당사자의 차원에서 공론화의 노력을 한다면, 지역 행정의 단위에서는 정책의 형성과 이행과정에서 청년의 목소리를 들을 수 있도록 하는 제도적 기반을 만들어야 한다. 서울시에서 청년들의 권리를 보장해 줄 수 있는 조례를 만들고, 청년정책네트워크의 신설을 통해 청년 당사자가 참여하는 정책논의기구를 마련한 것처럼, 지자체와 청년들 간의 논의 창구를 마련하는 것이 필요하다. 여기에 그치지 않고, 지역사회와의 소통을 통해 정합적인 정책을 형성하려는 노력이 필요하다. 지자체와 시민참여단, 그리고 청년, 삼자 간의 토론의 장을 마련하여 숙의의 과정을 거치는 것이 바람직하다. 전문가와 시민참여단의 토론 이후에 정책 수용성이 매우 높아진 경기도의 사례에 청년 당사자의 목소리를 더해 성숙한 숙의 모델을 구성한다면 사회적 갈등을 보다 원만하게 해결하며 청년 대상 기본소득형 정책을 안정적으로 정착시킬 수 있을 것이다.

3. 한계점

본 연구의 한계점은 재원 마련의 근거와 다른 지자체로의 확대 가능성을 충분히 논의하지 못했다는 점이다. 기본소득 도입 논쟁의 주요 쟁점인 재원 문제를 어떻게 우리나라에 적합한 형식으로 해결할 것인지에 대해 추가적인 연구가 필요할 것이다. 또한, 다른 지자체로의 확대 가능성 부분에 집중한 후속 연구가 진행되어야 한다. 특히, 본 연구의 분석 대상인 서울시 청년수당과 경기도 청년기본소득은 모두 비교적 재정자립도가 높으며, 청년 인구가 많은 서울시와 경기도라는 지자체에서 시행된 정책이라는 점에서, 이를 전국적으로 확대하기 위해서는 지역의 특징에 대한 이해와 환경맥락과의 정합성을 연구하는 것이 필요하다. 각 지자체마다 재원이 다르고, 환경맥락이 다른 상황에서 이 정책을 보편화하기 위해서는 어떤 단계를 거쳐야 할지에 대한 논의가 진행되어야 한다. 현재 청년 대상 기본소득형 정책은 지자체가 집행 주체인 상황인데, 지역 특성의 차이로 전국에 확대되기 어려운 상황이라면, 시민들의 정책 수용성이 높아진 후에 중앙정부가 집행 주체가 되는 것도 고려해 볼 만한 해결책이다.

228

〈참고문헌〉

경기연구원. 2019. "경기도 기본소득의 1년 회고, 긍정적 정책효과가 보이다."

경기연구원. 2019. "경기도 청년기본소득 청년의 반응과 시사점."

경기일보. 2019년 6월 18일. "누구나 다 받는 '경기도 기본소득'… 기초생활수급 청년은 못 받는다." http://www.kyeonggi.com/news/articleView.html?idxno=2118066.

경향신문. 2019년 10월 23일. "지난해 청년수당 만족도 '99.4%'." http://news.khan.co.kr/kh_news/khan_art_view.html?artid=201910232137015&code=940100.

고용노동부. "고용형태별근로실태조사."

교육부. 「OECD 교육지표 2019」 결과 발표."

국회예산정책처. 2018. 『NABO 산업동향 & 이슈 8월호』.

김교성 외. 2017. "한국형 기본소득의·이상적·모형과·단계적·이행방안." 『한국사회보장학회 춘계학술대회 자료집』. pp.221-246.

김교성 외. 2017. "기본소득의 이상적 모형과 이행경로." 『한국사회복지학』. 제69권 3호. pp. 289-315.

김문길·김태완·임완섭·정은희·김재호·안주영·김성아·이주미·정희선·최준영. 2017. 『청년빈곤의 다차원적 특성 분석과 정책대응 방안』. 보건사회연구원.

김민구·이경근·이석용·전준하·한용희. 2017. "취업스트레스, 외모인식, 재무스트레스, 정부신뢰도, 내외통제성이 대학생의 행복에 미치는 영향." 『산업경영시스템학회지』. 제40권 4호. pp.171-182.

김유경·이여봉·최새은·김가희·임성은. 2015. 『가족관계 다변화에 따른 부양체계 변화전망과 공사 간 부양분담 방안』. 보건사회연구원.

김유경·이여봉·최새은·김가희·임성은. 2015. 『가족관계 다변화에 따른 부양체계 변화전망과 공사 간 부양분담 방안』. 보건사회연구원.

김지혜. 2019. 서울시 청년수당 도입 정책의제설정과정 연구.

김태완·최준영. 2017. "청년의 빈곤 실태: 청년, 누가 가난한가." 『보건복지포럼』. 제244호, pp.6-19.

김해령. 2019년 6월 18일. "누구나 다 받는 '경기도 기본소득' … 기초생활수급 청년은 못 받는다." 『경기일보』.

백승호. 2014. "서비스경제와 한국사회의 계급, 그리고 불안정 노동 분석." 『한국사회정책』. 제21권 2호. pp.57-90.

보건복지위원회 수석전문위원. 2020. "기초생활수급(생계급여)자의 서울 청년수당 지원을 위

한「국민기초생활 보장법 시행령」개정 촉구 건의안 검토보고서." 제295회 서울특별시
　　의회(정례회) 제2차 보건복지위원회. pp.1-15.

서울연구원. 2017. "기본소득의 쟁점과 제도 연구." pp.181-209.

서정희. 2015. "비정규직의 불안정 노동." 『노동정책연구』. 제15권 1호. pp.1-41.

성남시. 2015. "성남시 청년배당 실행 방안 연구."

손혜경. 2009. "스웨덴의 청년실업 원인에 대한 토론과 대책." 『국제노동브리프』. 제7권 8호.
　　pp.68-75.

원종학·김종면·김형준. 2005. 『실업의 원인과 재정에 미치는 장기효과-청년실업을 중심으
　　로』. 조세재정연구원.

유영성·정원호·김병조·이관형·김을식·마주영. 2020. "코로나19로 인한 경제재난, '재난기
　　본소득'이 해법이다!" 『이슈&진단』. 408호. pp.1-25.

이승주. 2019. "청년기본소득 도입의 효과 분석: 소득재분배 및 빈곤완화를 중심으로." 『정부
　　학연구』. 제25권 1호. pp.89-131.

이재희. 2018. "기본소득(Basic Income)에 대한 헌법적 검토." 헌법재판연구원 [편]. 『헌법이
　　론과 실무(2018-A-8)』.

이지은. 2018. "기본소득과 재량시간: 성별비교를 중심으로." 『한국사회복지정책학회 춘계학
　　술대회자료집』. pp.271-304.

통계청. "2020년 5월 경제활동인구조사 청년층 부가조사 결과."

통계청. "성/연령별 근로형태(비정규직)별 취업자."

한겨레. 2016년 9월 19일. "29살? 39살? 대한민국 '청년'은 몇 살까지입니까." http://www.
　　hani.co.kr/arti/society/society_general/761748.html#csidx1fc4c9ea6797e28857b0
　　5626a1b246b. (검색일: 2020.6.12.).

한국경제. 2017년 9월 1일. "'청년수당 = 과잉복지' 라더니… 결국 물러선 복지부." https://
　　www.hankyung.com/politics/article/2017090152641.

OECD. 2019. *Society at a Glance 2019*.

〈부록〉

<표 1〉 성/연령별 근로형태(비정규직)별 취업자 수

(단위: 천 명)

		29세 이하	30-39세	49-49세	50-69세	60세 이상
2015	전체근로자	3,413	4,840	5,072	3,946	1,946
	정규직	2,316	3,812	3,752	2,581	640
	비정규직	1,097	1,028	1,320	1,365	1,307
2016	전체근로자	3,455	4,742	5,039	4,099	2,147
	정규직	2,343	3,742	3,725	2,698	689
	비정규직	1,112	1,000	1,314	1,401	1,457
2017	전체근로자	3,498	4,753	5,044	4,205	2,264
	정규직	2,341	3,772	3,731	2,779	741
	비정규직	1,157	981	1,313	1,425	1,523
2018	전체근로자	3,478	4,717	4,970	4,247	2,430
	정규직	2,353	3,726	3,714	2,803	782
	비정규직	1,124	992	1,255	1,444	1,649
2019	전체근로자	3,555	4,691	4,979	4,435	2,706
	정규직	2,194	3,580	3,633	2,861	769
	비정규직	1,362	1,111	1,346	1,574	1,938

※ 자료: 통계청, 성/연령별 근로형태(비정규직)별 취업자

〈표 2〉 고용형태별근로실태조사

(단위: 천 원)

		29세 이하	30-39세	49-49세	50-69세	60세 이상
2015	전체근로자	1,718	2,587	2,807	2,572	1,812
	정규직	2,070	2,746	3,015	2,018	2,395
	비정규직	1,059	1,641	1,474	1,434	1,237
2016	전체근로자	1,786	2,671	2,899	2,659	1,895
	정규직	2,127	2,824	3,177	3,101	2,490
	비정규직	1,126	1,731	1,554	1,494	1,301
2017	전체근로자	1,830	2,759	2,991	2,773	1,979
	정규직	2,192	2,931	3,301	3,225	2,510
	비정규직	1,149	1,790	1,636	1,563	1,383

2018	전체근로자	1960	2,872	3,119	2,896	2,130
	정규직	2,318	3,066	3,444	3,336	2,713
	비정규직	1,234	1,806	1,801	1,648	1,500
2019	전체근로자	2,066	2,965	3,236	3,035	2,221
	정규직	2,433	3,152	3,544	3,549	2,788
	비정규직	1,297	1,883	1,744	1,706	1,559

※ 자료: 고용노동부, 고용형태별근로실태조사

제5장

사회학과

사회학연구실습

* 수업 소개 *

수업 명	서울대학교 사회학과 〈사회학연구실습〉		
교수자명	정근식	수강 인원	33명
수업 유형	전공선택	연계 지역/기관	경기도 파주시

수업 목적

사회학적으로 의미 있는 연구주제를 학생 스스로 선정하고, 현장 조사를 통하여 사회발전에 기여할 수 있는 태도와 소양을 양성함. 양적 방법 또는 질적 방법을 적용하여 논문을 작성할 수 있는 능력을 배양함.

주요 교재

사회학에 국한하지 않고 범사회과학적으로, 그리고 인문학적으로 의미 있는 연구성과들을 검토하고 이에 기초하여 현지조사연구를 설계하도록 유도함.

강수영·한윤애. 2019. "일상의 지정학: 파주 기지촌의 경제망과 마을 리더십." 대한지리학회 학술대회논문집. 131-131.

금보운. 2019. "주한미군과 주둔지 주변 지역사회의 관계 (1964~1973년)." 사학연구, 133, 547-592.

김원. 2015. "60~70년대 기지촌 게토화의 변곡점-특정지역, 한미친선협의회, 그리고 기지촌 정화운동." 역사비평, 153-185.

김조영. 1978. "기지촌에 관한 지리학적 연구 – 경기도 파주지방을 중심으로." 지리교육논집, 8, 75-105.

김미덕. 2014. "미군 캠프타운 한국 여성에 대한 한 민족지적 연구." 아태연구, 21(3), 251-290.

김현선 엮음, 김정자 증언. 2013. 『미군 위안부 기지촌의 숨겨진 진실: 미군 위안부 기지촌여성의 최초의 증언록』. 한울아카데미.

문, 캐서린(Moon, Katharine H.S.). 2002. 『동맹 속의 섹스』. 이정주 역. 삼인.

박정미. 2015. "한국 기지촌 성매매정책의 역사사회학, 1953-1995년: 냉전기 생명정치, 예외상태, 그리고 주권의 역설." 한국사회학, 49(2), 1-33.

변화영. 2013. "혼혈인의 디아스포라적 기억의 재구성 – 만 가지 슬픔과 내 유령 형의 기억들을 중심으로." 한국문학논총 56, 615-641.

조정민. 2013. "로컬리티 기호로서의 혼혈아 – 오키나와 아메라시안의 경우." 동북아 문화연구, 34, 363-

수업 일정

개강 전: 3월 8일 1차 파주 현지 조사/강의 협력 타진 −현장사진연구소, 엄마품동산, 캠프하우스 방문)
제1주(3.17): 연구주제기안서 발표와 토론(연구 아이디어를 A4 한 페이지로 작성함)
제2주(3.24): 연구주제기안서 발표와 토론(질문, 연구의 목표와 의의, 선행연구, 연구방법을 작성함)
제3주(3.31): 연구계획서 발표와 토론(1인 또는 2인의 연구 팀 구성)
제4주(4.7): 연구계획서 발표와 토론(연구주제와 관련된 선행연구 리뷰를 중심으로 함)
제5주(4.14): 2차 파주 현지 조사, 각 연구의 가능성을 검토하기 위한 예비조사
제6주(4.21): 수정된 연구계획서 발표와 토론 (질문, 연구목표와 방법, 예상목차, 참고문헌)
제7주(4.28): 수정된 연구계획서 발표와 토론
제8주(5.5): 휴일
제9주(5.12): 충북대 사회학과 박정미 교수 특강 (사회학 특강 및 현지 조사를 위한 자문)
제10주(5.19): 연구보고서 초안 발표
제11주(5.26): 연구보고서 초안 발표
제12주(6.2): 3차 파주 현지 조사 및 인터뷰 지도−통일촌
제13주(6.9): 4차 파주 현지 조사 및 인터뷰 지도−캠프그리브스, 동두천
제14주(6.16): 연구결과 2차 발표
제15주(6.23): 연구결과 2차 발표
제16주(6.30): 최종 연구보고서 제출 및 수업 평가회

프로젝트 개요와 결과

☐ 프로젝트 개요
• 학생 스스로 사회학적으로 의미 있는 연구주제를 설정하고, 현장 조사를 통하여 사회발전에 기여할 수 있는 태도와 소양을 양성함. 양적 방법 또는 질적 방법을 적용하여 논문을 작성할 수 있는 능력을 배양함.

☐ 프로젝트 결과
다음과 같은 프로젝트 지도를 하였음.

1. 학생들의 주제 선정 및 팀 구성.

2. 연구계획서 발표 및 수정.

3. 각 팀별로 3−4회 개별 면담 및 지도.

4. 파주 현지조사 지도.

5. 1차, 2차, 3차 연구 결과물 제출 및 발표.
프로젝트 지도 결과, 각 팀이 파주 기지촌 문제와 관련해 다음과 같은 영역들을 연구하였음. 총 21편의 보고서를 만들었음.

1. 파주 연구의 배경
박민지, "기지촌 여성 지원 입법 정책의 결정 요인 분석"

2. 파주의 장소성: 접경, 기지, 기지촌, 통일촌
이예지, "문화예술을 활용한 기지촌 재생사업의 함의와 한계"
공민우−강한, "통일촌 백연리 연구: 군사적 공간에서 경제적 공간으로"

3. 기지촌 여성: 고통과 재현의 (불)가능성

　김상호-이채원, "위안부 개념 및 용어의 변천사 연구"

　송인학, "앵글 속의 기지촌과 혼혈인" (파주 및 동두천 기지촌 사진 연구)

　김선익-이준협, "기지촌 문학에서 드러나는 기지촌 여성에 대한 이해"

　이하원, "기지촌 여성의 임신, 출산, 양육 인식과 자기 경험에 대한 현상학적 접근"

　김채연-이민주, "쫓겨난 말들" (기지촌 여성 '법적 증언' 연구)

　양진영, "법무부의 E-6 비자 제도 개선 방안 분석을 통한 외국인 여성들의 인권 보호 대안 연구"

　김환, "2010년대 한국 영화의 기지촌 여성 후일담 재현에 대한 연구"

4. 혼혈인: 기지촌 혼혈인, 국제결혼 혼혈인, 해외입양

　장우성-이효은, "버려짐의 기억" (아메라시안 정체성 연구)

　조민주-황예인, "파주시 엄마 품 동산을 둘러싼 착종된 씁쓸함에 대하여" (파주시와 해외입양인의 연대와 기지촌 여성의 부재 연구)

　최민열-최재혁, "해외 한인 입양인의 정체성 정치에 관한 연구"

　황보현, "한인 혼혈인의 영상 자기 서사와 댓글 반응"

5. 미군이 떠난 뒤

　김범수, "주한미군 반환 공여지 캠퍼스 유치 사업의 실태 및 개선방안"

　김재윤-김지환, "캠프그리브스 활용사업의 실태 및 발전 방향"

　김효민-박세영, "주한미군기지 환경오염 피해 문제와 시민사회의 대응 분석"

　오영란-정세은, "관련 이해당사자들을 통한 법원읍 도시재생사업 사례 연구"

　이호근, "미군 기지촌을 둘러싼 남성화된 군사주의와 민족주의" (카투사들의 인식 및 담론 연구)

　박승우, "경기도 파주시 월롱면 영태리 지역조사" (환경문제 및 개발 연구)

6. 기타 자유 연구

　안소연, "학교 배경에 따른 서울형 혁신학교의 이념 구현도 차이"

지역사회 기여와 사회 혁신 교육으로서의
사회학 연구 실습: 파주연구

정근식 (서울대학교 사회학과 교수)

1. 수업 개요

사회학연구실습은 사회학과 학부생들의 전공필수 교과목으로, 사회학과 학생 뿐 아니라 타 학과 학생들도 수강할 수 있는 교과목이다. 이 수업은 학생 스스로 의미 있는 연구주제를 선정하고, 양적 방법 또는 질적 방법을 적용하여 논문을 작성할 수 있는 능력을 배양할 것을 목적으로 한다. 이번 2020학년도 1학기 사회학연구실습에서는 경기 북부지역의 과거 미군 기지와 주변의 기지촌의 사회변동을 대주제로 설정하고, 학생들이 개인이나 2인이 한 팀이 되어 조사 및 연구를 진행하도록 설계하였다. 이 수업에서는 가급적 파주라는 특정 장소를 중심지역으로 설정함으로서 한편으로는 현장성을 높이고 다른 한편으로는 학생 간 협력이 가능하도록 배려하였다. 한국의 현대사를 실제로 구현하는 구체적인 공간으로 파주를 포함한 경기 북부지역은 한국전쟁의 주요 전장이었고, 이후 미군의 주요 주둔 지역이어서 다른 지역과 구별되는 특징이 있다. 경기도는 기지촌 문제와 관련해 조례를 제정하고, 파주시 평화공원 조성계획을 마련하는 등의 다양한 사회 문제를 해결하기 위해 노력하고 있다.

따라서 이 수업은 한편으로는 사회학적 현지조사의 방법을 학습할 뿐 아니라 실제로 한국의 지역사회가 직면하고 있는 문제들에 학문적으로 개입하여 문제를 해결하는 데 기여하는 경험을 쌓음으로써 대학교육과 사회혁신을 동시에 모색한다는 의미를 지닌다.

학생들은 지방의 자치단체의 공무원과 시민활동가들을 만나서 정책적 쟁점이 무엇인가를 파악하며, 현장에서 생활하는 다양한 사람들의 의견이나 태도를 직접 듣고 조사하는 경험을 통해, 마을 재생이나 기지촌의 유산에 대한 관심을 고양하도록 하였다. 사회 문제 해결에 학생들이 어떻게 도움을 줄 수 있는지에 대해 고민할 수 있는 기회를 제공하였다.

2. 수업의 조직과 팀별 프로젝트 수행 과정

학생들이 연구주제를 주도적으로 구상하되 서로간의 협력이 가능하도록 현지조사의 범위를 파주지역으로 한정하여 제시하였다. 가능한 범위내에서 학생들이 연구 주제를 자유롭게 선택하도록 하였고, 이후 지도교수가 학생들에게 피드백하고 도움을 주는 방식으로 진행하였다. 학생들이 파주와 기지촌 문제에 쉽게 접근할 수 있도록 지금까지의 연구성과들을 제시하고 이에 기초하여 각자 관심 있는 주제를 선정하도록 하였으며, 연구 아이디어와 연구 계획서를 작성하여 토론하였다. 프로포절 발표와 토론은 문제의식을 구체화시키는 데 큰 도움이 되었다. 또한 현장 접근이 용이하도록 초청 강연을 실시하였고, 다른 활동가나 전문가들의 자문을 받을 수 있도록 다른 전문가들을 소개해 주거나 연락처를 연결해 주었다. 그 과정에서 개별 혹은 팀별 면담이 3~4차례 진행되었다.

수강생들은 개인 혹은 2인으로 20개의 팀을 구성하여 파주 일대의 다양한 문제와 관련해 각 영역들을 연구하였다. 여기에는 접경지역, 기지촌, 통일촌 등 파주의 장소성에 관한 현장 연구들을 포함한다.

먼저, 박민지 학생은 "기지촌 여성 지원 입법 정책의 결정 요인 분석"이라는 제목으로 제10대 경기도 의회가 어떻게 최초의 기지촌 여성 입법 정책을 통과시킬 수 있었는지에 대해 연구를 진행하였다. 기지촌 여성 법률안과 경기도 조례 통과는 이 수업에서 파주를 연구 주제로 삼은 배경이 되기도 한다는 점에 이 연구는 이 수업의 바탕이 된다고 할 수 있다.

이예지 학생은 "문화예술을 활용한 기지촌 재생사업의 함의와 한계"라는 제목으로 동두천 보산동 마을재생사업 사례 연구를 진행하였다. 그리고 공민우−강한 학생은 "통일촌 백연리 연구: 군사적 공간에서 경제적 공간으로"라는 다른 전략촌들에 비해 왜 통일촌 백연리가 특별한 공간이 되었는지 분석하였다.

세 번째로, 기지촌 여성들의 고통과 재현의 (불)가능성에 관한 현장 연구들을 진행하였다. 김상호−이채원 학생은 "위안부 개념 및 용어의 변천사 연구"라는 제목으로 1950~1990년대 신문기사를 유형화하여 미군위안부 개념사를 연구하였다. 송인학 학생은 "앵글 속의 기지촌과 혼혈인"이라는 제목으로 파주 및 동두천 기지촌 사진들의 수집 및 기록에 관해 연구하였다. 김선익−이준협 학생은 "기지촌 문학에서 드러나는 기지촌 여성에 대한 이해"라는 제목으로 여성주의 시각에서 쓰인 소설 간 비교를 통해 기지촌 문학에서의 기지촌 여성 재현 방식을 분석하였다. 이하원 학생은 "기지촌 여성의 임신, 출산, 양육 인식과 자기 경험에 대한 현상학적 접근"이라는 제목으로 햇살사회복지회의 면담 자료를 바탕으로 기지촌 여성의 임신, 출산 경험에 대해 연구하였다. 김채연−이민주 학생은 "쫓겨난 말들"이라는 제목으로 국가손해배상청구소송을 통해 기지촌 여성 '법적 증언'의 의의와 한계에 대해 분석하였다. 양진영 학생은 "법무부의 E−6 비자 제도 개선 방안 분석을 통한 외국인 여성들의 인권 보호 대안 연구"라는 제목으로 예술흥행비자로 입국한 기지촌 외국인 여성들의 인권 실태에 대해 연구하였다. 김환 학생은 "2010년대 한국 영화의 기지촌 여성 후일담 재현에 대한 연구"라는 제목으로 영화 '죽여주는 여자'에 대해 분석하였다.

네 번째로, 기지촌 혼혈인, 국제결혼 혼혈인, 해외입양인에 관한 현장 연구를 진행하였다. 장우성−이효은 학생은 "버려짐의 기억"이라는 제목으로 백인 아메라시안 하인즈 인수 펜클의 자전적 소설 『나의 유령 형의 기억들』을 통해 아메라시안 정체성 형성 과정을 분석하였다. 조민주−황예인 학생은 "파주시 엄마품 동산을 둘러싼 착종된 씁쓸함에 대하여"라는 제목으로 기지촌 여성의 부재 속 파주시와 해외입양인의 연대와 재현 및 엄마품 동산의 과제에 대해 분석하였다. 최민열−최재혁 학생은 "해외 한인 입양인의 정체성 정치에 관한 연구"라는 제목으로 해외 입양인의 자전적 영화 및 영상을 분석하였다. 황보현 학생은 "한인 혼혈인의 영상 자기서사와 댓글 반응"이라는 제목으로 유튜브를 중심으로 한인 혼혈인에 대한 수용자의 반응에 대해 분석하였다.

마지막으로, 미군이 떠난 이후의 파주시에 관한 현장 연구를 진행하였다. 김범수 학생은 "주한미군 반환 공여지 캠퍼스 유치 사업의 실태 및 개선방안"이라는 제목으로 파주시의 이화여자대학교 및 한국폴리텍대학 유치 사업을 비교하여 연구하였다. 김재윤−김지환 학생은 "캠프그리브스 활용사업의 실태 및 발전 방향"이라는 제목으로 캠프 그리브스 재개발 사업의 필요성과 어려움, 방문 유인 등을 분석하였다. 김효민−박세영 학생은 "주한미군기지 환경오염 피해 문제와 시민사회의 대응 분석"이라는 제목으로 녹색연합 서울본부와 평택평화센터 사회운동의 제도화 전략을 분석하였다. 오영란−정세은 학생은 "관련 이해당사자들을 통한 법원읍 도시재생사업 사례 연구"라는 제목으로 파주시 법원읍의 도시재생사업의 의의와 한계를 분석하였다. 이호근 학생은 "미군 기지촌을 둘러싼 남성화된 군사주의와 민족주의"라는 제목으로 카투사 장병들의 인식과 담론을 연구하였다. 박승우 학생은 "경기도 파주시 월롱면 영태리 지역조사"라는 제목으로 영태리의 환경 문제 및 개발 이슈를 연구하였다.

덧붙여서, 이 수업은 파주와 기지촌을 주제로 연구하는 것을 권장하였지만 학생 개인이 꼭 원하는 주제가 있는 경우에는 다른 연구 주제도 허용하였다. 안소연 학생은 "학교 배경에 따른 서울형 혁신학교의 이념 구현도 차이"라는 제목으로 혁신학교 간의 차이를 연구하였다.

3. 수업의 성과

먼저, 이 수업은 학생들이 주체가 되는 교육으로서 실험하는 데 의의가 있다. 학생들은 현장에서 의미 있는 문제를 발견하는 능력을 키울 수 있었으며, 스스로 연구 주제에 관한 자료를 찾는 능력을 개발할 수 있었다. 학부생들이 비교적 부족했던 기지촌에 관한 이론적 지식을 선행연구 검토 발표 수업과 현장 조사 경험을 통해 보완함으로써 학부생들도 학술 논문을 쓸 수 있다는 가능성을 열어주었으며, 학부생들이 학문 후속 세대로서 연구에 대한 자신감을 가질 수 있었다. 연구계획서를 작성한 이후 학생들이 현지조사를 실시하였는데, 현지조사에서 발생하는 애로사항을 듣고 이를 자문했으며, 조사결과를 공개된 자료실에 올려 서로 공유하였다.

학생들이 팀별 연구를 진행하면서 동료와 협력하는 능력을 키우고 동료 학생들로부터 서로 배울 수 있었다. 또한 학생들이 수업을 지도하는 교수와 개별 면담으로 직접 소통하면서 연구의 어려움과 궁금증에 대해 적극적으로 질문하도록 하며, 논문을 발전시킬 수 있는 능력과 기회를 스스로 발견할 수 있도록 하였다.

이 수업은 사회혁신 교육으로서의 함의가 있다. 학생들은 지역사회에서의 문제를 발견하고 풀어갈 수 있는 능력을 고양할 수 있었다. 교수와 학생들이 함께 지역사회의 현장에 나가 파주시 공무원 및 공공기관 관계자들과 시민단체 활동가, 전문가, 주민 등 다양한 파주시 관련 행위자들을 인터뷰하였고, 이를 통해 사회문제 해결을 위한 다양한 방법을 체득하도록 하였다. 학생들이 현장에 들어가 구체적으로 사회문제를 인식하며, 사회혁신에 기여하고 사회적 책임을 다하기 위한 연구가 어떻게 가능한지를 고려하며, 연구자의 역할에 대해 고민할 수 있는 기회를 제공했다는 점에서 의미가 크다.

수업이 종료된 이후에도 심층 연구에 관심 있는 학생들은 후속 연구를 할 수 있도록 기회를 제공하고 있다.

파주시 '엄마 품 동산'을 둘러싼 착종된 씁쓸함에 대하여 - 기지촌 여성의 부재 속 파주시와 해외입양인의 연대와 재현

서울대학교 사회학과

조민주·황예인

논문초록 본 연구는 파주시 엄마 품 동산 조성의 필요성이 논의된 시점부터 공간이 실제로 조성되는 과정과 현재의 재현 방식을 현장 조사를 통하여 분석하였으며, 엄마 품 동산의 한계와 가능성에 대해 제언하였다. 2018년 파주시에 조성된 '엄마 품 동산'은 기지촌의 역사적 상흔을 치유하고 혼혈 해외입양인과 기지촌 여성이 사회로 나와 그들의 아픔을 공유할 수 있도록 하기 위해 조성된 공간이다. 그동안 기지촌 해외입양 및 여성문제는 민감한 정치적·외교적 문제로 인식되어 왔다. 한국전쟁을 전후하여 정부는 주한미군과 한국여성 사이에서 태어난 혼혈아동에 대한 입양정책을 활발히 추진하고 기지촌 성매매를 적극적으로 장려해온 바 있다. 그렇기에 많은 해외입양인들이 모국과 친모에 대한 그리움과 향수, 호기심과 같은 감정을 호소해 왔음에도 불구하고 그간 이것이 공간적으로 발현될 수 있는 장소를 마련하는 것은 다소 곤란한 일이었다. 또한, 기지촌 여성에 대한 편견과 차별적 시선은 기지촌 문제를 우리 사회의 문제로 인식하고 그 해결방안을 모색하는 데 걸림돌로 작용하고 있었다. 이러한 역사적·사회적 맥락 속에서 파주시의 엄마 품 동산 조성은 상당히 큰 의미를 가진다고 할 수 있다. 본 연구에서는 엄마 품 동산 조성과 이용의 직접적인 두 행위자 '파주시'와 '해외입양인'이 실제로 엄마 품 동산을 어떻게 인식 및 활용하고 있는지, 그리고 이 과정에서 '기지촌 여성'이라는 또 다른 중요한 행위자의 목소리가 제대로 반영되고 있는지에 대한 문제의식이 본 연구의 핵심질문이다. 또한 파주시 엄마 품 동산에서 기지촌 여성이 비가시화되는 원인을 다면적 차원에서 찾아봄과 동시에 엄마 품 동산이 행위자들 간의 긴장관계를 해소하고 더욱 바람직한 방향으로 나아가기 위한 방안을 모색하였다.

핵심주제어 해외입양, 여성문제, 편견과 차별

Ⅰ. 문제의 제기

1. 연구배경

2016년 파주시는 20만 여명에 이르는 해외입양인들의 자긍심을 높여 주고, 한국을 방문했을 때 따뜻한 모국의 정을 느낄 수 있도록 하자는 취지에서 '엄마 품 동산'의 조성을 추진하였다.[1] 또한 파주시는 2016년부터 매년 2회씩 미국 내 한국혼혈입양지원 단체인 미앤코리아(Me&Korea)와 함께 DMZ일대와 엄마 품 동산 등을 중심으로 팸투어를 진행하고 있다.

이러한 파주시의 엄마 품 동산 조성은 의미가 깊다. 한국은 6·25 전쟁을 전후하여 주한미군과 한국여성 사이에서 태어난 혼혈아동에 대한 입양정책을 활발히 추진한 바 있다. 입양은 흔히 보편적 인류애에 관한 미담으로 인식되기도 하지만, 실제로 입양인들이 정체성 혼란으로 겪는 고통은 결코 작지 않다. 우리는 뿌리를 찾기 위해 한국에 방문해 도움을 요청하는 입양인들의 호소를 인터넷을 통해 흔히 접할 수 있는데, 이들에게 마음의 고향과 같은 장소가 되어 줄 수 있는 곳들 중 하나가 엄마 품 동산인 것이다. 서울대 정근식 교수 역시 "파주시가 반환 미군부대에 해외입양인을 위한 엄마 품 동산을 조성하고 이곳을 평화공원으로 개발하는 정책은 세계적으로 주목받을 만한 일"이라고 언급하면서 엄마 품 동산 조성의 의의를 높게 평가했다.[2]

한편 연구자들은 엄마 품 동산을 둘러싼 파주시와 해외입양인 두 행위자의 연대와 재현 방식에 대해 몇 가지 의문을 느낀 바 있다. 예컨대 2015년 이재홍 파주시장은 "입양 혼혈인뿐 아니라, 아픈 상처를 가지고 아직도 온전히 세상 밖으로 나오지 못하고 있는 기지촌 여성들을 위해 '어머니의 동상'을 만들겠다"고 축사한 바 있으며, 파주를 근거지로 미군 관련 사진을 찍어온 이○○ 사진작가는 엄마 품 동산

---

1. 노승혁. 2018년 9월 14일. "파주시, 해외입양인 작은 쉼터 '엄마 품 동산' 준공." 『연합뉴스』.
2. 이용남. 2020년 2월 9일. "서울대 정근식 교수. 캠프하우즈에 트라우마센터 설립해야." 『파주바른신문』.

에 대해 "우리는 기지촌 여성 개개인에게 입힌 편견을 벗겨내고, 사회가 그들을 끌어안아 세상 밖으로 나오게 해야 한다. 그 계기가 파주에서 만들어지고 있다."라고 말했다.[3] 그러나 실제로 직접적인 두 행위자, 파주시와 해외입양인이 실제로 이러한 취지로 엄마 품 동산을 조성하고 활용하고 있는지, 그리고 이 과정에서 기지촌 여성이라는 또 다른 행위자는 왜 참여하지 않는지는 의문이 들기도 한다. 이러한 문제의식을 바탕으로 연구자들은 다음과 같은 구체적인 연구 질문을 세웠다.

첫째, '엄마 품 동산'은 파주시와 해외입양인 두 행위자의 이해관계를 어떻게 충족시키며 연대를 가능하게 하는가?

둘째, '엄마 품 동산' 준공 이후 각각의 행위자들은 이 공간을 어떤 방식으로 이용하는가?

셋째, '엄마 품 동산'에서 기지촌 여성은 왜 비가시화되는가?

넷째, '엄마 품 동산'을 둘러싼 긴장관계는 무엇이며 앞으로의 과제는 무엇인가?

2. 선행연구 검토

한국 사회에서 기지촌은 문화적으로 '우리'와 동떨어져 위치한 낯선 곳으로 표상된다. 기지촌은 냉전시기 한국에서 선망되면서 동시에 경멸적인 미국 문화가 공존하는 공간으로 인식되었으며, 이때의 미국문화는 한국문화와는 구분되는 이질적인 것으로 이해되었다.[4] 특히 기지촌은 한국 가부장제 사회에 동화될 수 없는 성매매 여성을 직접적으로 표상한다. 실질적인 미군기지의 위치와 숫자, 주둔군과 주둔지 등은 역사적으로 변화해 왔음에도 불구하고 '미군을 위안하는 여성들이 존재한다'는 점은 변함없는 당위로 받아들여져 왔다.[5] 산업적 기반이 부족했던 한국 사

3. 한만송. 2015년 11월 13일. "기지촌여성, 혼혈인 위한 동산 생긴다." 『오마이뉴스』.
4. 김주희. 2017. "미군 기지촌에 대한 기억의 정치와 변모하는 민주주의 다큐멘터리 이태원 분석을 중심으로." 『한국 여성학』. 제33집 4호. pp.39–76.
5. 이나영. 2013. "글/로컬 젠더질서와 한반도 여성의 몸: 일본군 '위안부'와 미군 기지촌 '양공주'." 『동방학지』. 제161집. pp.3–38.

회에서 정부는 일종의 관광자원으로서 여성의 몸에 주목하였으며 그들을 관리할 효율적인 제도 마련의 일환으로 기지촌을 구축하였다.[6] 이로 인해 한국은 미군의 조력자로서의 역할을 수행하며 기지촌 경제에서 나오는 이익을 누릴 수 있었다.

한편 파주, 동두천, 이태원, 송탄 등 대표적인 전국의 기지촌 지역들은 1990년대에 들어서 독특한 공간적 특성을 가진 곳으로 변화하고 있다. 전국의 기지촌 지역에서 과거 역사의 흔적을 새로운 문화 관광 상품으로 탈바꿈시키려는 시도가 이어지고 있다. 1997년 이태원과 동두천은 관광특구로 지정되었으며 2008년 군산 아메리카 타운 역시 국제문화마을로 이름을 바꾸었다.[7] 또한 보다 최근에는 2010년 의정부시가 안보를 테마로 한 관광단지를 조성하는 등 도심 재생 프로그램을 추진 중이기도 하다. 그러나 이러한 변화의 노력에도 불구하고 아직 해결되지 못한 기지촌의 문제점들과 아픈 역사를 풀어나가야 하는 과제가 현존하고 있는 것 역시 사실이다.

본 연구의 연구지역인 '파주' 역시 대표적인 미군 기지촌으로서의 정체성을 강하게 지니고 있다. 백인빈의 「불랙 죠」, 조해진의 「단순한 진심」 등 입양인의 애환을 다룬 다수의 문학작품들이 파주의 기지촌을 공간적 배경으로 하고 있다는 사실은 파주가 한국 해외입양의 역사와 행위자들의 삶을 고스란히 보여 줄 수 있는 장소임을 시사한다.

한국의 근대적 입양은 한국 전쟁 이후 발생한 고아 및 혼혈아동에 대한 해외입양으로부터 시작되었다.[8] 한국 전쟁 이후 바로 해외입양제도가 도입된 것은 아니었으나, 전후 해외원조기관이 떠나고 이들의 복리를 위한 재원이 바닥남에 따라 이승만 정부는 해외입양을 통해 구호가 필요한 아동문제에 대한 해결을 모색하였으며 해외입양 대상 아동으로 처음 주목받은 아동은 혼혈아동이었다.[9] 한국 해외

---

6. 이나영. 2013. pp.3-38.
7. 김주희. 2017. pp.39-76.
8. 권희정. 2015. "입양실천에서 나타나는 정상가족 담론과 미혼모 자녀의 고아 만들기." 「페미니즘 연구」. 제15집 1호. pp.51-98.
9. 권희정. 2015. pp.51-98.

입양의 역사는 전 지구적으로 어느 국가와도 비교할 수 없는 특이한 족적을 남겼으며, 전쟁의 참혹한 결과로 발생한 고아와 혼혈인의 해외입양이 국가에 의해 주도적으로 발생했다.[10] 「왜 그 아이들은 한국을 떠나지 않을 수 없었나?」, 「인종 간 입양의 사회학」과 같은 단행본 연구물들에서도 한국 해외입양 정책의 특수성에 주목하고 있다.

해외 입양정책의 역사적·정치적 맥락을 밝히는 것과 더불어 해외입양의 본질적인 문제점들을 지적하는 연구들도 진행되었다. 해외 입양인들의 인간 존엄성과 그들에게 항상 고민거리였을 인종학적 차이, 정체성의 혼란, 양부모와의 심리적 갈등과 같은 문제점들에 대한 연구가 이루어졌다. 해외로 입양된 한인 아동들은 인종차별로부터 결코 자유롭지 않은 사회로 진입하는 데 어려움을 겪으며, 일부 입양인들은 자살과 자살시도, 정신적 장애와 알코올의 오남용 등 일상생활에서 여러 문제를 겪기도 한다.[11] 또한 혼혈인으로서의 경험을 담은 자서전적 소설 「만 가지 슬픔(2002)」과 「내 유령 형의 기억들(1996)」 등을 중심으로 혼혈 입양인의 정체성에 대해 연구된 바 있다.[12]

II. 이론적 배경과 연구방법

1. 고프먼의 낙인이론

고프먼(Goffman)은 낙인(Stigma) 개념을 통해 장애를 가진 사람들이 쉽게 관찰될 수 있는 육체적 손상으로 어떤 낙인이 찍히게 되는지, 이 때문에 보다 쉽게 감추

10. 김재민. 2016. "한국의 해외입양 정책에 투영된 인권의 공백." 「기억의 전망」. 제35집.
11. 장윤수. 2008. "한인디아스포라와 해외입양." 「세계지역연구논총」. 제26집. pp.77-104.
12. 변화영. 2013b. "혼혈인의 디아스포라적 기억의 재구성 - 만 가지 슬픔과 내 유령 형의 기억들을 중심으로." 「한국문학논총」. 제56집. pp.615-641.

어질 수 있는 비육체적 손상에 비해 정체성을 '관리'하기가 얼마나 더 어려워지는 지를 보여 주었다. 낙인은 크게 세 가지 유형으로 구분할 수 있다. 첫째는 신체적인 혐오에서 오는 낙인으로 다양한 신체적 기형이나 불구에서 기인한다. 두 번째는 성격상의 결함에 의한 낙인으로, 예를 들면, 정신장애, 구금, 마약중독, 알코올 중독, 동성애, 실업, 자살시도, 과격한 정치 행동과 같이 알려진 기록을 통해 나약한 의지, 횡포하거나 지나친 격정, 위험하며 완고한 신념, 부정직하다고 추론된 성격에 기인한다. 마지막으로 인종, 민족, 종교에 대한 종족 낙인이 있는데, 이는 가계를 따라 전해지며 가족 구성원 모두를 오염시킨다.[13]

고프만 이후로 낙인(labeling), 편견(prejudicial) 및 고정관념(stereotypical)의 과정을 이해하기 위한 연구들이 진행되었다. 낙인의 정도는 낙인의 내적인 특성에 따라 차이를 보이는데, 존스와 그 동료들(Jones et. al.)은 낙인이 은폐 가능성, 진행, 파괴성, 심미성, 기원, 위험과 같은 6가지 요인에 따라 다르게 나타난다고 보았다.[14] 크라커와 그 동료들(Crocker, Major & Steele)은 스티그마화된 개인들이 어떻게 스티그마를 이해하고 해석하는지를 분석하였으며, 주목할만한 스티그마 과정의 4가지 측면, 즉 편견과 차별의 잦은 경험, 사회적 정체성의 가치를 떨어뜨리는 특성에 대한 지각, 상투적인 위협, 귀인의 불분명함을 제안하였다.[15] 이들은 고프만과 같이 본질적으로 스티그마는 가치저하된 사회적 정체성으로 보고 있지만, 스티그마가 전적으로 스티그마화된 사람 내에서만 위치하는 것이 아니라 가치를 저하시키는 사회적 상황 안에서 발생하는 것으로 보고 있다.[16]

위의 이론들을 바탕으로 혼혈인에 대한 낙인에 영향을 미치는 요인 및 낙인효과에 대해 연구된 바 있다. 혼혈이라는 용어는 이미 순혈과 대립되는 의미로서 부정적인 가치로 낙인화된 표현이며, 혼혈인에 대한 낙인은 자민족중심주의와 가부장

---

13. 어빙 고프만. 2009. 『스티그마: 장애의 세계와 사회적응』. 윤선길 옮김. 한신대학교 출판부. p.17.
14. 오미영. 2009. "혼혈인에 대한 낙인 연구: 혼혈인에 대한 낙인에 영향을 미치는 요인과 낙인효과." 『한국사회복지학』. 제61집 2호. p.218.
15. 김경준. 2010. "사회적 스티그마의 청소년에 대한 영향과 대응." 『한국청소년연구』. 제21집 3호. p.9.
16. 김경준. 2010. p.8.

적 권위주의, 인종주의, 위계의식, 사회경제적 지위, 혼혈인에 대한 경험과 같은 요인들에 의해 영향을 받는다.[17]

위의 이론들을 바탕으로 기지촌의 낙인을 벗겨내려는 관광 상품화에 대해서도 연구된 바 있다. 예를 들어 현재의 방식으로 구획화된 이태원 지역의 장소성은 문화적 의미에서 '혼혈아를 밴 마을'이라는 낙인화된 기억을 계승하면서 구축되었다.[18] 1990년대 이후 미군이 감축되거나 기지가 이전하면서 전국의 기지촌 지역에서는 구시대 낙인화된 역사의 흔적들을 문화 관광 상품으로 변화시키려고 한다. 하지만 성적으로 낙인화된 여성들을 추방시켜온 과거의 민족주의가 이들에 대한 망각과 결합하며 상품화되는 것을 포착할 수 있다.[19] 그리고 파주시 '용주골'은 2005년 태생적 원인이었던 미군의 철수로 성매매 집결지, '용주골'에 대한 장래 발전방안 마련이 필요하다면서 지역특화상품으로 성(gender)교육장 개발이 제시된 바 있다.[20] 그러나 재개발 논의는 계속 난항을 겪었고, 이후 성교육장이 아닌 '도시재생' 개념을 중심으로 지역 사람들에게 낙인으로 작동했던 '용주골'이라는 이름이 다시 소환되어 스티그마 벗겨내기 작업이 진행되었다.

위의 이론들을 바탕으로 '창녀' 낙인에 대해서도 용산 성매매 집결지역 구술자료를 바탕으로 연구된 바 있다. 낙인 의미의 재구성과 변화과정을 연구한 게하르드 폴크(G. Falk)는 20세기 중후반 여성의 사회진출 확대는 성 판매 여성에 대한 낙인을 증가시켰으며, 성해방의 진전이 낙인을 약화시키지 않는다고 지적했다.[21] 기존의 낙인 이론이나 '여성 이분화' 등의 개념은 '창녀' 낙인의 역동적 작용과 섹슈얼리티의 변화를 다루는 데 한계적이다. 낙인과 성 위계가 다른 사회적 범주 및 다양한 요

17. 오미영. 2009. p.222.
18. 김주희. 2017. p.46.
19. 김주희. 2017. p.69.
20. 강수영·백일순·이승욱. 2020. "미군 기지촌, 용주골의 역사적 변화: 사회경제적 공간구조를 중심으로." 「대한지리학회지」. 제55집 2호. p.155.
21. 원미혜. 2011. "여성의 성 위계와 창녀 낙인: 교차성 작용을 중심으로." 「아시아여성연구」. 제50집 2호. p.48.

소들과 교차되는 현상에 주목할 필요가 있다.[22]

이를 바탕으로 본 연구에서 파주시와 해외입양인, 기지촌 여성은 각각 낙인화된 주체들이며, 각각의 낙인을 벗겨내기 위해 협력하면서도 대결할 수 있는 관계로 볼 수 있다.

2. 연구방법 및 연구대상

본 연구는 엄마 품 동산의 현장답사와 각종 문헌 자료를 바탕으로 하며, 이와 관련된 행위자들을 대상으로 심층면접을 진행하였다. 먼저 연구자들은 3월 29일 파주시 '현장사진연구소'에 방문하여 이○○ 소장, 조○○ 사진작가와 인터뷰를 진행하였다.[23] 이후 연구자들은 4월 10일 파주시청에 방문하여 파주시의 황○○ 문화교육국장, 이○○ 소장과의 인터뷰를 진행하였다.[24] 또한 연구자들은 엄마 품 동산의 조형물 조성에 참여한 작가들과의 인터뷰를 진행하였다. 4월 27일에는 첫 번째 작품 '어머니의 품'을 제작한 왕○○ 작가와의 이메일 인터뷰를 진행하였다.[25] 4월 29일에는 두 번째 작품 'Shadow Child'를 기증한 김○○ 작가와의 인터뷰를 진행하였다.[26] 두 작가 모두 코로나 상황으로 인해 대면 인터뷰가 어려운 점이 있어 서면으로 인터뷰를 진행한 한계가 있다. 세 번째 작품을 기증한 파주시 법원읍의 '부부 부인병원' 故남○○ 산부인과 원장은 인터뷰를 진행하지 못 하였다.[27]

---

22. 원미혜. 2011. p.49.
23. 이들은 파주시의 미군기지 관련 사진을 촬영하며 기지촌의 문제를 드러냄과 동시에 관련 활동들을 적극적으로 추진해 왔다. 엄마 품 동산과 관련해서는 2015년 미국 버클리 대학에서 주최한 해외입양인 컨퍼런스에서 미국 각 지에서 모인 300여 명의 혼혈입양인들과 엄마 품 동산의 추진 방향을 논의하고 해외입양인 단체들과 파주시 관계자들에게 그 필요성을 주장한 바 있는 이들이기도 하다.
24. 황○○ 국장은 엄마 품 동산 준공의 실질적인 행정업무를 담당하였고, 준공식 및 해외입양인 컨퍼런스에도 직접 방문한 바 있다.
25. 첫 번째로 공원 가운데의 상징조형물 '어머니의 품'은 옛 어머니들의 모시 적삼을 본떠 만든 것으로 엄마 품을 느낄 수 있도록 한 것이다. 이는 공모에서 선정되었던 왕○○ 작가가 조각한 것으로 그는 파주 평화누리공원의 '평화의 발' 또한 조각한 바 있다.
26. 두 번째 작품은 해외입양인 남편을 둔 재미 조각가 김○○ 작가의 작품으로서 기지촌 여성이 서 있는 모습과 그녀의 그림자를 표현한 'Shadow Child'이다.

해외입양인과 관련해서는 엄마 품 동산 조성에 주로 참여한 미국 내 해외입양인 단체 미앤코리아(Me&Korea)와의 인터뷰를 진행하였다. 5월 1일 미앤코리아의 김○○ 대표와 전화로 인터뷰를 진행하였으며, 김○○ 대표의 소개로 파주시 출신 해외입양인 Steven(안○○), Dawn(강○○)과 서면으로 인터뷰를 진행하였다.[28] 엄마 품 동산에 대한 파주시의 의견은 언론에 상대적으로 많이 노출되어 있으나, 이에 관한 해외입양인의 의견은 많이 알려져 있지 않기 때문에 이들과의 인터뷰가 해외입양인의 시각을 살피는 데 중요한 자료가 된다.

III. 엄마 품 동산의 조성과정

1. 해외입양인 문제 부상과 엄마 품 동산 논의

파주시는 1950년대 대규모 기지촌이 형성되었던 곳이다. 당시 8개면이 기지촌이었는데, 파주시의 거의 대부분이 기지촌이었다 해도 과언이 아닐 정도다. 미군을 대상으로 한 각종 서비스업이 성행하였던 기지촌은 군인들이 휴식을 즐기는 장소이자 여성들에게는 생업의 장소이기도 하였으며, 자연스레 이곳에는 그들 사이의 혼혈인도 존재하였다. 이러한 혼혈인의 발생과 증가는 당시 한국사회에서 해결되어야 할 문제로 인식되었으며, 이는 한국 해외입양의 역사와 긴밀히 맞닿아있

---

27. '허름한 모자상'은 저고리를 입고 있는 어머니가 아이를 안고 있는 모습이다. 이를 기증한 원장의 '부부 부인병원'는 60년대 초반에 세워졌으며 수많은 기지촌 여성들이 낙태 수술을 받았는데, 원장은 낙태된 태아들에 대한 죄책감을 조각화하여 한복을 입은 여성이 아이를 안고 있는 모습의 작품을 병원 앞에 세워두었고 이것이 현재 엄마 품 동산에 옮겨진 것이다.

28. 스티븐은 파주 조리읍 근처에서 태어났고 1967년 미네소타의 한 가정에 입양되었으며, 1989년에 친부모에 대한 검색을 시작했다. 2015년에 DNA테스트를 통해 친부 가족을 찾았고 두 명의 이복형제와 재회했지만, 친모에 대한 추가 정보는 찾지 못했다. 던은 파주의 정확한 출생지는 모르며, 친아버지는 GI(미국군인)이었고 미네소타의 한 가정에 입양되어 성장하면서 2명의 한국인 입양인들을 만났다. 이후 많은 그룹과 행사에 속해 왔고 이를 계기로 한국과 미앤코리아와 인연이 되었다.

다. 민족주의와 가부장제 이데올로기가 만연한 사회에서 혼혈인은 사회 통념을 벗어난 존재로 간주되었고 이는 혼혈인에 대한 차별적 시선으로 표현되었을 뿐 아니라 국가의 표준적 질서를 강화하기 위해서는 그들을 해외로 추방해야 한다는 인식으로 이어졌다.[29] 이처럼 순혈주의와 인종주의에 입각해 그들을 정상적인 국민으로 인정하지 않는 사회적 분위기와 더불어 국가는 해외입양을 '경제발전'을 위한 하나의 전략으로 이용하기도 하였다. 대통령과 정부는 직접 나서서 해외 입양을 적극 권하였고, 민간단체의 주도 아래 혼혈인은 해외로 방출되듯 입양되었다.[30]

당시의 파주시를 경험했던 이들은 이러한 기지촌의 혼종적인 문화들 그리고 그로부터 파생되었던 기지촌 여성과 혼혈입양인의 문제를 피부로 기억하고 있었는데, 이러한 그들의 개인적 경험들은 파주시가 해외입양인 문제에 공감하고 그에 대한 문제의식을 발전시키도록 하는 중요한 시발점으로 작용하였다. 미군부대의 점령은 '엄격한 경계구분'을 의미하는 것으로서 마을 주민들은 기존에 자유롭게 드나들던 공간을 더 이상 왕래할 수 없게 되었으며, 일상 속에서 여러 가지 제약을 받았다.[31] 또한 국내법의 적용을 받지 않는 미군은 그들에게 공포의 대상이기도 하였는데, 1950~1970년대 기지촌 주변에서 미군들에 의해 발생한 상해 및 살인사건은 해당지역의 폭력적인 분위기를 짐작하게 한다.[32] 현장사진연구소의 이○○ 소장과 파주시 황○○ 국장의 발화에서는 공통적으로 이러한 기지촌의 아픔과 폭력성을 목도한 그들의 개인적 배경을 발견할 수 있다.

"혼혈이었던 친구가 3~4학년 되었을 때 나한테 자기 미국 간다고. 아버지가 오라고 했다고. 그래가지고 밤새도록 미군이 파놓은 방공호에 가서 걔하고 이야기를 했어. 가면 편지해 뭐해 하면서. 근데 편지가 안 오는 거야. 그렇게 약속했던

---

29. 김재민. 2016. "한국의 해외입양 정책에 투영된 인권의 공백." 『기억과 전망』. 제35집. p.292.
30. 김아람. 2009. "1950년 혼혈인에 대한 인식과 해외 입양." 『역사문제연구』. 제22. p.67.
31. 차철욱. 2011. "하야리아부대 주변 마을 주민들의 역사적 경험과 로컬리티." 『지역과 역사』. 제28집. pp. 328-329.
32. 차철욱. 2011. pp.328-329.

편지가 한 통도 안 오는 거야. 그래서 지금까지도 컨퍼런스를 가거나 하면 친구를 찾아달라고 호소하고 그래. 입양 되어서 간 것 같다고 하면서. 그게 계속 머릿속에 남아 있어."

(이○○ 소장)

엄마 품 동산의 조성을 기획한 이○○ 소장은 기지촌의 폭력적인 군사문화와 향락문화가 얼마나 당시 사람들의 삶을 피폐화시키고 그들의 정체성을 무너뜨렸는지에 대한 기억과 함께, 입양으로 인해 혼혈인 친구와 이별하고 기지촌 여성의 아픔을 목도했던 개인적 경험을 가지고 있다. 이는 그로 하여금 혼혈해외입양인과 기지촌 여성에 대한 문제의식을 정책적 차원으로 발전시키도록 하는 데 가장 핵심적인 동기로 작용한 것으로 보인다.

"저도 학교 다닐 때 혼혈 학생들이 65~70명 되면 1~2명은 꼭 있었거든요. 초등학교 다닐 때는 미군 부대가 상당히 많았었어요. 집 있는 곳에서 1km만 가면 미군 바, 홀 같은 게 있어서 학교 다니면서 매일 보고 다니고 그랬었죠. (중략) 50대 이상은 그런 것에 대해서 상당히 기억이 다 있으니까 많이 알고. 연세 드신 분들은 관심을 많이 가지실 거예요. 공무원들도 그렇고. 저는 관심이 많습니다. 재정이 풍족하면 많이 그런 걸 하고 싶은데 뒤따르지 못하는 부분이 있죠."

(황○○ 국장)

파주시의 황○○ 국장 역시 어린 시절부터 파주시에서 성장했던 개인적 경험을 바탕으로 해외입양인 문제를 정책적으로 다루어야 할 필요성을 실감했다. 파주시에서 해외입양인 문제가 부상하여 정책 수립으로까지 나아간 것은 기지촌에 대한 향수와 상처를 고스란히 간직하고 있는 행위자들의 공감대로부터 시작하였다. 당시 '혼혈아'였던 이들에 대한 기억은 그들로 하여금 성인이 되어 모국을 그리워하는 해외입양인들에 대한 관심으로 이어졌고, 이질적이고 폭력적인 군사문화에 노출되었던 경험은 여전히 열악한 삶을 살고 있는 기지촌 여성에 대한 관심으로 이어졌다. 또한, 2018년 2월 기지촌 성매매에 대한 한국 정부의 책임을 일부 인정하는 취지의 서울고등법원 판결이 내려지면서 기지촌 문제와 관련해 더욱 적극적인 목소리를 낼 수 있는 사회적 토대 역시 마련되었다. 이러한 판결은 미국 위안부의 존재를 법적으로 인정하였다는 의미를 지니기 때문에 기지촌 여성에 대한 사회적 인식의 변화를 예고하는 것이기도 하다. 경기도에서는 기지촌 여성에 대한 지원 조례가 통과되는 등 기지촌 문제가 주요하게 다루어질 수 있는 사회적 여건이 조성되었고, 이러한 흐름에 발맞추어 파주시에서 역시 기지촌과 해외입양인 문제가 부상하였다.

"법으로 이기는 것도 좋지만. 여전히 상처라는 부분은, 자기 이름을 가지고 사회로 나올 수 있게 하는 거. 그것이 제일 중요하다고 생각했어. 기지촌 할머니들은 계속 감추어지면 자신이 죄 지은 줄 안단 말이야. 이 사람들을 제도적으로 공간을 만들어서 나오게 하자. 그 분들이 서로 이야기를 나누고, 보냈던 입양인들도 여기 올 수 있게 하자. 여기서 만나자. 그런 생각에서 엄마 품 동산이라는 공간을 계획을 했던 거예요."

(이○○ 소장)

이런 상황에서 구체적으로 엄마 품 동산의 형태로 파주시의 정책이 수립된 것은 해외입양인과 기지촌 여성이 '세상 밖으로' 나올 수 있는 장소가 필요하다는 문제의식에서부터이다. 이○○ 소장은 기지촌 여성과 해외입양인이 사회로 나와 대화를 나누고, 상처를 치유할 수 있는 공간이 필요하다는 생각에서 엄마 품 동산을 구상하였다. 그러한 공간의 부재로 인해 기지촌 여성이 자신을 드러낼 수 있는 기회가 많지 않고, 기지촌 여성과 해외입양인의 교류도 지속되기 어렵기 때문에 일종의 시작점을 마련해 줄 수 있을 것이라는 기대가 존재했다.

이○○ 소장은 2015년 '한국인과 캠프타운 2015 컨퍼런스'에 참가하여 해외입양인들에게 이러한 계획을 알리고 그들의 의견을 청취하는 시간을 가졌다. 입양인들에게 역시 모국에 그들을 위한 공간이 생긴다는 것은 뜻깊은 일이다. 미국 각지에서 모인 해외입양인들은 한국에 그들을 위한 공간이 생기면 그곳에서 자신의 친모를 만날 수도 있다는 희망을 품기도 하였다. 또한 한국이 민감한 정치적, 외교적 문제에도 불구하고 미군 부대 내에 그들을 위한 공간을 조성하고자 한다는 사실에 대하여 놀라움을 표현하는 이들도 있었다. 미군 부대 내 입양인들을 위한 공간이 생긴다는 것은 한국정부가 과거 미국과의 정치적·경제적 관계 속에서 해외입양정책을 추진하였던 역사적 책임을 인정하는 의미가 있기 때문이다.

　모국과 친모에 대한 해외입양인의 집합감정이 오래 전부터 존재해 왔음에도 불구하고 그간 이것이 공간적으로 발현될 수 있는 장소가 마련되어 있지 않았다. 엄마 품 동산은 그들이 집합감정을 서로 공유하기 위한 '기억의 터'로서의 역할을 수행할 것으로 기대된 공간이다. '엄마 품 동산'이라는 명칭 역시 이와 같은 맥락에서 파주시가 모국을 방문한 해외입양인들을 위한 어머니가 되어 그들을 품어주고자 하는 의미이다. 이○○ 소장은 컨퍼런스 이후, 실질적으로 엄마 품 동산을 조성할 수 있는 행위자인 파주시에 연락을 취하였고, 2015년 1월 이재홍 파주시장이 엄마 품 동산 조성의 필요성에 대해 전달받은 후에는 본격적인 엄마 품 동산 조성을 위한 행정 정책이 수립되었다. 엄마 품 동산이 조성된다면 파주시의 입장에서는 해외입양인들의 방문을 통하여 경제적 효과를 얻을 수 있는 이점이 존재하기도 하였는데 이는 파주시가 엄마 품 동산 조성에 참여할 수 있는 유인으로 작용하였을 것이다.

2. 참여 행위자들의 확정과 엄마 품 동산의 정체성 변화

　엄마 품 동산은 구상 단계부터 파주시가 주체적으로 기획한 정책이라기보다는 기지촌 문제를 다루어온 시민단체들과 해외입양인들의 꾸준한 목소리가 반영된 결과로써 조성된 측면이 있다. 파주시 역시 미군 반환 공여지를 활용할 방안을 고심하던 중, 기지촌 여성과 해외입양인에 대한 여러 행위자들의 문제의식을 반영하여 해당 부지를 예술, 문화, 숙박 등의 활동이 가능한 '평화의 공간'으로 탈바꿈하고자 결정한 것이다. 이처럼 엄마 품 동산은 기획과 준공과정을 거치는 동안 참여 행위자들이 추가·변경되는 속에서 그 성격과 의미 역시 다소간의 변화를 겪었다. 각 참여 행위자들이 엄마 품 동산을 바라보고 이해하는 시각이 동일하지 않았기 때문이다. 단적으로 이○○ 소장은 관광 측면의 효과는 염두하지 않은 채 기지촌 여성과 해외입양인들이 '사색'에 잠길 수 있는 장소로서의 엄마 품 동산을 구상하셨던 반면, 파주시가 구체적 정책 수립에 참여하게 됨에 따라 파주시에 위치한 다른 관관광지와의 연계성, 관광버스 지원, 체험 프로그램 등의 논의가 이루어졌다. 또한, 해외입양인 단체 미앤코리아의 적극적 참여 역시 주목할 만하다.

"파주시는 처음엔 관광 증진의 목적도 있어서 해외입양인들 위주로 홍보를 더 많이 한 것 같아요. 국내 입양인들은 같은 한국이니까, 해외입양인들에게 오히려 호기심의 장소가 되죠. 해외입양인들에게는 '한국에 가면 우리들을 위한 공간이 있대'하고 가보고 싶은 공간이 되거든요. (중략) 파주시에서는 마침 캠프 반환지가 있었고, 입양인들을 위한 공간이 생기니까 서로 원하는 게 맞아 떨어져서 같이 일을 하게 된 거죠."   (김○○ 대표)

파주시는 관광 증진의 목적을 고려하여 해외입양인 단체인 미앤코리아와의 협업을 도모하였으며, 미앤코리아 역시 입양인들을 위한 공간을 원하는 해외입양인들의 바람을 알고 있었다. 미앤코리아는 엄마 품 동산이 모든 입양인들의 목소리가 어우러져 조성되어야 한다는 생각으로 국내외의 여러 해외입양인 단체들에 위원회에 참여하라는 권유를 하였으나, 이에 응하는 단체는 많지 않았다. 김○○ 대표는 엄마 품 동산이 '혼혈입양인'만을 위한 공간이 아니라, '모든 입양인'을 위한 공간이 되어야 한다는 생각을 가지고 있었다. 입양인 사이에서도 '혼혈입양인', '풀코리안' 등으로 입양인을 구별하는 관행들을 반기지 않기 때문이다.

"처음에 파주라는 지역 특성상 혼혈입양인이 얘기되었긴 했죠. 근데 제가 모든 입양인들을 위한 공간이 되어야 한다고 했거든요. 혼혈입양인들만을 위한 공간이 되어버리면 파이가 작아져요. 숫자가 많지 않거든요." (김○○ 대표)

이처럼 미앤코리아의 참여로, 엄마 품 동산이 기지촌 문제와 직접적으로 관련된 혼혈입양뿐 만이 아니라 모든 해외입양인 및 국내입양인까지 품을 수 있는 공간이 되어야 한다는 논의가 이루어졌다. 이는 또 한 차례 '엄마 품 동산'의 정체성에 변화가 생긴 것으로 이해할 수 있다. 한편, 이러한 '입양인'의 외연 확대로 인하여 '엄마 품 동산과 기지촌'의 관련성은 다소 약화되었으며 이는 기지촌 여성이 엄마 품 동산의 조성 및 이용 과정에 적극적인 행위자로 참여하지 못하게 되는 하나의 원인이 되었을 것이다.

IV. 역사적 경험의 재현과 활용

1. 엄마 품 동산 조형물의 재현 방식

엄마 품 동산에는 크게 세 개의 조형물이 전시되어 있다. 왕○○ 작가, 김○○ 작가는 그들이 작품을 통해 전달하고자 하는 메시지, 그리고 그들이 엄마 품 동산을 바라보는 시각○의 차이들이 존재하기도 하였다. 첫 번째 조형물은 공모사업을 통해 선정된 왕○○ 작가의 '어머니의 품'이다.[33]

"엄마 품 동산의 설립 의도에 해외 입양된 이들을 위해 공간이라는 목적성이 있지만, 비단 그들만을 위한 공간이 아니라 인근 거주민이나 방문하는 누구나 편안

---

33. 엄마 품 동산의 중앙에 위치한 주조형물 '어머니의 품'은 하얀 모시적삼을 입은 어머니의 팔 안으로 둥글게 안겨지는 모습을 조형화한 것으로, 원이 점진적으로 중심으로 모이는 형상은 '엄마 품으로 돌아온다'라는 회귀적인 의미를 가진다.

<그림 1> 어머니의 품(왼쪽)과 Shadow
Child(오른쪽)

출처: 연구자 촬영

히 쉼을 가지는 공간이기를 바랍니다. 더불어 어머니의 사랑과 대한민국 모국에
대한 사랑을 한 번 생각하는 공간이 되어주기를 바랍니다."   (왕○○ 작가)

왕○○ 작가는 엄마 품을 떠난 해외입양인에 초점을 맞추어 작품을 제작하였으
며, 공모를 통해 당선된 작품인 만큼 입양인을 위한 엄마 품 동산의 취지를 잘 반영
한 의도가 엿보인다. 또한 그는 엄마 품 동산이 해외입양인뿐만 아니라 파주시 시
민들에게 지역의 자부심이 되는 문화예술공간이자 쉼터로서 기능할 것을 기대하
고 있었다. 이는 그가 최초 기지촌 문제와 해외입양 문제에 대해 '성찰' 혹은 '사색'
을 할 수 있는 공간과는 다소 다른 의미로 이 공간의 가능성을 인식하고 있음을 보
여 준다.

"누구에게 특별한 메시지를 위한 건 아니고, 가슴에 잃은 아이를 묻은 여자들의
고통을 그려본 것이지요. 자기만의 비밀스런 고통을 안고 사는 사람들에게 삶의
고통이 자기만의 것이 아니라는, 그런 보편적 지혜가 위로라면 위로일지도 모르
지요. (중략) 단순히 입양과 관계된 사람들뿐 아니라 참 많은 여자들이 겪는 고통
이고 공통분모가 많은 주제죠. 나도 생각지 못한 많은 사람들이 눈물어린 반응의
메일들을 보내왔어요. 아이를 잃은 여러 여성들, 그것이 유산, 낙태, 이혼, 전쟁,

256

미아 등 무슨 사연이었든 간에 가슴에 아이를 묻은 수많은 여성들의 이미지더 군요."   (김○○ 작가)

두 번째 조형물은 해외입양인의 아내이자, 재미조각가인 김○○ 작가가 '아이를 잃은 여성'을 테마로 하여 제작한 'Shadow Child'이다.[34] 그는 기지촌 여성 혹은 혼혈입양인 등 특정적인 대상이 아니라 모든 아이를 잃은 여성, 그리고 모든 여성들이 아이에 대해 가질 수 있는 보편적 감정을 중심으로 작품의 의미를 설명한다.

"돌상(모자상)은 법원읍의 부부 부인병원이라고. 60년대 초반에 만들어졌더라고요. 60년대 파주에 있는 주민들이 병원 가서 애를 낳는 일은 별로 없어. 다 집에서 낳지. 그러니까 수요가 별로 없는 거거든. 그런데도 돈을 엄청 벌었다고 하면 다 기지촌 여성들이 손님이었던 거지. 그래서 낙태를 하도 많이 하다보니까 너무 죄를 짓는 것 같아서 그렇게 한복 입은 여성을 조각화해서 아이를 안고 있는 모습으로 병원 앞에 세워 두었던 거예요."   (이○○ 소장)

〈그림 2〉 모자상
출처: 연구자 촬영

세 번째 조형물은 '모자상'으로 파주시 법원읍에 위치한 부부 부인병원의 故남○○ 원장이 기증한 작품이다.[35] 모자상과 관련해서는 이○○ 소장과의 인터뷰를 통

---

34. 조각상의 여인은 두 팔을 가슴 쪽으로 모으고 아이를 안고 있는 형상을 하고 있지만 아이의 모습은 보이지 않는다. 그러나 여인의 그림자에는 아이의 모습이 명확히 드러나는 것을 볼 수 있다. 이는 마음속에 아이를 품고 살아가는 기지촌 여성의 아픔을 표현한 것으로 해석될 수 있다.
35. 저고리를 입고 있는 어머니가 아이를 안고 있는 모습의 허름한 모자상은 'Shadow Child'와 마찬가지로 아이를 마음속에 품고 있는 어머니의 모습을 표상한다.

해 故남○○ 원장이 작품을 통해 전하고자 했던 메시지를 유추할 수 있다. 위와 같은 인터뷰에서 모자상은 아이를 낙태할 수밖에 없었던 여성들의 아픔과 의사로서의 죄책감에서 비롯된 작품이라는 것을 이해해 볼 수 있다. 이처럼 조형물을 기증함으로써 엄마 품 동산의 조성에 직접적으로 참여한 세 작가들은 자신의 조형물 및 엄마 품 동산의 의미를 조금씩 다르게 이해하고 있었으며, 이는 엄마 품 동산이 다면적 차원에서 이해될 수 있는 공간임을 시사한다.

뿐만 아니라, 엄마 품 동산의 외벽에는 서울대학교에서 통일평화교육을 목적으로 방문했을 때의 현수막이 전시되어 있다. 현수막에는 '헤어짐의 아픔을 극복하는 공간이 되길 바랍니다', '슬픔이 반복되지 않도록 기억하겠습니다'와 같은 학생들의 문구와 사진이 담겨있다. 이러한 문구들은 해외입양인과 기지촌 여성이 엄마 품 동산을 방문했을 때 그들이 사회로부터 연대와 지지를 받고 있음을 느낄 수 있게 한다. 실제로 현수막이 전시된 후 이곳을 방문한 해외입양인들이 '기억해 주셔서 감사합니다'와 같은 추가적인 문구를 남겼음을 볼 수 있었는데, 이는 이곳이 기지촌의 문제를 해결하기 위한 출발점과 같은 공간이 될 수 있음을 시사한다.

2. 해외입양인들의 엄마 품 동산 방문

"저희가 주관하는 매년 프로그램에 파주 가는 코스가 있어서 이에 참여하는 입양 인들이 엄마 품 동산을 주로 방문하게 된 거에요. 엄마 품 동산을 미앤코리아 입 양인들을 위한 공간으로 이해하면 안 돼요. 저희는 한국에 갈 때마다 파주시에 가게 되고 엄마 품을 가는 것인데, 엄마품과 미앤코리아가 밀접한 관계라고 생각 할 것이 아니라 모든 입양인들에게 오픈된 공간이라고 이해하셔야 되어요."

(김○○ 대표)

파주시나 조각가, 활동가 등 다른 사람들이 엄마 품 동산을 이해하고 이용하는 방식은 다양하지만, 이 중에서 가장 오랫동안 엄마 품 동산이라는 공간을 원하고 실제로 엄마 품 동산에 의미를 부여한 사람들은 해외입양인들이다. 엄마 품 동산을 방문한 대부분의 해외입양인들은 미앤코리아를 통해 방문한 경험이 있다. 그렇지만 미앤코리아라는 단체에 소속되어 있는 입양인 회원이 따로 있는 것이 아니며, 미앤코리아를 제외하고 다른 입양인 단체에서는 엄마 품 동산에 거의 오지 못하는 상황이기 때문에 미앤코리아가 주관하는 프로그램을 통해 입양인들은 엄마 품 동산에 방문하는 것이다. 2017년 엄마 품 동산 준공식에서 출입문을 개방한 후로 곧 추가 준공이 확정되면서 출입문을 개방하지 않고 있기 때문에 해외입양인 개인이 오기는 힘든 상황이다. 또한 단체로 방문하려면 파주시청에 전화해 정해진 시간을 예약해 방문해야 하기 때문에 엄마 품 동산은 접근이 어려운 상황이다.

파주시는 이들에게 파주시의 캠프그리브스, 출렁다리 등 다른 파주시의 관광코스 방문을 연결한다. '한국인과 캠프타운 2015 컨퍼런스' 이후 2016년에는 미앤코리아 주관으로 '내가 돌아온 나라 한국'이라는 주제로 입양인들이 한국 방문 일정 중 도라전망대, 헤이리예술마을, 출판도시 등 파주 주요 관광지에 대한 팸투어를 하고 김치체험 등 전통체험을 진행하였다. 이후 2017년에는 4월과 6월, 2018년에는 6월과 9월 해외입양인 파주 팸투어를 확대해 운영했다. 미앤코리아에서 매년 2회로 파주를 방문하는 것은 한국 입양인들을 위한 모자이크 투어와 2차로 혼혈 입양인들을 위한 하파 투어를 각각 진행하기 때문이다. 혼혈 한국인 입양인들은 스스로를 하파스라고 부르기 때문에 하파 투어라는 이름이 붙여졌다.

3. 파주시의 기지촌 스티그마 벗겨내기 성과

파주시가 엄마 품 동산 설립 정책을 실행하게 된 동기에는 이를 통해 과거의 기지촌이라는 스티그마를 벗겨내고 마을 공동체 이미지 개선의 효과를 기대가 있다고 볼 수 있다. 1990년대 들어 미군이 감축되거나 기지가 이전하는 동시에 한국 사회 전반이 글로벌 도시 공간으로 변모하게 되면서 기지촌이 갖고 있던 이질적인 특징은 독특한 공간적 개성으로 번역되고 상품화되었다.[36]

"캠프하우스 공원 사업이 이루어지면 많은 사람들이 찾아올 것 같은 기대감이 있는 것이죠. 면적이 상당히 크고 통일로가 있으니까 접근하기 용이한 부분도 있고. 서울−문산 IC도 개통이 되거든요. (중략) 사람들이 많이들 올 것 같은 분위기입니다."

(황○○ 국장)

파주시는 엄마 품 동산에 대해서도 다른 기지촌 지역의 관광 정책이나 캠프그리브스 관광 정책처럼 관광의 효과를 기대하고 있다. 파주시는 엄마 품 동산 또한 입양인들이 네트워크를 활용한 홍보로 파주에서 입양인들을 위한 공간을 조성한다는 프로젝트가 알려지고, '태양의 후예' 촬영지인 캠프 그리브스에 대한 인기가 높아져 단체 혹은 개별적으로 파주를 방문하는 입양인들의 방문도 계속 이어질 것으로 보는 것이다.

파주시는 기지촌이라는 이름의 스티그마가 오랜 기간 작동해 왔고, 오늘날 지역적 오명을 극복하기 위해 과거의 기억을 '기억의 터'로 보존하며 열린 공간으로 전환하는 방식으로 관광정책을 활성화하고 있다. 하지만 엄마 품 동산에 대해 기지촌의 역사를 기억하는 방식보다도 관광 활성화에만 초점을 맞추게 된다면 엄마 품 동산은 지속가능한 평화 관광지로서 기능하기 어려울 수 있다. 엄마 품 동산이 기지촌 여성과 해외입양인의 문제를 기억하기 위해 만든 공간이라는 점에서 '기억 작업'을 충분히 하지 않은 채 경제적 논리로 접근해 관광상품을 만드는 것은 당사자들을 소외시킬 수 있다. 기지촌을 기억하는 작업이 기지촌 문제를 충분히 조사하지 않고 관광 상품화하는 방식이나 기지촌에 관련된 부정적인 이미지를 드러내는 방식이 된다면 특정 지역에 오랜 기간 작동된 스티그마를 다시 불러올 수 있다.

파주시도 이에 대해 인지해 엄마 품 동산 건립 이전부터 위원회에 해외입양인 단체를 참여시켜 의견을 반영하는 작업을 진행했다. 또한 파주는 엄마 품 동산 건립 전후로 국내외 입양인 컨퍼런스에 여러 차례 참여해 의견을 나누었다. 파주

---

36. 김주희. 2017. p.41.

시가 과거 기지촌의 지역적 오명을 회피하지 않으면서도 관광 자원으로 전환하는 장소를 고민하는 상황은 해외입양인들이 한국에 방문했을 때 자신들이 '마음의 위로'를 받을 수 있는 장소를 고민하던 상황과 이해관계가 부합해 엄마 품 동산이라는 정책으로 이어질 수 있게 되었다. 해외입양인들은 오랫동안 자신들을 위한 공간을 필요로 해 왔고, 마침 파주시에서 캠프하우스 공여지가 있었기 때문에 해외입양인 단체에서는 이 공간을 엄마 품 동산으로 활용할 것을 요구한 것이다.

　파주시의 '엄마 품 동산 조성 정책'은 2018년 한국행정학회 '우수행정 및 정책사례 선발대회'에서 우수 사례로 선정되었다. 그리고 파주시의 엄마 품 동산은 기지촌의 스티그마를 회피하지 않고 기지촌의 혼혈입양인 문제에 귀를 기울이고 입양인들의 참여를 통해 관광 자원으로 전환했다는 점을 인정받았다.[37] 파주시는 엄마 품 동산 준공 이후 해외입양인에 대한 팸투어를 확대 운영하는 한편, 엄마 품 동산 조성 취지와 스토리텔링으로 교육적 요소와 역사 재인식 스토리 생성 등의 관광 콘텐츠를 발굴하려 계획하고 있다. 엄마 품 동산의 사례는 해외입양인들이라는 스티그마를 받았던 경험이 제한된 스케일을 넘어 해외에서 다시 한국으로 확산되는 과정으로 볼 수 있다. 파주시와 해외입양인 행위자들은 기업 위주의 경제적 성장에 초점을 맞추는 것이 아니라 문화와 관광이라는 매개를 통해 연합했다. 이들은 지역 단위를 뛰어넘는 보다 큰 스케일에서 국적을 뛰어 넘어 연대의 공간을 만들어냈다.

4. 해외입양인들을 통해 본 엄마 품 동산의 의미

"엄마 품은 우리의 생모인 엄마들을 위한 명예의 장소입니다. 언제나 엄마들의

---

37. 이후 경기도 정책 공모제 '새로운 경기 정책공모 2018, 경기 First'에서는 파주시의 '평화와 평등이 공존하는 경기 평평한 마을 조성 사업'이 최종 본선을 통과했다. 이는 미군기지 캠프 하우스 건물 6동을 리모델링해 해외입양인 게스트하우스 등을 조성하겠다는 내용의 사업으로, 전체 사업비 205억원 중 이 공모로 특별조정금 100억을 수령할 수 있게 된 것이다.

명예를 찾아 갈 수 있는 곳입니다. 또한 우리의 엄마를 기리기 위해 다른 하파들과 함께 행사를 개최하는 장소이기도 합니다. 저는 아직 제 엄마를 찾지 못했기 때문에, 제겐 엄마를 찾을 수 있는 장소입니다. 그곳은 우리가 연결될 수 있는 곳이라고 생각해요." (던)

"엄마 품 동산은 어떤 이유로든 입양을 위해 아이를 포기한 모든 입양아들과 한국의 어머니들에게 성찰의 장소입니다. 입양인들이 안전감과 우리 어머니들과 가깝게 있다고 느낄 수 있는 장소 혹은 어머니들이 그들의 아이와 가까이 있다고 느낄 수 있는 곳이라고 생각합니다."   (스티븐)

해외입양인들은 첫 번째로 엄마 품 동산이 '어머니를 찾을 수 있는 공간'이라고 생각한다. 해외입양인들은 아직 생모를 찾지 못 한 경우도 많은데, 그런 상황에서 엄마 품 동산이라는 공간은 어머니를 다시 만날 수 있다고 믿음을 주는 공간이 되는 것이다. 특히 스티븐의 경우 엄마 품 동산이 속한 조리읍, 캠프하우스 부지에서 불과 3km 떨어진 곳에서 태어났다고 인터뷰에서 밝혔기 때문에 '엄마 품 동산'에 더욱 특별한 의미를 부여한다. 즉, 엄마 품 동산은 지리적으로도 많은 해외입양인들이 태어난 공간과 가깝기 때문에, 어머니와 공통의 장소에서 만날 수 있다고 기대할 수 있는 물리적 공간이 되는 것이다.

"우리 중 많은 사람들은 우리가 한국에 머무는 것을 환영받지 못했다고 느끼고 있습니다. 그리고 그것은 매우 고통스럽습니다. 우리는 어릴 때, 우리의 출생지, 우리의 언어와 엄마로부터 멀리 보내졌습니다. 우리는 우리의 허락 없이 보내졌고, 우리가 알아볼 수 있는 어떤 것도 멀리 보내졌습니다. 우리가 돌아왔을 때, 우리는 한국의 풍습과 전통에 대해 알지 못합니다. 우리는 지역적으로 받아들여지지 않는 옷을 입고, 관습을 이해하지 못해 비난을 받고 있습니다. (중략) 우리는 다시 한 번 거절받는 느낌을 받습니다."   (던)

두 번째로, 엄마 품 동산은 해외입양인들에게 '한국으로부터 환영받는 공간'이 된다. 해외입양인들은 한국을 방문했을 때 여전히 환영받지 못하는 느낌, 거절 받는 느낌을 받는다. 던은 그 이유로 한국인들은 이들이 한국을 방문했을 때 한국의 풍습과 전통, 문화에 대해 알지 못하는 것을 이해하지 못하고 이상하다고 생각하기 때문이라고 밝혔다. 해외입양인들은 출생지는 한국이어도 어린 시절에 해외로 입양 보내졌기 때문에 한국의 언어와 문화, 음식에 대해 알지 못하는 경우도 많다. 이들은 한국에 머무르면서 한국이라는 출생국의 문화에 대해 알지 못하는 것에 대해 비난받기도 한다. 이런 상황에서 엄마 품 동산이라는 공간은 과거 자신들이 출생지로부터 멀리 보내져 겪었던 고통에 대한 치유가 된다. 또한 파주시 캠투어에서 엄마 품 동산 방문과 더불어 진행하는 전통문화체험도 이들에게는 단순히 외국인들이 한국의 전통문화를 체험하는 일반적인 관광 정책의 일환이 아니라 한국으로부터 더 환영받는, 출생국과 더 가까워지는 경험이 된다.

"저는 이것이 해외 입양아로서의 우리의 권리에 도움이 된다고 생각하지 않지만, 파주시와 정부가 우리의 어머니들과 입양인 모두에 대하여 우리가 아버지를 잃은 것과 또 50~60년대 많은 이들을 혼혈이라는 이유로 외면한 결과 생모와 입양인 모두에게 가해진 고난을 인정하는 의미가 있다고 생각합니다. 해외입양인들뿐만 아니라 모든 한국인 입양인들에게 출생 가족을 찾을 수 있는 기록이나 권리를 주는 것이 올바른 방향으로의 한 단계라고 믿고 싶습니다. 이것이 결실을 맺을지는 시간이 알려줄 것입니다."   (스티븐)

세 번째로, 엄마 품 동산은 해외입양인들에게 '한국이 해외입양인들의 권리를 인정하는 시작점'이 된다. 다만 해외입양인들은 엄마 품 동산 방문 그 자체가 해외입양인의 권리 신장으로 이어지지는 않는다고 생각한다. 그들에게 엄마 품 동산이 가지는 일차적인 의미는 입양으로 인해 받았던 개개인의 상처를 치유하고 위로를 제공하는 공간이자, '어머니'를 찾을 수 있는 공간이다. 그럼에도 그들은 엄마 품 동산이 입양인들에 대한 인식의 변화와 권리 신장의 시작점이 될 수 있다는 점에 대해서는 긍정적으로 평가한다.

엄마 품 동산은 한국이 해외입양인들을 출생지와 엄마로부터 멀리 보낸 것에 대해 책임을 인정하고, 이들을 존중하고, 사과하는 공간이기도 하다. 이는 엄마 품 동산을 방문하는 해외입양인들뿐만 아니라 방문한 경험이 없는 모든 해외입양인들이 한국으로부터 자신들의 권리를 인정받는 공간이 된다. 그리고 엄마 품 동산을 방문하는 파주 시민, 한국인들과 더 나아가서는 전 세계에 해외입양인들의 아픔을 공유하고 이들에 대한 사회적 인식을 변화시킬 수 있는 공간이 된다. 하지만 다른 제도적 장치가 없다면 엄마 품 동산이라는 공간을 조성한 것만으로는 해외입양인들의 권리 발전에 큰 도움이 되지 않을 가능성도 있다. 엄마 품 동산 이후 한국에서 입양인들에게 출생 가족을 찾을 수 있는 기록을 제공하는 등 제도적 도움이 이어질 필요가 있다.

V. 엄마 품 동산의 긴장과 그 과제

1. 엄마 품 동산의 한계

엄마 품 동산이라는 한 공간을 둘러싼 다양한 이해관계는 엄마 품 동산의 정체성을 처음 조성 취지에서 점차 변화시켰다. 파주시가 생각하는 한계는 접근성과 기반 시설의 부족이다. 파주시는 엄마 품 동산을 통해 파주 관광에 도움이 될 것을 목적으로 정책을 발전시켰지만 관광 측면에서 현재 엄마 품 동산은 한계가 크다. 접근성 측면에서 엄마 품 동산은 대중교통으로도 접근하기 어려우며 자가용이나 대형관광버스를 통해서만 갈 수 있는 위치에 있으며, 화장실 및 주차장 등 기초적인 기반 시설도 설비되어 있지 않다. 현재는 추가 준공이 계획되어 있어 출입문을 개방하고 있지 않지만, 추후 출입문이 개방된다고 하더라도 개인이 방문하기는 어려운 외진 곳에 위치해 있다.

해외입양인들이 생각하는 한계 역시 앞에서 언급한 접근성과 기반시설이다. 또한 입양인 집단 사이에서도 다양한 이해관계가 존재하기 때문에, 입양인들이 생각하는 엄마 품 동산의 한계는 상충되기도 한다. 인터뷰에서 엄마 품 동산의 한계에 대해 질문했을 때 스티븐는 일부 입양인들이 엄마 품 동산이 '혼혈입양인들'만을 위한 공간이어야 한다고 생각하는 것이 아쉽다고 답변하였다.

기지촌 문제에 초점을 맞추는 사람들과 일부 입양인 입장에서는 엄마 품 동산이 혼혈입양인이 아니라 '입양인 전체'를 위한 공간이 되면서 혼혈입양인에 대한 초점이 사라진 것을 한계라고 생각한다. 하지만 파주시와 입양인 단체는 모든 입양인이 아니라 혼혈입양인만을 위한 공간이 되어버려서는 안된다고 생각한다. 이는 입양인들 사이에서 혼혈입양인과 그렇지 않은 입양인을 구별 짓는 것을 거부하는 경향이 영향을 주었을 것이다. 또한 혼혈입양인의 수가 적기 때문에, 파주시에서도 엄마 품 동산의 관광객의 수, 즉 '파이'가 작아지는 것을 우려하는 경향이 이에 영향을 미쳤을 것이다. 따라서 스티븐를 비롯해 많은 입양인들의 의견으로 현재의 엄마 품 동산은 '모든 국내외 입양인들'을 위한 공간으로 논의되었다. 하지만 이에 대해서도 실질적으로는 주로 '해외입양인들'이 엄마 품 동산을 관광코스로서 방문하기 때문에, 엄마 품 동산은 해외입양인들을 위한 공간이 되었다고 볼 수 있다.

이○○ 소장이 생각하는 한계는 엄마 품 동산이 처음 의도했던 대상자들인 혼혈입양인과 기지촌 여성들이 비가시화되는 것이다. 이에 대해서는 뒤에서 자세히 설명하도록 한다.

또한 연구자들이 발견한 한계점은 현재의 엄마 품 동산이 기지촌 문제와 해외입양인 문제에 대한 국가의 책임을 비가시화한다는 것이다. 당시 혼혈아들이 방출되듯 해외로 입양된 것은 열악한 상황에 놓여있었던 기지촌 여성 개인의 책임이나 선택이 아닌 국가의 계획과 주도하에 이루어진 일이다. 한국의 초기 해외입양은 미군과 한국 여성 사이의 혼혈아동을 국외로 내보냄으로써 단일민족국가라는 허상의 자긍심을 지키고 인종 문제를 은폐하기 위하여 시행되었다.[38] 1960년대 해외입양 정책은 일종의 '수출산업'으로 기능하여 국가가 빈곤 해결과 인구 관리의 차원에서 혼혈아의 입양을 지원 및 장려하였다.[39] 이처럼 입양으로 인하여 해외입양인들이 겪었을 정체성의 혼란, 인권 침해, 인종 차별, 열악한 생활환경과 같은 고통은 그들을 입양 보낸 '엄마'뿐만 아니라, 국가에 의하여 초래된 것이다.

그러나 파주시의 엄마 품 동산에는 해외입양아를 입양 보낸 죄책감을 느끼는 어머니만 재현되며, 파주시와 한국 정부의 책임에 대해 언급하지 않는다. 이는 시민단체의 기금 등으로 설립된 사립 박물관, 기념 공원에 비해 공립 박물관, 기념 공원이 예산 문제로 국가의 책임을 강조하는 재현을 하지 못 하는 현상과도 관련이 될 수 있다. 엄마 품 동산은 아이를 잃은 어머니의 슬픔과 죄책감만을 주로 재현하기 때문에, 정작 궁극적으로 그러한 상황을 발생시켰던 국가의 책임은 비가시화되는 효과가 발생한다.

2. 엄마 품 동산을 둘러싼 구조적 긴장

앞서 살펴보았듯 해외입양인에게 엄마 품 동산은 '어머니를 찾을 수 있는 공간'으로서의 의미가 두드러진다. 어머니의 모성에 대한 이들의 그리움은 엄마 품 동산 조성의 주요한 원동력이 되었다. '어머니의 품', 'Shadow Child', '모자상' 각각의 재현물은 모두 어머니로서의 기지촌 여성을 표상하면서 주로 '아이를 입양 보낸 것'에 대한 죄책감과 그리움을 다루고 있다. 왕○○, 김○○ 작가와이 인터뷰 내용 및 故 남○○ 원장이 남긴 작품의 의도 역시 "어머니의 사랑", "가슴에 아이를 묻은 수많은 여성들", "아이를 낙태할 수밖에 없었던 여성들의 죄책감" 등과 주로 관계되어 있다는 것을 알 수 있다.

그러나 이러한 해외입양인의 모성에 대한 그리움은 기지촌 여성의 착종된 감정과 간극이 있다. 기지촌 성매매 정책 및 기지촌 여성들의 생애사에 관한 많은 연구

38. 장윤수. 2008. "한인 디아스포라와 해외입양." 한국동양정치사상학회 학술대회 발표논문집. p.93.
39. 김재민. 2016. p.293.

들에서 드러나듯, 기지촌 여성들이 생애과정에서 겪어온 고통은 아이를 입양 보냄으로 인한 아픔에 국한되지 않는다. 일명 '윤금이 사건'이 가시화되기 전까지 기지촌 여성은 성적 타락과 민족 수치의 대명사로 여겨졌을 뿐 인권의 주체로 인정되지 않았고, 국가와 미군, 업주로부터 부당한 착취와 폭력을 당하였다. 또한 국가는 미군들의 성병감염을 예방하고 쾌적한 기지촌 환경을 유지해달라는 미국 정부의 요청에 따라 기지촌 여성들을 성병관리소에 수용하였는데, 이 역시 매우 억압적이고 폭력적인 성격을 띠었다. 성병 관리소에서 행해진 강제치료는 심각한 부작용과 고통을 동반했고 심지어 기지촌 여성들의 죽음을 초래하기도 하였다.[40]

이처럼 기지촌 여성들은 어쩔 수 없는 여건 속에서 혼혈인 자녀를 입양 보낸 어머니이기도 하지만, 1950~1960년대 기지촌 성매매 정책이 초래한 국가폭력 및 미군 범죄의 피해자이기도 하다. 이는 기지촌 여성의 생애사에 있어 중요한 측면을 이루며 기지촌 여성이 해외입양인에 대해 가지는 감정은 복합적일 수밖에 없다. 그들에게 해외입양인은 어머니로서의 애틋함과 그리움의 대상이기도 하지만, 기지촌에서의 고통과 트라우마를 불러일으키는 존재일 수 있다. 해외입양인들은 엄마 품 동산에서 어머니를 찾을 수 있다는 희망으로 이 공간에 의미를 부여하는 반면, 기지촌 여성은 이들과의 재회가 반가운 일만은 아닐 수 있다.

"그런데 기지촌 할머니들은 자기 얘기 안 하시죠. 저희가 경찰을 통해 친모를 찾잖아요. 정말 독특한 이름이고 생년월일도 똑같은데, DNA 내주지 않으려고 해요. 그래서 그분들은 친모인 것 같은데 확인을 할 수가 없는 거예요. (중략) 평택 햇살 센터 할머니들은 자기 얘기를 오픈하시는데, 대부분 자식을 안 만나고 싶어 하세요. 자기가 이런 모습으로 사는 것 봐서 뭐하냐. 다른 지역에 있는 어머니들은 저희가 찾아가서 여쭤봐도 부인하세요. 결혼해서 새 가정이 있는 분들도 많거든요. 그래도 평택 햇살센터들은 대부분 가족이 없는 할머니들인데 그래도 자녀

---

40. 박정미. 2015. "한국 기지촌 성매매 정책의 역사사회학." 『한국사회학』. 제49집 2호. p.22.

를 찾고 싶어 하지는 않으시죠."(김○○ 대표)

기지촌 여성들의 복합적인 감정은 김○○ 대표와의 인터뷰 내용에서도 확인할 수 있다. 대다수의 해외입양인들이 자신의 친모를 그리워하고 이들을 찾고 싶어 하는 것과는 달리, 기지촌 여성들의 입장은 이와 사뭇 다르다. 그들은 자신이 기지촌 여성이었다는 사실을 공개하고 싶어 하지 않거나, 공개하더라도 자신의 모습을 자녀에게 내보이고 싶어 하지 않는 경우도 많다. 자신의 자녀인 듯 보이는 해외입양인의 정보를 전해 받더라도 그들과 만나는 일을 한사코 거부하기도 한다. 이를 통해 억압적이고 폭력적인 상황 속에서의 출산과 입양 경험이 그들에게 단순히 그리움 혹은 애틋함의 감정만을 남기지는 않았으리라는 것을 짐작해 볼 수 있다. 미혼모의 임신과 출산, 입양의 과정은 이들에게 다양한 심리적 정서를 야기한다. 미혼모들은 임신과 출산, 입양의 과정에서 모성애, 아이와의 애착뿐만 아니라 불안, 우울, 분노, 무기력감, 배신감, 고립감 등 다차원적 기분과 감정을 경험한다.[41] 또한 이들에게 모성의 의미는 자신을 둘러싼 사회적 시선, 주변 압력 등 다차원적 맥락의 교차 등으로 쉽사리 설명될 수 없는 복잡하고 다층적 의미를 가진다.[42] 기지촌 여성은 '미혼모'의 범주에 포함되는 경우가 많았으며, 기지촌 여성이라는 특수한 지위가 그들로 하여금 보다 다층적인 사회적 상황과 감정을 야기하였을 것이다.

앞서 살펴보았듯, 엄마 품 동산은 기획과 조성과정 속에서 공간적 정체성의 변화를 겪은 바 있다. 기지촌 여성과 해외입양인의 아픔을 기억하고 그들의 권리를 확대하고자 했던 엄마 품 동산의 초기기획은 파주시, 해외입양인 단체와 같은 구체적 행위자들의 참여과정 속에서 다양한 입장과 이해관계를 반영하는 공간으로 변모하였다. 이때 기지촌 여성 혹은 이들을 대변할 만한 행위자가 엄마 품 동산의

---

41. 임해영. 2014. "미혼모의 양육과 입양 결정 경험에 관한 해석학적 근거이론 연구." 성균관대학교 사회복지학대학원 사회복지학 박사학위 논문. p.29.
42. 임해영. 2014. p.29.

조성의 주요한 행위자로 참여하지 않았다는 점은 주목할 만하다. 이에 대해서는 복합적인 원인이 작용하였을 것이다.

첫 번째로, 파주시는 해외입양인의 한국 방문 및 관광 산업을 촉진하고자 하는 목적으로 해외입양인 단체와의 협업을 제안한 바 있다. 하지만 또 하나의 중요한 당사자인 기지촌 여성과 관련해서는 이에 준하는 적극적 협업이 이루어지지는 않았다. 연구자들이 인터뷰를 요청하였던 기지촌 여성 관련 쉼터 '평택시 햇살사회복지회'와 '파주시 쉬고'는 엄마 품 동산에 대해 아는 바가 많지 않고 엄마 품 동산의 조성과정에도 깊이 참여하지 않았다는 이유로 인터뷰가 어렵다는 의사를 밝히기도 하였다. 특히 '쉬고'는 파주시에 위치한 단체로서 파주시의 기지촌 문제와 밀접한 관련성을 가지고 있음에도 불구하고 파주시에서 쉬고에 자문을 요청하거나 기지촌 여성들의 방문을 권유한 적이 없었다. 대표적인 기지촌 관련 여성단체인 햇살사회복지회나 두레방 역시 엄마 품 동산의 준공에 적극적 행위자로 참여한 바는 없었다. 이는 파주시의 입장에서 기지촌 여성에 비해 해외입양인을 보다 주요한 대상으로 상정하는 것이 정책적 목적에서 더욱 부합하는 측면이 있었기 때문으로 보인다.

> "나의 엄마는 그런 몸파는 여자는 아닐거야. 기지촌 여성과 같이 언급되는 것에
> 호의적이지 않은 경우가 많아요."   (김○○ 대표)

두 번째로, 자신의 어머니가 성매매 여성이 아닐 것이라는 혼혈입양인들의 편견도 영향을 미쳤을 것이다. 해외입양인들은 엄마 품 동산에 방문하더라도 어머니들이 자신을 입양 보내야 했던 당시의 기지촌 현실에 대해 알기 어려우며, 대신 아이를 그리워하는 어머니로서 재현된 조형물들만을 볼 수 있다. 몇몇 해외입양인들은 자신의 어머니들이 "몸 파는 여자"는 아닐 것이라는 인식이 있으며, 기지촌 여성과 자신들이 같이 언급되는 것에 호의적이지 않다. 이러한 인식은 기지촌 여성들이 스스로의 존재를 알리는 것을 어렵게 만들 수 있다.

세 번째로, 기지촌 여성 문제는 우리나라 정부와 미국 정부에 책임을 가시화하기 때문에 공론화되기 어려운 측면이 있다. 이는 일본군 위안부 문제가 상대적으로 활발히 공론화될 수 있었던 이유와 비교했을 때 더욱 잘 이해할 수 있다. 일본군 위안부 문제에서는 강제동원이 강조된 측면이 있으며, 민족주의와 결합하여 일본이라는 타국의 책임과 배상을 요구할 수 있었다. 또한 일본군 위안부 문제는 한국뿐만 아니라 중국, 베트남 등 여러 국가와 관련된 세계적 문제이기 때문에 보다 큰 관심이 촉발될 수 있었고 징용, 징병 등 전후 과거사 청산 작업이 대대적으로 요구되었기 때문에 위안부 문제 역시 이와 더불어 논의될 수 있었다. 그러나 기지촌 여성 문제는 일본군 위안부 문제와 유사한 면이 있음에도 불구하고, '미군 위안부'라고 불리기보다는 여전히 부정적인 성매매 여성 이미지로만 이해된다. 이는 현재 우리나라에 미군이 여전히 주둔하고 있으며, 미국과의 외교적 관계가 중요하기 때문이다. 지난 2014년부터 기지촌 여성 122명이 국가 대상 손해배상청구 소송을 진행해 강제수용 사실에 대해 일부 승소하였지만 현재까지 정부의 공식적인 사과는 없었다. 기지촌 여성을 둘러싼 이러한 구조적 맥락은 이들이 스스로를 드러내기 어렵도록 만드는 원인이 된다.

네 번째로, 기지촌 여성이 스스로를 드러내기 어렵게 만드는 구조적 환경도 있지만, 그들 스스로가 자신의 존재를 드러내고 싶어하지 않는 측면도 간과할 수 없다. 기지촌 여성들은 당시의 시대적 상황으로 인해 스스로 양갈보, 양색시 등의 부정적인 낙인을 내면화하였기 때문에 현재에도 스스로 기지촌 여성이었음을 밝히는 것을 치욕적으로 여길 수 있다. 현재 미군 위안부에 대한 사회적 인식은 점차 변화하고 있지만, 기지촌 여성 개인들의 모멸감과 상처는 여전히 남아 있을 것이다. 많은 세월이 흐른 뒤에 기지촌 여성으로서의 정체성을 밝히는 것은 오래전의 트라우마를 다시 불러 일으켜 당사자에게 엄청난 고통을 유발할 수도 있다. 새로운 가정을 이루고 평범한 삶을 살아가고 있는 기지촌 여성들도 다수 존재하는데, 이들은 기지촌 여성이었음을 밝힘으로써 그 정상성과 평범함을 잃을 위험을 감수해야 한다. 이는 그들로 하여금 자신을 드러내는 것을 꺼리게 하는 중요한 원인으로 작용이 될 것이다.

따라서 기지촌 여성들이 엄마 품 동산 조성에 참여하거나 이곳을 방문하지 않는 현상에 대해 외부적 요인만을 지적할 수는 없다. 인터뷰에서 이○○ 소장은 기지촌 여성들이 자신의 이름을 가명으로 하는 것에 대해 반대하며, 엄마 품 동산을 통해 기지촌 여성들이 자기 이름을 밝히도록 해야 한다고 말하였다. 하지만 이들이 엄마 품 동산에 자신의 존재를 반드시 드러내야 하는 것인지에 대한 고찰이 선행되어야 한다. 물론, 기지촌 여성들이 적극적으로 자신의 존재와 피해를 알리는 것은 기지촌 문제를 해결하고 그들에 대한 사회적 인식을 변화시키는 데에 큰 도움이 될 것이다. 따라서 파주시 기지촌 문제를 다루는 첫 걸음인 엄마 품 동산에 이들의 목소리가 충분히 반영되지 않고 있는 것은 다소 아쉬운 측면이 있다. 그럼에도 무엇보다도 중요한 것은 기지촌 여성 스스로의 의사일 것이다. 다만 우리 사회와 파주시는 그들이 자신들의 목소리를 내고 싶을 때 주저하지 않고 목소리를 낼 수 있도록 하기 위한 환경을 조성해 나가야 한다.

3. 스티그마 벗겨내기를 위한 과제

현재 캠프하우즈 부지에는 조형물이 있는 엄마 품 동산 공원만 조성되어 있지만, 2026년까지 캠프하우즈 부지에 여러 기반 시설과 건물들이 추가 준공되어 캠프하우즈 근린공원이 완성될 예정이다.[43] 여기서 주목할 만한 점은 트라우마센터와 역사기록관 등의 시설 건립이 논의되고 있다는 사실이다.

첫 번째로, 트라우마센터 건립에 대한 논의가 되고 있다. 이는 파주시에 한국전쟁과 미군주둔으로 형성된 미군문화가 안겨준 폭력의 유산과 사회심리적 트라우

---

43. 파주시뿐만 아니라 해외입양인들도 한계점으로 지적한 기반 시설 문제가 해결되고, 추가준공을 통해 엄마 품 동산이라는 공간을 홍보하고 관광을 활성화할 수 있을 것이라고 기대된다. 관광 활성화를 통해 일반 시민들이 캠프하우즈 부지를 많이 방문할 수 있게 되는 것도 해외입양인과 기지촌 여성에 대한 관심을 촉구할 가능성이 있다.

마를 치유할 수 있는 시설이 필요하다는 공감대가 형성되었기 때문이다. 트라우마센터의 사업은 크게 세 집단을 대상으로 논의되고 있다. 첫 번째로, 파주 주민들을 대상으로 심리교육, 개인상담, 가족상담이 진행될 수 있다. 두 번째로, 국내외 입양인을 대상으로 소통 및 치유, 건강증진 프로그램 등이 진행될 수 있다. 세 번째로, 기지촌 여성을 대상으로 치유, 건강증진 프로그램이 진행될 수 있다.

하지만 트라우마센터의 대상자가 되는 세 집단 중에서 해외입양인과 기지촌 여성에 대한 논의가 부족할 우려가 있다. 일단 엄마 품 동산 추진과 이후의 관광에 큰 영향을 미친 해외입양인들도 트라우마센터의 대상자에서 제외될 가능성이 크다. 김○○ 대표에게 트라우마센터에 대한 의견을 묻자, 그곳은 파주 주민들을 위한 공간이 될 것이라고 답변하였다. 일단 지리적으로 해외에 거주하는 해외입양인들은 트라우마 센터에 여러 번 방문하기 어려운데, 상담 프로그램은 주로 다회성이기 때문에 해외입양인들은 참여하기 어렵다. 또한 영어 상담이 제공되지 않는 한, 해외입양인들은 프로그램에 참여하기 어렵다. 따라서 현실적으로는 주로 파주시에 거주하는 국내 입양인들이 입양인 대상자 집단에 속할 수 있을 것이다. 또한 기지촌 여성들도 트라우마센터의 추진 과정에 참여하기는 어려울 수 있다. 앞서 언급했듯이, 이들은 복합적 요인으로 인해 엄마 품 동산에서도 비가시화되었기 때문이다.

하지만 기지촌 여성들을 대상으로 트라우마센터 프로그램을 운영할 필요성은 크다. 기지촌 여성들은 당시의 시대적 상황으로 인해 스스로 양색시, 양갈보 등의 부정적 낙인을 내면화하게 되었고, 이는 그들이 엄마 품 동산을 비롯해 우리 사회에 스스로의 존재를 밝히기 어려운 원인이 되었다. 그렇기 때문에 트라우마센터에서의 기지촌여성에 대한 논의가 더욱더 필요하다. 현재 기지촌 여성 국가손해배상청구 소송이 진행 중이며, 2020년 경기도 기지촌 여성에 관한 조례가 제정된 만큼 이들을 지원해야 하는 법적 근거들이 마련되고 있다.

두 번째로, 역사기록관 건립 논의가 되고 있다. 그런데 파주시에는 공립박물관이 없기 때문에, 캠프하우즈에 건립될 역사기록관은 기지촌에 관련된 전시뿐만 아니라 파주시 공립 박물관의 성격을 띨 가능성이 있다. 황○○ 국장과의 인터뷰에서 역사기록관의 내용에 대해 질문했을 때 답변으로는 파주시에서는 기지촌 관련된 물품이나 기록은 많지 않지만 한국전쟁 관련된 물품과 기록은 강 주변 개발을 하면서 발견, 보관하고 있는 것들이 많다고 하였다. 따라서 역사기록관은 기지촌에 대해서는 사진 기록이 일부 전시되지만 나머지는 한국전쟁 시기와 그 이후 파주시의 근대화 과정에 대해 전시될 수 있다.

현재의 엄마 품 동산은 해외입양인에 초점을 맞추어 조성이 되었지만 엄마 품 동산 부지의 역사기록관에서는 해외입양인에 대한 전시가 충분히 논의되고 있지 않다. 해외입양인들이 추가 준공에서 우려하는 한계는 역사기록관을 비롯해 엄마 품 동산 부지의 다른 시설들은 파주 시민을 위한 공간만으로 존재할 수 있다는 점이다. 추후 준공 과정에서 파주시에서 입양인들을 위해 게스트하우스를 만들겠다는 계획 또한 입양인들을 위한 공간이 아니라 결국 일반 관광객을 위한 공간이 될 우려가 있다. 미앤코리아의 경우도 1년에 2회 1박2일의 일정으로 엄마 품 동산을 정기적으로 방문하는데, 해외입양인 단체의 숙박 날짜가 많지 않을 것이라고 생각하는 파주시에서는 일반 관광객들의 숙소로 게스트하우스를 조성할 가능성이 있다. 김○○ 대표는 해외입양인들이 엄마 품 동산 조성 위원회와 투어 과정에 스태프로 능동적으로 참여한 만큼, 해외입양인들의 편지나 사진을 상시적으로 전시할 수 있는 공간이나 해외입양인 예술가의 작품을 전시하는 공간 등 해외입양인들이 자신들을 위한 공간이라고 느낄 수 있는 공간이 더 마련되어야 한다고 언급하였다. 캠프하우즈 부지의 추가 준공 과정에서 해외입양인들을 위한 공간을 더 마련하는 것에 대한 논의가 필요하다. 또한 역사기록관에서의 기지촌 여성에 대한 전시에 대해서도 충분히 논의되고 있지 않다. 기지촌 여성들이 자신들의 존재를 드러내지 않아 이러한 전시가 불가능하다고 단정 지을 것이 아니라, 먼저 이들이 목소리를 낼 수 있는 공간을 마련하는 것에 대한 논의가 필요할 것이다.

앞서 기지촌 여성이 엄마 품 동산에서 비가시화되었다는 점을 지적하였지만, 처음 엄마 품 동산의 조성 취지처럼 기지촌 여성 또한 엄마 품 동산에 충분히 존재할 수 있게 할 가능성은 남아 있다. 그간 엄마 품 동산이 해외입양인과 기지촌 여성 모두를 위한 공간이자, 그들의 만남을 위한 공간을 지향함에도 불구하고 복합적 원인으로 인해 그 곳에서 두 행위자가 공존하기 어려웠다. 그럼에도 앞으로 트라우마센터와 역사기록관을 통해 기지촌 여성들이 자신들을 보다 잘 드러낼 수 있는 환경이 조성되고, 관련된 사회적 변화들이 함께 이루어진다면 엄마 품 동산에 해외입양인과 기지촌 여성이 공존할 수 있는 가능성은 열어둘 수 있다. 2018년 파주시 이효숙 의원은 '파주시 기지촌 여성 지원 등에 관한 조례'를 발의한 바 있으며 현재까지 조례 제정이 논의되고 있는 중이다. 해외입양인들과의 인터뷰에서도 일부 해외입양인들이 기지촌 여성 문제에 대해 관심을 가지고 있다는 것을 알 수 있었는데, 이는 또 하나의 가능성을 시사한다. 이처럼 캠프하우즈 추가 준공 논의는 트라우마센터와 역사기록관 등을 통해 엄마 품 동산에서의 한계를 극복할 무한한 가능성을 갖고 있다.

한편, 캠프하우즈 추가 준공 논의에는 파주시와 해외입양인, 기지촌 여성 사이의 복잡한 긴장을 해소해야 하는 중대한 과제가 남아 있기도 하다. 고프만은 낙인 집단에 근접할수록 낙인에 대해 더 민감하게 반응할 수 있음을 지적한 바 있다. 과거 일본군 '위안부' 할머니들의 성판매 여성에 대한 민감하고도 부정적인 반응처럼, 미군과 결혼한 한국인 아내들은 자신이 기지촌 여성 출신이 아니라는 사실을 증명하기 위해 '사투'를 벌였다.[44] 해외입양인 집단도 자신들의 어머니가 '미군 위안부'일 가능성을 부정하며 낙인에 대해 더 민감하게 반응하는 것으로 볼 수 있다. 기지촌의 역사를 간직하고 있는 파주시 엄마품동산의 조형물이 모두 '입양인들이 그리워하는 어머니'로만 재현된다는 점은 기지촌 여성에 대한 낙인을 해체하지 않는 것으로서, 다른 행위자들의 정체성과 이익을 보호하기 위해 '여성에 대한 이분법적 사고'를 강화하는 것으로 볼 수도 있다. 낙인은 구별짓기를 통해 나/우리의 정체성과 이익을 보호하기 위해 '사용'되는 수단이기도 하다.[45] 즉, '입양인들이 그리

---

44. 원미혜. 2011. p.73.
45. 원미혜. 2011. p.70.

워하는 어머니'와 '기지촌 여성'을 구분하는 것은 기지촌 여성에 대한 기존의 '낙인'이 사용되는 것이다.

파주시 엄마 품 동산은 전 세계 해외입양인들에게 고향이 되어줄 수 있는 공간으로서 큰 의미를 지니며, 앞으로의 기지촌 문제 해결에 있어 중요한 주춧돌이 될 것으로 기대된다. 그럼에도 현재의 엄마 품 동산은 기지촌 문제와 해외입양 문제 사이에서 위태로운 줄타기를 하고 있다. 파주시, 해외입양인, 기지촌 여성에 대한 낙인의 작용력은 고정된 것이나 일방향적인 것이 아니라 서로 역동적인 것이다. 파주시가 기지촌으로 낙인화된 장소성을 해체하기 위해서는 기지촌 여성에 대한 낙인을 해체하는 작업이 간과되어서는 안 되며, 앞으로의 캠프하우즈 준공에서 해외입양인과 기지촌 여성 사이의 이 미묘한 간극을 메꾸는 것이 필요할 것이다.

〈참고문헌〉

강수영·백일순·이승욱. 2020. "미군 기지촌, 용주골의 역사적 변화: 사회경제적 공간구조를 중심으로." 『대한지리학회지』. 제55집 2호.

경기일보. 2008년 12월 15일. "동두천시 기지촌 오명이 현실로." http://www.kgnews.co.kr. (검색일: 2020.4.21.).

경기일보. 2018년 12월 24일. "캠프하우즈, 엄마 품 동산 평화, 평등 랜드마크 탈바꿈." http://www.kyeonggi.com/news/articleView.html?idxno=2023308 (검색일: 2020.4.21.).

권희정. 2015. "입양실천에서 나타나는 정상가족 담론과 미혼모 자녀의 고아 만들기." 『페미니즘 연구』. 제15집 1호.

김경준. 2010. "사회적 스티그마의 청소년에 대한 영향과 대응." 『한국청소년연구』. 제21집 3호.

김미덕. 2014. "미군 캠프타운 한국 여성에 대한 한 민족지적 연구." 『아태연구』. 제21집 3호.

김아람. 2009. "1950년대 혼혈인에 대한 인식과 해외입양." 『역사문제연구』. 제22집 2호.

김은혜. 2011. "2016년 도쿄올림픽의 좌절과 도시의 정치경제." 『공간과 사회』. 제21집 3호.

김재민. 2016. "한국의 해외입양 정책에 투영된 인권의 공백." 『기억의 전망』. 제35집. 성공회

대학교.

김주희. 2017. "미군 기지촌에 대한 기억의 정치와 변모하는 민주주의 다큐멘터리 이태원 분석을 중심으로." 『한국 여성학』. 제33집 4호.

김정자. 2013. 『미군 위안부 기지촌의 숨겨진 진실: 미군 위안부 기지촌여성의 최초의 증언록』. 김현선 편. 한울아카데미.

박정미. 2015. "한국 기지촌 성매매 정책의 역사사회학." 『한국사회학』. 제29집 2호.

박정미. 2017. "잊혀진 자들의 투쟁 – 한국 성판매여성들의 저항의 역사." 『역사비평』. 제118집.

변화영. 2013a. "혼혈아의 차별적 시선과 대응적 정체성– 백인빈의 「불랙 죠」와 전광용의 「세끼미」를 중심으로." 『비평문학』. 49호.

변화영. 2013b. "혼혈인의 디아스포라적 기억의 재구성 – 만 가지 슬픔과 내 유령 형의 기억들을 중심으로". 『한국문학논총』. 제56집.

아주경제. 2020년 3월 20일. "엄마 품 동산에서." http://www.ohmynews.com/NWS_Web/View/at_pg.aspx?CNTN_CD=A0002159891. (검색일: 2020.3.24.).

어빙 고프만. 2009. 『스티그마: 장애의 세계와 사회적응』. 윤선길 옮김. 한신대학교 출판부.

연합뉴스. 2018년 9월 14일. "파주시, 해외입양인 작은 쉼터 엄마 품 동산 준공." https://www.yna.co.kr/view/AKR20180914099600060?input=1195m. (검색일: 2020.3.24.).

오마이뉴스. 2015년 11월 13일. "기지촌 여성, 혼혈인 위한 동산 생긴다." http://www.ohmynews.com/NWS_Web/View/at_pg.aspx?CNTN_CD=A0002159891. (검색일: 2020.4.21.).

오미영. 2009. "혼혈인에 대한 낙인 연구: 혼혈인에 대한 낙인에 영향을 미치는 요인과 낙인효과." 『한국사회복지학』. 제61집 2호.

원미혜. 2011. "여성의 성 위계와 창녀 낙인: 교차성 작용을 중심으로." 『아시아여성연구』. 제50집 2호.

이나영. 2010. "기지촌 형성 과정과 여성들의 저항." 『여성과 평화』. 5호.

이나영. 2013. "글/로컬 젠더질서와 한반도 여성의 몸: 일본군 '위안부'와 미군 기지촌 '양공주'." 『동방학지』. 제161집.

임해영. 2014. "미혼모의 양육과 입양 결정 경험에 관한 해석학적 근거이론 연구." 성균관대학교 사회복지학대학원 사회복지학 박사학위 논문.

장윤수. 2008. "한인디아스포라와 해외입양." 『세계지역연구논총』. 제26집. pp.77–104.

전진성. 2005. 『역사가 기억을 말하다』. 휴머니스트.

조정민. 2013. "로컬리티 기호로서의 혼혈아." 『동북아 문화연구』. 제34집.

차철욱. 2011. "하야리아부대 주변 마을 주민들의 역사적 경험과 로컬리티." 『지역과 역사』. 제28집.

파주바른신문. 2020년 2월 9일. "서울대 정근식 교수, 캠프하우즈에 트라우마센터 설립해야." http://www.pajuplus.co.kr/news/article.html?no=4188. (검색일: 2020. 3.24.).

한만송. 2018. "우리가 잊은, 잊고자 했던 혼혈 입양인." 『황해문화』.

기지촌 여성의 임신, 출산, 양육 인식과
자기 경험에 대한 현상학적 접근

서울대학교 영어영문학과 이하원

논문초록 기지촌 여성에 관한 기존 연구는 주로 이들의 성(性) 판매 사실을 중심으로 전개되어 왔다. 그러나 성을 매개로 한 임신·출산·양육은 기지촌 여성의 생애를 형성하는 데에 중요하게 작용하였다. 기지촌 여성 17명의 면담 자료를 기반으로 이들의 임신·출산·양육에 관한 인식, 태도, 경험에 대해 현상학적 해석을 시도한 결과 다음과 같은 결론을 도출하였다. 첫째, 기지촌 여성들은 임신·출산·양육을 결혼과 결부하여 인식하였다. 여성들은 임신·출산·양육을 결혼 관계에서만, 그리고 결혼 관계에서는 반드시 발생해야 하는 사건으로 인식하였다. 둘째, 기지촌 여성들은 상대 남성과의 지속적인 애정관계 형성 여부에 따라 임신 및 출산에 대한 태도를 달리 하였다. 특히 애정관계에 있는 미군 남성과의 관계에서 발생하는 임신 및 출산에 대해서는 이를 '국제결혼'의 기회로 인식하여 긍정적 태도를 형성하였다. 셋째, 임신 및 출산에 대한 긍정적 태도는 출산 경험을 매개로 하여 양육에 대한 긍정적 태도로 연결되었다. 그러나 기지촌 여성 대다수는 홀로 양육의 부담과 양육으로 인한 경제활동의 어려움이라는 이중고로 양육에 대해 양면적 태도를 형성하였다. 넷째, 기지촌 여성들은 한국인 혹은 미국인 남성과의 관계에서 임신·출산·양육에 대한 전통적 인식과 실제적 경험 간에 괴리를 겪었다. 여성들은 이러한 괴리에 대해 낙태, 홀로 양육, 입양 등의 방식으로 대응하였으며, 특히 혼혈아를 홀로 양육하는 과정에서 자녀에 대한 차별적 시선과 입양기관의 입양 권유를 주요하게 경험하였다. 이상의 논의로부터 기지촌 여성을 수동적 혹은 일탈적 존재로 한정하는 인식에서 탈피하고, '어머니'를 주요한 키워드로 하는 혼혈인의 정체성 규명 과정에 있어 기지촌 여성들의 의사를 적절히 반영하여야 할 필요성이 제기된다.

핵심주제어 기지촌, 여성, 국제결혼, 출산, 양육, 혼혈인

I. 서론

1. 연구 배경

1) 연구 필요성

이른바 '윤금이 사건'을 계기로 하여 기지촌 여성들의 서사는 가시화되기 시작했다. 이에 따라 박정희 정권하에서 미군 위안부로 등록되어 주한 미군을 상대로 성매매에 종사한 여성들에 관한 학술적 연구가 본격적으로 활성화되었다. 이러한 연구들은 주로 성(性) 노동 종사자로서의 기지촌 여성의 존재에 초점을 맞추었으며, 기지촌 내부에서의 여성들의 생활상 및 그러한 삶의 형태가 성립하게 된 기저의 법적, 제도적 배경을 규명하고자 하였다. 더불어 기지촌 여성 연구와 동시에 미군과의 관계에서 태어난 '혼혈인'[1] 대상 연구 또한 활발하게 진행되었다. 기지촌에서 태어난 혼혈인들은 단일민족 신화에 기반하여 형성된 보수적인 당대 사회 분위기 속에서 환영받지 못하는 골칫거리로 인식되었으며, 한국 정부는 민간 기업과 법인을 매개한 혼혈인의 해외입양을 적극적으로 장려했다. 미국으로 입양된 혼혈인들은 자체적인 연대의 장을 마련하고 해외입양인연대 등의 단체와 연계하여 친부모 찾기에 나서는 등 이른바 '모국'으로부터 기원하는 자신들의 정체성을 회복 및 구축하기 위해 적극적으로 행동하였다.

그러나 기지촌 여성과 혼혈인의 역사적 존재는 대중적 인식과 학문적 영역 모두에서 각각 분리된 별개의 주제로 취급되었다. 기존의 기지촌 여성을 둘러싼 이해는 이들이 특정 시점에 성적 서비스를 제공하는 '위안' 산업에 종사하였다는 점에 기반하여 이들의 섹슈얼리티에 지나치게 천착하는 양상을 띠었으며, 이에 따라 이들이 여성으로서의 생애 주기 속에서 경험한 여타 경험은 대중적 논의의 과정에서

---

1. '혼혈인'이라는 용어는 단일민족 신화를 전제로 한 차별적 함의를 담고 있지만, 이를 충분히 대체할 수 있는 용어가 부재하므로 본고에서는 이러한 사실을 주지한 채 기지촌 여성과 미군 사이에서 태어난 이들을 '혼혈인'(이후 따옴표 생략)으로 지칭한다.

상대적으로 등한시되거나 비가시화되었다. 혼혈인의 출생 및 한국에서의 성장 그리고 해외로의 입양까지의 과정은 모두 여성을 매개하여 발생한 일련의 사건임에도 불구하고 혼혈인을 임신 혹은 출산한 기지촌 여성에 관한 관심은 현저하게 낮은 수준에 머물렀다. 여성의 성과 불가분적 연관 관계에 있는 임신 및 출산은 기지촌 여성의 서사를 복원하는 과정에 있어 응당한 조명을 받지 못하고 비가시화되었으며, 그 결과 대중의 인식 속 기지촌 여성과 혼혈인에 관한 이해는 각각 성(性)의 영역과 민족주의 혹은 가족성의 영역에 분리되어 속한 것으로 자리하였다.

더불어 기지촌 여성에 대한 인식은 이들의 사회적 존재를 미군과의 관계 속에만 한정하여 규정하였는데, 이는 '기지촌 여성'이라는 집단적 정체성에 함몰되어 뭉뚱그려진 각 여성 개인의 서사를 인위적으로 축소하고 여타 생애사적 맥락으로부터 단절하는 부정적 효과를 동반한다. 기지촌으로의 진입 및 기지촌 내부에서의 성 판매와 관련한 경험은 결코 독립적으로 발생하지 않았으며, 여성들은 생애과정 속 구조적 힘의 작용으로 인해 발생한 필요성 혹은 강제력에 따라 주요한 전환적 사건들을 맞이하고 경험하였다. 성적 행위에 따르는 임신 및 출산, 양육의 경험 과정에 있어 기지촌 여성들은 고유한 행위 원리에 근거해 이를 수용 혹은 거부하는 선택을 내렸다. 이는 곧 여성 각각이 삶 속에서 임신, 출산, 양육을 인식하고 경험한 방식에 대해 개별적이고 미시적인 이해를 도모함으로써 최종적으로는 여성 개개인의 집합이 '기지촌 여성'이라는 하나의 정체성을 형성한 양상을 살펴볼 수 있다는 의미이다. 따라서 기지촌 여성을 미군에게 성적인 서비스를 제공했던 존재로 한정하여 이해하는 기존의 관행에서 벗어나, 이들의 인식과 경험이 생애 전반에 걸쳐 형성 혹은 구현된 양상에 초점을 맞춘 연구의 필요성이 부각된다. 본 연구는 기지촌 여성들이 임신과 출산 혹은 낙태, 그리고 양육 및 입양과 관련하여 인식 혹은 경험한 바에 초점을 맞춤으로써 이들을 미군 상대의 성 판매자로 규정하는 기존 양상에서 탈피함과 동시에 이들의 섹슈얼리티가 혼혈인을 포함한 자녀 재생산의 측면에서 구현되었다는 사실을 조명한다.

2) 선행연구 검토

기지촌 여성에 관한 많은 연구는 성 판매가 제도화된 양상에 초점을 맞추어 그 원인을 미 군정과 한국 정부의 복합적 이해관계 속에서 찾는다. 박정미(2015)는 기지촌 여성들의 상품화된 성에 대한 정부의 공식적인 통제와 관리가 존재했음을 입증하며, 당시 미군 위안부에 대한 체계적 관리가 윤락행위방지법과 양립할 수 있었던 배경을 '예외상태' 속의 '생명정치'로 규명한다. 캐서린 문은 『동맹 속의 섹스』(2002)에서 기지촌 여성에 대한 성적 착취가 묵인되기까지의 과정에서 민족과 젠더, 국제체제의 역학관계가 복합적으로 작용한 광범위한 맥락을 다루며, 이나영(2010) 또한 기지촌이 미군정 및 일반 대중의 필요와 정치경제적 이해관계에 기반한 한국 정부의 호응, 그리고 일본군 위안부의 경험을 통해 정립된 바 있는 공창제도의 역사적 전형의 조합 속에서 성립된 결과물이었음을 밝힌다. 박정미(2019)는 한국 정부가 기지촌 여성을 호명하기 위해 일제 식민지배의 잔재인 '위안부'라는 용어를 사용했으며, 성병 통제에 대한 미 군정의 압력을 수용하여 폭력적 형태의 검열을 수행하였다는 사실을 지적한다. 이들 연구는 기지촌 여성이 자발적이고 개별적으로 성매매에 종사한 존재가 아니라 '미군 위안부'에 대한 구조적 필요성에 의해 체계적으로 형성되고 관리된 존재임을 시사한다. 이렇듯 기지촌 여성들이 제도적 폭력과 대중적 편견의 대상이었다는 점에 기인하여 이들의 서브알턴적 위치에 초점을 맞춘 법학적, 여성학적, 문학적 연구 또한 활발히 진행되었다(이경빈, 2016; 이나영, 2013; 김연숙, 2003). 이들에 따르면 '미군 위안부'의 제도화는 기지촌 여성들을 인종적, 경제적, 젠더적 측면에서 약자화하는 효과를 지녔으며, 이는 기지촌 여성을 일반적인 여성과 분리하려는 '양공주'라는 차별적 어휘로서 응축되어 표출되었다.

보다 미시적으로 기지촌 여성들의 생애를 기록하고자 한 연구로는 김미덕(2014, 2013)과 이나영(2011)의 연구를 들 수 있다. 김미덕의 연구는 현장연구를 바탕으로 한 민족지적 연구를 통해 기지촌 여성들이 자신의 빈곤과 성 판매를 해석하는 방식을 탐구하였으며, 그 결과 기지촌 여성들이 스스로의 생애를 성매매와 피해자

담론이라는 프레임에 한정하여 인식하지 않았음을 밝혔다(2014). 또한 기지촌 여성의 피해 사실을 전유하는 기존 담론에 대항하여 행위자로서의 기지촌 여성이 구조적 권력에 저항하였다는 점을 밝혔다(2013). 이나영의 연구 또한 기존의 연구가 기지촌 여성의 피해자성에 지나치게 주목하였음을 지적하며 여성들의 생애사 구술 녹취를 통해 다양한 사회적 맥락이 개인의 삶 속에서 구현되는 방식 및 그것을 대면하는 현대의 청자의 위치성에 대해 논의한다. 기지촌 여성들 스스로도 자신의 생애를 비정형화된 형태로 표현하고자 노력하였는데, 김정자(2013)과 김연자(2005)의 저술은 이러한 시도의 결과물이다. 생애 기술 이외에도 기지촌 여성들의 삶이 예술 분야에서 재현되는 방식을 비판적으로 해석하는 연구 또한 진행되었다. 김윤지(2012)와 김미덕(2007)은 각각 영화와 문학작품 속에서 기지촌 여성이 한민족에 대한 폭력의 희생양 혹은 방탕하고 비윤리적인 헤픈 여성으로 정형화되어 규정되어온 양상을 탐구한다. 이러한 저술들은 모두 기지촌 여성을 특정한 이데올로기에 비추어 일방적으로 규정하고자 하는 경향에 반발하여 여성들의 삶을 보다 입체적으로 재생하려는 특징을 지닌다.

한편 기지촌 여성의 상품화된 성을 다룬 연구가 양적으로 풍부했던 반면, 성적 활동으로 인해 발생하는 임신 및 양육을 다룬 연구는 필자의 조사 당시 발견할 수 없었다. 기지촌 여성의 신체를 매개하여 출생한 혼혈인 집단의 존재는 거의 모든 경우에서 기지촌 여성과는 독립적인 주제로 분리되어 다루어졌다. 예외적으로 『기지촌 혼혈인 인권실태조사』는 기지촌에서 태어난 혼혈인들의 과거와 현재 삶의 조건을 기술함에 있어 면담 대상자인 혼혈인이 기지촌 여성과 함께 거주 중인 경우, 혼혈인을 출산하고 양육한 기지촌 여성들의 면담 자료를 함께 채록하여 기재하였다. 이 연구에 따르면 기지촌 여성이 생계유지나 가족의 반대 등으로 인해 입양을 택하지 않았을 경우 여성과 혼혈자녀는 깊은 정서적 유대를 유지하였다. 한편 혼혈인에 관한 연구 중 다수는 혼혈인 해외입양이 주선 및 실행되었던 제도적 배경과 구체적 방식을 다루었다. 조가은(2019)은 박정희 정권의 근대화 추진 계획에 있어서 사회적 비용으로 인식되었던 혼혈아와 장애아, 고아 등 요보호아동의 해외입양이 필수적인 요소로 자리매김한 양상을 분석한다. 해당 연구는 「입양특례법」을 통한 해외입양 시스템의 공고화가 정부, 기업 혹은 민간단체, 대중의 필요가 맞물려 혼혈인을 한국 사회로부터 배척한 결과물이라고 정의한다. 김아람(2009) 또한 혼혈인을 '양갈보'의 자녀이자 '비국민'으로 인식하는 사회적 태도가 정부 차원에서의 혼혈인 입양 장려를 매개한 양상을 밝힘으로써 국내 혼혈인의 당시 생활상과 해외입양의 제도화 역사 간에 존재하는 연결고리를 규명하였다.

이상의 기지촌 여성을 둘러싼 선행연구를 종합할 때, 다음과 같은 결론을 내릴 수 있다. 첫째, 기지촌 여성 연구는 크게 거시적 연구와 미시적 연구로 구분되었다. 거시적 연구는 기지촌 여성이 처했던 문화적, 역사적, 정치적 맥락에 기반하여 기지촌과 미군 위안부의 성립을 기지촌 여성에 대한 폭력의 제도화 과정으로 규정하였다. 미시적 연구는 기지촌 여성의 생애 의미가 이데올로기적 개입을 통한 구조화로 인해 한정적으로 정의되는 양상을 비판적으로 조망하였다. 둘째, 극소수의 경우를 제외하고는 혼혈인의 생애 혹은 입양에 관한 연구는 혼혈인을 출산 및 양육한 기지촌 여성의 존재를 배제하고 있었다. 이러한 기존 연구의 경향을 고려할 때, 기지촌 여성의 피해자성에 천착하지 않으면서도 이들이 미군 위안부로 성 판매에 참여하였음을 주요하게 고려하는 연구의 필요성이 제기된다. 더불어 여성의 섹슈얼리티와 임신 및 양육 간에 존재하는 불가분성에도 불구하고 기지촌 여성의 어머니됨은 주목받지 못했으므로 기지촌 여성의 생애 연구에 있어 해당 부분에 대한 재조명의 필요성이 제기된다.

2. 연구방법

1) 연구대상 및 자료수집

많은 기지촌 여성에게 기지촌에서의 생활은 드러내고 싶지 않은 과거이자 구조적, 물리적 폭력에 노출되었던 트라우마적 경험이었다. 특히 본 연구는 여성의 신체를 직접적으로 매개하는 임신과 출산 및 낙태, 양육이라는 민감한 주제를 다루므로 기지촌 여성들에 대한 면담을 직접 진행하는 대신 기존에 존재하는 일차 자료를 기반으로 한 이차 연구의 형태를 택하였다. 본 연구를 위해서는 사단법인 햇살사회복지회 측에서 제공한 자료인 『햇살 할머니들의 기억으로 말하기 2~4』를 주된 분석의 대상으로 활용한다. 해당 자료는 기지촌 여성들을 위한 정보자료로 활용되도록 피면담자의 동의를 얻었으며, 2011~2013년에 걸쳐 연간 한 호씩 발행되었다. 본 자료는 장기간의 래포 형성을 바탕으로 기지촌 여성들의 사적인 서사를 채집한 결과물이라는 점에서 연구의 1차 자료로 사용될 만한 중요성을 띠지만, 학술적 동기에서 집필된 것이 아니므로 각 면접 결과 기술 간에 엄밀한 형식적 동질성을 갖추고 있지 않다는 한계를 지니고 있다. 따라서 본 연구에서는 자료의 동질성을 최대한 확보하기 위해 면담자가 피면담자의 서사를 요약하여 기술한 부분을 제외하고, 증언자 본인이 자신의 생애에 관해 증언한 바를 면담자가 직접 인용한 부분만을 사용한다. 또한, 본 자료는 피면담자의 신상 보호를 위하여 가명을 사

〈표 1〉 연구 대상자 출생연도 및 거주 기지촌 목록

코드	출생연도	거주 기지촌 소재지
A	1934	평택 안정리
B	1939	서울 삼각지, 동두천
C	1946	평택 안정리
D	1945	송탄, 성환, 진천, 평택 안정리
E	1950	평택 안정리
F	1939	송탄
G	1948	송탄, 서울 남영동, 평택 안정리
H	1951	파주 법원리, 동두천, 송탄, 평택 안정리
I	?	평택 안정리
J	?	평택 안정리
K	?	평택 안정리
L	1933	파주, 평택 안정리
M	1931	군산, 운천, 동두천, 평택 안정리
N	1937	부평, 평택 안정리
O	1939	평택 안정리
P	1939	송탄
Q	1948	이태원, 송탄, 평택 안정리

용하였는데 이에 따라 서로 다른 권수에 수록되어 있는 면담 자료가 표면상으로
서로 다른 피면담자를 대상으로 하여 얻어진 것으로 표기되었음에도 실질적으로
는 동일한 내용을 담고 있는 경우가 종종 발생하였다. 따라서 본 연구의 대상이 되
는 사례의 개수를 파악하는 과정에서 각 면담 자료의 내용상 유사성을 비교하여
동일인을 대상으로 한 것으로 판단되는 경우 두 개 이상의 면담문을 하나의 사례
로 간주하였다. 이에 따라 파악된 사례는 총 17개이며, 각각의 면담자는 A~Q의 알
파벳으로 표기한다. 다음은 각각의 면담자 출생연도와 거주했던 기지촌 소재지 목
록이다.

2) 인식·태도·경험의 현상학적 해석

사회학적 방법론으로서의 현상학(phenomenology)은 각 개인이 경험하는 일
상적 체험 자체가 곧 사실을 구성한다는 에드문트 후설의 철학적 논의에 기반한
다. J.J. Snyman(1993)은 현상학적 시각에 대해 "인간을 상대로 하는 과학(human
science)의 진정한 연구 대상은 인간의 인지적 세계 그 자체이며 그것은 자연과학
적 방법론으로는 탐구될 수 없는 것이다"라고 요약한 바 있다. 연구자는 대상을 둘
러싸고 기존에 형성되어 있는 담론과 개인적 인식을 최대한 배재하며, 대상자의
경험 그 자체에 의해 구축되는 독자적 세계의 의미를 읽어내는 데에 초점을 맞춘
다. 이때 연구자의 역할은 "선험적인 프레임화를 거부하면서 사실에 충실한 태도
로 현상을 최대한 정확하게 묘사하는 것"(Groenwald, 2004)이다. 이러한 방법론
은 기성적 관념체계와 이데올로기의 영향력으로부터 독립적인 개인의 주관적 경
험 그 자체를 하나의 '현상'으로 정의하고 그것을 연구의 대상으로 삼는다는 특징
때문에 서브알턴의 목소리나 사회적으로 터부시된 주제에 학술적으로 접근할 수
있는 유용한 방법론을 제공한다.

현상학적 연구 절차는 대부분 자료수집을 통한 피연구자의 체험 확보, 수집된
자료 분석, 분석에 기반한 연구 보고서 작성의 과정으로 구분된다(이남인, 2010).
본 연구에서는 Giorgi의 자료 분석 방법론을 활용하는데, Philips-Pula et al.(2011)

은 Giorgi의 방법론을 다음과 같이 요약하였다. 첫째, 경험에 관한 서술 자료의 반복적 독해를 통해 전체적인 의미를 파악한다. 둘째, 주요한 용어를 추출하여 자료를 의미소로 분해한다. 셋째, 각 의미소의 의미를 기술하고 이를 연구의 주제와 관련짓는다. 넷째, 의미소들을 합성하여 현상에 대한 일관성 있는 설명을 조합한다. 이러한 과정은 하나의 현상을 둘러싼 개인의 주관적이고 산발적인 해석을 그 의미를 변형시키지 않으면서도 일관적인 카테고리하에 재배치하는 작업을 가능케 함으로써 현상이 개인에게 지닌 구체적 의미를 보다 명확하게 파악할 수 있게 해준다.

한편 본 연구가 이러한 작업을 통해 읽어내고자 하는 것은 기지촌 여성들이 임신과 출산 혹은 낙태, 양육 및 입양에 대해 가지고 있는 인식과 경험이다. 인식과 경험을 정의하는 방식은 연구마다 차이를 보이는데, 본 연구에서는 인식과 경험 간의 관계를 '태도'라는 감정적 요소를 매개한 상관관계로 보는 견해를 택하고자 한다. 박광희, 유화숙(2012)에 따르면 태도는 대상에 대한 긍정적 혹은 부정적 느낌으로 정의되며, 인지적 요소와 행동적 요소는 각각 태도의 선행요인과 결과요인으로 작용한다. 이때 인지적 요소란 각각 대상에 대해 개인이 가지는 주관적 지식이나 신념을 말하고, 행동적 요소는 대상에 대한 행동성향을 의미한다. 본고에서는 박광희, 유화숙의 인지적 요소, 감정적 요소에 대한 정의를 채택하는 동시에 행동적 요소의 의미를 확장하여 물리적 경험 이외에 심리적인 경험까지를 포함하는 것으로 정의한다. 또한, 논의의 편의성을 위하여 인지적 요소, 감정적 요소, 행동적 요소를 각각 인식, 태도, 경험으로 명명하여 사용한다. 즉 기지촌 여성들은 임신, 출산, 양육의 개념이 생활 속에서 지니는 의미를 주관적으로 정의함으로써 인식을 형성하였고, 이러한 인식 내용에 대해 순응 혹은 저항하는 태도를 지녔으며, 최종적으로 자신의 태도와 일치 혹은 불일치 하는 방식의 경험 내용을 형성하였다.

이러한 이론적 틀에 기반하여 기지촌 여성들의 면담 자료를 독해할 때, 17명의 여성 중 15명의 여성이 임신을 경험한 적이 있었으며 이 중 낙태를 경험한 사람은 3명, 국내 입양을 경험한 사람은 2명, 해외입양을 경험한 사람은 5명이었다. 입양

286

은 사적 입양기관을 통한 공식적 경로 혹은 주변인에게 아이를 위탁하는 방식의 비공식적 경로를 통해 진행됐다. 피면담자의 경험이 나타내는 공통적 키워드 간 연관성을 살필 때 다음과 같은 구조화가 가능했다. 첫째, 기지촌 여성들의 임신, 출산, 양육에 관한 인식은 '결혼'이라는 키워드와 밀접한 연관성을 맺었다. 여성들은 임신 및 출산, 양육을 으레 부부간의 관계에서 발생하는 사건이자 기혼 여성의 생애를 구성하는 필수적 요소로 인식하였으며, 이에 따라 임신 및 출산을 결혼의 계기로 인식하기도 하였다. 둘째, 기지촌 여성들의 임신, 출산, 양육에 대한 태도는 이들이 남성과의 지속적 애정 관계를 맺은 적이 있는지에 따라 상반된 성격을 띠었다. 안정적 파트너십을 경험한 바가 있는지는 이들이 임신, 출산, 양육에 대한 태도를 결정하는 데에 큰 영향을 미쳤으며, 특히 파트너십을 경험한 적이 있을 경우는 출산의 결정을 매개하여 여성이 양육에 대해 긍정적 태도를 형성하게 하였다. 그러나 양육이 수반하는 경제적 부담은 양육에 대한 부정적 태도 또한 생성하였다. 셋째, 기지촌 여성들의 경험은 대체로 인식과 괴리되었으며, 경험의 구체적 내용은 상대 남성의 국적에 따라 서로 다른 양상을 보였다. 대다수 여성은 안정적 파트너십의 부재하에서 임신, 출산, 양육을 경험하였으며 이러한 경험은 심리적, 육체적 고통으로 특징지어졌다. 이상의 분석 내용에 기반하여, 차후 논의에서는 기지촌 여성들의 임신, 출산, 양육에 대한 인식, 태도, 경험이 '지속적 파트너십'과의 연관 속에서 형성되고 상호작용한 방식을 살필 것이다.

3. 임신·출산·양육 인식 방식

기지촌 여성의 임신, 출산, 양육에 대한 인식 방식은 결혼을 중심으로 형성되었다. 여성들은 임신 및 출산을 결혼 관계 속에서 발생해 마땅한 것이자 결혼한 여성이 마땅히 수행해야 할 일로 인식하였으며, 결혼 관계를 견고히 하는 사건으로 인식하기도 하였다. E는 기지촌에서 성 판매업에 종사하기 이전에 한국인 남성과의 지속적 관계에서 임신을 경험하게 되었는데, 당시를 회상하며 상대 남성과 "결혼 당연히 하려니 생각을 했었"다고 말하였다. 이렇듯 임신을 결혼과 동일시하는 사고는 E가 임신 및 출산은 마땅히 부부 관계에서 발생해야 한다는 인식을 형성하였음을 보여 준다. E가 이후 낙태하게 된 이유를 상대 남성이 "배부른 여자를 데리고" 온 것을 보고는 "희망성이 없"다고 느꼈기 때문이었다고 말하는 점에서 또한 임신 및 출산과 결혼 간의 밀접한 관련성이 강조된다. E가 "그 남자 집에까지 왕래하고 부모도 알고" 할 정도로 상대 남성과 친밀한 관계를 맺고 있었음에도 불구하고 "배부른 여자"의 존재는 곧 자신이 더이상 상대 남성과 가정 형성을 전제로 한 관계를 이어나갈 수 없다는 것을 의미했으며, 이는 임신 및 출산을 경험한 여성은 마땅히 혼인을 통해 가정을 꾸리는 여성이 되어야 한다는 인식을 전제한다.

이러한 인식은 기지촌 여성에게만 한정되어 공유된 것은 아니었는데, 특히 미국인 남성 또한 많은 경우 유사한 인식을 공유하였다는 점은 기지촌 여성이 미군과의 관계를 통해 발생하는 임신 및 출산을 국제결혼 실현의 계기와 동일시하였을 가능성이 크다는 사실을 시사한다. H는 당시 교제 중이던 미군에게 자신의 임신 사실을 알렸을 때를 회상하며 "애기 뱄다고 하니까 '결혼하자' 그래갖고 그냥 결혼" 하게 되었다고 말했는데, 여성의 임신을 알게 된 후 결혼을 제안하는 미군과 그를 수용하는 여성의 행동은 임신, 출산, 양육에 대한 동일한 인식의 공유 결과 발생했다고 할 수 있다.

임신과 출산은 결혼 관계 속에서만 발생해야 할 뿐만 아니라 결혼 관계 속에서는 반드시 발생해야 하는 사건으로 인식되기도 하였다. 이러한 인식 내용은 I의 생애사 속에서 파악되었다. I는 결혼 후 상당 기간 임신하지 못하였고, 남편이 다른 여성과의 외도로 아이를 얻자 남편에게 이혼을 요구하였다. 다음은 I가 당시를 회상한 면담 내용이다.

I: 스물두 살에 시집을 갔는데 스물여덟 살 먹도록 아이가 없는 거요. 그래서 지금까지도 애를 배 보도 못하고, 나 보도 못하는 거여. 나는 아직도 처녀여. … 내가 "왜 뒷방 늙은이 노릇을 해?" 딱 그 생각이 들더라고.

I는 자신이 아이를 배어보지도 낳아보지도 못했으므로 자신은 "아직도 처녀"라고 이야기하는데, 이때 임신 및 출산의 경험은 여성의 순결성을 판단하는 중요한 기준으로 작용하였다. 그러나 순결성이 기혼 여성에게 기대되는 성질이 아니라는 점을 고려할 때, 이는 곧 임신 및 출산의 경험이 없는 여성은 결혼 생활에서 기대되는 역할을 온전히 수행하지 않은 것으로 간주하였다는 사실을 시사한다. I는 동시에 임신 및 출산을 경험하지 못한 자신을 "뒷방 늙은이"로 표현하여 임신과 출산을 성숙하고 젊은 아내의 지위에 부합하기 위해 반드시 행해야 하는 일로 해석하였다. 이렇듯 여성들이 임신 및 출산을 가정과 순결성의 맥락에서 인식하였다는 사실은, 이들이 가정의 영역 안에서 임신 및 출산을 경험하기에 실패하였을 경우 이것은 이들을 기지촌 여성화하는 중요한 촉매로 작용하였음을 알 수 있다.

마지막으로, 여성은 임신과 출산을 결혼 관계를 공고히 하는 일종의 보장으로 인식하였다. 이는 앞서 살핀 바와 같이 임신과 출산을 결혼 관계 속에서 반드시 발생해야 하는 사건으로 규정하는 인식 방식과 일맥상통한다. M은 미군에 대한 의견을 묻는 면담자의 질문에 다음과 같이 답하였다.

M: (미군은) 자기네 돈 가지고 고향 가면 그만이지. 내 신랑이 아닌데 ⋯ 기다려야 택도 없는 거고, 내가 자슥을 낳았어? 뭐 했어? 안 그래?

M은 반복적으로 미군이 "내 신랑이 아니"며, 미군과의 관계에서 태어난 아이는 "애비 없는 자슥"이라는 사실을 강조했다. 즉 M에게 아이의 탄생과 양육은 마땅히 '아버지'의 존재 속에서 발생해야 하는 사건으로 인식되었다. 이때 M이 미군이 "내 신랑이 아니"라는 점을 강조하기 위해 "내가 자슥을 낳았어? 뭐 했어?"라고 수사적 질문을 던진 점은 기지촌 여성의 임신 및 출산 인식 이해에 있어 큰 중요성을 지닌다. M은 실제로는 서로 다른 미군과의 관계 속에서 총 세 번의 출산을 경험하였음에도 불구하고 그러한 사실이 미군에게 인지되지 못했거나 외면당했다는 점을 들어 위와 같이 구술하였는데, 이는 임신 및 출산을 결혼과 연계된 것으로 정의하

는 인식이 실제적 경험을 압도하였다는 사실을 드러낸다. 즉 M은 임신 및 출산을 반드시 결혼과 연계되어야 하며, 이것이 달성되었을 때 상이한 경제적 지위와 문화적 배경에도 불구하고 미군을 "내 신랑"으로 만들어 미군과 단단한 결혼 관계를 구축하게끔 해 주는 사건으로 인식하였다. 정리할 때, 기지촌 여성들의 임신·출산·양육 인식 방식은 결혼이라는 키워드를 중심에 두어 대중적 인식과 거의 유사한 형태를 보였으며, 미군과의 관계로 확장 적용되었을 때 임신 및 출산은 국제결혼으로써 실현되는 견고한 결합과 연계되기도 하였다.

4. 임신·출산·양육에 대한 태도

1) 지속적 관계 기반의 임신·출산·양육

남성과 지속적인 애정 관계를 맺고 있던 기지촌 여성들은 대체로 임신, 출산, 양육에 대해 긍정적 태도를 형성하였다. 이러한 태도는 앞서 임신 및 출산을 결혼과 연관하여 이해한 인식 방식에 기반을 둔 것으로 이해된다. B는 미군과 결혼하여 미국 이주 후 임신 및 출산과 양육을 경험하였는데, 실질적 경험에 앞서 자신이 이러한 개념에 대해 형성하였던 태도를 "남편들이 첫애 임신하믄 그냥 뭐 이것저것 사다 먹일라고 그러잖아"라는 말을 통해 드러내었다. 즉 여성들은 결혼 관계 속에서의 임신 및 출산을 남편의 챙김과 배려를 동반하는 긍정적 사건으로 보았으며, 이러한 태도는 상대 남성이 한국인 혹은 미국인인지에 관계없이 성립하였다. 이때 남성과의 지속적인 정서적 유대감에 대한 신뢰는 여성의 임신 및 출산에 대한 긍정적 태도 형성의 기반으로 작용하였는데, 이는 G의 면담 내용을 통해 확인할 수 있다. G는 오랜 기간 교제하던 미군이 사망하자 한국인 남성과 결혼하였는데, 당시 발생한 임신 및 출산과 남편과의 불화에 대해 다음과 같이 이야기했다.

G: 아이 그냥 어데 한국 사람하고 비유가 잘 안 맞잖아. 또 사니 안사니 하는데 애 뗄 돈이 없어. … 그래 가지고 결국 애를 놓은거야.

G는 형식적으로 결혼을 통해 배우자와 지속적이고 긴밀한 관계를 형성하였지만, 실질적으로는 배우자와의 잦은 갈등으로 애정 관계를 형성하지 못했다. 이에 따라 G는 낙태를 고려하는 등 임신 및 출산에 대해 다소 부정적 태도를 형성하였는데, 이는 남성과의 정서적 친밀감이 전제될 때에 비로소 여성의 임신 및 출산에 대한 태도가 긍정적 성격을 띠게 됨을 드러낸다.

미군과의 관계에서 발생하는 임신·출산·양육으로 범위를 좁혀 보았을 때, 기지촌 여성들이 미군과의 지속적 관계에서의 임신 및 출산을 긍정적으로 인식한 데에는 국제결혼과 이민 생활에 대한 선망이 중요하게 작용했다. H는 면담 중 "양색시 생활 해갖고 … 최고 좋은 목표는 결혼, 국제결혼"이라고 구술하였다. 앞서 살펴본 바와 같이 기지촌 여성과 미군 남성이 모두 임신 및 출산을 결혼과 연계하여 이해하는 인식 내용을 공유하고 있었다는 사실을 고려할 때, 지속적 애정 관계 속에서 발생한 임신은 상대적으로 결혼을 성사시키는 계기로 작용할 가능성이 컸으며 이는 여성에게 긍정적으로 받아들여졌음을 유추할 수 있다. 그러나 임신이 결혼과 연계되지 않을 것이 확실할 때에도, 기지촌 여성들은 미군 남성과 장기적 관계를 맺고 있었을 경우에는 임신 및 출산에 대해 긍정적 태도를 형성하였다. 이는 기지촌 여성의 태도 형성 방식을 결정하는 중요한 요인이 제도적 결혼의 성립 여부 및 가능성이 아닌, 장기적이고 지속적인 애정 관계의 유무 자체임을 시사한다. G와 N과 같은 여성들은 출산에 대한 의지를 보임으로써 임신 및 출산에 대한 긍정적 태도를 표현하였다.

G: 할로가 그랬어. 애 놓을 때 놓지 말라고. 자기 결혼 안 한다고. 그래가지고 결혼을 안 한다고 해도 난 놓겠다고.
N: 낳기 전에 갔어. 7일 날 가고 17일 날 낳았나봐. 열흘인가 있다가 낳았어. 애기 낳는 거 알고 사진도 보내주고 … 왜 그 애를 낳았는지 그거를 알다가도 모르겠어. 가만히 생각하니 돈을 많이 준 것도 아니었는데.

G는 미군 남성과 일정 기간에 걸친 애정 관계를 맺던 도중 임신을 경험하였는데, 남성이 자신과 결혼할 의사가 없다는 사실을 밝힌 후에도 아이를 출산하기를 택하였다. N 또한 자신이 왜 출산을 선택했는지에 대한 의문을 스스로 제기하였으나 동시에 당시 동거했던 미군 남성과의 동거 기간 및 남성이 사진을 보내줬다는 사실 등을 세부적으로 상기하며 자신의 임신 및 출산 경험을 남성과의 친밀한 애정 관계 속에 위치시켜 이해하였다. 이렇듯 미군과의 지속적 애정 관계 속에 발생한 임신은 반드시 결혼을 매개하는 것은 아니었으나 그 여부와 무관하게 출산으로 연결되는 경우가 많았으며, 이는 곧 여성들이 임신 및 출산에 대해 가지고 있던 긍정적 태도를 보여 주는 것이다. 즉 기지촌 여성이 임신과 출산, 양육에 대해 긍정적 태도를 형성하기 위해서는 상대 남성과의 지속적이고 애정적인 관계 형성이 선행되어야 했으며, 특히 남성이 미국인일 경우 이러한 관계는 임신 및 출산 이후의 기간까지 지속되지 않더라도 여성의 긍정적 태도 형성을 촉발하는 근거로 작용하였다. 또한 미군 남성과의 관계 속에서 발생한 임신 및 출산에 대한 기지촌 여성의 긍정적 태도는 국제결혼이라는 로망 실현의 가능성을 통해 강화되었다.

2) 지속적 관계 부재 시의 임신·출산·양육

남성과 지속적인 애정 관계를 형성한 경험이 없는 여성들은 대체로 임신, 출산, 양육에 대해 부정적 태도를 형성하였다. 특히 미군과의 관계 속에서 일회적인 성 판매-구입 만을 경험하여 지속적 애정 관계를 형성한 경험이 일체 부재한 경우, 기지촌 여성들은 임신, 출산, 양육을 고단하고 버거운 일로 여겼으며, 이는 차후 5장에서 살펴볼 바와 같이 낙태의 경험으로 이어졌다. 다음 D, Q와 같은 여성들의 면담 내용은 이들이 미군과 맺었던 관계의 성격과, 이들이 임신 및 양육을 인식한 방식을 드러낸다.

D: 물도 못 마시는데 어떻게 일을 나가. 그러니까 뭐 이, 삼 개월 되면 (병원) 가야지. … 소파수술 하고 왔는데도 '가엾구나' 이런 생각이 없더라고 나는. 그냥 내

가 살기 위해서 안 하면 죽겠으니까 내가 살기 위해서 소파수술 한 거야."

Q: 내가 혼자 외롭게 살았기 때문에 절대 미군들한테 정 안 줬어. 내가 스무 살 때부터 이 애를 안 낳으려고 애기보 싹 돌린 거야. 나는 아니까. 나 같은 2세가 필요 없다는 뜻이야. 그리고 더구나 그 튀기들 낳아가지고 뭐할 건데?

D는 임신 중절을 선택한 가장 큰 이유로 임신 시 "일", 즉 성매매에 차질이 발생한다는 점을 들었는데, 이는 D가 계속해서 업소에 출근하여야 했다는 상황적 맥락을 기반으로 하며 D가 특정 미군 남성과 지속적인 관계를 맺고 있는 상태가 아니었다는 추측을 가능케 한다. Q는 미군과 장기간 동거 생활을 지속하기도 했지만, "절대 미군들한테 정 안 줬"다는 말을 통해 Q가 임신·출산·양육에 대해 긍정적 태도를 형성할 만큼의 남성과의 친밀한 관계를 맺지 않았다는 사실을 알 수 있다. 이렇듯 남성과의 지속적이고 애정적인 관계 형성이라는 조건이 충족되지 않았을 때 여성들은 출산과 양육에 대해 매우 부정적인 태도를 형성하였다. D가 낙태 시 동정심을 느끼지 않았다고 말한 대목은 D가 자신의 임신을 부정적으로 평가하였으며 낙태를 문제 해결의 수단으로 여기는 태도를 지니고 있었다는 사실을 드러낸다. Q 또한 출산을 "나 같은 2세", "튀기"를 만들어 내는 행위로 평가하며 자신이 생애과정 속 경험한 외로움과, 미군을 상대로 한 성 판매라는 상황에 비추어 출산에 대해 부정적 태도를 형성하였다.

이와는 상반되게, 남성과의 지속적 애정 관계를 유지하던 시기, 즉 임신 및 출산을 긍정적으로 평가하던 시기에 출산을 한 여성들은 애정 관계가 종결된 이후에도 자신이 낳은 아이의 양육에 대해 긍정적 태도를 보였다. 이는 앞서 지속적 애정 관계를 일절 경험하지 않은 여성이 임신 시기에부터 이미 양육에 대한 부정적 태도를 형성하여 낙태를 선택한 것과 대조되는 양상이다. L은 한국인 남성과의 동거 관계에서 아이를 출산한 이후에야 남성이 기혼자였다는 사실을 알게 되었는데, 이때 남성과 결별하며 아이를 자신이 양육하기로 하였다. L은 면담 중 "그땐 머슴아가 참 이뻤어. 정말 남자다웠어."라는 말로 당시 자녀에게 가졌던 애정을 표현하였다.

한편 H는 임신을 계기로 미군과 결혼하여 해외로 이주하였으나 미국에서의 생활을 견디지 못하고 다시 한국으로 귀국하였는데, H 또한 아버지의 타박에도 불구하고 자녀를 데리고 귀국한 선택을 "그거를 내 새끼라고 데리고 나왔"었다. "그래도 … 내 새낀데 어떡해?"라는 말로 표현하였다. 이들은 모두 남성과의 지속적 애정 관계 중 자신이 출산한 자녀에 대해 깊은 정서적 애착을 보였으며 양육에 대한 긍정적 태도를 보였다.

그렇다면 양육에 대한 긍정적 태도는 남성과의 지속적 애정 관계를 경험해야지만 형성되는 것인가? A의 사례는 그렇지 않다는 것을 보여 준다. A는 열아홉 살 한국인 남성과 결혼한 이후 줄곧 남성의 외도로 인해 분노를 느꼈고 남성과 유대관계를 맺지 못했다. 따라서 A는 결혼 생활을 공고히 하는 기능을 수행한다는 점에서 임신과 출산 자체는 부정적으로 평가하였으나, 그럼에도 출산 이후에 양육에 대해서는 매우 긍정적인 태도를 형성하였고, 남성과의 관계에서 경험한 애정의 부재를 자녀에 대한 애정으로 충당하고자 하였다. A는 당시를 표현하며 "애기를 낳으면 내가 니하고 평생을 이러고 사나"라는 말로 출산에 대해 부정적 태도를 드러냈지만, 유일하게 출산했던 자녀에 대해서는 "서방이 그러고 가니까 정이 아 있는데로 쏠리"곤 했다는 말로 큰 애정을 드러냈다. 이러한 A의 사례를 통해 기지촌 여성의 양육에 대한 태도를 결정하는 근본적인 기준이 여성의 출산 경험 여부라는 사실을 유추할 수 있다.

한편 출산 이후 여성이 자녀 양육에 대해 긍정적 태도를 형성하는 것은 일부 사실이지만, 양육의 의미를 아이와의 관계 지속과 아이에 대한 경제적 부양으로 세분화하였을 때 여성은 후자에 대해서는 부정적 태도를 보였다. 양육에 대한 이중적 태도는 C의 면담 내용을 통해 잘 드러났다. C는 남편의 계속되는 외도와 폭력으로 가출을 결심했는데, 이때 "가처운 동네 있으면 애들이 보고 싶어서 자주자주 올라"오다가 남편에게 발각될 것을 걱정했다는 대목은 그녀가 자녀들에게 매우 우호적이고 강한 애착을 지녔음을 보여 준다. 이후 남편이 자녀들을 학대하고 있음을 알게 되자 자신이 자녀들을 양육하기로 결심하였는데, 이때 아이들의 양육을 책임

지겠다는 결심은 "돈을 벌어"야 할 필요성과 동일시되었다. 즉 C는 양육이 전가하는 경제적 부담에 대해 부정적 태도를 형성하였으며, 이는 양육으로 인해 유지할 수 있는 아이와의 관계 측면에 대한 긍정적 태도와 충돌하였다. J 또한 당시 기지촌 여성의 양육에 대한 자신의 태도를 드러내며 다음과 같이 구술하였다.

> J: 먹고 살기 힘드니까 안 보낼 수가 없었어. … 부모가 다 같이 이쪽에 있으면 어떻게 해서 키우겠지만 한 쪽만 떠나고 한 쪽만 있으면 안 보낼 수가 없어. 힘들어서. 키우기가.

J가 설명한 혼혈아의 양육은 C의 한국인 남편과의 사이에서 태어난 자녀 양육과는 다른 측면을 지니지만, "먹고 살기 힘드니까"라는 말로 표현되는 경제적 부담으로 특징지어진다는 점에서 동일한 성격을 띤다. 기지촌 여성의 양육 경험 대부분은 남성의 부재 속에서 이루어졌으며, 이에 따라 여성들은 양육에 대해 양면적인 태도를 형성하게 되었다. 이상을 종합할 때, 여성은 남성과의 지속적 애정 관계를 일절 경험하지 않았을 시 임신·출산·양육 전반에 대해 부정적 태도를 형성함에 따라 출산을 하지 않는 경우가 대다수였다. 반면 자녀를 출산한 여성 중 대다수는 남성과의 지속적 애정 관계를 경험하여 임신 및 출산에 대해 긍정적 태도를 형성한 바 있었으나, 일부는 그러한 경험과 태도 없이도 임신 및 출산을 경험하기도 하였다. 모든 경우에 출산은 여성들이 자녀에 대해 강한 심리적 애착을 느끼게 하여 양육에 대해 일부 긍정적 태도를 형성하게 하였으나, 여성들은 양육의 경제적 측면을 의식하여 부정적 태도를 동시에 형성하였다.

5. 임신·출산·양육 경험 내용

기지촌 여성의 임신, 출산, 양육 경험은 대체로 인식과 불일치하는 특징을 가졌다. 여성들은 임신, 출산, 양육을 남성과의 안정적 파트너십 내에서 발생해야 하는 것으로 인식했지만, 실제로 경험된 내용은 인식과 괴리되었다. 따라서 본 장에서는 이러한 괴리에 초점을 맞춰, 임신·출산·양육의 특정 시점에서 발생한 인식과 경험의 괴리가 여성들에게 부과한 부담과 그에 따른 여성들의 최종적인 행위 결정 방식을 살펴본다. 한국인 남성과의 관계에서 발생한 임신·출산·양육의 경험 내용과 미군 남성과의 관계에서 발생한 내용은 결혼에 대한 기대의 정도, 외국 생활에 대한 기대의 여부, 자녀의 피부색 등의 차이를 매개하여 상이한 양상을 띠었으므로 각각을 독립된 절로 나누어 살펴본다.

1) 한국인 남성과의 임신·출산·양육 경험

기지촌 여성 대부분은 한국인 남성과 동거 혹은 결혼 생활 중 남성의 외도로 인해 관계를 종결하였다. 이러한 경험은 여성의 임신, 출산, 양육 경험을 특징짓는 주요한 요소로 작용하였다. 여성은 임신 단계에서 남성의 외도를 발견하거나 외도 사실을 알고 있는 상황에서 임신하게 되었을 경우, 임신이란 안정적이고 애정적인 파트너십 속에서 발생해야 한다는 인식과 자신의 상황 간 괴리에 직면하였고 임신 중단이나 파트너십 중단 등의 행위를 취함으로써 상황의 변화를 도모하였다. 앞서 살펴본 E와 A의 이야기는 바로 이러한 사례이다.

> E: 서울에서 있으면서 하나를 사겨갖고 임신 삼 개월까지 됐어 … 결혼 당연히 하려니 생각을 했는데, 이놈의 새끼가 어느 날 여자를, 배부른 여자를 데리고 와가지고, 나는 임신했다는 말도 안 했었거든. … 애는 낳으면 안 되겠고. 희망성이 없는데, 내가 이걸 낳아서 어디다 키워? 그래서 띠었어.”
> A: 내가 아들 낳을 때도 그 사람이 내 곁에 없었어. … 아들을 낳고 나니까 어쩌면 그렇게 서러워, 아이를 혼자 낳고 나니까 … 그래 인제 애 낳고 나서부터는 이혼하자고

E에게 임신은 처음에는 결혼을 보장하는 사건으로 경험되었으며 이는 E가 임신

에 대해 가지고 있던 인식과 맥락을 같이하는 것이었다. 그러나 남성의 외도 사실을 알게 된 후에는 E는 출산을 "희망성이 없는" 것으로 보아 부정적 감정을 경험하였으며 이에 따라 낙태라는 행위를 취하였다. 한편 A는 남편이 자신의 임신 및 출산 과정에서 무관심한 태도를 보였으며 "아이를 혼자 낳"았다는 사실에 초점을 맞추었는데, 이는 A가 출산을 남편과의 동반적 사건으로 인식하였으나 실제 출산의 과정에서 인식과 실제 간의 충돌에 맞닥뜨려 "서러[움]"을 경험하였음을 보여 준다. 그 결과 자녀가 있음에도 불구하고 적극적으로 이혼을 요청한 것은 양육이 남성과의 파트너십 속에서 이루어져야 한다는 인식을 수정한 것이라고 볼 수 있는데, 이는 E가 임신 중절을 선택함으로써 인식에 부합하게끔 자신의 경험을 수정한 것과 차이점을 지닌다. 이렇듯 A의 이혼 요구와 E의 임신 중단은 각각 인식과 경험의 수정에 해당하여 행위적 차원에서는 반대된 결과로 표현되었지만, 그러한 행위을 촉발한 인식적, 경험적 기반의 측면에서 동일성을 지닌다.

한편 기지촌 여성들은 성매매 경험 이후에 한국 남성과 장기적 관계를 맺고 임신하게 된 경우, 상대 남성이 기혼이라는 것을 알게 된 경우에도 아이를 혼자 출산하고 양육하기를 결정하였다. 여기에는 여성이 기지촌에서 성을 판매하였다는 점에 근거하여 자신의 사회적 지위를 낮게 평가한 것이 중요하게 작용했다. F와 P는 공통적으로 상대 남성과의 동거 끝에 임신하게 되었으나 남성의 혼인 사실을 알고는 자신의 기지촌 여성으로서의 지위를 비관하여 결별을 선택했다. F는 "나 같은 여자를 그 집에서 받아주지도 않을 거"라고 생각했다고 말했고, P 또한 "너무 층하가 지잖아, 집에 들어가서 살 자신이 없어"라는 말로 자신과 남성 간의 주관적 신분 격차를 표현했다. P는 이후 자신이 아이를 "몰래 낳아서 몰래 길렀"다고 표현했는데, 이는 P가 통념적 인식과 괴리되는 자신의 출산과 양육을 떳떳하지 못하다고 느끼고 수치심을 경험했음을 드러낸다. 즉 기지촌 여성은 많은 경우 남성이 타 여성과 관계를 맺었다는 사실을 알게 되어 홀로 양육하기를 선택했지만, 그러한 과정 중 이 촉발한 주요한 감정은 성 판매에 종사하기 이전과 이후에 각각 분노와 열등감·수치심이었다는 점에서 차이점을 지닌다.

한편 기지촌 여성의 양육은 과도한 경제적 의무의 부과로 경험되었고, 이에 따라 일부 여성은 입양을 경험하기도 하였다. 특히 성 판매 경험 이후에 한국인 남성과의 관계에서 출산을 경험한 경우보다 성 판매 경험 이전에 출산을 경험했을 때 입양을 선택하는 경우가 많았다. 이는 소득 활동의 경험이 없는 여성이 양육이 수반하는 경제적 부담을 더욱 막중하게 경험하였기 때문으로 해석된다. L은 기지촌에서 생활하기 이전 각각 다른 한국인 남성과 두 번의 출산을 경험하였지만 두 번 다 남성에게 아내가 있다는 사실을 발견하고 아이를 입양하였다. 이때 첫 번째 입양은 아이를 데려가려는 것인 줄 모르고 얼떨결에 아이를 미군에게 넘겨주어 비자발적으로 발생하였지만 두 번째 입양은 L 스스로가 아이를 "데꾸 가라고" 함으로써 발생하였다. L이 양육에 대한 태도 변화를 겪음으로써 자발적으로 양육을 거부하게 된 것은 "밥을 먹"고 "돈을 벌어야" 할 필요성에서 기인하였다. C 또한 "애들 셋 맥이고 육성회비 내가면서 애들[을] 학교 보내"는 등 자녀들을 금전적으로 책임지는 것이 더이상 불가능해지자 양육을 포기하고 남성에게 "생활비를 조금씩 보내주든지 아니면 애들 셋을 데려가라"고 요구하였다. 양육 포기를 경험한 C는 평생에 걸쳐 자녀들에게 "항상 죄진 기분"과 "마음이 아[픈]" 감정을 느꼈는데, 이는 양육과 입양이라는 일련의 사건이 기지촌 여성들에게 매우 고되고 고통스러운 것으로 경험되었음을 보여 준다. 여성들은 양육에 대한 부정적 태도가 긍정적 태도를 압도할 경우에 입양을 택하였고, 이때 자녀에 대한 애착과 유대감에서 비롯하는 양육에 대한 긍정적 태도는 죄책감과 심적 고통의 경험을 유발했다.

이렇듯 기지촌 여성에게 있어 한국인 남성과의 가정 형성에 실패한 이후의 양육은 반드시 금전적 부담을 동반하는 것이었으며, 이러한 양육 경험은 이들이 기지촌에서 성을 판매하게 된 계기와도 직결되었다. L은 자신이 동거 중이었던 기혼 남성과 결별한 사건의 의미를 "그때부터 내가 양색시 된 거야"라는 말로 표현하여 당시 자신이 스스로와 자녀의 생계를 유지하기 위하여 성을 판매해야만 했던 상황적 맥락을 표현하였다. C의 경우에도 자녀 셋 중 한 명을 전남편에게 보내지 않고 계속해서 양육하는 과정에서 생계유지를 위해 미제 물건을 몰래 유통하는 장사를 시작하였고, 이것이 불가능해지자 사실상의 성 판매 업소였던 미군 전용 클럽에서 "웨이츄레스"로서 일을 시작했다. 즉 기지촌 여성은 대부분 남성의 부정(不貞)으로 인해 임신·출산·양육을 안정적 파트너십 내에서 경험하기에 실패하였고, 이때 임신 중절, 홀로 양육, 입양 등을 경험하였으며 홀로 양육과 입양의 경험은 기지촌 여성이 성 판매 시장에 진입하는 계기 중 하나로 작용하였다.

2) 미국인 남성과의 임신·출산·양육 경험

기지촌 여성이 미군 남성과의 관계를 통해 경험한 임신·출산·양육은 크게 미국에서의 경험과 한국에서의 경험으로 분류되었다. 미군과의 장기적 애정 관계 속에서 임신이 발생한 경우, 일부 여성은 남성과 결혼하여 미국으로 이주하였다. 그러나 미국 이주 시 자상한 남편과의 풍요로운 생활을 기대한 것과는 달리, 이들은 미국 생활에 대한 실망감과 미국인 남성과의 불화를 경험함으로써 인식과 경험의 괴리에 직면하였다. 다음 B와 H의 면담 내용은 기지촌 여성이 미국인 남성과의 관계 속에서 임신·출산·양육을 경험하며 느낀 탈환상을 보여 준다.

B: 오늘 치킨 먹고 싶다 그러면 'How about tomorrow?' 내일 먹으면, 아니 임신해서 먹고 싶다 그러면은 내일. 그게 지금도 안 잊어버린 거야. 내 마음이 아프더라고.
H: 걔(남편)는 미국 자기네 집이 … 2층 집이고 뭐 좋다 그래서, 나는 실내화도 막 하−얀 실내화에다 장미꽃 달린 거 … 그럴 줄 알고 미국에 딱 떨어졌는데 진짜 초가집이야 초가집. … 난 하루종일 애기만, 애기랑 같이 둘만 있고 뭐 나무 쳐다보고 아−무 것도 없는 거야. 아무것도. 그러니깐 맨날 눈물만 흘리는 거지.

B는 미군과의 장기간 애정 관계 끝에 결혼하여 미국으로 이주하였다. 그러나 B는 결혼 생활 중 경험한 임신을 매우 불만족스러운 것으로 기억하였는데, 여기에는 남편이 된 상대 남성이 B가 임신에 대해 가지고 있던 인식에 충돌하는 방식으로

행동한 것이 주요하게 작용하였다. 이후 B는 미국에서 두 아이를 양육하며 생활하던 중 남편의 외도 사실을 알게 되자 양육을 포기하고 남편에게 아이를 맡기고 귀국하였다. B와 유사하게, H는 지속적 애정 관계를 형성했던 미군과의 사이에서 아이를 출산한 뒤 혼인하여 미국으로 이주했다. 그러나 풍요로운 미국 생활에 대한 기대와는 달리, H는 자신이 혼인한 남성이 미국 산간 지역에 거주한다는 사실을 알게 되었고 예상치 못한 고립된 생활에 직면하여 큰 심리적 고통을 경험하였다. 이때 양육은 아기를 제외한 여타 인간관계로부터의 단절로서 경험되었고, 이는 H가 양육을 포함한 미국에서의 생활 양식에 대해 지니고 있었던 기존의 인식과 크게 충돌하는 것이었다. 기지촌 여성들은 기지촌 생활 중에 국제결혼을 최대의 목표로 인식하였는데, 여성들이 미군과의 혼인 관계 속에서 경험한 임신 및 출산은 국제결혼에 대한 환상을 깨뜨리는 성격의 사건이었다.

한편 한국에서 미군과의 임신을 경험한 여성들은 앞서 태도에 관한 논의에서 살펴본 바 있듯 남성과 지속적 애정 관계를 맺고 있었는지에 따라 출산 혹은 낙태를 선택하였다. Q의 "나 같은 2세가 필요 없다"라는 말이 시사하듯, 이들에게 임신은 불필요한 생명의 재생산 가능성 발생으로서 경험되었고 따라서 낙태는 필연적인 것으로 경험되었다. 이와 달리 출산을 선택한 경우, 여성들은 혼자 양육을 담당하는 데에서 기인하는 경제적, 육체적 부담에 더해 혼혈인 자녀에 대한 사회적 편견의 시선을 강하게 의식하였다. 한국인 남성과의 관계에서 낳은 아이를 입양 보내는 주된 이유가 경제적 부담이었다면, 미국인 남성과의 관계에서 낳은 아이를 입양 보내는 데에는 아이에 대한 차별적 시선이 중요하게 작용했다. 이 과정에서 혼혈인 대리입양을 주도하였던 홀트복지회 등의 기관은 관계자 파견을 통해 여성의 입양 결정에 미시적으로 개입하여 입양을 적극적으로 권장하였다.[2]

---

2. 이승만 정부가 1956년 3월 '혼혈아동 입양 촉진'을 안건으로 올리고 대리입양을 허가한 이래 홀트복지회는 보건사회부 장관의 승인하에 전국적으로 혼혈인 아동을 모집하였다. 한편 1980년대 아동 한 명당 입양 수수료는 당시의 1인당 GDP를 훨씬 상회하는 5000달러 가량이었다. (「아이들 파는 나라」, 전홍기혜 외. 2019 참조)

H: 애들이 막 검둥이, 튀기, 튀기 막 놀리니까 … '마미 나 한국 싫다'고 미국 보내

달라고. 지가 간다고 그러고, 그리고 홀트에서 와가지고 보내는 게 낫다 차라리.

그래서 보냈지. 항상 내 마음에는 같이 갔지만 … 미군하고 같이 지내면서 애한

테도 보기 안됐지. 미군들 자꾸 집에 데려오니까 애가 '저 사람 누구냐고? 마미!"

그러니까 나도 애한테 몹쓸 짓 하고 그래.

O: '할로는 고추가 크다는데 보자'고 애들이 학교에서 놀리니까. … 자꾸 송탄 복

지회에서 애들을 보내라는 거여. 송탄에서 송탄 부대 담당자가 한국 여자가 애들

보내라 그거여. 보내야지 여기서 손가락질하는데 제 나라에 가서.

다수 여성의 면담 자료는 경제적, 사회적 부담감과 양육 포기 및 입양 결정 간

의 관계성을 강조하여 드러낸다. K, N 등의 기지촌 여성 또한 기지촌 내부에서 홀

로 생계와 양육의 부담을 감당하여야 했던 경험에 대해 유사하게 회고한다.[3] 기지

촌 내부에서 성장한 혼혈인들은 인종적 편견에 기반한 차별적 시선에 노출되어 한

국 사회에의 동화에 어려움을 겪었으며, 이를 의식한 기지촌 여성들은 자녀 양육

의 부담을 한층 강하게 경험하였다. 또한, 기지촌 여성들의 생계유지 수단이 주로

성 판매로 국한되었으므로 기지촌 내부에서의 양육은 아이를 기르는 데에 필요한

비용을 발생시키는 데에 더해 여성들의 경제 활동에 제약을 가해 여성들의 경제적

부담을 이중적으로 가중하였다. H가 자녀를 양육하던 시기 집에 미군을 데려오는

데에 곤욕을 겪었다고 회상한 사실과, N이 "홀에도 안 나가고" 자녀를 돌봐야 했

다고 회상한 사실은 모두 기지촌이라는 공간의 특성이 여성들의 양육 경험 방식을

형성한 양상을 드러낸다. 다중적 어려움을 경험하고 있는 기지촌 여성들이 최종적

으로 입양을 결정하는 데에 있어 입양기관 담당자의 적극적인 설득이 중요하게 작

용하였다는 사실은 매우 주목할 만하다. G 또한 면담 중에 "지금 생각하니까 무슨

홀트 복진가 뭐 그런 데서 왔나 봐. 애기를 이런 데, 혼혈아를 두면 애기가 발전이

---

3. K: 학교 댕기니까 놀려. … 그래서 지가 간다고 그래서 보냈어. 지가 간다고 해서

　N: 홀에도 안 나가고 머슴애하고 둘이 살았으니까. 아무것도 모르고. 또 머슴애가 간다 하는 바람에

없다. 애기 장래를 위해 자꾸 주라, 주라 그런 건가 봐."라고 언급하였다. O와 N은 공통적으로 기지촌 내 양육 과정에서 입양기관에 의한 심리적 압박을 경험하였으며, 입양기관은 기지촌 여성들로 하여금 입양을 아이를 "제 나라"로 돌려보내는 일이자 아이의 "장래를 위"하는 일로 인식하게 하였다.

경제적, 사회적 곤란함과 입양기관으로부터의 압력을 복합적으로 경험한 기지촌 여성들은 모두 아이를 입양 보내는 선택을 하였는데, 양육 과정 경험한 자녀와의 강렬한 유대는 입양 이후에도 여성들에게 생애 전반에 걸친 심리적 고통을 유발하였다. 입양기관의 부실한 정보 관리로 인한 자녀와의 소통 단절은 이러한 고통을 심화하였다. O는 자녀가 "지금 여덟, 아홉 살이면 엄마 알고 있다", "한국에 한번 가보고 싶다 그러면 보내준다"라는 기관 관계자의 말을 듣고 아이들을 설득하여 입양을 보냈으나 이후로 한 번도 소식을 전해 듣지 못했다. O는 이로 인해 현재까지도 경험하고 있는 심리적 고통을 "걔들 생각하면 내가 죽을 때 눈도 안 감아질 거야"라는 말로 표현하였다. 한편 기관을 통해 입양 보낸 경우가 아니더라도 기지촌 여성은 대부분 혼혈인 자녀와의 분리를 경험하였다. 앞서 미국인 남편의 외도로 한국으로 귀국하였던 B 또한 "애기를 거기서 낳고 띠어났을 때 미치지 않으면 다행"이라는 말로 자신의 경험이 수반한 극단적 절망감을 표현하며 그로 인해 "나쁜 약", 즉 마약을 복용하기까지 했다고 말하였다. 즉 기지촌 여성은 남성과 맺었던 관계의 종류에 따라 임신 시 낙태 혹은 출산을 경험하였으며, 출산 이후의 양육 과정에서 복합적인 어려움에 직면하여 자녀와 분리되는 선택을 하고 심적 고통을 경험하였다.

Ⅱ. 결론

기지촌 여성들의 성(sexuality)은 이들의 생애 전반에 있어 삶의 형태를 결정짓는 주요한 요인으로 작용했다. 기지촌 여성의 성을 매개한 경험이 성 판매 기간과 이외의 기간에 걸쳐 산포해 있다는 사실은, 기지촌 여성 문제를 연구함에 있어 이들의 존재를 기지촌이라는 공간적 배경에 한정하여 묶어두는 관점의 오류성을 시사한다. 여성들의 생애사 속에서 기지촌과 그곳에서의 성 판매가 중요한 비중을 차지하는 것은 분명한 사실이지만, 동시에 이들은 단지 생애의 특정 지점에서 성매매를 경험했으며 그 이외의 기간에는 결혼이나 사업, 기타 노동 등을 통해 다양한 방식으로 생계를 꾸려나가며 생을 영위하였다. 이렇듯 삶 속에서 나름의 자기 구현을 도모하고 삶의 방식을 능동적으로 결정하고자 하였던 기지촌 여성의 개별 서사는 성매매 여성의 생애라는 좁은 프레임에 한정하여 해석될 수 없다. 여성들의 생애에 대한 유의미한 이해를 위해서는 주어진 생애 조건 속에서 여성이 구현해낸 주요한 사건이 가지는 의미를 폭넓게 살펴보아야 한다.

이러한 측면에서, 본 연구에서 집중적으로 조명한 임신·출산·양육은 기지촌 여성의 생애사 연구에서 반드시 다루어져야 할 키워드라고 할 수 있다. 기지촌 여성의 성은 동거, 결혼, 경제 활동 등 삶의 주요한 요소들과 밀접한 관계를 맺고 있었으며, 따라서 성적 경험을 매개하여 발생하는 임신, 출산 혹은 낙태, 양육 혹은 입양 또한 물리적, 심리적 차원에서 모두 중요하게 경험되었다. 이러한 경험은 하나의 생애사적 분기점으로서 그 자체로 중요성을 지녔을 뿐 아니라, 경험 이후의 여성의 생애 전반에 걸쳐 장기적인 영향력을 미쳤다. 따라서 여성이 임신, 출산, 양육 각각에 대해 어떠한 인식, 태도, 경험을 형성하였는지를 이해하는 것은 기지촌 여성의 생애를 이해하는 데에 있어 필수적이면서, 동시에 오늘날 중요한 주제로 떠오르고 있는 아메라시안 해외입양인의 정체성 문제 해소에 있어서도 중요한 시사점을 지닌다.

면담 분석 내용을 종합할 때, 기지촌 여성의 임신, 출산, 양육 인식 방식을 설명하는 주요한 키워드는 '결혼'이었다. 기지촌 여성들은 임신, 출산, 양육이 당연히 부부간에, 그리고 부부간에는 당연히 발생해야 하는 사건이라고 인식했다. 이는 당시의 사회 분위기를 고려할 때에 자연스러운 현상이다. 여성들은 당대에 통용되었던 인식 방식을 생애과정 초기에 습득하였는데, 이러한 인식은 이후 실제적 경험과의 충돌 과정에서 일부 수정되기도 하였다. 임신, 출산, 양육에 대한 인식이 결혼을 중심으로 하여 형성된 만큼, 이에 대한 기지촌 여성들의 태도 또한 여성이 남성과 맺은 관계의 성격에 따라 서로 다른 양상을 보였다. 이때 인식의 영역에서는 결혼 여부가 사건의 적절성을 판단하는 기준이었다면, 태도의 영역에서는 남성과의 장기적이고 애정적인 관계 경험 여부가 사건에 대한 선호를 결정하는 기준이었다는 점에서 차이점을 발견할 수 있다. 임신 시점에 상대 남성과 애정적 파트너십을 형성하고 있었을 경우, 여성은 어머니됨에 대해 대체로 긍정적 태도를 형성하여 출산을 택하였다. 이와 반대로 남성과의 단발적 성관계만을 경험하였거나, 혹은 임신 중 상대 남성과의 관계를 지속할 수 없는 상황과 마주하였을 경우 기지촌 여성은 어머니됨을 부정적으로 평가하였다. 그러나 출산을 선택한 경우에도 여성은 안정적 관계유지 실패에 따라 경제적 부담을 온전히 담당하게 되어 양육에 대해 양면적인 태도를 가지게 되었다. 임신·출산·양육 경험의 경우, 기지촌 여성들은 공통적으로 기존의 인식과 실제적 경험 간에 괴리를 마주하였다. 이러한 괴리의 양상은 상대 남성의 국적에 따라 상이하게 나타났는데, 상대 남성이 한국인일 경우 여성은 남성과의 혼인 관계 속에서 임신, 출산, 양육을 수행할 수 있을 것이라는 전통적인 기대가 좌절되는 경험을 하였고 이에 따라 낙태를 선택하거나, 홀로 아이를 양육하기를 선택하였다. 상대 남성이 미국인일 경우, 일부 여성은 국제결혼으로 해외로 이주한 뒤 미국 생활에 대한 탈환상을 경험하였으며, 한국에서 아이를 혼자 양육하는 과정에서는 자녀에 대한 차별적 시선을 주요하게 경험하여 입양을 선택하였다.

이상의 논의 결과 다음과 같은 결론을 도출할 수 있다. 첫째, 기지촌 여성은 한국인 남성 혹은 미국인 남성과의 관계에서 임신·출산·양육을 경험하였으며 각각은 고유한 중요성을 띠었다. 혼혈인의 정체성 규명에 있어 핵심적 기호 중 하나로 작용하는 '어머니', 즉 기지촌 여성은 혼혈인 자녀의 어머니였을 뿐만 아니라 한국인 자녀의 어머니이기도 하였으며, 혼혈인과 비혼혈인을 임신, 출산, 양육하는 과정에서 복합적인 심리적 경험을 하였다. 이를 고려할 때, 혼혈인과 한국인 여성 간의 연결성 회복 시도 과정에서 혼혈인의 필요와 기지촌 여성의 의사를 적절히 조율하여 반영할 필요성이 제기된다. 둘째, 기지촌 여성이 미국인 남성과 맺은 관계는 일회적 성매매에 국한되지 않았으며, 장기적 애정 관계의 형성은 기지촌 여성이 임신·출산·양육에 대한 태도를 형성하고 선택을 내리는 데에 있어 중요하게 작용했다. 이는 기지촌 여성을 성매매 관계에서의 피착취 대상으로 한정하는 인식에 저항하는 결론이다. 셋째, 기지촌 여성은 임신·출산·양육에 대한 전통적 인식을 상당 부분 수용하였으나 생애과정에서 발생하는 사건들과 기존의 인식 간에 충돌을 경험하였다. 이는 기지촌 여성을 단순한 일탈자로 낙인찍는 것의 부적절성을 드러내며, 가정 형성에 실패한 여성들이 처했던 사회적 조건의 무게감을 보여 준다.

본고는 그간 등한시되어 왔던 기지촌 여성의 임신·출산·양육을 논의의 중심적 주제로 끌어옴으로써 기지촌 여성의 생애에 대한 보다 심화된 이해를 도모하였다. 그 결과 과도하게 성적으로 의미화 된 여성의 이미지를 해체하고 섹슈얼리티의 수행이 동반하는 임신, 출산, 양육의 사건이 여성이 스스로의 삶을 형성해나가는 과정과 어떻게 상호작용하였는지를 살펴볼 수 있었다. 그러나 본고는 관련 선행연구의 부재로 인해 편파적 자료 수집 및 자의적 해석의 위험성을 감수해야 했다는 한계를 지닌다. 한편에서는 기지촌 여성의 과거사에 대한 사회적 공감의 움직임이, 다른 한편에서는 입양 혼혈인의 근원적 정체성 모색의 움직임이 활성화되고 있는 지금, 이러한 본 연구의 한계점을 보완한 양질의 연구가 진행되어 오늘날 가시화되고 있는 상이한 서사들 간의 공통된 맥락을 보다 뚜렷이 규명할 수 있기를 희망한다.

〈참고문헌〉

강명선·양성은. 2011. "여성의 낙태경험에 관한 현상학적 연구." 『한국가정관리학회지』. 제
      29권 4호.
국가인권위원회. 2003. "기지촌 혼혈인 인권실태조사." 두레방 연구수행.

김기홍. 2011. "농촌 결혼이주여성의 경험과 기대에 관한 현상학적 연구." 『농촌사회』. 제21 집 2호.

김미덕. 2014. "미군 캠프타운 한국 여성에 대한 한 민족지적 연구: 일과 정체성." 『아태연구』. 제21권 3호.

김미덕. 2013. "미군 캠프타운 (한국) 여성들의 행위성에 대한 연구." 『한국문화인류학』. 46권 3호.

김미덕. 2007. "한국 문학에서 기지촌 성매매 여성과 아메라시안에 대한 연구." 『아시아여성 연구』. 제46권 2호.

김아람. 2009. "1950년대 혼혈인에 대한 인식과 해외 입양." 『역사문제연구』. 제22호.

김연숙. 2003. "양공주가 재현하는 여성의 몸과 섹슈얼리티." 『페미니즘연구』. 제3호.

김연자. 2005. 『아메리카 타운 왕언니 죽기 오분 전까지 악을 쓰다』. 삼인.

김윤지. 2012. "도구화된 타자, 기지촌 여성과 한국영화 – 한국전쟁 이후 기지촌 여성을 다룬 영화를 중심으로." 『영화교육연구』. 제14집.

김정자 증언. 2013. 김현선 엮음. 새움터 기획. 『미군 위안부 기지촌의 숨겨진 진실』. 한울 아 카데미.

박광희·유화숙. 2015. "외모관리에 대한 인지, 태도, 행동 간의 인과관계 분석." 『대한가정학 회지』. 제50권 1호.

박정미. 2015. "한국 기지촌 성매매정책의 역사사회학, 1953–1995년: 냉전기 생명정치, 예외 상태, 그리고 주권의 역설." 『한국사회학』. 제49집 제2호.

박정미. 2019. "건강한 병사(와 '위안부') 만들기 — 주한미군 성병 통제의 역사, 1950–1977 년." 『사회와 역사』. 제124집.

이경빈. 2016. "'기지촌 여성'에 대한 입법·사법운동과 법적 주체 – 법은 서브알턴의 말하기 를 도울 수 있는가." 『공익과 인권』. 제16호.

이나영. 2011. "기지촌 여성의 경험과 윤리적 재현의 불/가능성: 탈식민주의 페미니스트 역사 쓰기." 『여성학논집』. 제28집 1호.

이나영. 2010. "기지촌 형성 과정과 여성들의 저항." 『여성과 평화』. 제5호.

이나영. 2013. "글/로컬 젠더질서와 한반도 여성의 몸: 일본군 '위안부'와 미군 기지촌 '양공 주'." 『동방학지』. 161권 0호.

이남인. 2010. "현상학과 질적연구방법." 『대한질적연구학회』. 9권 0호.

전홍기혜 외. 2019. 『아이들 파는 나라: 한국의 국제 입양 실태에 관한 보고서』. 오월의봄.

조가은. 2019. "박정희 정부 해외입양 정책의 형성과 체제화 – 근대화 구상과 해외입양 체제." 서울대학교 대학원 외교학석사 학위논문.

햇살사회복지회. 2011~2013. 『햇살 할머니들의 기억으로 말하기 2~4』.

Groenewald, Thomas. 2004. "A Phenomenological Research Design Illustrated." *International Journal of Qualitative Methods*. 3(1).

Philips-Pula, Lois, et al. 2011. "Understanding Phenomenological Approaches to Data Analysis." *Journal of Pediatric Health Care*. 25(1).

Snyman, J.J. 1993. *Conceptions of Social Inquiry: Volume 31 of HSRC Series in Methodology*. HSRC Press.

제2부

대학생 사회혁신 의식조사

사회혁신과 대학교육에 관한 대학생 의식조사: 조사 결과에 관한 대학생 인터뷰 기획

서울대학교 사회혁신 교육연구센터

I. 조사 개요와 인터뷰 기획 개요

본 센터에서는 2019년 1학기부터 서울대학교와 전국 대학에서 지역참여형, 사회문제 해결형 수업에 대한 지원 사업을 실시하고, 수강생들에게 의식조사를 실시해 왔다. 조사의 개요와 2019년도 결과, 설문지 전체는 『캠퍼스 임팩트 2019』에 자세히 소개되고 있다. 반복적인 소개이지만 이 의식조사의 취지를 다시 정리하면 아래와 같다.

젊은 세대, 특히 대학생의 의식이나 인식을 알아보는 것은 사회적 동태의 장기적 흐름이나 특정 패러다임의 확산 현황을 파악하는데 의미 있는 바로미터가 될 수 있다. 사회혁신이나 새로운 민주주의 패러다임에 관해서도 역시 대학생의 의식·인식은 일반적인 이론 연구나 시사평론 등과 다른 '현실적이면서도 심도 있는' 정보나 시사점을 제공해줄 것으로 기대된다. 대학생은 사회혁신의 당사자적 주체가 될 수 있는 것과 동시에 주변에서 일어나고 있는 혁신적 트렌드나 사회 규범적 동향에 대한 민감한 반응력이나 감수성을 가지고 있기 때문이다. 물론 이는 '이상적인 기대'이며, 그러한 의식·인식의 현주소나 구체적 의미에 관해서는 파악된 조사 결과를 바탕으로 한 다각적인 연구가 필요할 것이다. 또한 대학생의 의식 변화를 대학 교육과 결합시켜서 파악하는 것은 보다 심도 있고, 장기적인 관점에서 사회적 동향을 파악하는데 유익한 방법일 것이다. 왜냐하면, 대학 교육이란 본래 사회에 필요한 지식 창출의 현장이자 미래 인재의 지적 성장에 관한 거점이기 때문이다. 즉, 특정한 사회적 동향에 관한 대학생 의식의 현주소와 이에 영향을 주는 교육적 효과가 어떠한 긍정적 시너지를 창출하고 있다면, 해당 동향의 장기적 발전 가능성을 높다고 기대할 수 있을 것이다.

이와 같은 취지로 다년도로 기획된 본 의식조사는 지역참여형, 사회문제 해결형 수업 수강생을 대상으로, 지역, 사회혁신, 민주주의, 교육 등을 주제로 한 질문을 다각적으로 구성하고 있다. 또한 수업의 전반과 후반의 두 번에 걸쳐서 조사를 실시하여, 수업 프로젝트나 경험을 통한 대학생들의 인식 변화를 파악하는 점에도 유의하고 있다. 구체적으로는 다음 주제에 대해 단기 또는 장기적으로 알아보는 것에 목적을 두고 있다.

- 사회와 지역공동체의 주체로서의 대학생의 의식
- 현재 한국의 민주주의 수준에 대한 인식
- 중앙과 지역 행위자에 대한 신뢰도의 차이
- 대학생의 사회 참여 수준과 참여 방식
- 지역사회문제에 대한 관심 수준과 해결의 방향성
- 지역사회문제 해결의 주체자로서 대학생의 역할 인식
- 대학생의 사회적기업가정신 인식 수준
- 지역사회혁신 지향 수업(캠퍼스 임팩트)의 효과나 과제
- 지역기반 수업이나 문제해결 수업을 통한 인식 변화와 교육적 효과
- 연구 프로젝트를 통해 습득한 지식 역량과 필요성을 느낀 지식 역량
- 연구 프로젝트의 실질적인 장점이나 의의에 대한 인식
- 대학교육과 대학생활에 대한 일반적 만족도

• 대학교육과 지역사회를 연결하는 지식 민주주의의 방향성

이하에서는 2019년에서 2020년 1학기에 걸친 세 번의 조사결과 중 주목할 만한 부분을 추출하여, 이에 대해 수업을 수강한 대표 대학생들에게 심층적 코멘트를 듣고 내용을 정리하였다. 이러한 기획을 하게 된 이유는 조사결과를 통계적으로 바라보거나 과학적으로 분석하는 것도 중요하지만, 그러한 작업을 하기 전에 응답 결과가 의미하는 것에 관해서 좀 더 심도 있고, 대학생의 시선이나 입장을 반영한 현실적 이해가 중요하다고 판단했기 때문이다. 응답 결과의 통계적인 분석에 관해서는 장기적이고 체계적인 연구 혹은 『캠퍼스 임팩트』 시리즈의 추후 발간물에서 시도할 계획이며, 이번 2020년도 판에서는 결과 해석에 관한 대학생들의 생생한 코멘트(대학생들의 의식 톺아보기)를 그대로 수록하기로 했다.

• 조사 결과에 대해서 어떻게 생각하는지?
• 왜 그러한 결과가 나왔다고 생각하는지?
• 결과로부터 어떠한 시사점이나 교훈, 아이디어 등을 얻을 수 있을지?
• 대학교육, 사회혁신, 풀뿌리 민주주의 등의 개선에 있어서 어떠한 점이 중요할지?

인터뷰에 관해서는 공모 후 특히 적극적으로 수업과 팀 프로젝트에 참여한 3명을 선발했으며, 서면 및 화상 회의 방식으로 진행했다. 질문에 관해서는 앞에서 언급한 바와 같이 주목할 만한 결과를 5개 추출하여 결과가 시사하는 바에 대해서 대학생들에게 자유로운 코멘트를 부탁했다.

〈대학생 의식조사 개요〉

실시 기간: 2019년 1-2학기, 2020년 1학기

대상: 지역참여형, 사회문제 해결형 수업 수강생 370명

    *서울대학교 사회과학대학 및 전국 대학에서 개설된 협력 수업

응답자 수: 1차 응답자수 326명, 2차 응답자수 244명

    *한 학기 중 수업 시작과 종료 시점에서 두 번 실시

방법: 온라인 무기명 설문 방법

〈대학생 인터뷰 개요〉

실시 기간: 2020년 9-11월

대상: 지역참여형, 사회문제 해결형 수업 수강생 대표

    *서울대학교 정치외교학부 김단유

    *서울대학교 정치외교학부 김성현

    *서울대학교 정치외교학부 백지은

방법: 서면 및 화상 회의를 활용한 인터뷰

인터뷰 진행: 서울대학교 사회혁신 교육연구센터 선임연구원 미우라 히로키

                서울대학교 사회혁신 교육연구센터 연구원 윤성은

〈사진〉 수강생 대표 화상 인터뷰

II. 풀뿌리 민주주의, 사회혁신, 교육 현실-대학생들의 의식 톺아보기

질문 1. 현재 한국의 민주주의 수준은?

센터: 한국의 일반적인 민주주의의 수준과 풀뿌리 민주주의(지자체, 지역사회, 마을의 민주주의)의 수준에 대한 대학생의 응답을 보면 풀뿌리 수준에 대한 평가가 낮게 나타났습니다. 본인은 풀뿌리 민주주의를 어떻게 보시나요? 이러한 평과 결과가 나타난 주된 이유가 무엇일까요?

[의식조사 결과: 한국 민주주의 수준] 모든 것을 고려할 때 귀하는 현재 한국의 민주주의 수준 및 풀뿌리 차원의 민주주의(지자체, 마을·지역사회의 민주주의) 수준은 어느 정도라고 생각하십니까?

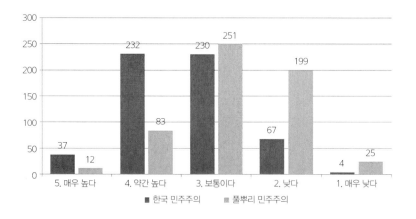

-대학생들의 의식 톺아보기-

김단유: "대학생들이 직접 참여할 기회가 충분하지 않았기 때문에, 풀뿌리 수준 민주주의를 향한 긍정적 인식이 아직 생기지 않은 것이 당연합니다. 마을 자치에 참여하기 위해서는 낮은 진입장벽과 실제로 효용이 있을 것이라는 신뢰

가 동시에 필요합니다.

낮은 진입장벽을 위해서는 학생들이 실제로 지역 자치에 참여하는 경험을 만들어주어야 합니다. 하지만, 한 번도 정치 과정에 참여해 보지 않은 대학생이 앞으로 자치에 참여할 것을 기대하기는 어렵습니다. 따라서 지자체나 지역사회에서 대학과 협력하여 대학생들과 함께 협업하는 경험을 먼저 만들어주어 진입장벽을 낮춰야 합니다.

실제로 효용이 있을 것이라는 신뢰는 대학생을 지역사회 구성원으로 인정하는 과정이 선행되어야 합니다. 대학생들은 실제로 지역에 거주하는 거주민보다 상대적으로 지역사회 구성원으로 인정받지 못하는 경우가 많고, 따라서 목소리를 내는 일도 소극적일 수밖에 없습니다. 대학생을 지역자치에 참여할 수 있는 동등한 구성원으로 인정하며, 청년들의 의제도 사회의 중요한 이슈로 무게 있게 다뤄주어야 풀뿌리 민주주의가 우리 사회에 튼튼하게 뿌리내릴 것입니다."

김성현: "저는 마을공동체 차원의 시민참여, 주민자치조직의 활성화 등 시민정치 분야에 관심이 많아 관련 수업들을 들으면서 풀뿌리 민주주의에 대한 정보들을 습득했습니다. 그 과정에서 최근 지방자치, 주민자치 등 풀뿌리 민주주의에 대한 학계의 연구들을 살펴보면서 풀뿌리 민주주의의 수준이 점차 높아지고 있음을 확인할 수 있었습니다. 이에 대학생들의 응답에서 풀뿌리 차원의 민주주의 수준이 낮다고 평가한 이유는 대학생들의 풀뿌리 민주주의에 대한 관심도가 낮기 때문이라고 비춰집니다."

백지은: "풀뿌리 민주주의가 한국에서는 이제 막 싹트기 시작했기 때문에 기대 수준은 있어도 아직 실제 시행은 미흡하다고 볼 수 있습니다. 관악구, 은평구와 같이 풀뿌리 민주주의를 지자체 차원에서 장려하는 곳도 있는가 하면 아예 관심이 없는 지자체가 많기 때문에 편차가 크고 전국적으로 풀뿌리 민주주의 시행에 관심과 노력을 기울인다고 보기 어려워서입니다."

질문 2: 한국의 신뢰 지평. 누가, 왜 신뢰 받고, 받지 못하고 있는가?

센터: '신뢰'는 관계자 간의 협력과 살기 좋은 사회, 지속가능한 공동체 등을 만들기 위해 공통적으로 중요한 요인이라고 할 수 있습니다. 그러나 대학생들의 의식을 보면 가족에 대한 신뢰와 비교해 특히 국가 권력기구나 대기업에 대한 신뢰는 상당히 낮은 수준으로 나타났습니다. 이러한 결과가 나온 주된 이유가 무엇일까요?

한편, 흥미롭게도 대학, 주민센터, 주민자치조직, 시민단체 등에 대한 신뢰가 국회나 지방의회, 대기업, 언론보다 높게 나타났습니다. 이들은 한국 지역사회 혁신을 위한 구심력이 될 수 있을까요?

[의식조사 결과: 사회적 신뢰] 귀하는 다음의 사람 또는 기관에 대해 얼마나 신뢰하십니까? (5점 만점, 평균)

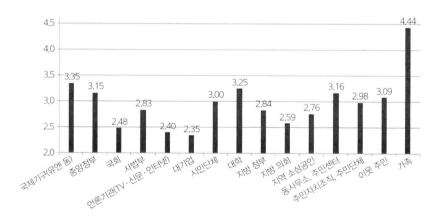

-대학생들의 의식 톺아보기-

김단유: "어떤 대상을 '신뢰'한다는 것은, 한 대상을 잘 알고, 그 대상을 믿을 만하다고 판단하는 일입니다. 일반 시민은 국가 권력기구를 잘 알지도, 대기업을 잘 알지도 못합니다. 반면, 대학을 다니는 학생들의 얼굴, 주민센터에 출근하

는 주무관의 얼굴, 시민단체에 가입한 친구의 얼굴은 잘 압니다.

잘 알지 못하는 대상을 신뢰하는 경우도 물론 생깁니다. 하지만 그 경우는 다른 매체를 통해서 '믿을 만하다'고 판단하는 경우입니다. 그러나 언론에서 국가 권력기구의 믿음직함을 말하거나, 대기업의 믿음직함을 말하는 일은 보기 드뭅니다. 따라서 잘 알지도 못하고, 믿음직하지도 않은 대상을 신뢰하지 않는 것은 당연한 일이니, 비교적 잘 알고 있는, 가까이 있는 조직을 신뢰하여 이와 같은 결과가 나타났다고 생각합니다. 하지만, 신뢰만으로는 지역사회 혁신을 위한 준비가 모두 끝났다고 말하기는 어려울 것 같습니다. 이 신뢰가 실제 참여로 이어질 수 있도록 장려하는 대학과 자치조직의 노력도 동반되어야 합니다."

김성현: "국가 권력기구나 대기업의 경우 정치적 무능함, 탈세와 비리 등의 부정부패 이슈가 언론에서 빈번하게 보도되면서 대학생들의 신뢰도를 낮추는 결과를 야기했다고 생각됩니다. 오히려 대학, 주민센터, 주민자치조직, 시민단체 등에 대한 신뢰가 높게 나타난 것은 국가 권력기구와 대기업을 비판하고 견제하는 역할을 수행하는 행위자로서 인식되고 있기 때문입니다. 국가 권력기구와 대기업에 대한 대중적 신뢰가 낮은 와중에, 이들을 견제하고 비판하는 기능을 담당하고 있는 시민단체, 주민자치조직 등의 신뢰도가 상대적으로 높아진 것입니다."

백지은: "'혁신'은 거시적인 변화를 만들어내는 것이라고 생각하는데 주민센터, 주민자치조직은 접근성이 낮고 이들이 할 수 있는 일에 대한 기대치가 높지 않기 때문에 그 역할을 애초에 한정적으로 생각하여 긍정적인 반응을 보인다고 생각합니다. 한편 시민단체나 대학이 사회의 발전을 주도하는 역할을 할 수 있다고 생각합니다."

질문 3: 대학생의 사회기업가정신 수준은?

센터: "복합적 시대상황에서 지식력뿐만 아니라 높은 윤리관과 창의력, 공감능력, 행동력, 기술력 등을 발휘하면서 변화를 만들어가는 사회적기업가(social entrepreneur)의 역할은, 새로운 리더십의 모습으로서 갈수록 주목받고 있습니다. 대학생들의 자기 평가결과를 보면, 그러한 의식을 가진 대학생은 많아 보이지만, 본인의 행동력(자신감)에 관해서는 비교적 낮게 평가하는 경향이 나타났습니다. 왜 이러한 결과가 나왔을까요? 대학생에게 보다 높은 자신감이나 효능감, 의식 전환의 기회를 마련하기 위해서 어떤 방법이 있을까요?

[의식조사 결과: 사회기업가정신 자기 평가] 귀하는 다음 사항에 관하여 어떻게 생각하십니까? (5점 만점, 평균)

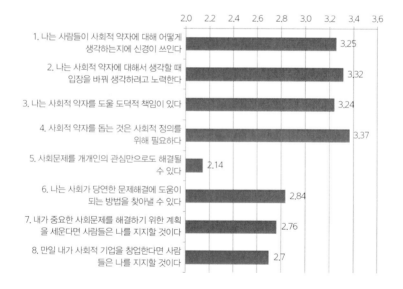

–대학생들의 의식 톺아보기–

김단유: "사회적기업가가 무엇인지도, CSR이 무엇인지도 잘 모르며 단순히 사

회적인 임팩트를 주는 일을 하고 싶다는 생각만 막연하게 하고 있던 저는 Enactus라는 소셜벤처경영학회에서 '다인테이블'이라는 기업을 운영해 보고서야 행동력을 갖추게 되었습니다. 사회에 환원하는 삶, 사회에 도움이 되는 삶을 살고 싶다는 생각을 하는 친구들은 많았지만, 그 친구들이 직접 현장에서 발로 뛰며 경험 해볼 수 있는 기회는 매우 적습니다.

빙판을 날 끝으로 느껴보지 않고 김연아 선수가 될 수 있을까요? 필드를 밟아 보지 않고 손흥민 선수가 될 수는 없겠지요. 대학생들에게 사회적기업가를 연습할 수 있는 필드가 아직 마련되지 않았는데, 월드컵 우승을 기대하는 건 시기상조입니다."

김성현: "기업의 사회공헌활동 확산, 사회적 기업의 증가 추세로 사회적 가치를 실현하기 위한 활동 자체에 대한 대중들의 인지도가 높아졌습니다. 이에 사회 변화에 민감하게 반응하는 대학생들 역시 사회적 가치 실현에 대한 의식 수준이 높아지게 되었습니다. 그러나 당장의 취업이나 언론고시, 외무고시 등의 시험이 대학생들의 주된 목표로 설정되면서 이러한 의식이 실제 행동으로 이어지지는 못했다고 추측됩니다. 대학생들의 실천력을 높이기 위해서는 사회적 기업, 사회공헌활동 등에 대한 아이디어를 제안하고 실현시키려는 노력을 뒷받침하는 경제적 유인이 제공될 필요가 있다고 보입니다."

백지은: "무조건 취업이 잘 되어야 한다고 생각합니다. 고스펙에 비해 취업이 안 되는 현상, 무언가 도전을 하려면 안정적인 직장이 최고라고 하는 주변 환경들 때문에 자신감과 행동력이 저하된다고 생각합니다. 학생들에게 모든 도전이 곧 성공으로 직결되지 않아도 괜찮다는 사회적 분위기가 조성되어야 합니다. 이른 실패가 취업에서의 좌절과 한심함을 의미하지 않았으면 좋겠습니다. 무엇보다 취직이 잘 되어야 되겠죠!"

질문 4. 혁신적인 대학 인재에게는 어떠한 교육이 필요한가?

센터: "지역/사회문제를 대학생이 주도적으로 해결하기 위해서 특히 어떤 능력이 대학생의 장점으로서 작동되며, 대학은 그러한 능력에 대한 교육을 충분히 제공하고 있는가에 대해서 물어봤습니다. 이러한 능력에 대해서 본인은 어떻게 생각하세요? 이 번 수업 프로젝트를 통해 혹시 구체적으로 느낀 점이 있었는지요?

또한 조사결과를 보면 창의력을 중요시하는 응답이 가장 많은 한편, 이에 대한 현재 대학교육은 충분하지 못한 편으로 평과 되었습니다. 대학교육을 어떠한 방향으로 개선하는 것이 좋을 까요?

[의식조사 결과: 대학생의 장점 평가] 지역/사회문제를 대학생이 주도적으로 해결할 경우, 다음 중 특히 어떤 능력이 대학생만의 장점이라고 생각하십니까?

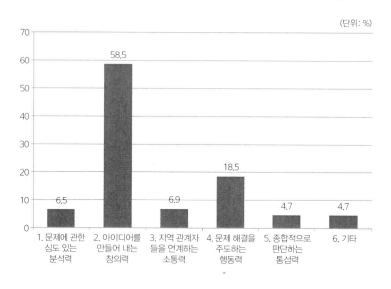

[대학 교육의 질 평가] 각 능력/장점을 습득하기 위해 대학은 현재 유익한 교육을 제공하고 있다고 생각하십니까? (5점 만점, 평균)

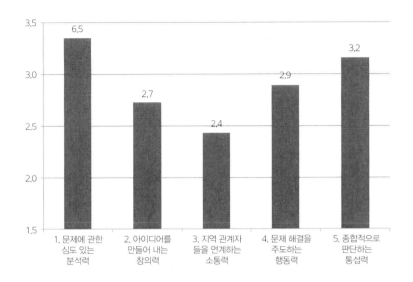

-대학생들의 의식 톺아보기-

김단유: "창의력을 발휘할 수 있는 교육환경이 뒷받침되었으면 합니다. 한 학기
는 이론 수업을 하고, 이어서 다음 학기는 관련 보고서를 직접 써보는 등 오랜
시간을 특정 주제를 공부하는데 투자할 수 있도록 한다면, 더 자유로운 탐구
를 해볼 수 있으리라 생각합니다.

또한, 자유로운 경험을 할 수 있는 학년을 보장해 주었으면 합니다. 현재, 많은
대학생들에게 '휴학은 필수'라는 인식이 널리 퍼져있습니다. 자기 자신을 찾
고, 쉬어갈 시간이 앞으로 다시 오지 않을 것 같다는 생각에 휴학을 선택하는
친구들도 있지만, 스스로 부족함을 느껴 책을 읽거나 현장경험을 쌓으며 성장
하고 싶어서 휴학을 선택하는 친구들도 있습니다. 특히 후자의 친구들은 대학
교육을 통해 역량의 성장을 도와주는 것이 적절하다고 생각합니다."

김성현: "저는 지역/사회 문제를 해결하기 위해서 창의력과 행동력이 가장 요구
된다고 생각하였으나, 실제로 수업 프로젝트를 주도해 보면서 지역 관계자들
을 연계하는 소통력이 중요하다는 사실을 깨닫게 되었습니다. 프로젝트 아이
디어를 실현하기 위해서는 정부 및 지자체, 시민단체, 주민자치조직 등 다양

한 영역의 행위자들과 소통하는 것이 요구되었습니다. 우리가 가진 프로젝트 아이디어의 필요성을 설득하고 이를 구체화하는 데 도움을 줄 수 있는 기관들에 연락해 협조를 이끌어 내기 위해서 소통력이 필요했기 때문입니다. 이에 대학교육에서 현재 글러벌 리더십 연수 수업이 진행 중인 사회문제 해결을 위한 프로젝트를 확대했으면 좋을 거 같다는 생각이 들었습니다. 학생들이 직접 구체적인 사회문제를 정의하고 그것을 변화시키기 위한 아이디어를 개진하며, 실제로 실행에 옮겨보는 과정들을 경험하는 것이 가장 필요합니다. 직접 현장에 참여해 다양한 문제 상황들에 부딪혀보아야 무엇을 가장 먼저 해야 하는지에 대해 판단하고 실천하는 역량이 키워진다고 봅니다. 또 프로젝트 실행을 위해 도움을 받아야 하는 행위자들로부터 어떠한 도움을 받을 수 있는지, 그들의 지원을 이끌어 내려면 어떻게 해야 하는지 등은 현장에서 직접 배워나가야 성장할 수 있다고 생각합니다."

백지은: "대학생은 보통 수업이나 대외 활동으로 지역사회의 문제해결을 고민하게 되는데, 이해관계에서 비교적 자유롭기 때문에 해결책에 내놓는 데 있어서 관계인들의 입장을 객관적 입장에서 분석할 수 있다는 장점이 있습니다. 그리고 반복적인 문제해결 관례를 따르지 않아도 되는 활동들 안에서는 창의적인 해결책 제시도 가능합니다.

어디에서든 실천적인, 현장과 소통하는 프로젝트를 하게 되면 내놓게 되는 해답이 기존의 틀을 벗어난 것이어도 그 아이디어를 최대한 실천해 보라고 장려하는 것이 대학생들의 창의력 증진에 매우 중요하다는 생각이 듭니다. 또한 무조건적으로 성과를 증명하라고 요구하지 않는 것 또한 학생들의 부담을 줄일 수 있을 것 같습니다. 현장과 소통하며 사회문제의 해결을 도모하다 보면 정해진 기간 내에 완전한 결과물을 내놓기도 어려울 때가 있습니다. 학생들이 최선을 다해 목표한 바를 달성하려고 노력하였는지 평가하는 것에 중점을 두며, 학생들의 생각이 당장의 변화를 가져왔는지 학생들이 증명하기는 어렵더라도 장기적으로 사회혁신을 가져다줄 수 있는 거라 전망된다면 창의력을 발휘하여 그러한 아이디어를 자유롭게 개진하고 실천력을 향상할 수 있도록 돕는 수업이 필요할 것 같습니다."

질문 5. 대학생은 사회변화의 주동력이 될 수 있는가? 그러한 의지가 있는가?

센터: "마지막으로, 대학생은 사회혁신의 주체가 될 수 있는가에 관한 일반적인 질문과 '본인'이 졸업 후에도 사회문제의 해결에 적극적으로 기여하고 싶은가에 관한 직접적인 질문을 물어봤습니다. 이 결과 일반적 차원에서 주체가 될 수 있다는 긍정적인 결과가 나왔고, 무엇보다 '본인'의 긍정적인 의지가 보다 높게 나타났습니다. 이와 같은 대학생의 의식과 의지를 지탱하고 진정한 인재를 육성하는 대학과 사회를 만들기 위해 우리는 어떠한 과제나 혁신이 필요할까요? 의견을 자유롭게 나눠주세요.

[의식조사 결과: 대학생의 역할 평가] 귀하는 "대학생은 지역사회혁신이나 지역문제(주민자치, 거주지역의 생활환경, 마을·지역 공동체의 민주주의 등) 해결의 주체가 될 수 있다"라는 의견에 대해 어떻게 생각 하십니까? (%)

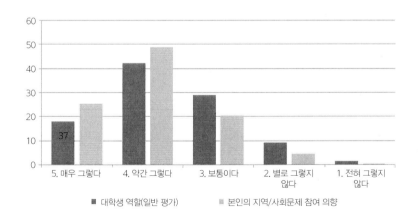

[의식조사 결과: 본인의 지역/사회문제 관여 의향] 귀하는 졸업 후에도 지역의 사회문제의 해결에 적극적으로 기여하고 싶다고 생각하십니까? (%)

−대학생들의 의식 톺아보기−

김단유: "대학생들이 지역사회혁신의 주체로서 전면에 나서기 위해서는, 이들에게 ① 사회문제를 해결할 의지, ② 사회문제를 해결할 능력, 그리고 ③ 능력을 실현할 기회가 있어야 한다고 느꼈습니다. 의식조사 결과를 통해 이들의 사회혁신 의지가 충분하다는 점을 파악했기 때문에, 이들에게 사회문제를 해결할 능력을 길러주고, 지역사회 구성원으로 인정해 주어, 실제로 현장에서 발로 뛸 수 있는 기회를 마련해 주는 일이 우리 사회의 과제라고 생각합니다. 즉, 이들의 의지를 잘 뒷받침하는 제도가 마련되어야 합니다. 크게, 이들의 사회혁신 능력을 길러주는 대학의 차원과 이들이 뛸 수 있는 필드를 마련할 정부기관의 차원으로 나눠 생각해 보았습니다.

대학의 측면에서는 현장경험을 쌓을 수 있는 교육환경의 형성이 필요합니다. 혁신적인 대학 인재 교육을 위해서 연속성 있는 1년제 사회문제 해결형 강의, 현장경험 학년의 도입을 제안합니다. 기존의 한 학기 강의를 들으며, 배경지식을 얻은 후, 이를 현실에 직접 적용해 보며 충분히 탐구하기에는 타임라인이 촉박하다고 느꼈습니다. 연속성 있는 1년제 강의를 통해 한 학기는 이론학습으로 배경지식을 다지고, 다음 학기는 온전히 현장 파악과 정책 아이디어 고안에 투자할 수 있도록 대학에서 제도를 마련해 주어야 합니다.

다음은 현장경험 학년의 도입입니다. 사회문제 해결을 위해서는 대학의 강의를 통해서 배우는 지식뿐만 아니라, 몸으로 배우고 느끼는 경험이 있어야 한다고 생각합니다. 이 현장경험은 사회적 기업에서 일을 해 보는 경험, 정책 고안 과정에 참여하는 경험, 시민단체에서 일을 해 보는 경험 등이 될 것입니다. 대학 측에서 대학생들이 다양한 현장경험을 쌓을 수 있도록 여러 단체와 업무 협약을 맺어 기회를 마련해 주고, 이들의 경험 또한 대학 수료과정의 일부로 받아들여준다면 더 많은 학생들이 도전을 두려워하지 않으며 역량을 키울 수 있을 것입니다. 만약 전면적 학제 개편이 어렵다면, 대학별로 사회혁신 과정을 신설하여, 사회문제 해결의 의지를 보이는 학생들을 대상으로 시범 운영을 한 후, 과정을 점차 확대하는 방식을 제안합니다.

정부기관의 측면에서는 대학생들이 단순한 정책 마케터의 역할 이상을 해낼 수 있도록, 의견을 수렴하는 대학생 자치회를 구성하거나, 정책 고안 프로세스에 대학생들의 목소리가 반영될 수 있도록 제도를 마련하여 이들이 문제해결에 참여할 수 있는 장을 만들어 주어야 합니다. 현재도 많은 정부기관에서 서포터즈의 이름으로 대학생의 참여를 유도하지만, 대부분 이들을 문제해결을 위한 주체가 아닌, 정책 홍보의 수단으로 소비하고 있습니다. 대학생들이 실제 의사결정 과정에도 참여할 수 있도록, 대학생 정책제안 공모전의 확대, 주민참여위원회의 대학생 비율 확보, 대학생 지역자치회의 구성 등의 노력이 필요합니다.

이처럼 대학교육에서는 대학생들이 직접 현장을 조사하며 사회문제를 파악하여 역량을 키울 수 있는 기회를 제공하고, 정부기관에서는 이들이 지역사회의 일원으로서 정치에 참여하는 경험을 할 수 있도록 제도를 마련한다면 대학생들이 사회혁신의 원동력이 될 수 있을 것입니다."

김성현: "대학생들이 사회혁신을 위한 아이디어를 자유롭게 제안하고 구체화해봄으로써 효능감과 성취감을 느끼는 경험을 하는 것이 가장 필요하다고 생각합니다. 대학생들의 사회변화 의지가 높게 나타난 만큼 실제로 프로젝트를 통해 사회의 다양한 목소리를 보고 들으며 사회 변화를 주도해 본다면 그러한 경험이 대학 졸업 이후에도 사회혁신의 주체로서 성장할 수 있는 동력으로 작용할 것입니다."

백지은: "대학생의 사회적 책임에 대한 강조가 필요합니다. 대학생이 사회혁신의 주체가 될 수 있음을 대학생 스스로가 알 수 있어야 하고 동시에 대학생이 책임을 다하는 존재, 즉 자신 개인의 스펙을 쌓는 활동을 소홀히 하게 되고 사

회의 변화를 만들어나가는 활동을 했을 때 그 경험을 존중해 주어야 합니다. 예를 들어, "학생회 했어? 농활 갔다 왔어?" 라고 했을 때 취업 시장에서 운동권이라고 판단해서 배척하고 취업에서 알게 모르게 불리해서는 안 된다고 생각합니다. 보통 대학생들에게 대학을 다니는 기간에는 학점과 스펙을 쌓는 활동을 하고 사회를 바꾸는 것은 스스로 힘을 가진 뒤에 해도 충분하다는 말을 많이 합니다. 대학은 사회문제에 대해 '공부'하고 사회 진출을 위해 '준비'하게 하는 곳이라고들 인식하기 때문에 대학생이 대학을 다닐 때 사회변화를 불러 일으키기에는 미흡하고 너무 이르다고 보기 때문입니다. 봉사 시간, 인증서, 수상 내역으로 증명할 수 없는 활동이라도 적극적으로 사회참여를 대학생 때 했던 것에 대한 인정과 이러한 사회참여에 대한 격려가 대학 차원에서도 그리고 사회적 차원에서도 필요합니다. 대학에서도 인턴십, 공모대회 등으로 사회 공헌 활동을 장려하고 인정해 주곤 하지만 대부분은 대학생으로서 문제의 해결을 주도하는 활동보다는 사회변화를 이미 이끌고 있는 기업, 단체에서 대학생으로서 역할을 찾는 수준에 머무릅니다. 다른 한편으로는 대학이라는 공간 안에서 그리고 청년들이 마주하고 있는 사회문제를 관련된 주체로서 직접 해결에 나서는 학생들도 많습니다. 지금 속해있는 대학이라는 공간 안의 문제를 찾고 공동체에서의 변화를 위해 나서는 대학생들 또한 존중하고 인정할 수 있는 대학 내 그리고 사회에서의 분위기 개선이 필요한 이유입니다."

센터 후기: 인터뷰를 마치며

대표 수강생들의 진지하고 의미 있는 코멘트에 대해 센터 연구진도 많은 생각을 하게 되었고, 수업 지원이나 교육혁신에 관한 사업을 추진하는데 있어서 유익한 성찰의 기회가 되었다. 또한 기획의 의도대로, 의식조사의 전체 결과를 세밀하게 분석하기 이전에 대표 수강생들이 대학생의 시선에서 중요한 해석 방향을 제시해 주었다. 특히 인터뷰 내용을 압축적으로 보면 다음 두 가지 메시지가 있다고 본다.

"지역사회에 대한 직접적인 경험·인식이 사회평가에 선행되어야 한다."

이 의식조사는 우선 젊은 세대의 의식이 사회적 동태의 현주소를 파악하기 위한 중요한 바로미터이자 변화를 이끄는 원동력이라는 관점에서 시작되었으며 이에 따라 풀뿌리 민주주의의 현주소나 지역사회의 행위자에 대한 의식 등을 알아봤다. 다만, 인터뷰에서는 의식 수준이나 평가결과가 높거나 낮은 것을 떠나서 제대로 인식하는 것부터가 중요하다는 코멘트를 볼 수 있었다. 주변에 존재하는 현실적인 사회문제와 대학생들 사이의 거리, 이러한 문제를 현장에서 다루고 있는 지역사회나 지역경제, 풀뿌리 민주주의 시스템과 대학생들 사이의 거리가 아직 멀다고 볼 수 있다. 젊은 세대가 보다 날카롭게 사회적 동태를 평가·분석하여 유익한 아이디어나 해결방안을 제시·실천해가는 흐름을 만들기 위해서는 특히 다양한 사회문제나 삶의 문제가 현실적으로 나타나고 해결책이 시도되고 있는 '지역 현장'과 대학생을 유익하게 연결하는 교육체계나 프로그램을 강화하는 것이 역시 중요하다. 다만, 이러한 교육·프로그램을 현장의 경험·인식이 부족한 대학생들에게 특정한 역할이나 기대를 미리 강요하는 방식으로 추진하면 안 될 것이다. 열린 관점이나 접근 방법으로, 경험이나 실험, 기회 제공, 소통을 중심으로, '대학생 중심'으로 추진하는 것이 중요하다.

"사회참여, 사회기여 프로그램의 확대와 교육환경의 다각적 개혁이 필요하다."

의식조사를 통해서 나타난 중요한 결과 중 하나가 사회문제의 해결이나 사회기업가정신에 대한 대학생들의 높은 의욕이다. 사회 변화나 교육에 있어서 가장 중요한 부분 즉, 젊은 세대의 내재적 의식에 관해서 긍정적인 동향을 볼 수 있다는 것은 고무적인 결과이다. 다만, 의식조사 결과와 인터뷰에서 공통적으로 나타난 것은 이러한 의식을 유익하게 발휘하고, 키워내고, 확산시키기 위한 조건이나 구조의 개선 필요성이다. 학점과 취업이라는 현실적인 목표를 지향하면서도 그러한 의식을 함양할 수 있도록, 다양하고, 과감한 교육개혁이 요구되고 있다. 현장 참여형 교과목의 확대뿐만 아니라 1년제 강의나 현장 경험 학년의 도입, 사회적기업 등에서의 실무 기회 제공과 이에 대한 학점 인정, 현장 경험이나 사회적 프로젝트의 수행자체가 취업의 유의미한 스펙이 될 수 있는 교육체계, 사회적 분위기 조성 등이다. 대학교육의 질적 문제나 익혀야 할 지식의 성격에 대한 개선도 물론 중요하지만, 사회참여, 사회경험을 둘러싼 다양한 구조적 과제를 개선하는 것이 필요하다.